칼 로저스의

사람-중심 상담

칼 로저스 지음 · 오제은 옮김

학지사

A WAY OF BEING, Revised Edition

by Carl R. Rogers

역자 서문

상담의 중심은 '사람'이다

이 책은 칼 로저스의 생애 말년인 만 78세에 저술한 『A Way of Being(존재의 방식)』을 완역한 것이다. 로저스는 상담의 중심을 Doing이 아닌 Being의 주제로 보았다. 즉, 상담자가 심리학의 어떤 이론적 배경을 가지고 상담에 임하는지, 어떤 치료기법에 얼마만큼 훈련되었으며 그것을 얼마나 잘 사용하는지, 그 상담적인 내용과 치료적 행위의 전문성 여부 등의 '상담적 행함(Doing)'을 상담의 중심적인 주제로 간주하지 않았다. 반면에 상담자가 어떠한 '존재의 방식'을 지니고 상담에 임하는지, 다시 말해서 상담자 자신이 지니고 있는 삶과 인간관계에 대한 '존재(Being)의 방식'이 내담자와의 치료적 관계 형성에 있어서 가장 중요한 요소라는 사실을 간파했다. 로저스는 그의 놀라운 여러 업적 중에서도 상담기법에 대한 그의 큰 공헌으로 인해 더욱 널리 알려지게 되었는데, 그의 치료기법은 몇 가지의 다른 이름으로 불렸다.

로저스는 원래 자신의 치료기법을 가리켜 '비지시적(非指示的, non-directive) 상담'이라고 불렀는데, 그가 그렇게 이름을 붙였던 까닭은 상담자가 상담을 진행함에 있어서 '지시적'이 돼서는 안 된다는 뜻에서였다. 로저스는 자신의 임상 경험을 통해 상담의 과정에서 상담자가 지시적이 되면 될수록 내담자와의 치료적 관계 형성과 상담 결과에 오히려 더 좋지 않은 영향을 끼치게 되며, 따라서 상담자가 지시적이 되지 않으면 않을수록, 즉 '비지시적'이 되면 될수록 도리어 더 좋은 영향을 끼친다는 것을 깨달았다. 그렇지만 실제로 상담과정에서 상담자가 지시적이 되지 않는 것, 즉 비지시적이 된다는 것이 그리 쉽지 않으며, 동시에 지시적이 되기란 얼마나 쉬운 일인가? 내가 상담했던 한 부부는 상담을 처음 시작하자마자, "선생님이 이혼을 하라고 하면 그렇게 할 것이고, 하지 말라면 안 할게요? 어떻게 해야 할지 가르쳐 주세요."라고 상담자인 내가 그들의 결혼생활의 지시자가 되어 주고 자신들의 이혼 여부를 지시하고 결정해 줄 것을 미리 기대하고 상담에 왔다. 특히 이렇게 내담자가 상담에 임하면서, 상담자가 지시적이 되어 주기를 바라고 올 때에도 변함없이 상담자가 비지시적이 되기란 결코 쉽지 않다. 그러나 상담과정에서 상담자가 지시적이 되지 않고 비지시적이 되는 것이 매우 중요하다. 다시 말해서, 상담자가 내담자에 대해 판단하거나, 해석하거나, 충고하거나 가르치려 하는 그런 지시적 태도가 아닌 비지시적 태도가 꼭 필요한 것이다. 즉, 누군가가 나에게 '이렇게 해야 한다 저렇게 해야 한다'고 지시적이 되는 상태보다도 아무 눈치도 보지 않고 그냥 충분히 내가 '나'일 수가 있고, 내가 누구이든, 무엇이든, 따라야만 할 어떤 지시적인 지도나 안내가 없는, 그런 비지시적인 상태야말로 사람을 치유하기 위한 가장 좋은 치료적 조건이라고 로저스는 간파했다.

그 후에 로저스는 그의 상담기법을 '내담자-중심치료(Client-Centered Therapy)'로 이름을 바꾸어 불렀다. 그가 이렇게 이름을 바꾸어 붙인 까닭은 상담의 과정에서 상담자는 덜 지시적이 될 뿐만 아니라 동시에 내담자로 하여금 좀 더 충분히 진정한 자기 자신이 될 수 있게끔 해야 한다는 확신 때문이었다. 다시 말해서, 상담은 내담자로 하여금 자기 자신에게 좀 더 집중할 수 있도록 촉진하고, 내담자 자신이 스스로에게 좀 더 촉진적이 되고, 스스로에게 좀 더 지시적이 되는(긍정적인 의미에서), 즉 내담자가 상담의 중심이 되는 '내담자-중심의 상담'이 되어야 한다는 — 상담자가 상담의 중심이 되는 '상담자-중심의 상담'이 아닌— 그런 의미에서였다. 결국 상담은 내담자 자신을 위한 것이어야만 한다는 것, 그리고 상담자의 존재 방식 또한 내담자를 위해 거기에 존재하는 형태이어야 함을 좀 더 분명히 강조하는 뜻에서 붙인 이름이다. 그러므로 로저스에게 있어서, 상담의 목적은 상담의 과정을 통해서 내담자가 스스로에게 더 촉진적이 될 수 있도록 촉진해 줌으로써, 내담자로 하여금 전에는 드러낼 수 없었던 부분들을 보다 더 잘 드러낼 수 있게 해 주고, 표현하지 못했던 감정들을 더 분명히 표현할 수 있도록 촉진하자는 데 있다. 또한 상담을 통하여 내담자로 하여금 내담자 자신의 내부에 잠재해 있는 치료적 힘을 스스로 발견하게 하여, 이전에는 이해할 수 없었던 자신의 다른 부분들을 좀 더 잘 이해할 수 있도록 돕고, 자신의 성장과 자기실현을 위해서 진정 자신이 원하는 변화를 스스로 이끌어 내고, 자신을 위해서 보다 나은 결정을 스스로 결정할 수 있도록 촉진하자는 데 있다. 그러므로 상담자의 역할은 상담자가 상담의 중심이 되어 내담자를 어디론가 이끌어 가려고 애쓰는 형태가 되어서는 결코 안 된다. 도리어 상담자는 상담의 과정 전체가 '내담자-중심'이 되도록 유의하지 않으면 안 된다. 그런데 상담전문가가 되기 위해 인턴십 과정 중에 내담자들을 상담하고, 상담사례를 가지고 슈퍼비전을 받는 수련생들에게서 종종 이러한 '내담자-중심'이 아닌 '상담자-중심'의 상담을 접하게 된다.

이런 의미에서 로저스는 '심리치료(psychotherapy)'라는 말보다는 '상담(counseling)'이라고 부르기를 선호했으며, '환자(patient)'라는 말보다는 '내담자(client)' 라는 말로 부르기를 더 좋아했다. 로저스의 상담기법은 무엇보다도 상담자와 내담자가 상호 간에 어떠한 치료적 관계를 형성하느냐에 따라 상담치료의 성공적 결과 여부가 달려 있다고 보는 데 그 특징이 있다.

그러므로 로저스에 따르면, 상담에서는 상담자의 어떤 궁금증이나 무슨 의도나 목표, 개인적인 해석이나 어떤 배경, 경험, 선입관, 신념, 종교, 철학, 혹은 상담자가 주장하는 그 어떤 심리학적 이론이나 진단, 심리검사, 치료기법 등도 결코 상담의 중심이 되어서는 안 된다는 것이다. 그 모든 것들은 다만 내담자인 그 '사람'으로 하여금 보다 더 진정한 그 '사람이 되어 가게 함,' 즉 '사람됨'을 촉진하기 위한 것이어야만 하는 것이다. 다시 말해서, 상담의 중심은 그 어떤 이론도 검사도 심리기법도 아닌 것이며, 상담의 중심은 항상 그 '사람'이어야만 하는 것이다. 또한 상담이 성공적으로 이루어지기 위해서는 상담자가 내담자와의 치료관계에서 자신의 모습을 진실되고 일관되게 보여 주어야만 한다는 것을 로저스는 깨달았다. 즉, '사람-중심 접근법(person-centered approach)'만이 가장 상담다운 상담인 셈이다. 그런 의미에서 로저스는 자신의 상담기법을 가리켜, '사람-중심 접근법'이라고 불렀던 것이다. 로저스에게 있어서, 상담과정에서 '사람-중심'이 된다는 것은, 다른 그 어떤 것보다도 우선적인 것이며, 가장 본질적이고 중요한 것이다. 왜냐하면 이 용어 자체가 상담이 정작 뭘 하는 것인지, 우리가 왜 상담을 하는 것인지, 상담의 진정한 본질에 대한 가장 분명한 해답을 담고 있기 때문이다. 상담에 있어서는 다른 어떤 것도 아닌 '사람'이 그 중심이 되지 않으면 안 된다는 것이 상담에 대한 흔들리지 않는 로저스의 확신이다. 그런 의미에서 나는 이 책의 한국어 제목을 『칼 로저스의 사람-중심 상담』이라고 정했다. 로저스의 이 상담기법을 한국어로 번역할 때, 번역자들 거의 모두가 지금까지 동일하게 '인간-중심' 상담, 혹은 '인본주의 심리치료'라고 번역을 했는데, 이 용어를 이렇게 번역하기보다는, '사람-중심 상담'으로 번역하는 것이 로저스의 원래 의도에 보다 더 가까울 것 같아서 그렇게 했으며, 그 책임은 전적으로 본 역자에게 있음을 여기에 밝혀 둔다.

이러한 로저스의 사람지향적인 '사람-중심 접근법'은 그 비구조적인 특성 때문에 많은 오해와 비판을 받기도 했지만, 오늘날 상담 분야에서 거의 모든 상담자들과 치료자들에게 가장 널리 알려진 상담기법으로 받아들여지고 있다. 가장 최근의 연구 조사결과에서도 로저스는 상담 분야에서 가장 큰 영향력을 끼친 최고의 상담자로 여전히 평가받고 있다. 나중에 로저스는 '사람-중심 접근법'을 상담자와 내담자 간의 치료적 관계만이 아닌 교육, 집단, 회사, 교회, 종교, 정치, 국제교류 등 모든 사람들 간의 인간관계 상호작용, 철학, 그리고 존재의 방식에까지 널리 광범위하게 적용했다. 그리하여 오늘날에는 로저스의 상담기법을 가리켜 주로 '사람-중심 접근법'으로 부르고 있다. 이런 의미에서 볼 때, 성경에서 '안식일은 사람을 위하여 있는 것이지, 사람이 안식일을 위하여 있는 것이 아니다'(마가복음 2장27절)라고 하신 말씀은, 로저스의 '사람-중심'의 존재 방식의 핵심을 잘 반영해 주는 구절이라고 생각한다. 이 말은 결국 종교도 상담도 '사람'을 위하여, 즉 '사람'을 살리기 위해서 존재하는 것이어야 한다는 뜻일 것이다. 이 '사람-중심'이라는 특별한 용어는 오늘을 살고 있는 우리들에게 과연 우리는 무엇을 위해서 그렇게 바쁘게 살고 있으며, 어디를 향해서 가고 있는지, 그리고 상담자는 왜 상담을 하는 것인지, 우리 모두의 '존재의 방식'에 대한 피할 수 없는 가장 근본적이고 존재론적인 질문을 던지고 있다.

나는 2002년도 여름에 로저스의 발자취를 찾아서 그가 생전에 가장 많은 열정을 쏟았던 미국 샌디에이고의 CSP(Center for Studies of the Person)에서 주관하는 Encounter Group에 참가한 적이 있었다. 그곳에서 나는 그동안 내가 참석했던 다른 어떤 집단에서도 경험할 수 없었던 비구조적, 비지시적 '사람-중심' 접근법의 진수를 맛보았다. 5박 6일의 집단이 진행되는 동안 언제 프로그램이 시작되고 끝나는 것인지, 그리고 그룹의 촉진자가 누구인지조차 알아내기가 어려웠다. 촉진자들의 역할은 전적으로 참가자로 하여금 스스로가 자신의 문제를 다룰 수 있는 치료적 관계 형성과 분위기를 만들어 주는 데만 초점이 맞추어져 있었다. 나중에 알게 된 그 그룹의 촉진자는 바로 로저스의 오랜 동료였던 Dr. Bruce Meador였는데, 그 후 그와 더욱 친해진 나는 잠시 동안 그의 자택에 머물 수 있는 혜택을 얻게 되었고, 아직까지도 출간되지 않은 로저스의 개인 기록들까지 읽어 볼 수 있는 아주 특별한 기회를 누렸다. Bruce와 함께 시간을 보내면서, 나는 로저스가 도대체 왜 그의 생전에 자신의 상담기법을 전수할 전문가과정을 만들지 않았는지가 너무나 궁금했다. 이런 나의 의문에 대해서 Bruce는 말하기를, 자기 자신 또한 나와 똑같은 질문을 거의 생애 말년의 로저스에게 물었었노라고 회상하면서, 바로 그때 로저스의 대답이 '과연 어떻게 한 사람이 그 이전보다도 지금 더 나은 사람이 됐는지, 혹은 그렇지 않은지 그 여부를 우리가 알 수 있겠는가? 그리고 우리가 그것을 알 수 없는데도 어떻게 그 사람이 다른 사람을 보다 나은 사람이 되도록 더 촉진해 줄 수 있는 전문가라고 증명해 줄 수가 있겠는가?'라고 반문했다고 한다. 오늘날 상담전문가가 되고자 더 많은 상담기술을 터득하려고 애쓰는 우리들의 가슴에 큰 경종을 울리는 너무나 심오한 말이 아닐 수 없다. 우리에게 던지는 로저스의 질문은 이렇다. "우리는 이전보다 더 나은 사람인가? 우리는 그런 사람이 되어가고 있는가?" 그렇다면 우리를 보다 더 사람답게 하는 그런 '존재의 방식'이란 과연 무엇인가? 그동안 상담을 가르치는 교수로서 로저스의 주요 저서조차 아직 번역되어 있지 않은 국내의 현실이 너무나도 안타까웠으며, 로저스 상담을 배우기를 원하는 이들은 많지만 정작 상담전공자들조차도 로저스의 그 깊이와 넓이를 제대로 이해하고 경험하여 임상적으로 적용하기란 대단히 어려운 것이 사실이다. 로저스는 이해하면 이해할수록 더 크고 더 넓은 바다처럼 우리를 깊고 넓은 곳으로 이끌어내 주고 받아들여주는 진정한 스승이시다. 그 어느 때보다도 혼탁한 국내외 현실은 우리로 하여금 로저스에게로 돌아가 그로부터 '사람-중심'의 근본 정신을 다시 겸허하게 배우도록 촉구하고 있다. 이 책의 출간이 앞으로 국내의 로저스 연구를 더욱 촉진하며, '사람-중심' 사회를 촉진시키는 작은 밑거름이 될 수 있기를 기대한다.

이 책을 읽는 독자들 모두가 로저스 상담의 진수를 맛볼 수 있기 바라며 지나간 상처에도 불구하고 아직도 여전히 아름답고 소중한 진정한 자기를 발견할 수 있게 되길 기도한다. 이 책의 번역 작업을 위해 많은 도움을 주신 이현숙 선생님께 깊이 감사드린다. 그리고 이 책을 추천했을 때 그 가치를 인정해 주시고 기꺼이 발간을 결정해 주신 학지사의 김진환 사장님과 이 책이 발간되기까지 많은 노고와 인내를 아끼지 않으신 편집부 직원 여러분들께 진심으로 감사드린다. 그리고 특히, 지금까지 나의 강의를 들어 준 모든 학생들과 상담실에서 만난 내담자들과 집단상담과 워크숍, 세미나, 라디오와 TV 프로그램에서 만났던 모든 이들께도 나의 사랑과 고마움을 전하고 싶다. 또한 백석대학교의 상담학과 동료 교수님들과 한국가족상담센터의 스태프들과 강유리 선생에게 감사드린다.

사람지향적인 '사람-중심' 공동체를 바라보며

2007년 여름에

오제은

추천사

칼 로저스가 처음 가르치는 자리에 섰을 때였다. 그는 심리학을 전공하는 학생들의 무리와 한데 모여 있었다. 그의 나이 30대 후반이었고 그때는 녹음 테이프가 나온 직후였다. 그들은 흥분하며 심리치료 과정이 녹음된 테이프를 듣고 있었다. 로저스는 상담이 잘못된 부분들을 정확하게 지적하고 내담자가 중요한 진전을 보인 순간들을 설명하기 위해 녹음기를 몇 번이고 껐다 켰다를 반복하면서 치료 회기의 주요 부분들을 들려주었다.

이것이 이 책에서 발견되는 칼 로저스의 한 모습이다. 그 밖에도 많은 그의 모습들이 있다. 그로부터 20년 후의 또 다른 장면을 그려 보자.

매우 많이 연구된 수십 년 전에 자살한 환자 엘렌 웨스트(Ellen West)에 관한 학술 심포지엄에서, 로저스는 깊이 있고 강렬한 반응을 보여서 청중들을 놀라게 했다. 그는 마치 엘렌 웨스트를 아주 잘 알았던 사람처럼, 그리고 그녀가 바로 어제 독극물을 삼킨 것처럼 그녀에 대해 이야기했다. 로저스는 비극적으로 삶을 마감한 그녀에 대한 슬픔뿐만 아니라, 비인간적인 냉담함과 정밀한 진단을 통한 편견을 가지고 그녀를 하나의 대상(對象, object)으로 변형시켜 버린 그녀의 내과의사들과 정신과의사들에 대한 분노를 표현했다. 어떻게 그럴 수 있었단 말인가? 로저스는 물었다. 사람을 대상으로 다룬다는 것이 성공적인 치료에 장애가 된다는 것을 그들이 알기만 했더라도…… 그들이 한 사람으로서의 그녀와 관계를 맺고 모험을 시도하여 그녀의 실체와 그녀의 세계를 경험할 수 있었더라면, 그녀를 죽음에까지 이르게 했던 그 외로움을 해소시킬 수도 있었을 텐데…….

그로부터 15년 후에 또 다른 그의 모습이 있다. 70세의 칼 로저스는 미국 심리학회(APA: American Psychological Association)의 초청을 받아 연차대회에서 명예 연설을 하게 되었다. 청중들은 느긋하게 의자에 기대어 앉아 70세 노인의 원숙한 회고담을 기대하며 기다리고 있었다. 그러나 로저스는 일련의 도전을 통해 청중들을 뒤흔들어 놓았다. 그는 학교심리학자들에게 진부하고 부적절한 교육 시스템으로 피해를 입은 학생들을 그저 가르치기만 하는 것에 만족할 것이 아니라, 학생들의 호기심을 해방시키고 학습의 즐거움을 고양시켜 주는 교육 경험을 설계하는 일에 참여할 것을 촉구했다. 그리고는 전문성을 제한하는 일을 맹렬히 비난하면서, 자격증과 면허증에 기울이는 노력은 그럴 만한 가치가 없는 짓이고 자격증 있는 돌팔이들이 자격증 없는 돌팔이들만큼이나 많으며 너무도 많은 뛰어난 치료자들이 전문가가 되는 일에 제약을 받고 있다며 탄식했다. 또한 미국심리학회의 경직된 관료주의가 심리학계를 과거에 묶어 놓고 창의성을 질식시키고 있다고 지적했다. 물론 그가 연설하는 동안 그 누구도 졸 수가 없었다.

이 책에 재현되어 있는 이러한 장면들과 그 밖의 많은 장면들을 통해서 사람들의 성장을 위한 칼 로저스의 헌신이 분명하게 드러날 것이다. '사람-중심(Person-centered)', 로저스는 자신의 접근법에 대해서 이 말을 쓰기를 더 좋아했다. 로체스터에서 12년 동안 비행 청소년들, 혜택받지 못하는 아이들과 함께 일했던 치료자로서의 초기 시절부터 로저스가 가장 중요하게 여겼던 것은 내담자의 경험세계에 대한 배려와 존중이었다. 치료자가 치료 작업의 방향을 찾기 위해서는 내담자에게 의지해야만 하며, 무엇이 상처를 주었고 어떤 경험들이 드러나야 하며 어떤 문제들이 결정적으로 중요한지를 내담자 자신이 알고 있다는 믿음이 그의 마음속에 있었다. 그는 치료에 대한 이런 생각들을 체계화하기 시작했다. 그가 30대 중반에 쓴 문제아 치료에 대한 교과서는 학계의 큰 관심을 불러일으켰고, 이를 계기로 그는 오하이오 주립대학의 교수가 되었다.

그곳에서 그는 처음으로 상담학 과목을 개설했다. (1930년대 후반까지만 해도 오늘날 우리가 아는 것과 같은 임상심리학 분야가 없었다.) 곧이어 상담치료에 대한 그의 생각이 분명해짐에 따라 그는 『상담과 심리치료(Counseling and Psychotherapy)』라는 교과서를 썼다. 출판인들은 이 책을 출판하기를 주저했다. 그들은 로저스에게 이미 개설되어 있는 강좌나 분야를 위한 교과서를 쓰는 편이 낫겠다고 말했다! 그러나 결국 로저스의 『상담과 심리치료』는 롤로 메이(Rollo May)의 『상담의 기술(The Art of Counseling)』과 더불어 임상심리학의 탄생에 중요한 역할을 하게 되었고 인본주의적 치료 접근법의 미래의 기틀을 잡았다.

칼 로저스는 용맹스러운 전사로서 많은 전쟁을 했다. 그는 심리학자들이 환자를 치료하는 것을 막으려 했던 정신의학과 의약 분야에 대항하여 영토 전쟁을 치렀고, 선택, 자유 의지, 목적의 중요성을 부인하는 스키너(Skinner) 등의 환원주의자들과 이념 전쟁을 치렀으며, 그의 내담자-중심 접근법을 극히 단순화하고 반주지주의적인 것으로 여겼던 정신분석학자들과 절차에 대한 전쟁을 치렀다.

그로부터 반세기가 지난 오늘날 로저스의 치료적 접근법은 너무나 옳고 자명하며, 수십 년에 걸친 심리학 연구들에 의해 너무나 강력한 지지를 받고 있다. 그렇기에 과거에 그가 강도 높은 분쟁의 대상이 되어야만 했던 것을 인정하기 어려우며, 도대체 왜 그랬는지조차 이해할 수 없다. 오늘날의 노련한 치료자들은 로저스가 상담을 시작했던 초기에 이미 알고 있었던 것과 같이 치료에서 가장 중요한 것은 치료관계라는 것에 동의한다.

당연히 치료자는 반드시 환자와 진정한 관계를 맺어야 한다. 치료자가 진실된 사람일수록, 그리고 자기 방어적이거나 전문가로서의 가면을 쓰거나 역할을 연기하는 것 같은 일을 피할수록, 환자는 그에 보답하여 건설적인 방향으로 변화를 이루게 된다. 당연히 치료자는 환자를 아무런 판단과 조건 없이 수용해 주어야 한다. 아울러 치료자는 당연히 공감을 통해 내담자의 개인적인 세계에 들어가야만 한다.

그러나 이런 것들이 한때는 너무도 새로운 발상이었기 때문에 로저스는 심리치료 전문가들이 억지로라도 이에 주목하도록 해야만 했다. 그의 주된 무기는 객관적인 증거였고, 그는 심리치료의 과정과 결과를 밝혀내기 위해 실증 연구를 사용하게 만든 창조적인 배후 인물이었다. 치료자-내담자 관계의 중요한 요소들—공감적 이해, 진정성, 무조건적인 긍정적 존중—에 대한 그의 연구는 아직도 사회과학자들에게 조사 연구의 정밀성과 타당성의 모델로 여겨지고 있다.

심리치료에서 인본주의적 접근법을 만들어 내고 육성하고자 평생에 걸쳐 노력하던 로저스에게 롤로 메이의 강력한 목소리가 힘을 보태 주었다. 두 사람은 심리치료에 대한 목적과 접근법에는 근본적으로 동의했지만(그리고 두 사람 모두 유니언 신학교에서 공부했지만), 그들의 신념은 매우 다른 원천에서 비롯되었다. 칼 로저스의 신념은 실증 연구에서, 그리고 롤로 메이의 신념은 문학, 철학, 신화의 연구에서 나왔던 것이다.

로저스는 치료자로 활동하는 동안 그의 치료적 접근이 단순하다고 여긴 사람들의 공격을 받았다. 상담치료에 종사하는 많은 사람들은 내담자-중심 치료를 치료자가 단순히 내담자의 끝말만 반복해 주는 기법이라며 희화했다. 그러나 로저스를 알고 그의 상담 과정을 지켜보며 그의 글을 세심하게 읽어 본 사람들은 그의 접근법이 그리 단순하지도 폭이 좁지도 않다는 것을 알고 있었다.

로저스가 항상 '위에서 밑으로' 가 아닌 '밑에서 위로' 나아갔던 것은 사실이다. 즉, 그는 먼저 자신과 다른 사람들의 치료 작업 중에 그때그때 관찰한 것들을 근거로 하여 낮은 수준이지만 검증이 가능한 가설을 세웠다. (그것은 항상 로저리안(Rogerian) 접근법과 정신분석 접근법 사이의 주요 차이점이었다. 정신분석 접근법은 높은 수준의 추론을 이끌어 내고 검증할 수 없는 이론을 세웠으며, 그 다음에 그것이 정보를 주고 치료 과정을 이끌어 갔다.) 그리고 로저스는 활동 초기에 여러 기본적인 가정들에 도달하게 되었고, 그 가정들에 근거하여 치료 작업을 이어갔던 것 또한 사실이다.

그는 인간이 선택을 할 수 있으며 그리고 그것이 중요하다는 확신이 있었다. 또한 지적인 이해력에 의지하여 노력하는 것보다는 경험적으로 학습하는 것이 개인의 이해와 변화를 가져오게 하는 훨씬 더 강력한 접근법이라고 믿었다. 그는 개인들이 자기 자신 안에 **실현 성향**, 즉 성장과 성취를 향하는 타고난 성향을 가지고 있다고 믿었다. 로저스는 살아 있는 모든 유기체 안에 존재하는 **형성 성향**(무질서와 혼란의 상태인 엔트로피의 힘을 상쇄하는)에 대한 자신의 믿음에 대해 종종 이야기하곤 했다. 그는 형성 성향에 대한 믿음을 가지고 각 사람 안에 자기 이해와 개인적인 변화를 위한 엄청난 잠재력이 존재한다고 믿었던 니체(Nietzche), 키르케고르(Kierkegaard), 아들러(Adler), 골드스타인(Goldstein), 매슬로(Maslow), 호나이(Horney) 등 많은 인본주의 사상가들의 무리에 합류했다. 인간의 완전성에 대한 니체의 최초의 '기본 명제'는 "너 자신이 되라." 였고, 독립독행했던 정신분석가 카렌 호나이(Karen Horney)는 "도토리 열매가 자라서 떡갈나무가 되듯이 아이는 어른으로 성장할 것이다." 라고 믿었다. 이러한 입장에서 나온 심리치료의 과제는 건설 혹은 재건설하거나, 조종하거나 형성하는 것이 아니라, **촉진하는** 것이며, 성장의 방해물들을 제거하고 이미 항상 그 사람 안에 있었던 것들을 풀어놓도록 돕는 것이다.

사람-중심 접근법이 개인의 변화에 너무도 큰 영향을 주었기 때문에 로저스는 그것을 심리적인 어려움을 가진 사람들에게만 국한시킬 필요가 없다고 믿게 되었다. 그래서 그는 그 영향력을 심리치료 이외의 많은 영역에 사용하는 일을 모색했다. 그는 수십 년 동안 교육 프로그램에 관여하여 인지적인 학습만이 아닌 정서적인 부분도 교육에 포함시키도록, 그리고 교사들이 '**전체적인 인간**'에 초점을 맞추도록, 수용, 진실성, 공감적 이해가 있는 학습환경이 조성되도록, 교사들과 기관 운영자들이 사람지향적인 접근법 훈련을 받도록, 그리고 학생들의 자존감을 세워 주고 자연스러운 호기심을 풀어 주도록 촉구했다.

엔카운터 그룹은 때때로 '정상인들을 위한 그룹치료' 라고 특징지어졌다. 그것은 교육과 치료 사이의 가느다란 선 위에, 혹은 조금 덜 고상한 표현으로

'작아진 머리, 커진 마음' 사이에 걸쳐 있었다. 1960년대에 로저스는 집중적인 그룹 경험이 변화를 위한 엄청난 잠재력을 내포하고 있다는 것을 이해했다. 또한 그는 엔카운터 그룹 운동에 뛰어들었고 그룹 리더십 기술 발전에 중요한 공헌을 했다. 그는 강제적이고 조종적인 리더십 스타일을 반대하는 입장에 있었고, 개인치료에서 필수적인 사람지향적인 접근법이 그룹 경험에서도 똑같이 필수적이라고 주장했다. 그에게 리더들은 리더일 뿐 아니라 참여자여야만 했다. 그들은 스스로 모범을 보임으로써 촉진적인 환경을 가장 잘 만들 수 있었다. 로저스는 자기 자신이 만든 규칙들을 스스로 따랐다. 그의 그룹상담 기록은 아슬아슬할 정도로 정직한 그의 모습을 보여 준다. 개인상담에서와 마찬가지로, 그는 사람들을 건설적인 자기 성찰로 이끌 수 있으리라 생각되는 한, 자신의 개인적인 어려움뿐 아니라 다른 구성원들에 대한 자신의 환상들도 드러내 보였다.

소그룹에서 일어났던 일은 대그룹에서도 일어났다. 로저스는 75세의 나이에 공동체를 세우기 위한 시도로 수백 명의 사람들로 구성된 그룹을 인도했다. 그는 사람지향적 그룹이 국가적, 국제적 인간의 갈등을 해결하기 위한 강력한 도구를 제공해 준다고 믿었다. 이종 문화 간, 인종 간 긴장을 해소하리라 굳게 마음먹은 로저스는 그의 생애의 마지막 10년 동안 멀리 여행을 다녔다. 그는 남아공에서 흑인과 백인이 함께하는 의사소통 그룹을 인도했고, 브라질(당시 독재정권하에 있던)에서 개인의 자유와 자기실현에 대한 강의를 했다. 그리고 중미 17개국에서 온 고위 관리들을 대상으로 4일간의 갈등해결 워크숍을 촉진했고, 러시아에서 있었던 대만원의 워크숍에서 내담자-중심 상담의 시범을 보여 주었다. 그의 국제적인 노력들이 너무도 광범위해서 그는 노벨상 수상자로 지명되기도 했다.

이 책은 의사소통에 대한 로저스의 견해로 시작된다. 그에게는 자신의 감정과 생각을 정확하고 정직하게 전달하는 것만큼 중요한 것은 없었다. 그는 위압적이 되거나 강요하거나 조종하고자 하는 어떤 충동에도 굴복하지 않았다. 이것이 어느 정도는 추천자의 일을 불필요한 것으로 만들어 버린다. 더 많이 추천할 가치가 있는 책은 소수이겠지만, 추천이 덜 필요한 책은 하나도 없다. 독자들도 곧 알게 되겠지만, 로저스는 이 책에서 이례적으로 분명함과 우아함을 가지고 자신의 생각을 이야기하고 있다.

어빈 얄롬 (Irvin D. Yalom)

* 역자 주: 어번 알롬 박사는 스탠퍼드 의과대학교의 정신과 교수로 재직하다가 은퇴했다. 심리치료에 관한 많은 저서가 있으며 왕성한 활동으로 널리 알려졌다.

저자 서문

나는 나의 삶과 일 가운데 일어났던 변화들에 때때로 놀라게 된다. 이 책은 지난 10년간, 그러니까 대략 1970년대에 일어났던 변화들을 담고 있다. 최근 몇 년 동안 내가 썼던 다양한 글들을 여기에 묶어 보았다. 이곳에 소개된 글들 중에는 여러 간행물들을 통해 출판된 것도 있지만 아직 출판되지 않은 것도 있다. 독자에게 이 책의 내용을 소개하기에 앞서 나 자신에게 변화를 가져온 몇몇 중요한 전환점들을 되돌아보고 싶다.

1941년 나는 상담과 심리치료에 대한 책을 썼고 다음 해에 그 책을 출판했다. 그것은 내가 다른 상담자들과는 매우 다른 방식으로 생각하고 있고 개인치료를 하고 있다는 인식 때문에 쓰게 되었다. 그 책은 도움을 주는 사람과 도움을 받는 사람 사이의 주고받는 대화에 완전히 초점이 맞추어져 있으며, 제안이나 더욱 널리 적용될 수 있는 대책 같은 것은 들어 있지 않았다.

그로부터 10년 후인 1951년 내담자-중심 치료에 관한 책에서 나의 관점이 좀 더 충분히 그리고 좀 더 자신 있게 제시되었다. 그 책에는 심리치료의 원리들이 다른 분야에도 적용될 수 있다는 인식이 담겨 있다. 다른 사람들에 의해서 쓰이거나 다른 사람의 경험에서 주로 가져온 몇몇 글들 안에는 그룹치료, 그룹 리더십과 운영, 학생-중심의 수업에 관한 논의가 들어 있다. 적용 분야가 확장된 것이다.

나와 동료들이 하고 있던 일의 결과들을 왜 그렇게 뒤늦게야 보게 되었는지 나는 믿을 수가 없다. 1961년에 나는 『심리치료에 대한 치료자의 견해(A Therapist's View of Psychotherapy)』라는 책을 썼다. 제목을 보면 책의 모든 글들이 개인치료에 초점을 맞추고 있는 것 같지만, 사실은 좀 더 광범위한 분야에서의 적용을 다룬 장들이 여럿 있었다. 다행히 그 제목을 마음에 들어 하지 않았던 출판인이 한 장의 제목을 수정하고 그 책의 제목을 『사람이 되어감에 관하여(On Becoming a Person)』라고 붙이자고 제안했다. 나는 그 제안을 받아들였다. 나는 심리치료자들을 위한 책을 썼다고 생각했는데 실상은 사람들, 즉 간호사, 주부, 경제인, 사제, 목사, 교사, 젊은이 등 모든 종류의 사람들을 위해서 썼다는 것을 발견하고 놀랐다. 영어로 된 것뿐 아니라 여러 나라 말로 번역된 그 책은 전 세계에서 수백만의 사람들이 읽고 있다. 그 책의 강한 영향력으로 인해서 단지 심리치료자들이나 나의 말에 관심을 가져 줄 것이라고 생각했던 나의 편협한 견해를 벗어 던질 수밖에 없었다. 그 책에 대한 사람들의 반응은 나의 사고 영역뿐만 아니라 나의 삶의 영역까지 넓혀 주었다. 이후로 나의 글들은 치료자와 내담자 사이의 관계에서 일어나는 일이 결혼, 가족, 학교, 경영, 그리고 문화 간 또는 국가 간 관계에서도 당연히 일어난다는 인식을 담게 되었다고 믿는다.

이제는 이 책으로 돌아와서 그 내용을 살펴보고자 한다. 매우 개인적인 글들인 처음 다섯 장은 제1부에 한데 묶어 놓았다. 여기서 나는 나의 관계 경험들, 내가 자라오면서 느꼈던 감정들, 나의 철학 원천들, 일에 대한 나의 관점, '현실'에 대한 개인적인 견해들을 밝혔다. 본질적으로 이 글들은 나 자신에 의해서 쓰였으며 동시에 나 자신을 위해서 쓰였다. 이 글들이 당신과 당신의 경험에 와닿을지 어떨지는 예측할 수 없다.

이 부분과 이 책 전반에 걸쳐서 '그-그녀'의 용어 사용 문제를 보면 몇몇 글들이 언제 쓰였는지를 알 수 있다. 나는 나의 딸과 여성주의에 대해 배운 다른 친구들 덕택에 언어적인 성차별에 점점 더 민감하게 되었다. 나는 내가 여성들을 평등하게 다루었다고 믿지만, 최근에 와서야 총칭적인 의미의 문장에 남성 대명사만 사용하는 것에는 여성에 대한 비하가 들어 있다는 것을 분명하게 깨닫게 되었다. 그러나 이미 쓴 글을 현재의 나의 생각에 따라 수정하는 일은 아무래도 정직하지 못한 것 같아서 그냥 그대로 두었다. 어쨌든 내가 그렇게 썼으니 말이다. 또한 베트남에서 있었던 (내 의견으로는) 믿을 수 없을 정도로 어리석고 비인간적이고 파괴적이었던 우리의 전쟁에 대한 언급이 들어 있는 글들 역시 언제 쓰였는지 나타난다. 그 전쟁은 베트남인들에게 만큼이나 미국인들에게도 비극적인 것이었다.

제2부는 전문가로서의 나의 생각과 활동이 중심이 되어 있다. 나의 견해를 기술하는 용어의 변화를 통해 그것이 적용될 수 있는 범위를 알 수 있다. '내담자-중심 치료'라는 옛 개념은 '사람-중심 접근법'으로 바뀌어 왔다. 다시 말해서, 나는 더 이상 심리치료에 관해서만 이야기하는 것이 아니라 관점, 철학, 삶의 접근법, 존재방식에 대해 이야기하고 있는 것이며, 이 접근법은 개인, 그룹 또는 공동체 안에서 부분적으로라도 성장을 목적으로 하는 모든 상황에 적용된다. 제2부에 실린 두 개의 글은 작년에 쓴 것인 반면, 다른 글들은 다소 일찍 완성되었다. 그렇지만 모두가 오늘날 나의 생각과 활동의 주요 요소들을 제시해 준다. 개인적으로는 6개의 삽화가 들어 있는 장을 좋아한다. 나는 스냅사진 같은 그 경험들에서 심오한 배움을 얻었다.

제3부는 교육을 다루고 있다. 교육은 내가 어느 정도 자신감을 느끼고 있는 적용 분야다. 나는 교육기관들에게 몇 가지 도전을 주고 앞으로 우리가 대면하게 될 것에 대한 몇 가지 생각들을 제공했다. 나의 견해들은 정통에서 매우 벗어난 것들이기 때문에, 그것들이 긴축재정과 단기정책의 시대를 맞아 잠시 보수적인 분위기 가운데 있는 교육계에서 배척받지 않을까 두렵다. 나의 생각들은 먼 미래의 학습을 위한 것이다.

마지막으로 제4부에서는 과학적 사고와 다른 많은 분야의 새로운 흐름들 가운데 일어나고 있는 진보(거의 알려지지 않은)로 인해 우리의 문화가 맞이하게 될 급격한 변화에 대한 나의 생각을 피력했고, 세상이 어떤 방식으로 변화를 이루어 가게 될지 고찰해 보았다. 그리고 그렇게 변화된 세상에서 살 수 있는 사람의 특징에 관한 나의 견해를 밝혔다.

많은 장들이 다른 형태로 이전에 이미 출판되었던 것들이다. 제4장 '늙어가기: 혹은 나이 들며 성장하기?', 제9장 '사람-중심 공동체 만들기: 미래를 위한 대책', 그리고 제15장 '내일의 세계, 내일의 사람'은 여기서 처음으로 발표된 것이다.

이 책을 하나로 묶는 주제는 내가 애써 추구하는 '존재의 방식(A Way of Being)'이다. 즉, 어느 나라 사람이든, 어떤 직업의 사람이든, 인생의 어떤 과정에 있는 사람이든 간에 많은 사람들이 그 안에서 만족과 풍성함을 발견한 존재의 방식을 장마다 이런저런 모습으로 표현하고 있다. 이것이 당신에게도 사실이 될지 어떨지는 당신만이 결정할 수 있겠지만, 나는 이 '길'로 여행을 떠나는 당신에게 환영의 인사를 전한다.

칼 로저스(Carl R. Rogers)

차 례

1

개인적인 경험과 관점

제1장 의사소통 경험

1964년 가을, 나는 전 세계 과학계의 선두지 중 한 곳인 캘리포니아 공대(파사데나 소재)에서 시리즈 강의의 강사로 초청을 받았다. 강사들은 대부분 자연과학 분야의 인사들이었다. 이 시리즈 강의에 마음이 끌려 참석하게 된 청중들은 높은 교육 수준에 매우 세련된 부류의 사람들로 알려졌다. 주최 측에서는 강사들에게 가능하면 천문학이나 미생물학 또는 이론물리학 등 각각의 주제에 대해 시연(demonstration)을 곁들여 달라고 부탁했다. 나에게 맡겨진 강의 주제는 의사소통이었다.

나는 강의를 위해서 참고자료들을 수집하며 여러 가지 아이디어를 적어 보기 시작했으나 도무지 내 마음에 들지 않았다. 시연이라는 단어가 계속해서 마음속에서 맴돌다가 사라지곤 했다.

나는 이 문제로 고심하던 끝에 그저 의사소통이라는 주제에 관해 이야기하기보다는 의사소통을 해 보기로 결정했다. 어떻게 해서 내가 그런 결정을 내리게 되었는지는 다음에 소개되는 강연을 통해 알 수 있을 것이다.

나는 의사소통에 관해 얼마간의 지식을 가지고 있으며 좀 더 많은 지식을 수집할 수도 있습니다. 이 강의 요청을 수락한 후에 처음에는 그러한 지식을 모으고 정리하여 강의를 하려고 계획했지요. 그런데 그렇게 하려고 생각하면 할수록 그 계획이 점점 더 마음에 들지 않더군요. 오늘날 행동과학 분야에서 무엇에 관한 지식이라는 것은 가장 중요한 것이 되지 못합니다. 경험적인 지식 또는 깊은 수준의 앎이 오늘날의 분명한 흐름이며 그러한 지식은 인간과 관련이 있습니다. 그러나 그저 인지적이고 지적인 지식만을 논한다면 그러한 차원의 지식에는 다다를 수가 없습니다. 인지적이고 지적인 지식은 거의 대부분 언어를 통해 손쉽게 전달됩니다. 우리가 이야기하고자 하는 것은 좀 더 경험적인 것으로서 사고와 언어뿐 아니라 깊은 내면의 반응과 감정을 포함하는 전체적인 인간에 관련된 것입니다. 결국 나는 의사소통에 관한 이야기를 하기보다는 여러분과 감정적 차원에서 의사소통을 하고 싶다는 결정을 했습니다. 이것은 쉽지 않은 일입니다. 사람이 진실로 수용받을 수 있다고 느낄 수 있는 소그룹 안에서나 가능한 일이라고 할 수 있겠지요. 이처럼 많은 사람이 모인 곳에서 그런 시도를 한다는 것은 두려운 일입니다. 그래서 이 모임의 규모를 알게 되었을 때 나는 사실 그 생각을 포기했어요. 그 후 아내의 격려에 힘입어 재고해 보고, 결국 한 번 시도해 보기로 결정을 내린 것입니다.

강의가 시연의 형태로 열리는 것이 이곳 캘리포니아 공대의 오래된 전통이라는 것을 알게 된 것도 그 결정을 하는 데 도움이 되었습니다. 내가 이제부터 하고자 하는 것이 일반적인 의미의 시연이라고 할 수는 없겠지요. 그렇지만 주로 감정적이고 경험적인 차원에서 서로 주고받는 의사소통의 모델을 보여 주는 일종의 시연이 되기를 바랍니다.

사실 내가 하고 싶은 것은 아주 간단합니다. 나는 의사소통에 대해서 나 스스로 배운 것들을 여러분과 나누고 싶습니다. 이것은 나 자신의 경험을 통해 개인적으로 배운 것입니다. 그러나 여러분도 나와 똑같은 것들을 배워야만 한다는 생각은 추호도 없습니다. 그러나 내가 나 자신의 경험을 정말 진실되게 말한다면 아마도 여러분은 내 이야기를 각자 자신의 경험에 비추어 점검해 보면서 자신의 경우에 맞는지 틀리는지를 결정할 수 있으리라는 느낌이 듭니다. 내가 다른 사람들과 주고받았던 의사소통 경험 중에는 따뜻하고 좋고 만족스러웠던 경험들이 있습니다. 반면에 그 당시뿐 아니라 시간이 지날수록 점점 더 불쾌하고 불만스러우며 나 자신에게서 더욱 멀어지고 나 자신에 대해 덜 만족스럽게 느끼도록 만드는 경험들도 있습니다. 이러한 몇몇 경험들을 전하고자 합니다. 다시 말하자면, 다른 사람들과 의사소통을 할 때 나 자신이 더욱 풍성해지고 확장되고 커지는 느낌을 갖게 하고 성장을 촉진시켜 주는 경험들이 있습니다. 이런 경험은 상대방에게도 같은 반응을 일으켜서 그 사람 또한 풍성해지고 발달이 일어나고 그 기능이 향상되는 것을 자주 느낄 수 있습니다. 그러나 어떤 경험들은 각자의 성장과 발달을 늦추거나 멈추게 하고 심지어 퇴행을 초래하기도 합니다. 내가 말하려고 하는 것 중에 분명한 것은 내가 자신과 상대방의 성장을 촉진시키는 효과를 가져다주는 의사소통 경험은 좋아하지만, 자신과 상대방에게 위축되는 느낌을 갖게 하는 의사소통 경험은 피하고 싶다는 것입니다.

가장 먼저 여러분과 나누고 싶은 감정은 내가 누군가의 마음을 진실로 들을 수 있을 때 느끼는 즐거움에 관한 것입니다. 내가 생각하기에 이것은 나의 오랜 특성인 것 같습니다. 일찍이 초등학교 시절부터 그랬던 기억이 납니다. 아이가 선생님에게 질문을 하면 선생님은 훌륭하고 완벽하지만 그 질문과 전혀 다른 질문에 대한 답을 해 주곤 했습니다. 그럴 때마다 나는 몹시 마음이 아프고 괴로웠습니다. 그리고 "그런데 선생님은 아이의 말을 듣지 않았군요!" 라고 말하고 싶었습니다. 이것은 당시에는 매우 흔한 일로서(지금도 그렇긴 하지만) 의사소통이 그렇게도 안 된다는 것에 대해 나는 어린아이 나름대로의 절망감을 느꼈습니다.

나는 누군가의 마음을 듣는 것이 왜 내게 만족감을 주는지 알고 있다고 믿습니다. 누군가를 진정으로 들을 수 있을 때, 그것은 내가 그 사람과 만날 수 있도록 해 줍니다. 그리고 나의 삶을 풍요롭게 해 줍니다. 내가 개인에 대해서, 성격 특성에 대해서, 또 인간관계에 대해서 알고 있는 모든 것들은 이러한 경청을 통해서 배운 것들입니다. 누군가를 진실로 들을 때 느끼게 되는 또 하나의 특별한 만족감이 있습니다. 그것은 마치 천상의 음악을 듣는 것과도 같습니다. 왜냐하면 그 어떤 것이라도 사람의 직접적인 메시지 너머에는 온 우주가 있으니까요. 진실로 듣게 되면 모든 사람의 이야기 뒤에는 질서 정연한 심리적인 규칙들이 숨겨져 있는 것 같습니다. 그 규칙들은 우주에서 전반적으로 발견하게 되는 똑같은 질서의 양상을 띠고 있습니다. 그러므로 그 사람을 듣는다는 만족감과 자신이 우주적인 진리와 만나고 있다는 느낌에서 오는 만족감 모두를 얻게 됩니다.

내가 누군가를 듣는 것을 좋아한다고 말할 때, 듣는다는 것은 물론 깊이 듣는 것을 의미합니다. 단어, 생각, 감정의 색깔, 개인적인 의미, 심지어는 말하는 사람의 의식적인 의도 밑에 깔려 있는 의미까지 듣는다는 뜻이지요. 때로 그냥 보기에는 그리 중요하지 않은 메시지 속에서 나는 그 사람의 겉모습 밑에 깊이 파묻혀 있는 인간적인 절규를 듣습니다.

나는 소리들을 들으면서 그 사람의 겉과 다른 모습의 내면세계를 어떻게 감지할 수 있는지 자신에게 질문하는 법을 배워 왔습니다. 즉, 내가 과연 그가 말하는 것에 깊이 공감하면서 그가 의식적으로 알고 있는 것들뿐 아니라 그가 자신도 모르게 두려워하면서도 전달하고 싶어 하는 어떤 의미들을 감지하고 있는가를요.

한 청소년과 가졌던 상담을 예로 들어 보려 합니다. 오늘날 대부분의 청소년들이 그렇듯이 그도 상담 초기에는 인생의 목표가 하나도 없다고 했습니다. 이에 대해 다시 질문하자 그는 더욱 완강하게 목표 따위는 전혀 아무것도 없다고 강조했습니다. "하고 싶은 것이 아무것도 없다는 말이지?" 하고 내가 말했지요. "아무것도요. …… 글쎄요. 음, 계속 살고 싶기는 해요." 그 순간의 느낌을 나는 지금도 생생하게 기억합니다. 나는 이 말에 매우 깊이 공명했습니다. 누구나 그런 것처럼 그는 살고 싶다고 그냥 말했을 수도 있습니다. 그렇지만 살 것인가 말 것인가 하는 질문이 언제부터인지 그에게는 매우 중요한 문제가 되었다고 말하고 있는 것일지도 모를 일이었고 또 그럴 가능성이 아주 컸습니다. 그래서 나는 그에게 이 모든 차원에서 공명하려고 노력했습니다. 그의 메시지가 무엇인지 확실히 알지는 못했습니다. 단지 언젠가 자살을 할 생각이 있을지도 모른다는 것을 포함하여 그 말이 뜻할 수 있는 여러 가지 가능성에 마음을 열어 놓기를 원했던 것이지요. 내가 그의 말을 모든 차원에서 기꺼이 들으려 하고 또 들을 수 있었다는 것이 아마도 상담이 끝나기 전에 그가 최근에 자신의 머리를 날려 버리려고 한 적이 있었던 일에 대해서 말할 수 있도록 도와준 한 요인이 되었던 것 같습니다. 이 작은 사례는 누군가가 전달하고 싶어 하는 것에 대해 모든 차원에서 진실로 듣기를 원한다는 내 말이 무슨 뜻인지 말해 주는 하나의 예가 되겠습니다.

또 하나 간단한 예를 들어 보지요. 얼마 전에 친구가 어떤 문제 때문에 내게 장거리 전화를 걸었습니다. 그와 이야기를 마치고 나서 전화를 끊었습니다. 그런데 그제서야 그의 목소리가 내 마음에 울렸습니다. 우리가 의논했던 그 문제 뒤에 당면한 그 문제와는 아무 상관없는 고뇌, 낙심, 심지어 절망의 음조가 그의 목소리에 배어 있었던 것 같았습니다. 그 느낌이 너무 날카로웠기 때문에 나는 내가 받은 느낌을 편지로 썼습니다. "내가 얘기하려고 하는 것이 틀릴지도 모르겠네. 만약 틀렸으면 이 편지를 쓰레기통에 던져 버리게나. 그렇지만 나는 전화를 끊고 난 후 자네 목소리에서 큰 고뇌와 고통이 느껴졌다는 것을 깨달았다네. 어쩌면 깊은 절망인 것 같기도 하더군." 그리고 그에게 도움이 되기를 바라는 마음으로 그와 그의 상황에 대한 나 자신의 느낌들을 나누었습니다. 터무니없는 오해를 한 것은 아닌가 하는 생각에 염려하며 편지를 부쳤는데 곧바로 그에게서 답장을 받았습니다. 누군가 자신의 마음을 들어 주었다는 것에 대해 그는 매우 감사해했지요. 나는 그의 목소리를 정확히 들었던 것입니다. 나는 그의 마음을 들을 수 있었고 그렇게 해서 진정한 의사소통이 가능했다는 것에 매우 기뻤습니다. 이 실례에서 알 수 있듯이 단어가 주는 메시지와 목소리가 주는 메시지가 너무나 다른 경우가 많이 있습니다.

치료적 면담이나 내게 큰 의미가 있었던 집중적인 단기 그룹 경험을 통해서 나는 경청이 중요한 결과를 가져온다는 것을 발견했습니다. 사람의 말을 듣되 단순히 그가 말하는 단어만이 아닌 그 순간 그에게 중요한 의미를 진실로 들어 줄 때, 내가 그만의 개인적이고 은밀한 의미들을 듣고 있다는 것을 그가 알게 되면 놀라운 일들이 일어납니다. 무엇보다 먼저 그 사람의 표정이 달라집니다. 편안함을 느끼게 됩니다. 자신의 세계에 대해 좀 더 이야기하고 싶어지게 됩니다. 새로운 자유의 느낌이 솟아납니다. 그리고 변화에 좀 더 마음을 열게 됩니다.

상대방이 의미하는 것을 더 깊이 들어 줄수록 더 많은 일들이 일어나는 것을 종종 봅니다. 누군가가 자신의 말을 깊이 들어 주고 있다고 느낄 때, 사람들은 거의 항상 눈물을 흘립니다. 나는 그들이 사실은 기뻐서 우는 것이라고 생각합니다. 마치 "아, 이제 살았다! 누군가 나를 들어 주네. 누군가 나를 제대로 알아 주네."라고 말하는 것 같지요. 그런 순간에는 지하 감옥에 갇힌 죄수가 매일 "거기 누구 없어요? 내 말 안 들려요?" 하고 모스부호로 두드리는 모습이 떠오르곤 합니다. 그러던 어느 날 마침내 "예, 들려요."하고 두드리는 소리가 희미하게 들리는 겁니다. 그 단순한 응답 하나로 그는 자신의 외로움에서 풀려나게 됩니다. 그는 다시 사람이 됩니다. 오늘날 수많은 사람들이 혼자만의 감옥에 갇혀서 살고 있습니다. 그들은 밖으로는 그런 모습을 전혀 보이지 않습니다. 그러므로 지하 감옥에서 들리는 그 희미한 소리를 들으려면 매우 주의 깊게 들어야만 합니다.

내 말이 너무 감상적이거나 과장된 것처럼 들릴 수도 있겠네요. 그럼 이와 관련해서 최근에 내가 경험한 일을 말하겠습니다. 15명의 간부급 사람들이 참석한 엔카운터 그룹 기초 과정에서 있었던 일입니다. 나는 매우 강도 높은 그룹 회기들을 진행하던 주간에 참석자들에게 그룹에서 나누기 꺼려지는 감정들을 써 보게 했습니다. 한 사람이 다음과 같이 썼습니다. "나는 사람들과 관계를 맺기가 어렵다. 아무도 나의 벽을 쉽게 뚫고 들어올 수 없다. 아무것도 내 안에 들어와 나를 해칠 수 없으며 아무것도 내 안에서 밖으로 나갈 수 없다. 나는 너무나 많은 감정들을 억압해 왔기 때문에 감정적인 불모지에 가깝다. 이런 상태가 행복하지 않지만 어떻게 해야 할지 모르겠다. 다른 사람들이 나에 대해 어떻게 반응하며 왜 그렇게 하는지 알 수 있다면 도움이 될 것 같다." 이것은 분명코 지하 감옥에서 들려오는 메시지입니다. 후에 한 사람이 무기명으로 쓴 이 글이 자신의 것이라고 밝히면서 고독감과 완전히 얼어붙은 그의 마음에 대해 훨씬 더 상세하게 이야기해 주었습니다. 그는 인생이 자신에게 너무나 가혹하다고 느꼈기 때문에 감정 없이 살아야만 했습니다. 무엇보다 슬픈 것은 직장이나 사회 생활뿐 아니라 가족과도 그렇게 살아야만 했다는 점입니다. 그룹 안에서 그는 점차 자신을 많이 표현하게 되었으며, 상처받을 것에 대한 두려움이 줄어들고 좀 더 기꺼이 자신을 다른 사람들과 나누게 되었습니다. 그의 이러한 변화의 성취는 모든 참석자들에게 큰 보람을 느끼게 해 주었습니다.

2~3주 후에 또 다른 문제에 관해 질문하는 그의 편지를 받았을 때 나는 매우 흥미롭고 즐거웠습니다. 그 편지에는 이런 글이 포함되어 있었습니다. "그룹이 끝나고 집에 돌아왔을 때 나는 누군가에 의해 유혹을 받았는데, 그것이 결국 오랫동안 기다려 왔고 자기 자신에게 꼭 필요했던 바로 그것이었음을 깨닫게 된 젊은 처녀가 된 기분이었습니다! 누가 나를 유혹했는지, 그것이 당신이었는지 그룹이었는지, 아니면 합작품이었는지는 아직 잘 모르겠습니다. 아마도 후자겠지요. 어쨌든 의미 있고 너무나 즐거운 경험을 할 수 있게 해 주신 것에 대해 감사드리고 싶습니다." 그룹 안의 여러 사람들이 진심으로 그의 마음을 들어주었기 때문에 그가 지하 감옥에서 해방되어 적어도 어느 정도는 따뜻한 인간관계가 있는 좀 더 밝은 세상으로 나오게 되었다고 말한다 해도 지나친 말은 아닐 것입니다.

이제 내가 배운 두 번째 경험을 여러분께 전하고자 합니다. 나는 누군가가 내 마음을 들어주는 것을 좋아합니다. 나는 살아오면서 해결할 수 없는 문제로 가슴이 터질 것 같거나 계속해서 고문하는 듯한 고통의 소용돌이 속에 있거나 무가치함과 절망의 감정에 압도되어 있던 시기가 여러 번 있었습니다. 나는 대부분의 사람들보다 운이 좋아서 이러한 시기에 내 마음을 들어 주어 혼란스러운 감정으로부터 나를 구해 주고 내가 아는 것보다도 더 깊이 내 마음을 들어 주는 사람들을 발견할 수 있었습니다. 그들은 이야기를 들어는 주되 판단하거나 진단을 내리거나 평가하거나 분석하려 하지 않았습니다. 내가 이야기하고자 하는 것을 들어 주고 명료화하고 여러 가지 차원에서 내게 반응을 해 주었던 것입니다. 여러분도 심리적인 불안감 가운데 있을 때에 누군가가 여러분을 판단하거나 바꾸려고 하거나 대신 책임을 지려고 하지 않고 진심으로 그 마음을 그냥 들어준다면 기분이 최고일거라고 나는 장담할 수 있습니다. 그럴 때마다 나는 마음의 긴장이 풀려서 내가 경험하고 있던 두려움, 감정, 죄책감, 절망감, 혼란감을 털어놓을 수 있었지요. 누군가 내게 귀 기울여 주고 내 마음을 들어주면 나는 나의 세계를 새롭게 인식할 수 있고 앞으로 나아갈 수 있습니다. 누군가 귀 기울여 주면 해결이 불가능해 보이던 것들이 해결할 수 있게 되고, 누군가 들어주면 돌이킬 수 없어 보이던 혼란스러움이 비교적 분명하게 정리가 되는 것은 정말 놀라운 일입니다. 나는 이렇듯 민감하고 공감적이며 집중적인 경청을 경험할 수 있었던 것에 대해 깊이 감사합니다.

다른 사람의 마음을 들을 수 없을 때, 상대방을 이해하지 못할 때, 나는 나 자신이 불만스럽습니다. 단순히 이해를 잘 못했거나 그가 말하는 것에 주의 집중을 잘 못했거나 그가 사용한 단어를 이해하는 데 어려움이 있었다면 자신에 대해 아주 작은 불만을 느낍니다. 그러나 상대방이 무슨 말을 하려고 하는지 미리 확신해 버려서 듣지 않았기 때문에 못 들었을 때는 자신에 대해 정말 화가 납니다. 내가 무엇을 들을지를 미리 결정해 놓고 들었다는 것을 후에 가서야 깨닫곤 합니다. 진실로 듣는 일에 실패한 겁니다. 상대방의 말을 왜곡해서 내가 듣고 싶어 하는 것을 의미하게 만든 다음 그렇게만 듣고 있는 나 자신을 발견할 때는 더욱 끔찍하지요. 이런 일은 매우 미묘하게 일어날 수 있는데, 내가 얼마나 기술적으로 그런 짓을 하는지가 놀랍기만 합니다. 상대방이 말한 단어를 조금만 비틀고 그가 의미하는 것을 약간만 구부리면 내가 듣고 싶은 그것을 그가 말하고 있는 것처럼 보이게 할 수 있을 뿐더러 그로 하여금 내가 원하는 바로 그 사람이 되게 할 수 있습니다. 그가 저항하거나 내가 미묘하게 그를 조종하고 있다는 것을 점차 스스로 깨닫게 되면 나 자신이 역겨워집니다. 나도 그런 대상이 되어 본 적이 있기 때문에 사람이 자기 자신과는 다른 사람으로 받아들여지거나 자신의 말이 그대로가 아닌 다른 말로 들려질 때 얼마나 실망스러운지 잘 알고 있습니다. 그럴 때는 화가 나고 당혹스럽고 환멸을 느끼게 되지요.

방금 한 말은 내가 여러분과 나누고 싶은 또 다른 배움의 경험과도 연결됩니다. 나는 깊은 속마음, 즉 자신만의 은밀한 내면세계의 일부를 표현해 보려고 시도했는데도 상대방이 이해해 주지 않을 때 몹시 좌절감을 느끼고 마음이 닫힙니다. 위험을 무릅쓰고 매우 은밀한 것을 다른 사람과 나누는 모험을 감행했는데 그것이 받아들여지지도 이해되지도 않을 때 매우 외롭고 위축되는 경험을 하게 됩니다. 그러한 경험이야말로 사람을 정신병자로 만듭니다. 그것은 누군가가 자신을 이해해 줄 수 있을 것이라는 희망을 꺾어 버립니다. 일단 그 희망을 잃어버리면 그는 자신의 내면세계 안에서 살 수밖에 없으며 그 사람의 내면세계는 점점 더 와해됩니다. 그는 더 이상 인간의 경험을 공유하며 살 수 없습니다. 나는 그러한 사람들에게 동감할 수 있습니다. 왜냐하면 나도 은밀하고 소중하며 표현하기 모호한 어떤 감정들을 나누었을 때, 상대방이 그것을 평가하거나 덮어놓고 잘될 거라고 안심시키려 하거나 의미를 왜곡해서 받아들이게 되면 마음속에서 '이런, 얘기해 봤자 아무 소용이 없군.' 하는 강한 반응이 일어나기 때문이지요. 혼자 남겨진다는 것이 어떤 건지 바로 그런 때 알 수 있습니다.

지금까지 말한 것을 통해 여러분도 이미 알았겠지만, 창의적이고 적극적이고 민감하며 정확하고 공감적이며 판단하지 않는 경청은 인간관계에서 이루 말할 수 없이 중요합니다. 경청을 제공하는 것은 내게 중요합니다. 또한 경청을 제공받는 것도 중요합니다. 특히, 내 인생의 어떤 시기에는 받는다는 것이 매우 중요했습니다. 다른 사람에게 경청을 제공할 때는 나는 나의 내면이 성장하는 것을 느낍니다. 또한 그러한 경청을 제공받을 때 내가 성장하고 자유로워지며 강해지는 것을 참으로 확신하게 됩니다.

내가 배운 또 다른 영역의 경험에 대해 이야기하겠습니다.

나는 내가 나 자신에게 진실해질 수 있고 마음속에서 일어나고 있는 일이 무엇이든지 그것과 접촉할 때 매우 만족스럽습니다. 내가 나 자신의 마음을 잘 들어줄 때 기분이 좋습니다. 자신이 경험하고 있는 것을 그 순간 진실로 알아채기란 결코 쉽지 않습니다. 그러나 지난 수년간 내가 이런 점에서 점차 발전하고 있다고 생각되어 다소 격려가 됩니다. 그러나 이 작업은 평생에 걸쳐서 해야 되는 일이고, 우리 중 그 누구도 내면에서 일어나고 있는 모든 경험을 편안하게 느끼며 그것과 완전하게 하나가 될 수는 없는 일입니다.

'진실성(realness)'이라는 말 대신에 때때로 '일치성(congruence)'이라는 단어를 사용하기도 합니다. 일치성이라는 말은 그 순간 자신이 경험하는 것을 인식하고 있을 때, 그리고 인식하고 있는 그것을 의사소통을 통해 전달할 때, 이러한 세 가지 차원이 잘 들어맞는다는 또는 일치한다는 뜻입니다. 그 순간에 나는 통합이 되고 전체가 되며 완전히 하나가 됩니다. 물론 나도 모든 다른 사람과 마찬가지로 대부분 어느 정도는 불일치의 모습을 보입니다. 그러나 나는 진실성 또는 진정성(genuineness) 또는 일치성이 (어떤 용어를 사용하든 간에) 최고의 의사소통을 위한 중요한 조건이 된다는 것을 배웠습니다.

자신의 내면에서 일어나고 있는 것과 접촉한다는 것은 무슨 뜻일까요? 무슨 뜻인지 설명하기 위해 내가 상담가로서 일하면서 때때로 경험하는 일에 대해 말하겠습니다. 가끔씩 당시에 일어나고 있는 일과는 아무런 관계가 없어 보이는 '감정이 마음속에서 올라옵니다.' 그래도 나는 그 감정을 인식하고 신뢰하고 받아들여서 내담자에게 그 느낌을 전하는 시도를 하도록 배워 왔습니다. 예를 하나 들면, 한 내담자가 이야기를 하고 있는 중에, 갑자기 그가 어린 소년의 모습으로 두 손을 모으고 "제발 이걸 좀 주세요, 제발요!" 하며 간청하는 모습이 떠올랐습니다. 내담자와의 사이에서 진실되며 마음속에서 일어나는 느낌을 그대로 표현할 수 있을 때, 그 사람 내면의 깊은 곳을 두드리게 되고 우리의 관계가 발전된다는 것을 나는 배웠습니다.

또 다른 예를 들어 보지요. 다른 작가들도 마찬가지이겠지만, 나는 글을 쓰기 시작할 때 자기 자신과 접촉하기가 매우 어려운 경우가 많이 있습니다. 인정을 얻을 수 있을지, 동료들에게 훌륭하게 보일지, 대중적인 흥미를 불러일으킬 수 있을지에 마음을 빼앗기기 일쑤입니다. 어떻게 하면 내가 진정으로 말하고 싶고 쓰고 싶은 것에 귀를 기울일 수 있을까요? 어려운 일입니다. 자신에게 충실하기 위해서 나는 때때로 속임수를 씁니다. 지금 나는 출판을 위해 글을 쓰는 것이 아니며 나 자신의 만족을 위해서만 글을 쓰는 것이라고 스스로에게 말하지요. 종이를 낭비했다고 자신을 비난하지 않기 위해 낡은 종이쪽지에 쓰기도 합니다. 논리적이고 조직적으로 쓰려고 하지 않고 떠오르는 생각이나 느낌들을 그냥 아무렇게나 간단히 적어 봅니다. 그렇게 하면 진짜 나 자신과 내 느낌, 내 생각에 훨씬 더 충실할 수 있습니다. 이런 식으로 만들어진 책들은 흔히 사람들의 마음에 깊이 다가가며 나 자신 또한 떳떳하게 느끼게 해 주지요. 그러므로 내가 나 자신에게, 내 느낌에, 겉모습 뒤에 숨겨져 있는 나 자신의 모습에 충실하다는 느낌은 매우 만족스러운 것입니다.

나는 내가 진정한 나 자신을 다른 사람들과 나누는 모험을 할 때 만족감을 느낍니다. 그러나 그렇게 하기는 결코 쉽지 않습니다. 그 이유 중 하나는 내가 경험하고 있는 것이 매 순간 바뀐다는 것입니다. 대개는 경험하는 것과 전달하는 것 사이에 시차가 생깁니다. 그것은 잠시가 될 수도 있고 여러 날, 여러 주, 혹은 여러 달이 될 수도 있습니다. 어떤 것을 경험합니다. 무언가를 느낍니다. 그러나 후에 가서야 그것을 전하려는 용기를 냅니다. 그런데 그때는 이미 감정이 식어서 위험을 무릅쓰고 나누려는 마음이 별로 없게 되지요. 그러나 느끼고 경험하는 그 순간에 나의 진정한 마음을 나눌 때는 내가 진실되고 자연스럽고 살아 있다는 것을 느낍니다.

다른 사람 안에 있는 진심을 만날 때, 그때가 바로 반짝이는 순간입니다. 지난 몇 년간 나에게 매우 귀중한 경험을 하게 해 주고 있는 엔카운터 그룹 기초 과정을 진행하는 동안, 때때로 사람들이 자신의 내면에서 나오는 것을 있는 그대로 투명하게 이야기하곤 합니다. 누군가가 겉모습 뒤에 감추는 것 없이 깊은 속마음을 이야기할 때는 분명하게 느낄 수 있습니다. 그런 일이 일어나면 나는 기쁨으로 펄쩍 뛰며 그를 맞이합니다. 진짜 그 사람을 만나고 싶은 것입니다. 표현되는 감정은 매우 긍정적인 것일 수도 있고 아주 부정적인 것일 수도 있습니다. 큰 전자회사에 속한 대규모 연구소의 소장으로서 막중한 책임을 맡고 있었던 한 과학자가 생각납니다. 그가 엔카운터 그룹에 참여했는데, 하루는 용기를 내어 자신의 고독감에 대해 이야기했습니다. 그는 사는 동안 한 번도 친구를 가져 본 적이 없다고 했습니다. 아는 사람들이야 수 없이 많았지만 친구라고 꼽을 수 있는 사람은 단 한 사람도 없었다고요. 그는 또 이런 말을 했습니다. "그럭저럭 의사소통을 할 수 있는 사람이 이 세상에 딱 두 사람 있지요. 그건 제 자식들입니다." 그 말을 마칠 때쯤 그는 마음의 빗장을 열고 자기 자신을 위한 슬픔의 눈물을 조금 흘렸습니다. 그는 그 눈물을 오랫동안 마음속에 가두어 두었던 것이 분명했습니다. 그러나 그룹 안의 모든 사람들이 진심으로 그에게 가까이 다가갈 수 있었던 것은 그가 자신의 외로움에 대해 진심으로 솔직하게 나누었기 때문이었습니다. 또한 진실되고자 했던 그의 용기에 힘입어 모두가 더욱 진실되게 의사소통을 하고 늘 쓰고 살던 가면을 벗어 던지게 되었다는 것이 무엇보다 중요한 일이었지요.

너무 두렵거나 몹시 위협을 느껴서 나 자신의 경험과 접촉할 수 없고, 그래서 내가 진실되지 못했다는 것을 깨닫게 될 때—물론 한참 지난 후에야 깨닫게 되는 것이 보통이지만—나는 실망하게 됩니다. 드러내기 다소 고통스러운 어떤 일이 떠오르네요. 몇 년 전에 나는 스탠퍼드 대학의 행동과학 고등연구센터(Center for Advanced Study in the Behavioral Sciences)의 특별 연구원으로 초청을 받았습니다. 그곳 연구원들은 전문적인 지식을 갖추고 있는 뛰어난 학자들로 구성되어 있었지요. 그곳에서는 자신의 지식과 업적을 과시하면서 남보다 한 발 앞서려고 하는 상당한 소모전이 불가피하겠다는 생각이 들었습니다. 다른 사람들에게 깊은 인상을 남기고, 좀 더 자신감이 넘치며, 실제보다 좀 더 많이 아는 것처럼 보이는 것이 그들에게 중요한 것 같았습니다. 그런데 나 자신 또한 그들과 똑같이 실제보다 더 큰 확신이 있고 더 큰 자신감을 가지고 있는 것처럼 꾸미고 있다는 것을 발견했습니다. 내가 그렇게 하고 있다는 것을 깨달았을 때 나 자신이 얼마나 역겹게 느껴졌는지 모릅니다. 그건 내가 아니었습니다. 단지 연기를 했을 뿐이었지요.

나는 자신의 감정을 너무 오랫동안 억압했다가 갑자기 그것이 왜곡된 방법으로, 또는 공격적이거나 상처를 주는 방식으로 튀어나오게 되면 후회스럽습니다. 내가 아주 좋아하는 친구가 있는데, 그 친구에게는 나를 매우 화나게 하는 행동 패턴이 하나 있습니다. 친절하고 공손하고 상냥하게 대하려는 평상시 나의 성향 때문에 화가 나는 것을 나는 너무나 오랫동안 참아왔습니다. 그런데 마침내 그것이 폭발해서 그냥 화를 내는 것이 아니라 그를 공격하기에 이르렀지요. 그것이 친구에게 상처를 주었고 우리의 관계를 회복하는 데는 시간이 좀 걸렸습니다.

다른 사람이 진정한 그 자신이 되도록 허용해 주고 나로부터 분리되도록 해 줄 수 있는 힘이 내게 있을 때 나는 마음이 기쁩니다. 그것은 종종 매우 위협적일 수 있습니다. 나는 그것이 여러 가지 점에서 조직의 리더십이나 부모 역할에게 주어지는 힘든 시험이라는 것을 발견했습니다. 함께 일하는 스태프나 나의 딸, 아들이 나 자신과는 다른 생각, 목적, 가치관을 지닌 독립적 존재가 되도록 내가 자유롭게 허용해 줄 수 있을까요? 작년에 함께 일했던 한 스태프가 생각납니다. 그는 번득이는 재기를 발휘했지만 나와는 가치관이 많이 달랐고 나와는 전혀 다른 방식으로 행동했습니다. 그에게 진정한 그가 될 수 있도록 허용해 주고 그가 나 자신과 나의 아이디어, 나의 가치관으로부터 완전히 분리된 개인으로서 발달할 수 있도록 해 주기가 내게는 너무 어려웠습니다. 나는 이 일에 부분적인 성공밖에 거두지 못했다고 느꼈습니다. 그러나 어느 정도 성공한 부분에 대해서는 나 자신에게 만족스러웠습니다. 왜냐하면 독립적인 존재가 되도록 허용해 주는 것이야말로 그를 자율적으로 발달할 수 있도록 만들어 주니까요.

내가 다른 사람을 교묘하게 조종하고 통제해서 나 자신의 모습으로 만들고 있다는 것을 발견할 때는 나 자신에게 화가 납니다. 내가 나의 전문 분야에서 일하던 경험 중에서 이 점이 매우 고통스러운 부분이었습니다. 나는 '제자' 를 갖게 되는 것을 증오합니다. 학생들이 스승이 원한다고 느끼는 그런 모습의 틀에 넣어 자신들을 꼼꼼하게 주조해 가는 것이 싫습니다. 그래서 나는 그들 스스로 어느 정도 책임을 지게 합니다. 하지만 그들의 당연한 권리로서 각자 독립적인 전문가가 되게 하기보다는 은밀한 방법으로 교묘하게 개인들을 조종해서 나 자신의 복제품으로 만들려고 했을 가능성을 배제할 수 없어 마음이 편치 않습니다.

지금까지의 이야기를 통해 내 안에 진실성을 허용해 주고 다른 사람 안에서도 진실성을 느끼거나 그것을 허용해 줄 때, 내가 매우 만족감을 느낀다는 것이 분명해졌을 줄 믿습니다. 반면에 자신 안에 진실성을 허용해 주지 않거나 다른 사람에게 진실성을 허용해 주는 일에 실패했을 때는 몹시 괴롭습니다. 나 스스로 진실되고 일치성이 있을 때, 나는 종종 상대방을 돕습니다. 또한 상대방이 투명하게 진실되고 일치성이 있을 때, 그도 나를 종종 돕습니다. 한 사람의 깊은 진실이 다른 사람의 깊은 진실과 만나는 그리 흔치 않은 순간에, 마르틴 부버(Martin Buber)가 말한 그 유명한 '나-너 관계(I-thou relationship)' 가 형성되는 것입니다. 그러한 깊은 상호 간의 만남은 자주 일어나는 것이 아닙니다. 그러나 가끔씩이나마 그런 만남이 일어나지 않는다면 우리는 인간으로서 사는 것이 아니라고 믿습니다.

내가 인간관계에 대해서 배운 또 다른 영역으로 넘어가 보지요. 이를 배우는 과정은 더디고 고통스러웠습니다. 누군가가 나를 좋아하고 수용해 주며 칭찬하고 소중하게 여겨 주는 것을 사실로 받아들이고 그대로 느낄 수 있도록 스스로에게 허용해 줄 때, 나는 마음이 따뜻해지고 충족감을 느낍니다. 과거의 여러 경험 때문에 이렇게 하기가 매우 어려웠습니다. 오랫동안 다른 사람들이 나에 대해 가지고 있는 긍정적인 감정들을 거의 자동적으로 밀쳐내곤 했지요. 그럴 때마다 나는 '뭐, 나를 좋아한다고? 당신이 나를 좋아할 리가 없지. 내가 한 일이나 나의 업적을 좋아할 수는 있겠지만 나를 좋아하는 건 아닐 거야.' 라고 생각했습니다. 나 스스로 상담을 받으면서 이 문제를 다룬 것이 많은 도움이 되었습니다. 아직도 그런 따뜻한 사랑의 느낌을 다른 사람들에게 받아들이는 것이 항상 잘 되지는 않지만, 그렇게 할 수 있을 때 아주 편안해지는 것을 느낍니다. 어떤 사람들은 무언가 이익을 얻기 위해 아첨을 하기도 하고 적을 만드는 것을 두려워하기 때문에 칭찬을 하기도 한다는 것을 알고 있습니다. 그러나 어떤 사람들은 진심으로 나를 인정해 주고 좋아하고 사랑한다는 사실도 이제 알게 되었으며, 그 사실을 인정하고 받아들이고 싶습니다. 그러한 사랑의 느낌을 받아들이고 그것에 젖을 수 있을 때 나는 덜 외롭습니다.

다른 사람을 진심으로 소중히 여겨 주고 좋아하고 사랑할 수 있을 때, 그리고 그러한 느낌을 그 사람에게 흘려보낼 수 있을 때, 나는 풍성함을 느낍니다. 나는 많은 사람들이 그렇듯이 자신의 감정을 보여 주면 함정에 빠지게 될까 봐 두렵습니다. '내가 그를 좋아하면 그가 나를 지배할 거야.' '내가 그녀를 사랑하면 그녀를 지배하려 들거야.' 이제는 내가 이런 점에 대해 훨씬 덜 두려워하게 되었다고 생각합니다. 나의 내담자들과 똑같이 나도 그 부드럽고 좋은 감정들을 주거나 받는 것이 위험하지 않다는 것을 천천히 배우고 있습니다.

내 말이 무슨 뜻인지 이해할 수 있도록 최근 엔카운터 그룹 기초 과정에서 있었던 일을 또 예로 들어 보겠습니다. 자신을 이렇게 소개한 한 여인이 있었습니다. "나는 시끄럽고 과잉행동을 하는데다가 가시 돋친 사람이지요." 그녀의 결혼생활은 깨어질 위기에 있었고 그녀는 인생이 살 만한 가치가 없다고 느끼고 있었습니다. 그녀는 말했습니다. "나는 수많은 감정들을 콘크리트 포장 밑에 묻어 놓았습니다. 그 감정들을 사람들이 비웃고 짓밟을 것이 두려웠어요. 그런데 나와 우리 가족들에게 지옥 같은 일들이 생겼던 건 두말할 것 없이 그 콘크리트 포장 때문이었지요. 나는 마지막 한 가닥 기대를 걸고 이 워크숍을 기다렸답니다. 산더미 같은 절망 속에서 그야말로 실낱같은 희망이었지요." 이어서 그녀는 그룹 안에서 자신이 경험한 것을 이야기했습니다. "내게 전환점이 되었던 것은 선생님이 내 어깨에 팔을 둘러 감싸준 단순한 몸짓이었습니다. 내가 선생님은 사실 그룹의 일원이 아닌 것 같다고 트집을 잡으면서 아무도 당신의 어깨에 기대어 울 수 없을 거라고 말했던 그날 오후에 있었던 일이에요. 전날 밤에 나는 '하나님, 이 세상엔 나를 사랑해 주는 사람이 하나도 없어요.' 라고 노트에 적어 놓았지요. 내가 완전히 무너졌던 그날에 선생님은 너무나 진심으로 나를 염려해 주시는 것 같아 나는 가슴이 벅찼어요. 그 몸짓을 통해 나는 난생처음 내가 수용되는 느낌을 받았어요. 이렇게 멍청하고 가시 돋치고 온통 이런 내가요. 나는 다정함, 자신감, 내가 필요한 존재라는 느낌, 분노, 격정 …… 그게 무엇이든 간에 그 모든 감정을 느꼈어요. 한마디로 사랑받고 있다고 느꼈답니다. 나를 휩쓸었던 그 감사의 파도, 겸허한 느낌, 해방감을 상상할 수 있으시겠지요. 나는 큰 기쁨으로 '진정으로 사랑을 느꼈다.' 라고 써 놓았어요. 아마 그 느낌은 쉽게 잊혀지지 않을 거예요."

그 여인은 물론 내게 말을 하고 있었지만 어떤 의미에서는 내 말을 대신하고 있었습니다. 나 또한 비슷한 감정을 느꼈으니까요.

다음은 사랑을 경험하고 베푸는 것에 관한 예를 들어 보겠습니다. 그룹에 참석했을 때 만난 한 정부 관리가 생각납니다. 그는 엔지니어로서 책임감이 강하고 우수한 기술훈련을 받은 사람이었지요. 그룹이 첫 모임을 가졌을 때 차갑고 혼자 동떨어져 있으며 냉혹하고 냉소적인 그의 모습이 내게 깊은 인상을 주었습니다. 다른 사람들에게도 그랬을 겁니다. 그가 자기 부서를 어떻게 운영하고 있는지 이야기할 때는 온정이나 인간미 하나 없이 교과서처럼 일하는 사람처럼 보였습니다. 그룹 회기 초반에 그가 자신의 아내에 대해 이야기하자 어떤 사람이 그에게 "당신은 아내를 사랑하시나요?" 하고 질문했습니다. 그는 오랫동안 대답을 하지 않고 가만히 있었지요. 그래서 질문을 한 사람이 다시 말했습니다. "됐습니다. 대답은 그것으로 충분한 것 같군요." 그러자 그 사람이 이렇게 말했습니다. "아니요, 잠깐만 기다려 주세요. 내가 대답을 못하고 있었던 것은 내가 과연 사랑을 해 본 적이 있는 걸까 의심이 들었기 때문이었어요. 그런데 내가 누군가를 사랑한 적이 한 번도 없었다는 생각이 드는군요."

며칠 뒤 참석자 중 한 사람이 고독감과 외로움 등 여러 가지 개인적인 감정들을 드러내며 자신이 얼마나 가면을 쓰고 살아왔는지를 이야기할 때, 그 사람은 굉장히 열심히 듣더군요. 그 다음날 그는 이렇게 말했어요. "어젯밤에 저분이 우리에게 이야기한 것에 대해 곰곰이 생각해 보았습니다. 심지어 많이 울기까지 했어요. 내가 언제 눈물을 흘렸는지 너무 오래 되어서 기억조차 나지 않더군요. 그런데 무언가 마음속에 진정으로 느껴지는 것이 있었어요. 아마도 내가 느꼈던 그것이 사랑인 것 같아요."

그 주가 끝나기도 전에 그가 그동안 너무 혹독하게 다그쳐 왔던 자신의 아들을 다른 방식으로 다루어야 하겠다고 깊이 생각하게 된 것은 그리 놀랄 일이 아닙니다. 그는 또한 아내가 자신에게 베풀어 준 사랑에 대해 진심으로 감사하기 시작했습니다. 그리고 이제는 자신도 그 사랑을 어느 정도 되돌려 줄 수 있겠다고 느끼게 되었지요.

긍정적인 감정들을 주고받는 것에 대한 두려움이 줄어들었기 때문에 나는 개개인의 진가를 인정할 수 있게 되었습니다. 이러한 능력은 그리 흔치 않다고 믿습니다. 우리는 자녀들과의 관계에서도 그들의 진가를 인정하기 때문에 사랑하는 것이 아니라 그들을 지배하기 위해 사랑하지요. 석양을 바라보며 감탄하듯, 그 사람에 대해 감탄할 수 있을 때의 느낌이야말로 내가 알고 있는 가장 만족스러운 감정 중 하나입니다. 그리고 그것은 다른 사람의 성장을 가장 잘 촉진시켜 주는 경험이기도 하지요. 사람들은 단지 그 사람이 그 자신이 될 수 있도록 허용해 주기만 하면 석양만큼이나 아름답습니다. 사실상 우리가 석양을 보고 정말 감탄하게 되는 것도 아마 우리가 그것을 지배할 수 없기 때문일 것입니다. 어제 저녁에 그랬듯이 오늘도 석양을 바라보면서, "오른쪽 귀퉁이의 오렌지 색깔을 약간 부드럽게 하고 바탕에 보라색을 좀 더 넣고, 구름은 핑크빛이 약간 더 돌게 해야겠군." 하지는 않잖아요. 나는 석양을 지배하려고 애쓰지 않습니다. 석양이 펼쳐지는 것을 경탄하며 바라볼 뿐이지요. 나는 함께 일하는 스태프나 나의 아들, 딸, 손자손녀들을 그처럼 경탄하며 바라볼 때 그런 나 자신이 최고로 좋습니다. 이것은 다소 동양적인 태도라고 생각하는데요, 어쨌든 내게 가장 큰 만족감을 가져다준답니다.

또 하나 간단히 언급하고 싶은 배움의 경험이 있습니다. 자랑스럽게 여기지는 않지만 그것은 사실인 것 같습니다. 사람들이 나를 인정해 주고 소중히 여겨 주지 않을 때, 나는 작아지는 느낌이 들 뿐만 아니라 나의 행동도 그 느낌에 의해 실제로 영향을 받습니다. 인정받고 존중받을 때 나는 꽃처럼 피어납니다. 커집니다. 재미있는 사람이 됩니다. 냉랭하고 적대적인 그룹에서는 나는 그냥 아무것도 아닌 사람입니다. 사람들은 저런 사람이 어떻게 유명해졌을까 의아해합니다. 충분히 그럴 만하지요. 적대적인 그룹에서도 인정해 주는 그룹에 있을 때와 좀 더 비슷한 능력이 내게 있었으면 하고 바라지만, 사실 따뜻하고 관심을 가져 주는 그룹에 있을 때의 나와 적대적이고 차가운 그룹에 있을 때의 나는 사뭇 다릅니다.

그러므로 인정해 주거나 사랑해 주는 것, 그리고 인정받거나 사랑받는 것은 성장을 크게 촉진시켜 주는 경험입니다. 다른 사람의 소유물이 되지 않으면서 진가를 인정받고 사랑받은 사람은 아름답게 피어나며 자신만의 독특함을 발달시킵니다. 소유하려 하지 않고 사랑하는 사람은 그 스스로가 풍요로워집니다. 적어도 내가 지금까지 경험한 바로는 그렇습니다.

공감적 경청을 할 수 있는 능력, 일치성 또는 진실성, 수용 또는 인정 등, 지금까지 말한 특성들이 효과적인 의사소통을 가능하게 하고 개인의 성격에도 건설적인 변화를 가져온다는 것을 증명해 주는 연구 결과물을 여러분에게 제시할 수도 있습니다. 그러나 학술 연구는 이런 식의 강연과는 어쩐지 어울리는 것 같지가 않군요.

연구 결과 대신 집중적인 단기 그룹을 경험한 후에 작성된 두 개의 글을 소개하면서 강연을 마치고자 합니다. 일주일 동안 실시된 워크숍이었는데 인용하고자 하는 두 개의 글은 워크숍이 끝나고 나서 일주일 뒤에 쓰였습니다. 우리는 각자 당시의 느낌들을 써 와서 모든 참석자들 앞에서 읽기로 했지요.

첫 번째 글은 한 남성이 쓴 것인데 워크숍이 끝난 직후 상당히 힘든 경험을 했다면서 그중 장인어른과 있었던 일을 적었습니다.

> 장인어른은 나를 한 인간으로 보기보다는 내가 실제로 성취한 일에만 관심이 있습니다. 나는 심하게 흔들렸습니다. 마치 반대쪽 극단으로 되돌아간 것 같았어요. 또다시 나는 삶의 목표에 대해, 특히 내가 쓸모 있는 존재인지에 대해 의심하기 시작했습니다. 그러나 여러분들의 말과 행동을 통해 나도 남에게 줄 것이 있다는—**내가 가치 있는 사람이 되기 위해 뭔가 실제로 성취한 것을 보여 주어야만 하는 것만은 아니라는**— 느낌을 갖게 해 준 그룹에서의 경험으로 되돌아가 몇 번이고 반복해서 그것에 귀 기울이려고 노력했습니다. 저울은 다시 균형을 잡았고 나는 우울증에서 헤어 나올 수 있었습니다. 여러분들과의 경험이 나에게 굉장한 영향을 끼친 것이 분명합니다. 정말 감사드리고 싶군요. 그룹을 통해 개인상담과는 다른 경험을 했습니다. 여러분들 중에 그 누구도 나에게 관심을 가져 주거나 나를 찾아주거나 나에게 도움이 된다고 생각되는 것을 나에게 알려 줄 의무는 없었지요. 그러나 여러분들은 그렇게 해 주었고, 그 결과 내가 이제껏 경험한 그 어떤 것

보다도 훨씬 더 큰 의미를 내게 주었습니다. 내가 어떤 이유로든 그만 멈추고 싶을 때나 그 순간을 살지 못할 때, 지금 이렇게 내 앞에 있는 열두 분이 "내려놓으세요. 진실되세요. 자기 자신이 되세요."라고 내게 말해 준 것을 기억할 것입니다. 무엇보다 믿기 어려운 것은 심지어 **내가 잘못했을 때 더욱 나를 사랑해 주었다는 것**입니다. 그룹을 경험한 후 여러 차례 그 사랑이 나로 하여금 스스로 열고 나올 수 있도록 용기를 주었습니다. 또한 내가 그렇게 하는 것이 다른 사람들도 나와 같은 자유를 경험할 수 있도록 도와줄 수 있을 것이라고 생각합니다.

그리고 나는 다른 사람들을 좀 더 나의 삶에 들여 놓을 수 있게 되었습니다. 그들이 나를 돌보게 하고 그들의 따뜻한 마음을 받아들이게 되었지요. 우리 그룹 안에서 참 만남을 통해 이러한 변화가 일어났던 때를 기억합니다. 오랫동안 막혀 있었던 내 마음의 장벽이 무너져 내리는 것 같은 느낌이었습니다. 그 느낌이 너무 커서 여러분들을 향해 마음이 열리는 새로운 경험을 깊이 느꼈습니다. 두려워할 필요도 없었고 내 욕구에 주어진 자유와 싸우거나 겁에 질려 그것으로부터 도망칠 필요도 없었습니다. 나는 나 자신으로 존재하며 여러분들을 내 곁에 머물게 할 수 있었습니다.

다음 글은 비록 두 사람이 각각 다른 그룹에 속해 있기는 했지만 남편과 함께 대인관계 워크숍에 참석했던 한 여성이 쓴 것입니다. 그녀는 그룹에서 자신의 감정들을 드러냈던 경험을 이야기하고 그 과정을 거친 후의 결과를 말해 주었습니다.

모험하기란 내게 가장 힘든 일 중의 하나였어요. 나는 가장 친한 친구에게도 내가 느끼고 있던 상처나 외로움을 숨겨 왔지요. 나의 감정들을 오래 억눌러 놓았고, 농담할 때나 아무렇지도 않은 듯이 얘기할 때나 겨우 고통스러운 마음을 조금이나마 나눌 수 있었어요. 그러나 그렇게 하는 건 고통을 해결하는 데 도움이 되지 않았지요. 그런데 여러분들이 상처를 감추고 있던 벽을 무너뜨려 주었어요. 그래서 내가 도망치지 않고 여러분들과 함께 그리고 그 **상처와 함께 머무를 수 있어서 좋았답니다.**

또 전에는 살아오면서 대부분 오해받거나 비판받는 것이 너무나 고통스러워서 좋건 나쁘건 진짜 중요한 일에 대해서는 말하지 않았지요. 최근에 와서야 상처받을 위험을 무릅쓰게 되었어요. 그룹 안에서 이러한 두려움을 대면했을 때 여러분들의 비난이나 오해(다행히 적대감은 느끼지 않았어요)에 대한 내 마음의 반응이 깊은 상처보다는 오히려 호기심, 후회, 짜증, (아마도) 슬픔이었고, 나아가 전에는 내가 보지 못했고 대면하고 싶지 않았던 나의 일부분을 볼 수 있도록 도와준 것에 대해 깊이 감사하는 마음까지 생기는 것을 발견하고 말할 수 없이 안심이 되었어요. 내 행동이 여러분들을 멀리 밀어내고 화나게 했을 때에도 여러분들이 사람에 대한 관심과 존중을 보여 주고 있다고 인식할 수 있었기에 내가 이 모든 것들을 받아들이고 도움으로 느꼈던 거라고 믿습니다.

여러분들 개개인을 두려워했던 것은 전혀 아닌데 그룹에 참석하기가 매우 두려웠던 적이 있었어요. 때때로 한 사람하고만 이야기하고 싶은 마음이 아주 많았지요. 그러나 한 주의 과정을 거치면서 여러분들 대부분이 이모저모로 정말 제게 도움을 주었다는 것을 발견했어요. 인도자 한 분뿐만 아니라 이렇게 많은 분들을 알게 되어 정말 다행이에요. 이곳에서의 경험은 사람들을 좀 더 신뢰할 수 있도록 제 마음을 열어 주었고 **다른 사람들에게 마음을 터놓을 수 있는 능력**이 자라나게 해 주었어요.

가장 좋은 것 중의 하나는 내가 완전히 느긋해졌다는 거예요. 긴장이 이렇듯 한 순간에 사라지기 전까지는 그동안 내가 얼마나 긴장 가운데 살았는지 미처 깨닫지 못했지요! 내가 나 자신의 감정이나 피곤함 때문에 다른 사람들의 말을 잘 듣지 못하게 되는 때가 언제인지 이제는 민감하게 알 수 있어요. 나 자신의 마음의 상처와 불안이 억눌려 있을 때 그 때문에 다른 사람의 말을 제대로 듣지 못하게 된다는 것을 발견하게 되었거든요. 그 후로 나는 내 인생의 그 어느 때보다도 더욱 잘 들을 수 있게 되었고 더욱 효과적으로 반응할 수 있게 되었지요. 그리고 내가 무엇을 느끼고 무엇을 경험하는지 훨씬 더 잘 인식하게 되었어요. 생전 처음 자신에게 이렇게 열린 마음을 갖게 된 거죠.

나는 일치성이란 이상에 불과할 뿐 현실적이지 않다고 느꼈어요. 솔직히 말해, 그것은 경험하기엔 너무 당황스럽고 표현하기엔 너무 두려웠지요. 그렇지만 이곳은 내가 누군지 보고 나 자신을 경험하고 표현할 수 있는 **정말 안전한 장소**라는 것을 발견했답니다. 이제는 내게 일치성이 부족할 때 고통스럽다는 것을 알아요. 내 안에서 경험하고 있는 것에 열려 있고 우리들 사이에서 서로 이렇게 열려 있는 상태를 유지할 수 있다는 것에 대한 안도감과 즐거움이 새롭고 격려가 됩니다. 우리가 서로에게 더욱더 마음을 열 수 있도록 도와주신 선생님께 깊이 감사드려요.

이들의 경험을 통해서 여러분들은 내가 무엇이 성장을 촉진시켜 주는 상호 교류적 의사소통을 위해 중요하다고 생각해 왔는지 그 몇몇 요소들을 알게 되었을 거라 믿습니다. 타인을 경청할 수 있는 예민한 마음, 누군가 나의 마음을 들어준다는 것에 대한 깊은 만족감, 더욱 진실될 수 있는 능력, 또 그것이 다른 사람들에게서 이끌어 내는 더욱더 많은 진실성, 그 결과로 나타나는 사랑을 주고받을 수 있는 더 큰 자유⋯⋯ 내 경험에 의하면 바로 이런 것들이 상호 간의 진정한 의사소통을 풍성하게 해 주고 강화시켜 주는 요소들입니다.

제2장 인간관계에 대한 나의 철학과 형성 과정

다음에 소개되는 것은 순전히 자서전적인 글이다. 이 글이 어려서부터 지금까지 나의 신념체계가 어떻게 발달되고 변화되어 왔는지 이해하는 데 도움이 될 수 있기를 바란다. 현재 내가 가지고 있는 신념은 어렸을 때 내가 배우고 믿었던 것과는 거의 정반대다. 나는 이 글에서 나의 견해가 계속해서 변화하는 데 영향을 주었던 요인들을 밝혀 보려고 노력했다. 그 요인들에는 외부 요인과 어느 정도의 내부 요인 그리고 인간관계를 통해 생긴 요인이 있다. 나는 1972년 8월 하와이 호놀룰루에서 열린 인본주의심리협회 대회에서 처음 이 글을 발표했다. 청중들은 진심으로 감동하는 것 같았다. 여러분들에게도 의미 있는 글이 되기를 바란다.

나는 다른 사람들을 향한 나의 태도와 접근법의 발달과 변화에 대해 논의하고자 합니다. 여러 해에 걸쳐 변화를 거듭해 온 바, 전문 분야에서의 접근법뿐만 아니라 개인적인 접근법도 다루고자 합니다.

어렸을 때의 이야기부터 하겠습니다. 매우 근본주의적인 종교적 분위기에서 자라면서 나는 다른 사람들에 대해서 부모님이 가지고 있던 가치관을 그대로 받아들였습니다. 내가 정말로 그것을 좋다고 생각했는지는 잘 모르겠습니다. 다만 그러한 가치관을 가지고 행동했다는 것을 알고 있을 뿐이지요. 우리는 대가족이었는데 외부인들에 대한 우리 가족의 태도를 이렇게 간단히 요약할 수 있을 것입니다. "다른 사람들의 행동은 의심스러우며 그러한 행동은 우리 집에서는 용납할 수 없다. 많은 사람들은 카드놀이를 하고, 영화 구경을 가며, 담배 피우고, 춤추고, 술 마시고, 그 밖에 여러 가지 활동을 한다. 심지어 입에 담을 수조차 없는 행동들도 있다. 그러므로 가장 좋은 방법은 그들이 더 낫게 사는 법을 알지 못한다고 생각하고 관용을 베푸는 것이다. 그렇지만 그들과 가까이 지내며 교제한다든지, 그들을 가족 안에 끌어들여서는 안 된다. 우리는 '너희는 저희 중에서 나와 따로 있고 부정한 것을 만지지 말라.'는 성경 말씀을 따라야 한다."

아무리 생각해 봐도 이런 교만한 성별(聖別) 의식이 내가 초등학교에 다니는 동안 나의 행동에 무의식적으로 영향을 주었던 것 같습니다. 당연히 나는 친한 친구가 없었지요. 내 또래의 남자애들, 여자애들이 함께 무리를 지어 우리 집 뒷길로 자전거를 타고 다녔습니다. 그렇지만 나는 한 번도 그 아이들 집에 놀러 간 적이 없고, 그들도 우리 집에 놀러 온 적이 없었습니다.

우리 가족과의 관계를 보면, 나는 남동생들과는 잘 놀았고 정말 사이가 좋았지만 바로 위의 형에게는 질투심을 느꼈어요. 그리고 맏형은 나이 차이가 너무 많아서 이야기를 많이 나눌 수는 없었지만 나의 굉장한 우상이었지요. 부모님이 나를 사랑한다는 것은 알았지만 부모님과 내 마음속 생각이나 느낌을 나누는 일은 전혀 없었습니다. 얘기를 한다 해도 판단하거나 지적할 것이라고 생각했으니까요. 나의 생각, 환상 그리고 이런저런 감정들을 마음속에만 간직해 두었지요.

소년 시절에 나는 다른 사람과의 친밀한 의사소통이나 상호 교류라고 할 만한 것이 거의 전무했다고 할 수 있습니다. 집 밖의 사람들에 대한 나의 태도는 부모님에게 물려받은 그대로 소원함과 냉담함으로 특징지을 수 있겠습니다.

나는 7년 동안 같은 초등학교에 다녔는데 그 이후부터 대학원을 마칠 때까지 한 학교에 2년 이상을 다닌 적이 없었어요. 그 영향도 물론 컸습니다. 고등학교 때부터는 친구가 필요하다는 갈증을 좀 더 느끼게 되었지요. 그러나 그것을 채우지 못한 것은 이미 말한 대로 부모님의 태도에 영향을 받은 것도 있지만 환경 때문이기도 했지요. 나는 고등학교를 세 군데나 다녔고 한 학교에 2년 이상 있지를 못했습니다. 게다가 학교마다 기차로 통학했기 때문에 친구관계에 뿌리를 내릴 수가 없었고 다른 친구들과 함께하는 방과 후 활동이나 야간 활동에도 참여할 수 없었습니다. 내가 좋아하고 관심을 가졌던 친구들도 있었고, 또 나를 좋아하고 내게 관심이 있었던 친구들도 있었는데—아마도 내가 성적이 좋았기 때문일 수도 있겠지만—우정을 발전시킬 시간이 충분하지 못했기에 누구하고도 가깝게 교제하지 못했어요. 고등학교 시절 졸업 파티에 참석하기 위해 딱 한 번 데이트를 했을 뿐이지요.

그래서 아주 중요한 청소년 시기에 나는 친한 친구가 없었고 피상적인 교제밖에 하지 못했습니다. 영어 작문 시간에, 그것도 꽤 이해심이 많으셨던 선생님께 배웠던 두 학기 동안 감정을 조금 표현해 보기는 했지요. 집에서는 바로 밑의 남동생과 점점 더 친밀감을 느끼기는 했지만 5년이나 나이 차이가 났기 때문에 깊이 속마음을 나누지는 못했어요. 그때는 더욱 의식적으로 완전히 이방인이었고 대인관계에 관련된 모든 일에 방관자였지요. 밤나방을 채집하고 기르는 일에 과학적인 관심을 쏟았는데, 그것이 친밀한 나눔이 결여되어 있던 내게 부분적인 보상이 되었던 것 같아요. 지금은 내가 그때 인간 세상에 발을 들여 놓을 장소와 기회가 거의 없었던 별나고 외로웠던 아이였다는 것을 보게 됩니다. 나는 사회성이 결여되어 있었고 피상적인 접촉밖에 못했습니다. 당시 나는 매우 기이한 환상의 세계에서 살았는데 어쩌면 정신분열증으로 분류되었을 수도 있었을 거예요. 그러나 다행히 정신과의사를 만난 적은 없었지요.

대학에 가서야 고독과 처음으로 작별하게 되었습니다. 나는 위스콘신 주립대 농과대학에 입학했는데, 입학해서 바로 YMCA반에서 만난 또래들 그룹에 끼게 되었습니다. 처음에는 제한된 관심사에서 시작한 것이 나중에는 도전적이고 자발적인 그룹이 되어서 온갖 종류의 활동들을 했습니다. 동료,

나아가 친구를 갖는다는 것이 무엇을 의미하는지 난생처음 발견했지요. 우리는 도덕적이고 윤리적인 주제에 관련된 태도와 사상에 대해서 생기 넘치고 유쾌하고 재미있는 토론을 벌였습니다. 사적인 어려움들도 나누었는데, 특히 일대일로 그런 일이 일어났습니다. 2년 동안 그 그룹은 내게 큰 의미가 있었지요. 그 후 나는 전공을 바꾸어서 인문과학대학에서 역사학을 공부하게 되었기 때문에 점차 그들과 멀어졌습니다.

그 기간 동안에 내가 무엇을 전공할지에 대해 처음으로 어렴풋이나마 발견하게 되었던 것 같습니다. 나는 클럽의 리더였고 그 경험이 재미있었어요. 우리는 하이킹, 피크닉, 수영 같은 활동들을 했는데, 무엇을 한다는 나의 생각이 그러한 활동에 국한되어 있었기 때문이었지요. 남학생들이 관심을 갖는 문제에 관해 토론해 보라는 권유는 한 번도 받아 본 적이 없는 것 같아요. 적어도 내가 또래 친구들과의 사이에서 의사소통을 할 수 있을 거라는 생각을 처음으로 하기 시작한 것은 분명했지만, 열두 살짜리들과 의사소통이 가능하리라는 것은 꿈도 꾸지 못했습니다.

또한 여름에 나는 불우한 청소년들을 위한 캠프에서 8명의 상담자와 100명의 소년들을 지휘 감독하며 상담을 했어요. 내가 적당하다고 생각했던 프로그램은 우리가 시간제로 일하던 체리 따기와 일하고 난 후 즐기던 운동경기였지요. 여기서 나는 '돕는' 입장에 서서 가장 엉성한 시도를 했던 최초의 추억을 만들게 됩니다. 우리 숙소에서 약간의 물건과 돈이 없어지는 사건이 발생했어요. 한 소년이 범인이라는 증거가 나타났는데, 나를 비롯한 여러 상담자들이 그에게 자백을 받아 내려고 애를 썼지요. 당시에는 '세뇌'라는 용어가 아직 등장하지는 않았지만 우리는 정말 세뇌 전문가였어요. 그를 구슬리기도 하고 논쟁도 하고 설득해 보기도 하고, 친절하게 대했다가 무섭게 굴기도 했지요. 그러나 그는 끝까지 굴복하지 않았고 우리는 몹시 실망했답니다. 이렇게 당황스러웠던 장면을 지금 되돌아보면, 다른 사람을 돕는다는 것에 대한 그 당시 나의 개념이 그에게 자기 죄를 자백하게 해서 그가 올바른 길로 가도록 지도하려는 것이 아니었나 하는 생각이 듭니다.

한편으로 나는 다른 면에서 훨씬 더 사회적인 사람이 되어 가고 있었지요. 바로 여자애들과 데이트를 하기 시작한 겁니다. 물론 두렵기는 했지만 일단 시작은 한 거죠. 나이가 나보다 많은 여자애들에게 좀 더 자유롭게 자신을 표현할 수 있다는 것을 알게 된 나는 1학년이면서 4학년 여학생들을 몇 명 사귀었습니다. 그때 후에 결혼하게 될 헬렌도 만났습니다. 헬렌을 만나면서 함께 꿈이나 이상, 삶의 목표에 관해 점점 더 깊은 이야기를 나누게 되었습니다. 나는 개인적인 생각과 장래의 꿈을 실제로 다른 사람과 나눌 수 있다는 것을 발견하게 되었습니다. 크게 성장하게 된 경험이었지요.

우리는 2년간 같은 학교에 다니다가 서로 멀리 떨어져 있게 되었지만, 그 후 2년 동안 자주 연락하며 사귀다가 결혼했습니다. 생각해 보면 그것이 다른 사람들과 맺었던 어떤 관계보다도 서로 진심으로 돌보아 주고 가까우며 서로 나눌 수 있는 관계였음을 깨닫게 됩니다. 나는 세상을 다 얻은 것 같았어요. 결혼 후 최초 2년간 우리는 매우 중요한 교훈을 배웠습니다. 우리는 어떤 우연한 기회를 통해서 서로 나누기 불가능해 보이는 것들—비밀스럽게 내재되어 있는 방해 요인과 불만 요인—을 나누는 것이 가장 중요하다는 것을 배운 겁니다. 그것을 배우는 것은 매우 어렵고 위험하고 두려운 일이었지만 그 이후에도 여러 번 배우고 또 배웠습니다. 그 경험은 우리 두 사람 모두에게 풍성함과 발달을 가져다주었습니다.

뉴욕에 있는 유니온 신학대학교(Union Theological Seminary)에 있는 동안 우리는 각자 자신의 길을 가면서도 여러 과목을 함께 공부했습니다. 아내는 아기를 기르는 일에 시간을 많이 뺏기게 될 때까지는 미술을 했고, 나는 계속해서 공부를 했습니다. 비록 신학 공부에 점점 흥미를 잃어가고 있기는 했지만, 그때 나는 다른 사람들과 관계 맺는 방법을 익히는 데 도움을 준 두 가지 경험을 했습니다. 하나는 지도교수 없이 학생들 스스로 열었던 자발적이고 도전적인 세미나 경험이었습니다. 여기서 우리는 함께 생각해 볼 주제도 정하고, 어떤 식으로 진행할지에 대해서도 의견을 모았습니다. 더욱 중요한 것은 우리가 하고 있는 일에 대한 의구심과 개인적인 어려움을 서로 나누기 시작했다는 것이었습니다. 우리는 서로 신뢰할 수 있는 그룹이 되었고, 깊은 주제들을 함께 의논하고 서로 이해하게 되었지요. 그것이 우리 모두의 삶에 변화를 가져왔습니다.

다른 하나의 경험은 굿윈 왓슨(Goodwin Watson) 박사님이 지도하신 '청소년과 함께하기' 코스였습니다. 박사님은 돌아가시기 전까지 저명하고 활동적인 NTL* 수련지도자이셨고 교육 분야에서 혁신적인 지도자이셨지요. 박사님께 배우면서 나는 사람들과 가까이에서 일하는 것이 직업이 될 수 있을 것이라는 생각을 처음으로 분명하게 가졌습니다. 이러한 가능성을 보고 나는 성직자의 길에서 벗어나 다른 길을 가게 되었습니다. 이러한 두 가지 경험을 한 결과, 나는 말 그대로 '길을 가로질러' 굿윈 박사님께서 재직하고 계신 컬럼비아대학교 교육대학으로 전학을 했습니다. 그곳에서 나는 임상심리를 전공하게 되었고 굿윈 왓슨 박사님이 나의 논문지도 교수님이 되었지요. 또 윌리엄 허드 킬패트릭(William Heard Kilpatrick) 교수님을 통해 존 듀이(John Dewey)를 접하게 되었습니다.

인간관계에 대한 이해를 향하여 조심스럽게 좀 더 발을 내딛게 된 것이 바로 그때였습니다. 그때 배운 것이 후에 나의 매우 중요한 자산이 되었습니다. 나는 다른 사람과 마음을 깊이 나누는 것이 가능하다는 것과 그것이 삶을 윤택하게 해 준다는 것을 배웠습니다. 가까운 관계에서 서로 나눌 수 '없는' 요소들이 가장 중요하며 나눌 만한 가치가 있다는 것도 배웠습니다. 또한 그룹이 개인적으로 매우 중요하고 의미 있는 것들을 배우도록 도울 수 있는 신뢰할 만한 곳이라는 것을 배웠습니다. 심지어 개인지도 교수가 자신이 지도하고 있는 학생을 신뢰해 준다면 반드시 그의 성장을 가져올 수 있다는 것도 배웠습니다. 더 나아가 어려움에 처한 사람을 도와줄 수 있다는 것, 그러나 돕는 방법에 대해서는 매우 다양한 의견이 있다는 것도 배웠습니다.

석사학위 과정에서 임상심리 수련을 받는 중에 나는 도움을 얻기 위해 찾

*National Training Laboratories, 그룹 리더들, 특히 비즈니스 그룹에서 활동하고 있는 리더들로 구성된 단체

아온 사람들과 관계하는 두 가지 주요 방법을 배웠습니다. 교육대학에서 사용하는 접근법은 검사, 측정 및 진단을 위한 면담을 통해 개인에 대하여 이해하고 치료를 위해 지시적인 충고를 해 주는 것이었습니다. 그러나 이러한 냉랭한 접근법에 리타 홀링워스(Leta Hollingworth) 박사님의 따뜻한 인간미가 채워졌습니다. 박사님께서는 자신의 지식보다는 인간성으로 우리들을 가르치셨지요. 그러나 그 후 당시에 새로 설립되어 영향력이 있던 아동지도연구소(Institute for Child Guidance)에서 인턴으로 있을 때는 매우 다른 분위기를 접하게 되었습니다. 정신분석학자들이 주류를 이루었던 그곳에서 나는 인간에 대해 좀 더 배울 수 있었습니다. 75쪽이 넘는 철저한 개인 기록이 없이는 그 사람을 이해할 수 없다는 것을 배웠습니다. 그리고 조부모, 부모, 고모, 삼촌 그리고 최종적으로 '환자' 자신에 이르기까지 성격의 역동을 모두 자세히 검토하고, 출생 시 외상 여부, 이유(離乳) 방법, 의존 정도, 형제관계 등을 살펴보아야 한다는 것을 배웠습니다. 또한 새로 도입된 로르샤흐 검사와 같은 정교한 검사도구를 사용했고, 어떤 치료를 받게 해야 하는지를 결정하기 전에 아동과 여러 차례 면담을 했습니다. 거의 매번 똑같이 돌아갔어요. 정신과의사가 아동을 심리분석적인 방법으로 다루었고, 사회복지사가 똑같은 방법으로 엄마를 상대하였으며, 때때로 심리학자를 데려다가 아동을 지도하게 했습니다. 나는 그곳에서 처음으로 상담치료 사례를 맡았습니다. 처음에는 지도로 시작한 것이 점점 개인상담으로 발전했고, 사람의 행동에 변화가 일어나는 것을 지켜보는 흥분을 맛보았습니다. 그 변화가 나의 열정 때문이었는지 방법 때문이었는지는 모르겠습니다.

되돌아보건대, 내가 어렸을 때 외로웠다는 점이 상담과 치료에 흥미를 느끼게 된 부분적인 이유였음을 깨닫습니다. 사람들과 매우 가까워질 수 있고 내가 느끼고 있던 심한 갈증을 어느 정도 채울 수 있는 사회적으로 공인된 방법이 거기에 있었던 것이지요. 사람을 점차 깊이 알아가는 과정은 내게는 길고 고통스럽게 느껴졌는데, 치료적 면담은 그러한 과정을 거칠 필요 없이 가까워질 수 있는 기회를 제공해 주었어요.

뉴욕에서 그 일을 끝마칠 때쯤에 나는 사람을 다루는 전문적인 방법을 알게 되었고 이제 막 훈련을 마친 사람이 그렇듯이 확신에 차 있었습니다. 교육대학과 연구소에서 배운 것은 매우 달랐지만, 두 가지 모두 나를 같은 방식에 이르도록 도와주었습니다. 그 방식이란 이렇습니다. "개인에 대하여 그의 내력, 지능, 특별한 재능, 기질 등 방대한 자료를 수집한다. 이 모든 것을 종합하여 현재 행동의 원인들, 상황을 다룰 수 있는 개인적인 자원과 사회적인 자원 그리고 미래에 대한 예후에 대해 정교한 진단을 내릴 수 있다. 그리고 이 모든 것들을 관련 기관과 부모님에게, 그리고 이해할 수 있다면 아동에게도 알아듣기 쉬운 말로 해석해 주려고 노력한다. 아동이 따르기만 한다면 그 행동을 변화시킬 수 있는 방법을 제안해 준다. 반복해서 만나면서 이러한 제안들을 강조한다. 이 모든 과정 동안 나는 완전히 객관적이고 전문적이어야 하며, 만족스러운 라포(rapport)를 형성하기 위해 필요한 정도의 개인적인 따스함 외에는 사적으로 거리를 두어야 한다."

이것이 지금 내게는 좀 의심스럽게 들리지만, 본질적으로는 맞는 이야기라는 것을 압니다. 왜냐하면 내가 어떤 정신과의사(심리분석가가 아닌)가 문제 아동들을 다룰 때, 마치 자기가 그들을 그냥 좋아하는 것처럼 대하는 것을 보고 멸시했던 기억이 나니까요. 그는 심지어 그들을 자기 집에 데려가기까지 했습니다. 그는 전문적 자세의 중요성을 한 번도 배우지 못했던 것이 분명합니다.

그러므로 나는 뉴욕 로체스터의 아동연구소(비행 아동과 열악한 가정환경으로 인하여 복지기관의 보호를 받고 있는 아동을 지도하던 시설)에서 일하게 되었을 때 무엇을 해야 하는지 잘 알고 있었습니다. 나는 매우 확신이 있었고 PTA(학부모와 교사로 이루어진 모임, 사친회)와 지역사회단체 사람들에게 우리 시설은 자동차 수리공장과 유사하다고까지 말했던 기억이 납니다. 지금 생각하면 부끄러운 일이지요. 그때 나는 '문제를 가지고 오면 전문적인 진단을 거쳐 어려움을 해결할 수 있는 방법에 대해 조언을 받을 수 있다.' 고 말했습니다.

그러나 나의 이러한 견해는 차츰 타격을 받았습니다. 나는 그 지역사회에서 거주했기 때문에 나의 조언과 제안의 결과들을 볼 수 있었는데, 그것들이 늘 효과적이지는 않다는 것을 발견하게 된 거지요. 내가 돌보던 많은 아이들이 근처의 소년원에 임시로 수용되어 있기에 나는 매일 그들을 지켜볼 수 있었습니다. 아이에게 그가 잘못된 행동을 하게 된 모든 원인들을 해석해 주는 특별히 '훌륭한' 상담을 해 주었는데도 다음날 그가 나를 만나러 오기를 거절하는 일이 가끔 생기는 바람에 나는 충격을 받았습니다. 그래서 무엇이 잘못되었는지 알아내기 위하여 그 아이를 열심히 다시 끌고 와야만 했지요. 이러한 경험을 하면서 나는 다시 배우기 시작했습니다.

후에 로체스터 지도센터(Rochester Guidance Center)가 새롭게 독립하여 아동연구소를 대신하였고, 내가 그곳의 소장을 맡게 되었습니다. 제 발로 찾아오는 사람들이 좀 더 많아졌으며, 우리는 아동이나 부모들을 대할 때 어떠한 권위도 내세우지 않았어요. 그들을 돕기 위해서는 관계를 맺어야만 했습니다.

나의 접근법을 현저하게 변화시킨 몇 가지 사건들이 있었습니다. 내 마음에 가장 생생하게 남아 있는 사건에 대해 말하겠습니다. 매우 지적인 한 어머니가 심각한 문제 행동을 보이고 있는 자신의 아들을 우리 센터에 데리고 왔습니다. 내가 직접 어머니와 면담을 했고 다른 상담자가 소년에게 검사를 실시했지요. 함께 회의를 한 후에 우리는 문제의 핵심이 엄마가 아들을 거절하는 데 있다는 결론을 내렸습니다. 나는 이 문제를 놓고 어머니와 상담을 하고, 다른 상담자는 소년에게 놀이치료를 하기로 했습니다. 어머니를 여러 번 만나면서 나는—경험을 통해 배웠으므로 이번에는 훨씬 더 부드럽고 온화하게—그녀가 자신이 아들을 거절하는 것이 아들에게 어떤 결과를 초래하는지 그 양상을 볼 수 있도록 도우려고 했습니다. 그러나 아무 소용이 없었습니다. 12회기가 끝난 후에 나는 우리가 함께 노력했지만 별로 나아진 것이 없으니 이제 그만 종결해야 할 것 같다고 말했고 어머니도 동의했습니다. 그런데 그 어머니가 나가다 말고 다시 들어와서 "혹시 여기서 성인상담도 하나요?" 하고 물었습니다. 나는 의아해하며 때로는 성인상담도 한다고 대답했지요. 그러자 그 어머니는 방금 일어난 의자에 다시 앉아서 자신과 남편 사이의 깊은 갈등에 대하여 얘기를 쏟아놓기 시작했습니다. 그녀는 어떻게든 도움을 받아야겠다는 마음이 절실해 보였지요. 나는 깜짝 놀랐습니다. 그녀가 한 이야기는 내가 그녀에 대해 미리 정교하게 그려 놓은 그림과 조금도 닮지 않았습니다. 나는 어찌해야 할 바를 몰랐고 그저 대부분 말없이 듣기만 했습니다. 그 후 여러 차례 만났는데 마침내 부부관계가 좋아졌을 뿐 아니라 그녀가 점차 진실되고 자유로워짐에 따라 아들의 문제 행동도 어느덧 없어졌지요. 그녀와는 이후에도 아들이 대학생활을 잘하게 될 때까지 간간이 연락하며 지냈습니다. 그런 식으로 상담 후에도 지속적으로 교제하기는 그녀가 처음이었습니다.

그 경험을 통해 나는 아주 중요한 것을 배웠습니다. 나는 그녀가 이끄는 대로 따라갔을 뿐 내가 이끌려고 하지 않았어요. 이미 진단을 통해 이해하고 있는 틀에 그녀를 맞추려고 하는 대신에 그냥 이야기를 들었습니다. 그것이 훨씬 더 사람과 사람 사이의 관계 같았지요. 그다지 '전문적'이지는 못하지만, 결과가 그 효과를 말해 주고 있습니다.

그때쯤 오토 랭크(Otto Rank)와 함께 이틀간의 단기 세미나를 열었는데, 그가 자신의 치료(자신의 이론이 아닌)에서 내가 새롭게 배우기 시작한 것들 중에서 몇 가지를 강조하는 것을 발견했습니다. 그래서 격려를 받았으며 확신이 생겼습니다. 나는 필라델피아 사회복지대학의 랭키안(Rankian) 관계치료에서 훈련을 받은 사회복지사를 고용하여 그녀에게서 많은 것을 배웠습니다. 그렇게 해서 나의 견해가 점점 더 바뀌게 되었습니다. 이러한 변화는 내가 1937~1938년에 집필한 책 『문제 아동의 임상치료(Clinical Treatment of the Problem Child)』에 잘 소개되어 있습니다. 그 책의 나머지 부분은 대체로 진단과 처방 중심의 접근법에 대한 것이기는 하지만 거기서 관계치료에 대하여 한 장을 길게 썼습니다.

1940년에 나는 오하이오 주립대학으로 옮겨갔는데, 총명하고 탐구심이 많은 대학원생들에게 임상치료에 대한 나의 견해를 발표하면서 나 자신이 매우 풍부해졌습니다. 거기서 또한 내가 상담과 심리치료에 대해서 뭔가 새로운 이야기를 하고 있으며, 어쩌면 그것이 독자적인 것일 수도 있겠다는 것을 깨닫기 시작했습니다. 그리고 그 주제로 책을 썼습니다. 당시에는 상담치료 장면을 녹음하려던 꿈이 이루어져서 상담 중 여러 가지 반응에 따라 어떤 결과가 나타나는지에 대한 나의 관심에 초점을 맞추는 데 도움이 되었습니다. 그렇게 해서 비지시적 기법(nondirective technique)을 매우 강조하게 된 것이지요.

그러나 나는 내담자를 신뢰하고 자신의 문제를 탐색하고 해결할 수 있는 그의 능력을 신뢰하는 법을 새롭게 발견했지만 그 신뢰를 다른 영역에는 적용하기가 불편하다는 것을 알았습니다. 내담자는 신뢰하면서도 왜 학생들은 신뢰하지 못하는 걸까요? 어려움에 처한 개인은 잘 신뢰할 수 있으면서, 문제에 처해 있는 스태프들에게는 왜 안 되는 걸까요? 나는 새로운 치료방법이 아닌 이전과는 매우 다른 삶의 철학과 인간관계라는 문제에 봉착하게 되었다는 것을 알았습니다.

오하이오 주립대학에 있는 동안 나는 그 문제들을 일부 해결했습니다. 그리고 시카고 대학에서 새로운 상담센터를 시작하는 기회가 주어졌을 때, 나 자신의 정책을 세우고 스태프들도 직접 뽑으면서 인간관계에 대한 새로운 접근법을 형성하고 그에 따라 행동할 준비를 하게 되었습니다. 그 새로운 접근법에 대하여 요약하자면 다음과 같습니다.

- 내가 진정한 이해와 온정의 토양을 제공할 수 있는 모든 가깝고 지속적인 관계에서도, 나는 자신의 문제를 탐색하고 이해하며 해결할 수 있는 사람들의 능력을 신뢰하게 되었다.
- 나는 스태프 그룹에게도 똑같은 종류의 신뢰를 보여 주는 모험을 할 것이며, 전체로서의 그룹의 행동을 개인이 책임지고 그룹이 개인을 책임지는 분위기를 조성하려고 노력할 것이다. 내게 권위가 주어졌지만 그

권위를 그룹에게 완전히 돌려줄 것이다.

- 학생들을 신뢰하고 클래스를 신뢰하는 실험을 할 것이며, 그들이 스스로 방향을 선택하고 스스로 선택한 방법으로 자신의 진보를 평가하게 할 것이다.

시카고에 있는 동안 나는 정말 많은 것들을 배웠습니다. 방금 제시한 가설들을 테스트해 볼 수 있는 기회가 엄청나게 많았습니다. 나는 이미 시작한 우리의 치료적 가설들에 대한 경험적 테스트를 크게 확장하여 실시했습니다. 그리고 1957년경에는 치료와 치료적 관계에 대한 정밀한 이론을 개발했습니다. 나는 '치료적 인격 변화를 위한 필요충분조건' (Rogers, 1957)을 발표했습니다. 그 조건은 모두 개인적인 태도에 관련된 것으로서 전문적인 훈련과는 상관이 없었습니다. 아직은 추론에 불과한 논문이었지만 실험을 통해 검증되어야 하는 가설이 등장했던 것으로서, 이로 인해 15년 이상 관련된 많은 연구가 불일 듯 일어났으며 그 결과 대부분 옳다는 것이 입증되었습니다.

그 시기에 학생들의 권유로 (처음에는 그의 작품을 통해서, 그리고 후에는 개인적으로) 마르틴 부버를 접하게 되었고, 키르케고르도 알게 되었습니다. 나는 나의 새로운 접근법에 대해 굉장한 지지를 받게 되었는데, 놀랍게도 내 접근법의 원산지가 바로 그 실존주의 철학이라는 것을 발견했던 것입니다.

끝으로 그 시기는 나의 개인적인 삶 속에서도 굉장한 배움의 시기였습니다. 치료관계—사실 치료관계라고 할 수도 없지만—의 실패로 인하여 나는 개인적으로 깊은 내면의 위기를 겪게 되었고 마침내 동료 중 한 사람에게 상담을 받게 되었지요. 하루는 새로운 통찰의 물결이 몰려오는 듯했다가도, 다음날에는 절망의 파도 속에서 모든 것을 잃어버리는 듯한 경험이 도대체 무엇인지를 그때 배웠습니다. 그러나 천천히 그것에서 빠져 나왔고, 마침내 많은 사람들이 먼저 배웠던 것을 나도 운 좋게 배울 수 있었습니다. 그것은 내가 내담자와 직원 및 학생들뿐만 아니라 나 자신도 믿을 수 있다는 것이었습니다. 나는 내 속에서 올라오는 나 자신의 감정들, 아이디어들, 의도들을 신뢰하는 법을 천천히 배웠습니다. 쉽지는 않았지만 가장 소중하고 지속적인 배움이었습니다. 나는 내담자와의 관계뿐만 아니라 다른 사람들과의 관계에서도 나 자신이 훨씬 더 자유로워지고 더욱 진실되며 더 깊이 이해할 수 있게 된 것을 발견했습니다.

이제까지 이야기한 모든 배움의 경험은 일찍이 1946년 시카고에서 시작한 워크숍에서 최근에 내가 매우 많이 관여하고 있는 그룹에 이르기까지 그룹과 관계를 할 때 점점 더 많이 사용하게 되었습니다. 그 그룹들은 명칭이 붙여지기 오래 전부터 이미 엔카운터 그룹(encounter group)이었습니다.

위스콘신 대학과 라호야에서 있었던 일들을 간단히 이야기해야겠군요. 이미 시카고에 있을 때부터 알았지만, 위스콘신에 있을 때 다시 한번 대부분의 심리학자들이 대체로 새로운 아이디어에 대해 열려 있지 않다는 것을 발견했습니다. 그러한 방어적인 경향에 대항하여 투쟁하고 있기는 하지만 아마도 나 역시 예외는 아닐 거예요. 그렇지만 학생들은 예전에도 그랬듯이 가장 잘 호응해 주었지요.

위스콘신에서 나는 내가 그토록 어렵게 배웠던 것에 위배되는 일을 벌였습니다. 그리고 그로 인해서 어떤 재앙이 초래될 수 있는지 발견했지요. 정신분열증 환자의 심리치료를 연구하는 과제를 위하여 소집된 대규모 연구팀에서 나는 그룹에게 권위와 책임을 넘겨 주었습니다. 그러나 그러한 책임을 수행하기 위해 필수적이라고 할 수 있는 친밀하고 개방적인 상호 간의 의사소통의 분위기를 충분히 조성하지는 못했습니다. 그러자 심각한 위기 상황이 발생했고 나는 그룹에게 넘겨 주었던 권위를 다시 내 손에 쥐려고 하는 좀 더 치명적인 실수를 저지르고 말았지요. 반발과 혼란이 일어났던 것은 당연한 결과였어요. 이 경험을 통하여 가장 고통스러운 교훈을 얻었습니다. 그것은 어떻게 하면 경영에 참여하지 않고서 있을 수 있는가 하는 것이었지요.

라호야에서는 훨씬 더 행복한 경험을 했습니다. 뜻이 매우 잘 맞는 사람들이 모여 마침내 인간연구센터(Center for Studies of the Person)를 만들었는데, 이는 가장 색다르고 흥미진진한 실험이었습니다. 구성원들의 활동은 케

냐부터 로마, 아일랜드까지, 뉴저지부터 콜로라도, 시애틀까지 이르렀습니다. 그리고 심리치료를 비롯하여 저술 활동과 어려운 연구에까지 미쳤고, 조직을 상담해 주는 것부터 온갖 종류의 그룹을 인도하는 일, 그룹 촉진에 대해 배우는 것부터 교육방법의 혁신에 불을 붙이는 일에 이르기까지 광범위했습니다. 그래서 그것을 모두 설명하기는 어려우므로 우리의 상호관계에 대한 이야기만 하기로 하지요. 우리는 심리적으로 매우 친밀한 공동체로 서로 지지해 주되 서로 터놓고 비판도 합니다. 비록 지도자가 있어서 일상적인 책임을 감당하기는 하지만, 어느 누구도 다른 어느 누구에게 권위를 갖고 있지 않습니다. 모든 사람이 혼자서 일할 때나 다른 사람과 함께 일할 때 자기가 하고 싶은 대로 할 수 있습니다. 모든 사람이 자기 부양에 스스로 책임을 집니다. 우리는 현재 한 민간단체로부터 작은 액수의 후원금을 받고 있습니다. 우리는 큰 기관이나 정부의 지원으로 이어지는 연줄—종종 처음에는 보이지 않지요—을 좋아하지 않습니다. 인간의 존엄성과 능력에 관하여, 그리고 서로가 깊고 진실된 의사소통을 지속할 수 있다는 가능성에 관하여 공통으로 가지고 있는 관심사 외에는 우리를 함께 묶어 주는 것이 아무것도 없습니다. 전적으로 서로 나눌 수 있는 능력에 의지하여 기능하는 그룹(조직이 아닌)을 형성한다는 것은 내게는 엄청난 모험입니다.

그러나 내게는 큰 열정이 있으므로 쉽사리 매우 멀리까지 나아갈 수 있습니다. 그동안 배운 것 외에도 다시 새롭게 배우게 된 것이 있는데 그 이야기를 하겠습니다. 몇 년 전 레오나 타일러(Leona Tyler)에 의해서 처음으로 관심을 갖게 된 것입니다. 그녀는 내게 편지를 써서 나의 사상과 행동이 동양 사상과 서양 사상을 이어 주는 다리와 같다고 지적해 주었습니다. 당시에는 매우 놀라웠지만 최근에는 내가 불교와 선의 교훈, 특히 25세기 전에 살았던 중국 현인인 노자의 가르침을 좋아하고 있다는 것을 발견하게 되었습니다. 여기서 내가 매우 깊이 공명하고 있는 노자의 사상을 몇 줄 인용하겠습니다.

그는 귀를 기울이는 듯 했다.
그와 같은 귀 기울임은 고요함 가운데 우리를 감싸고
그 고요함 가운데서 우리는 마침내
우리가 어떤 존재인지 듣기 시작한다.

내가 좋아하는 두 명의 사상가를 합쳐 놓은 말이 하나 있습니다. 마르틴 부버는 도교의 원리인 무위(無爲)를 설명하려고 애를 썼지요. 무위란 실제로는 전 존재의 행동이지만 아무 노력도 하지 않을 때가 가장 효과적이기 때문에 '아무것도 하지 않음의 원리'라고 종종 불립니다. 이는 다소 오해의 소지가 있는 용어인데 부버는 다음과 같이 그 개념을 설명하고 있습니다.

> 사물의 삶에 간섭한다는 것은 사물과 자기 자신 모두에게 해를 입히는 것이다. …… 힘을 행사하는 자는 드러나 보이기는 하나 작은 힘을 소유한 자요, 힘을 행사하지 않는 자는 숨겨져 있지만 큰 힘을 소유한 자다. ……
>
> 수행을 쌓은 자는 …… 인간의 삶에 간섭하지 않고 다른 인간에게 힘을 행사하지 않으며 '모든 존재가 자유롭게 되도록 돕는다' (노자). 조화로운 사람은 그 조화를 통해 다른 사람들을 조화로 이끌며, 그들의 본성과 운명을 해방시켜 주고 그들 안의 도(道)가 발현되도록 돕는다. (Buber, 1957)

사람들을 위해 기울여 온 나의 노력들이 '그들의 본성과 운명을 점차 해방시켜' 주었으리라고 생각합니다. 또한 효과적인 그룹 촉진자가 어떤 사람인지 알고 싶은 사람은 무엇보다도 노자의 사상을 찾아보아야 합니다.

그가 있는지조차 사람들이 잘 모를 때,
그는 최고의 지도자다.
사람들이 그에게 복종하고 갈채를 보낼 때,
그는 별로 좋은 지도자가 아니다.

사람들이 그를 멸시할 때,
그는 최악의 지도자다.
그러나 그가 좋은 지도자로서 별 말도 없이
그의 임무를 다하고 그의 목적을 달성했을 때,
사람들은 모두 "우리 스스로 이것을 해냈어요."라고 말할 것이다.

(Bynner, 1962)

그러나 아마도 내가 가장 좋아하는 말은 나의 깊은 신념들을 요약해 주고 있는 노자의 또 다른 명언인 것 같습니다.

내가 간섭하지 않으면, 그들이 스스로 자신을 돌본다.
내가 지배하지 않으면, 그들이 스스로 바르게 행동한다.
내가 설교하지 않으면, 그들이 스스로 개선한다.
내가 강요하지 않으면, 그들은 진정한 자기 자신이 된다.

(Friedman, 1972)

물론 이런 말들이 지나치게 함축적이라는 것을 인정합니다. 그러나 서구 문화에서는 아직 그 가치를 인정하지 않고 있는 중요한 진리가 여기에 담겨 있다고 나는 생각합니다.

결론

여러 해에 걸쳐 나의 신념에 많은 변화가 있었다는 것을 분명하게 설명한 것 같습니다. 처음에 내가 가지고 있었던 신념들은 이렇습니다. '인간은 근본적으로 악하다. 전문가답게 사람을 대상으로 다루는 것이 최선이다. 전문적인 기술을 사용하여 도와야 한다. 전문가는 원하는 결과를 도출해 내기 위해 조언해 주고 조종하며 통제할 수 있다.'

이번에는 현재 내가 옳다고 믿으며, 그렇게 살고 싶어 하는 것들에 대해 요약해서 이야기해 보겠습니다. 이미 말한 대로 도움이 된다는 것을 알면서도 그렇게 하지 못할 때가 아주 많지요. 여러 번 크고 작은 실수를 했답니다. 때로는 엄청난 실책을 범하기도 했고요. 그동안 배운 것들을 시간적인 순서대로가 아닌 그저 자연스럽게 느껴지는 대로 얘기해 보겠습니다.

나는 나 자신이 경험하고 있는 여러 가지 것들을 순간마다 소중히 여길 수 있게 되었습니다. 분노의 감정이나 부드러운 느낌, 수치심, 상처, 사랑, 불안, 너그러움, 두려움 등 긍정적이든 부정적이든 갑자기 일어나는 나의 모든 반응을 귀하게 여기고 싶습니다. 나는 그때그때 떠오르는 어리석은 생각, 창의적인 생각, 기괴한 생각, 건전한 생각, 사소한 생각 등 나의 모든 부분을 소중히 여기고 싶습니다. 나는 적절하거나, 미친 것 같거나, 성취지향적이거나, 성적이거나, 누군가를 죽이고 싶다거나 하는 나의 모든 충동들을 좋아합니다. 나는 모든 감정들, 생각들, 충동들을 자신을 풍성하게 해 주는 것으로 받아들이고 싶습니다. 그 모든 것에 따라 행동하려 하지는 않아도 그것들을 모두 받아들일 때 나는 더욱 진실될 수 있습니다. 그리고 그때의 상황에 맞추어 더욱 적절하게 행동할 수 있습니다.

나는 경험을 통해 진실되고 소중히 여겨 주고 이해해 주는 분위기를 조성해 주면 흥미진진한 일이 일어난다는 것을 알게 되었습니다. 개인들이건 그룹들이건 그러한 분위기에서는 경직에서 벗어나 유연해지며, 정적인 삶에서 벗어나 변화하는 삶이 되고, 의존에서 벗어나 자율적이 되며, 방어적인 것에서 벗어나 자기 수용적이 되고, 범용(凡庸)에서 벗어나 자유로운 창의성을 갖게 됩니다. 그들은 자기실현의 성향을 보이는 산 증거가 됩니다.

성장을 촉진시켜 주는 분위기 가운데 있을 때 비로소 나 자신에 대하여, 다른 사람들에 대하여, 전체 그룹에 대하여 깊은 신뢰가 자라납니다. 나는 개인들, 그룹들, 심지어는 식물들이 잘 자라날 수 있도록 해 주는 이러한 환경을 만드는 일을 사랑합니다.

나는 중요하고 지속적인 모든 관계에서 상대방에게 계속 느끼고 있는 감정들이 있다면 그것을 표현해야 가장 좋다는 것을 배웠습니다. 그것들을 내가 소유하고 있는 감정으로 표현하기만 한다면, 한동안은 관계에 나쁜 영향을 미치는 것 같아도 궁극적으로는 그 감정들을 부인하거나 감추려고 시도하는 것보다 훨씬 더 좋은 결과를 가져오게 된다는 것을 배웠습니다.

나는 대인관계가 리듬처럼 존재할 때 가장 좋다는 것을 발견했습니다. 마음을 열고 표현하고 순응하며, 흘러가고 변화한 후 조용히 멈추며, 모험하고 불안정한 상태로 있다가 잠시 안전한 곳에 머무는 것이지요. 그러나 나는 계속해서 엔카운터 그룹 안에서만 살 수는 없습니다.

다른 사람은 어떤지 몰라도 나에게는 투명하게 열어 놓는 것이 방어적인 것보다 훨씬 더 좋은 결과를 가져다줍니다. 완전히 그렇게 하기는 어렵지만 조금만 그렇게 하더라도 관계가 엄청나게 풍성해지지요.

나에게는 현실을 직접적으로 체험하는 것이 필요합니다. 추상적인 세계에서 살 수는 없는 일입니다. 사람들과 직접 만나서 관계를 맺고, 손에 흙을 묻히며, 꽃이 피어나는 것을 관찰하고, 석양을 바라보는 것이 나의 삶에 필요합니다. 적어도 한 발은 현실 세상에 딛고 있어야만 합니다.

내 삶의 대부분의 시간이 밖을 향하고 있을 때 나는 가장 만족스럽습니다. 자신의 내면을 들여다보고 자신을 알기 위해 탐색하며 묵상하고 생각하는 시간도 소중합니다. 그러나 균형을 맞추는 것이 필요합니다. 사람들과 교제하고, 꽃을 기르거나 책을 쓰거나 목공일을 하는 등의 생산적인 일도 해야만 합니다.

마지막으로 가설에 불과할지도 모르지만 나는 다음과 같은 깊은 신념을 가지고 있습니다. 내가 그동안 체계화해 온, 이 글에도 포함되어 있는 대인관계에 대한 이러한 철학은 모든 사람과 모든 상황에 적용될 수 있다는 것입니다. 치료관계, 결혼관계, 부모와 자녀 관계, 스승과 제자 관계, 높은 지위의 사람과 낮은 지위의 사람 간의 관계, 서로 다른 인종 간의 관계에 모두 적용될 수 있다고 믿습니다. 심지어는 특별히 국가 간의 문제를 다룰 때 노골적인 권력의 행사에 의해서 지배되는 상황에서도 효과가 있으리라고 믿을 정도로 나는 자신이 있습니다. 오늘날 미국의 국제 정책의 모든 면에서 분명하게 드러나 보이는, 특히 광기 어린 전쟁과 같이 무언가 '바로잡아 보려는' 미국의 신념에 나는 온 힘을 다하여 도전합니다. 내 생각에 그것은 자멸하는 길입니다. 나는 부버와 고대 동양의 현인들과 뜻을 같이합니다. "힘을 행사하는 자는 드러나 보이기는 하나 작은 힘을 소유한 자요, 힘을 행사하지 않는 자는 숨겨져 있지만 큰 힘을 소유한 자다."

♣ 참고문헌

Buber, M. (1957). *Pointing the way.* New York: Harper & Row.

Bynner, W. (Translator). (1962). *The way of life according to Laotzu.* New York: Capricorn Books.

Friedman, M. (1972). *Touchstones of reality.* New York: E. P. Dutton.

Rogers, C. R. (1957). The necessary and sufficient conditions of therapeutic personality change. *Journal of Consulting Psychology, 21*, 95–103.

제3장 지난 46년간을 회고하며

공짜 점심만큼 좋은 것은 없다. 이 심오한 진리가 이 글을 쓰게 된 동기였다. 미국심리학회(APA)에서 두드러진 공헌을 한 상담전문가에게 주어지는 공로상(Distinguished Professional Contribution Award)과 더불어 후한 상금을 받게 된 것은 나에게 큰 영광이었다. 그러나 그 영광과 동시에 이듬해인 1973년 8월에 몬트리올에서 열리는 대회를 위해 글을 하나 써야만 하는 임무도 주어졌다. 어떤 주제의 글을 써야 할지 난감해하던 기억이 난다. 또 글을 하나 쓰기는 했는데 대회에 어울리지 않는 것 같아서 던져 버린 것도 생각난다. 나는 46년을 거슬러 올라가 뉴욕에 있는 아동지도연구소(Institute for Child Guidance)에서 신출내기 연구원(인턴이라고 하는 것이 더 정확할 것이다)으로 있었던 시절을 되돌아보며 상담전문가로서의 삶의 한 자락을 회고해 보기로 결정했다. 아동지도연구소는 사설단체가 운영하는 뉴욕 공공복지 기금의 아낌없는 지원을 받고 있었는데, 그 목적은 당시 급속하게 인기를 얻고 있던 아동지도 클리닉에서 일할 사람들을 훈련시키기 위한 것이었다. (사무엘 벡(Samuel Beck)과 나는 그해에 함께 로르샤흐 검사를 배웠다. 검사는 정신과의사인 데이빗 레비(David Levy)에 의해서 바로 그때 유럽에서 도입되었다.) 그해 말에 나는 인턴 과정을 끝내고 2,900불이라는 많지 않은 연봉으로 뉴욕의 로체스터에서 일자리를 얻었다! 내가 그곳에서 어떤 일을 했는지 어떤 지위에 있었는지는 이 글에 설명해 놓았다.

그 다음에는 내가 영향을 받은 여러 나라들에 관한 이야기도 썼는데, 이 글을 쓴 후 여러 해가 지났으므로 최근 폴란드에서 90명의 사람들과 함께 보냈던 멋진 워크숍(철의 장막 뒤에서의 첫 번째 경험)을 포함하여 더 많은 나라들을 추가해야 할 것 같다.

이번 장은 매우 주관적인 것이다. 즉, 내가 본 나 자신의 전문가로서의 삶을 그린 것이다. 이것은 어디까지나 내 입장에서 이해한 것이므로 외부에서 보는 나의 모습과는 매우 다를 것이라고 생각한다.

1927년부터 지금까지 나는 심리학자로 일하며 살아왔다. 아동의 진단을 위한 공부를 했고, 그들의 문제를 다루기 위하여 추천해 줄 치료방법을 발전시켰다. 1928년에는 아동의 내면세계를 이해하기 위한 검사도구를 만들었는데 (하나님, 용서하소서!) 그것은 아직도 수천 부씩 팔리고 있다. 나는 부모들, 학생들 그리고 일반 성인들도 상담했다. 정상인뿐 아니라 신경증, 정신병 등의 어려움을 겪고 있는 사람들에게 강도 높은 심리치료를 해 주었다. 심리치료와 성격 변화 분야의 일을 하기도 하고 그에 관한 연구를 후원하기도 했다. 또한 정밀한 치료이론을 만들어 냈다. 40년간 가르치는 경험을 했고, 인지적인 경로와 경험적 경로 모두를 통하여 학습을 지도했다. 강력한 그룹 경험을 통해 개인의 발달을 촉진시키는 데 종사했다. 녹음, 시연, 촬영 필름을 통하여 개인치료와 그룹 경험의 과정을 분명하게 정리하려고 노력했다. 지금 보기에는 셀 수 없을 정도로 많은 글, 테이프, 카세트를 통해서 나의 경험을 사람들에게 전하려고 노력했다. 나는 전문심리학회의 일원으로서 나의 역할을 담당했다. 나는 지속적으로, 또 변화하며, 논쟁을 불러일으키며, 풍성하고 보람 있게 전문가로서의 인생을 살아왔다.

그러므로 이러한 질문이 흥미로울 것 같다는 생각을 하게 되었다. '그 심리학자가 자신이 공부하고 일해 온 반세기를 자세히 회고해 보면서 무슨 생각을 하게 될까?' 이제부터 그에 대한 답을 해 보려 한다. 전문가로서의 나의 삶과 그 삶의 발달 및 변화의 다양한 단계들을 모두 살펴보면서 그 세월들을 되돌아보는 현재 나의 관점은 어떠할 것인가?

놀라운 영향력

내가 해 온 일과 그에 대한 세상의 반응을 되돌아볼 때 가장 먼저 느끼는 것은 놀라움이다. 35년 또는 40년 전에 내가 한 일이 이러한 영향을 미칠 거라고 누군가 이야기해 주었다면 나는 절대로 믿지 못했을 것이다. 나와 나의 동료들이 해 온 일들은 매우 다양한 분야에 변화를 일으켰는데 그것을 소개하면 다음과 같다. 그것은 상담계를 뒤흔들어 놓았다. 심리치료는 대중적인 관심과 연구조사의 대상이 되었다. 매우 주관적인 현상에 대해 경험적인 연구를 가능하게 만들었다. 모든 단계의 교육방법에 변화를 가져오는 일을 도왔다. 기업(심지어 군부)의 리더십의 개념, 사회사업 실시의 개념, 환자를 간호하는 일의 개념 그리고 종교적인 일의 개념에 변화를 가져오는 하나의 요인이 되었다. 엔카운터 그룹 운동도 중요한 역할을 했다. 적어도 약간은 철학에도 영향을 주었다. 그리고 서로 다른 인종과 문화 간의 관계까지 영향을 주기 시작하고 있다. 심지어는 신학과 철학을 전공하는 학생들에게도 영향을 주었다.

내가 한 일은 프랑스, 벨기에, 네덜란드, 노르웨이, 일본, 호주, 뉴질랜드, 남아프리카공화국 사람들의 삶의 방향과 목적을 변화시켰다고 알고 있다. 12개국에서 자국어로 번역된 몇몇 나의 저서들을 접할 수 있다. 내가 쓴 글들을 모두 읽고 싶은 사람이 있다면 일본어로 된 전집을 찾아보면 된다. 이렇게 길게 열거된 것을 보니 나 자신 또한 놀라움을 금치 못하겠다.

잠정적인 설명

내가 한 일이 왜 그렇게 널리 영향을 미쳤던 것일까? 나 자신의 뛰어난 천재성 때문은 결코 아니다. 더구나 내게 선견지명이 있었던 것도 아니다. 여러 해에 걸쳐 나의 생각과 업적을 확장하고 깊이를 더해 주었던 후배 동료들에게 모든 공로를 돌린다. 그렇지만 그들의 노고도 이토록 큰 영향력에 대한 충분한 설명이 되지 않는다. 나나 나의 동료들은 저술 활동 외에는 위에 언급한 그 많은 분야들을 대상으로 무슨 일을 하거나 어떤 방법으로든 개입을 한 적이 없다.

내가 이런 현상을 이해해 보고자 할 때 드는 마음은 나는 그저 내 생각을 발표했던 건데 마침 시기가 맞아 떨어졌던 것 같다는 것이다. 그것은 마치 매우 잔잔한 연못에 조약돌을 던지면 물결이 점점 더 멀리 퍼져 가는데 조약돌만 보고서는 영향력이 퍼져 가는 것을 이해할 수 없는 것과 같다. 또는 화학적인 비유로 액체 용액이 과포화 상태가 되었을 때 작은 결정체 한 조각을 넣으면 그것에서 시작하여 전체가 다 결정체가 되는 것과 같다고 하겠다.

그 생각, 그 조약돌, 그 결정체란 무엇일까? 그것은 점차적으로 형성되어 왔고 검증받고 있는 가설이다. 그 가설이란 사람은 자기 자신을 이해하고 자기 개념, 태도, 자기 주도적인 행동을 변화시킬 수 있는 방대한 자원을 자기 자신 안에 갖고 있으며, 어떤 토양(정의 내릴 수 있는 촉진적인 심리적 태도)이 제공되기만 하면 그 자원을 일깨울 수 있다는 것이다.

이러한 가설은 너무 새롭기도 하지만 보기에 따라서는 너무 오래된 것이라고 할 수도 있겠다. 이것은 탁상공론에서 나온 것이 아니다. 수많은 실제적인 단계를 거쳐서 생겨난 것이다.

첫째, 나는 힘들고 실망스러운 경험을 통해서 단순히 내담자의 말을 이해하며 들어주고 이해한 것을 전달해 주는 것이 치료 효과에 강력한 영향을 준다는 것을 배웠다.

둘째, 나와 동료들은 공감적 경청이 이해할 수 없이 복잡한 인간의 심리 작용을 들여다볼 수 있는 가장 덜 흐릿한 거울을 제공해 줄 수 있다는 것을 깨달았다.

셋째, 우리는 관찰을 통해서 단지 낮은 수준의 추론을 만들고 검증해 볼 만한 가설을 세웠을 뿐이다. 우리는 높은 수준의 추론과 추상적이고 검증할 수 없는 높은 수준의 이론을 선택할 수도 있었지만, 나는 흙과 함께 농사일을 보고 자란 사람이라서 그럴 수가 없었던 것 같다. (프로이트 학파라면 두 번째를 선택했을 것이다. 그리고 내가 보기에는 이런 점이 그들의 접근법과 내담자 중심 접근법의 가장 근본적인 차이이다.)

넷째, 우리는 가설들을 검증하면서 사람에 대하여, 그리고 인간관계에 대하여 여러 가지를 발견했다. 이렇게 발견한 것들과 그것들을 묶어서 세운 이론은 이후에 새로운 것이 발견될 때마다 계속해서 변화해 왔으며 이러한 과정은 오늘날까지 계속되고 있다.

다섯째, 우리가 발견한 것은 어떻게 하면 기본적으로 인간 자신의 변화할 수 있는 능력이 드러나게 해 줄 수 있는가, 그리고 인간관계가 그러한 자발적인 변화를 도와주거나 방해하게 되는 것과 어떻게 관련되어지고 폭넓게 적용될 수 있는지를 밝혀냈다.

여섯째, 사람들이 포함되어 있는 상황들, 사람들의 행동 변화, 그리고 인간관계의 질적인 차이가 미치는 효과들은 모든 인간사에 존재한다. 그러므로 이 접근법의 가설들이 거의 보편적으로 적용될 수 있으리라는 것, 또는 굉장히 다양한 상황에서 사용될 수 있도록 재검증되거나 재편성될 수 있으리라는 것을 사람들이 깨닫기 시작했다.

나의 생각들이 어떻게 그렇게 이해할 수 없을 정도로 놀랍게 퍼져 나가게 되었는지에 대해 이상과 같이 설명해 보았다. 그런 생각들은 다음과 같은 매우 단순한 질문에서 시작되었다. 과연 내가 내담자들과의 경험을 관찰하고 평가함으로써 그들이 자신들의 고통, 자기 파괴적인 행동, 그리고 파괴적인 인간관계의 문제들을 해결할 수 있도록 더욱 효과적으로 돕는 방법을 배울 수 있을까? 이 질문을 놓고 더듬더듬 헤매다 찾아낸 잠정적인 답변들이 이렇게 멀리 퍼져 갈 줄을 누가 상상이라도 했겠는가?

심리학계의 양면성

내가 한 일의 영향을 받은 분야들을 나열할 때 뭔가 빠진 것이 있다는 것을 눈치 챘을지 모르겠다. 나는 나와 동료들이 학계 또는 이른바 과학으로서의 심리학에 영향을 미쳤다는 말을 하지 않았다. 실수로 그렇게 한 것이 아니다. 좀 더 분명하게 말하자면, 강의실, 교과서, 실습실 등 학계에는 우리가 거의 영향을 주지 못했다고 생각한다. 심리치료에 대한 나의 생각, 이론, 접근법에 대하여 지나가는 말로 언급되기는 했지만, 대체적으로 심리학계 사람들에게는 내가 몹시 껄끄러운 존재였던 것 같다. 한마디로 내가 거기 맞지 않았던 것이다. 그러한 평가에 나도 차츰 동의하게 되었다. 이에 대해 좀 더 자세히 설명해 보겠다.

심리학 쪽의 학계와 전문직업계에서는 나와 내 일에 대하여 매우 양면적인 감정을 가지고 있다고 생각한다. 대부분 떠도는 이야기에 의한 것이기는 하지만, 사람들은 나를 바보 같고 비과학적이며 사이비 같고 학생들에게 지나치게 관대하며, 자기(self), 상담자의 태도, 엔카운터 그룹처럼 쓸데없는 것에 대해 괴상하면서 혼란스러운 열정을 가지고 있는 사람으로 보았다. 나는 학과목 점수를 매기는 기본적인 것부터 모두 탐내는 박사학위 신분에 이르기까지 가장 신성한 학문의 신비(전문적인 강의와 모든 평가체계)를 모욕했던 것이다. 대접을 가장 잘 받아 보았자 심리학 관련 저자들 대부분이 나를 '비지시적 기법'을 개발한 사람으로 한마디 써 주는 것이 고작이었다. 나는 심리학계 내부에 속한 사람이 전혀 아니었다.

그러나 양면 중 다른 측면이 더욱 인상적이다. 심리학 관련 학계와 전문직업계 모두 전반적으로 내게 너무 과분할 정도의 명예를 듬뿍 안겨 주었다. 과학적인 공로를 인정해 주는 처음 세 개의 상 중 하나를 받았을 때 나는 놀라지 않을 수 없었다. 1956년, 그때는 내가 지금보다 훨씬 더 논란의 대상이었을 때의 일이었다. 나는 미국응용심리학회(American Association for Applied Psychology)의 회장으로 추대되었다. 그리고 미국심리학회의 회장으로 선출되기도 했다. 중요한 위원회나 분과의 장으로 추대되거나 선출되었고, 이러한 명예로 인해 나는 종종 감격하곤 했다. 그러나 과학 공로상과 감사패 옆에 서게 되었을 때보다 더 감격했던 적은 없었다. 나는 전문직업인으로서 좀 더 앞서고자 하는 야심을 가지고 있었다. 내가 직책을 맡았던 것은 부분적으로는 이러한 야심 때문이었다. 그러나 내게는 그 상이 어떤 의미에서 내가 받아 보았던 것 중 '가장 순수한' 인정이었다. 다른 어느 누구도 관심을 가지고 있지 않는 것으로 보였던 미개척 과학 분야에서 나는 여러 해 동안 지식을 객관화하기 위해 씨름했었다. 나를 몰아갔던 것은 야심이나 상을 타고자 하는 기대가 아니었다. 실증 연구는 무언가를 사람들에게 증명하고 싶다는 아주 큰 바람을 가지고 했다. 이는 과학적인 목표가 아닌 것이 분명했다. 그러나 주의 깊게 관찰하고 상담 장면을 녹음하고 직감적으로 가설을 세워 보고 엉성한 이론을 만들어 보는 기초적인 작업을 할 때에 나는 내가 정말 바라던 진정한 과학자의 모습에 가까웠다. 그렇지만 나와 동료들 외에는 누구도 알아주거나 관심을 가져 주지 않는 것이 분명하다고 생각했다. 그래서 1956년 APA 대회에서 볼프강 쾰러(Wolfgang Köhler)와 케네스 스펜스(Kenneth Spence)와 함께 심리학에 과학적 공헌을 한 대가로 첫 번째 상을 타기 위해 불려 나갔을 때 나는 목이 메고 눈물이 흘렀다. 그것은 심리학자들이 나로 인해 당황스러웠기도 했지만 나를 어느 정도 자랑스러워했다는 생생한 증거였다. 이 상은 다음해에 받은 첫 번째 전문직 공로상을 포함하여 그 후에 주어진 다른 어떤 영예보다 내게 의미가 있었다.

전문직 공로상의 감사패에는 나에 대해 '전문직의 등에(gadfly: 성가신 사람이라는 뜻도 가지고 있음-역자 주)'라고 하는 솔직한 표현이 있었다. 나는 그 말이 몹시 재미있었다. 이제야 그 말은 나를 '존경받는 등에'의 위치로 올려놓는다. 나는 양면성을 가지고 있는 그 표현이 마음에 들었다.

두 가지 씨름

지난 몇 년을 되돌아볼 때, 내가 직업적인 중요성을 가지고 있는 두 가지 씨름을 해 왔다는 것을 깨닫는다.

정신과의사와의 씨름

많은 정신과의사들이 심리학자에게는 심리치료나 '정신건강'에 관련된 일(특히, 정신과의사가 연루되어 있을 때)을 하는 행정적 책임을 허용해서는 안 된다는 결정을 내렸다. 첫 번째 씨름은 바로 이러한 결정과의 씨름이었다. 나는 뉴욕 로체스터에 있을 때 처음으로 이러한 반대에 부딪혔다. 사회복지기관의 지부로서 매우 성공적이었던 아동연구소가 1939년 새롭게 독립하여 로체스터 아동지도센터로 바뀌던 때였다. 그곳에서 소장으로 일하고 있던 나를 대신하여 정신과의사를 그 자리에 앉히려고 하는 움직임이 표면적으로 그리고 배후에서 격렬하게 일어났다. 내가 하는 일에 무슨 질적인 문제가 있었던 것은 아니었던 것 같다. 다만 심리학자는 정신건강기관의 장이 될 수 없다는 견해 때문에 논쟁이 일어났던 것이다. 아동연구소에서 수년 동안 정신과의사들을 시간제로 고용해 왔는데도, 정신과의사들은 이제 와서 심리학자들이 그들을 고용할 힘을 가지는 것은 말도 안 된다는 결정을 내렸다. 나는 중요한 선례를 찾을 수도 없었고, 어떤 전문직 단체의 지원도 받을 수 없었다. 외로운 싸움이었다. 대부분 일반인들로 구성된 임원진들이 이 문제를 놓고 나에게 유리한 결정을 내려 주었기에 매우 고마웠다. 나는 그 일을 잘하고 있었고 꼭 그 일을 계속하고 싶었기 때문에 그것은 나에게 사활을 건 싸움이었다.

오하이오 주립대학에 있었던 5년간은 잠시 잠잠했는데, 1945년 시카고 대학에 갔을 때는 그 씨름이 다시 시작되더니 전보다 훨씬 더 격렬해졌다. 정신과 과장이 자주 바뀌었는데 그중 누구도 정통파가 아닌 걸음마 단계의 상담센터와 협력하려 하지 않았다. 마침내 한 정신과 과장이 대학 행정 당국에 상담센터 문을 닫으라는 건의를 했다. 그 이유는 우리가 면허 없이 개업하여 일(말하자면 심리치료)을 한다는 것이었다. 그때는 아직 우리의 활동을 위해 APA나 다른 심리단체로부터 전문직에 관련된 지원을 받지 못했다. 나는 내가 모을 수 있었던 모든 증거를 가지고 신랄하게 반격을 가했다. 이번에도 감사하게 대학의 총장님이 공정한 판단을 내려 정신과 쪽 사람들에게 그들이 제출한 요구를 철회할 것을 요청해 주었다. 정신과의사들과 공식적인 전투를 한 것은 이렇게 두 번뿐이었다. 대부분 나의 전략은 이중적이다. 나는 공통의 목적을 가지고 있는 두 전문직이 화해하고 협력하도록 노력을 기울여 왔다. 동시에 심리학자들이 뛰어난 연구를 하고 이론을 세우거나 치료를 할 때, 완전히 동등해질 수 있도록 하기 위해 자신의 분야에서 일할 수 있는 권리를 보장받을 수 있도록 재빨리 움직였다.

이러한 두 경우처럼 궁지에 몰리게 되면 나는 6명의 형제들이 있는 대가족에서 자라면서 익힌 온갖 기술을 사용하여 싸울 수 있다. 나의 사려 깊고 부드러운 면만 보아 온 사람들은 총력전 상황에서의 나의 태도와 행동을 보고 놀랐다. 경고의 표시로 방울뱀이 그려져 있고 "나를 밟지 마시오."라는 문구가 쓰여 있는 초기 식민지 깃발이라도 올려놓았어야 했을 것 같다.

1957년에는 위스콘신 대학으로 갔는데, 그곳에서 내가 심리학과와 정신과에 겸직했던 것이 이러한 씨름의 유쾌한 해결점이었다고 말할 수 있어 기쁘다. 실제로 나는 심리학자들과 정신과의사들이 함께하는 모임을 결성하였고, 이 모임은 그 주에서 두 개의 직업을 분리시키고 있던 법률상 또는 입법상의 분쟁을 차츰 진정시켰다.

행동주의 심리학파와의 씨름

또 하나의 씨름은 내가 인간 연구에 대하여 취했던 인본주의적 접근법에 관한 것이었다. 1956년의 로저스-스키너 논쟁은 심리학계에서 가장 많이 재판(再版)된 저작 중 하나다. 이렇듯 영속적인 차이에 대해 어떤 깊이로든 다시금 논하는 것은 어리석은 일이라는 생각이 든다. 지난날들을 되돌아보며 간략하게 몇 가지만 이야기하겠다.

오해를 없애기 위해 조작적 조건화(operant conditioning) 이론과 그것의 발달과 실행이 창의적인 업적이라는 견해에 나도 동의한다는 것을 먼저 밝혀 두고 싶다. 어떤 종류의 학습을 촉진시키는 데는 조작적 조건화 이론이 중요한 도구가 된다. 나는 이 이론의 공헌을 깎아내릴 마음이 전혀 없다. 그러나 근본적인 차이점은 이 이론에 있는 것이 아니다.

또한 나는 프레드 스키너(Skinner)를 개인적으로 매우 존경한다. 그는 정직한 사람이며 자신의 생각을 끝까지 추구하여 논리적인 결론을 이끌어 내는 사람이다. 그러므로 우리가 서로 다를지라도 그것이 그를 향한 나의 존경심에 조금이라도 손상을 주지는 않는다. 나는 여러 정기 간행물 출판사로부터 『자유와 존엄을 넘어서(Beyond Freedom and Dignity)』(Skinner, 1971)를 반박하는 글을 써 달라는 요청을 받았지만 거절했다. 그가 자신의 견해를 가질 권리가 있다고 느꼈다는 것이 주된 이유다. 스키너에 대해서 하나 실망한 것이 있다면 그가 미네소타 대학의 덜루스 캠퍼스에서 우리가 함께 9시간 동안 토론한 것을 공개하기로 합의해 놓고 후에 거절했다는 것이다. 그 토론은 모두 녹음되었는데 현존하는 자료로서는 우리 사이의 차이점을 가장 깊이 탐구한 것이었다. 다른 모든 학파들은 테이프나 회의록 또는 두 가지 모두를 공개하기로 합의된 줄로 알고 있었다. 그런데 토론이 끝나자 스키너는 공개하는 것을 허락하지 않았다. 나는 공언해 놓은 것을 지키지 못한 느낌이 들었다.

인간에 대한 행동주의 접근법과 인본주의 접근법의 근본적인 차이점은 어떤 철학을 취하고 있는지의 문제라는 것을 깨닫게 되었다. 그러므로 차이점에 대해 토론할 수는 있겠지만 해결할 수 있는 어떤 증거가 있는 것은 아니다. 몇 년 전까지만 해도—아마 지금도 마찬가지이겠지만—스키너의 생각은 환경이란 일련의 인과관계의 일부분으로서 인간의 행동을 결정하는 유일한 요인이며, 이에 다시 원인과 결과를 잇는 끊을 수 없는 고리가 된다는 것이다. 나나 스키너가 하는 모든 일은 단지 우리의 조건화의 불가피한 결과다. 그가 지적한 바에 의하면 인간은 어떤 힘에 의해 어쩔 수 없이 행동하지만 마치 그렇지 않은 것처럼 행동한다는 것이다. 결론적으로 이것은 존 칼빈(John Calvin)이 이미 결론을 내렸던 것처럼 우주가 어느 시점에 거대한 시계와 같이 태엽이 감겨졌는데 그때부터 예정된 대로 변함없이 똑딱거리며 가고 있다는 것을 의미한다. 그러므로 우리의 결정, 선택, 가치라고 우리가 생각하는 것들은 다 허상이라는 것이다. 그렇다면 스키너가 책을 쓴 것은 자신의 견해를 발표하고 그가 가치 있게 여기는 사회가 어떤 종류의 사회인지 알리려는 선택에 의해서가 아니라, 단지 종이 위에 어떤 부호를 기록하도록 조건화되었기 때문이다. 놀랍게도 그는 우리가 함께 참석하였던 한 회의에서 사실상 이러한 견해에 동의했다.

상담치료나 그룹에서 경험한 것을 보면, 나는 인간 선택의 실제와 중요성을 부인할 수가 없다. 인간이 어느 정도 자기 자신을 스스로 만들어 간다는 것이 나에게는 환상이 아니다. 나는 자기 인식의 정도가 개인의 행동을 예측할 수 있는 가장 중요한 요인이라는 것에 대한 증거자료를 발표했다. 그러므로 내게는 인본주의적 접근이 유일한 대안이다. 그러나 행동주의든 인본주의든 각자가 자신에게 가장 알맞은 길을 따를 수는 있다.

각자가 선택할 길이라는 말이 어떤 길을 선택하든 다를 것이 없다는 뜻은 아니다. 예를 들어, 인본주의 철학을 선택한다는 것은 연구의 주제도 매우 다른 것을 선택하게 되고 발견한 결과들의 타당성을 입증하는 방법도 달라진다는 것을 의미한다. 또한 사회의 변화에 대하여 접근할 때는 조건화에 기반을 두는 것이 아니라 인간이 가지고 있는 변화를 향한 욕구와 잠재력에 기반을 둔다는 것을 의미한다. 그리고 인본주의를 선택하는 것은 엘리트에 의한 지배가 아닌 매우 민주적인 정치철학으로 인도할 것이다.

인간의 행동에 대한 극심한 통제를 한결같이 강조하며 기술을 중시하는 사회는 행동주의에 매혹되는 것이 당연하다고 생각한다. 마찬가지로 '지력(智力)이 전부'라고 확고하게 주장하고 있는 대학의 심리학도 인본주의 접근보다는 행동주의 접근을 훨씬 선호해 왔다. 대학의 심리학자가 인본주의를 받아들인다는 것은 자신이 주관적인 사람으로서 연구 주제에 대한 자신의 선택, 자료에 대한 자신의 평가, 자신의 학생들과의 관계, 그리고 자신의 전문적인 일에 대하여 책임이 있다는 것을 받아들여야 하는 것을 뜻한다. '객관적'이라는 편한 외투를 벗어 던져야 하고, 상처받기 쉽고 불완전하며 주관적인 존재로 자신을 드러내며, 모든 활동을 할 때 지적으로 그리고 정서적으로, 객관적으로 그리고 주관적으로 전심전력해야만 한다. 사실 이것은 너무나 위협적이다.

정말 문제가 되는 것은 두 개의 역설 간의 대립이라는 점을 간단히 덧붙이고 싶다. 극단적인 행동주의자의 입장이 옳다면 인간이 하는 모든 일은 본질적으로 무의미하다. 왜냐하면 그는 원인과 결과라는 끊임없는 고리 안에 갇혀 있는 분자에 불과하기 때문이다. 반면, 철저한 인본주의 입장이 옳다면 선택이 개입하게 되고 그러한 사람의 주관적인 선택은 원인과 결과에 약간의 영향을 미치게 된다. 그렇게 되면 분명한 인과관계에 대한 완벽한 신뢰에 근거하고 있는 과학 연구는 근본적인 수정이 불가피하다. 다른 사람들과 마찬가지로 나 역시 이 딜레마를 부분적으로나마 설명해 보려고 시도했다. 그 내용을 『자유와 위탁(Freedom and Commitment)』(Rogers, 1964)이라는 논문에 소개했다. 그러나 이러한 역설을 온전히 조정하는 데 도달하려면 좀 더 기다려야만 할 것이다.

솔직하게 말하자면, 긴 안목으로 볼 때 인본주의 입장이 우위를 차지하게 되리라고 나는 믿고 있다. 나는 기술이 우리의 삶을 지배하는 것을 미국 국민들이 허용하지 않기 시작했다고 믿는다. 자연을 정복하고 인간을 통제하는 데 기반을 두었던 우리의 문화는 점점 더 사양길로 접어들었다. 이러한 문화가 붕괴됨에 따라 사람들은 새로워질 것이다. 높은 인식 수준에 자기 주도적이며 외부보다는 내면을 탐색하고 제도와 독단적인 권위에 복종하는 것을 멸시하는 새로운 사람이 나타날 것이다. 그는 사람의 행동이 조종된다거나 다른 사람의 행동을 조종하는 것을 좋다고 믿지 않는다. 그는 과학기술의 사람이 아니라 인본주의적인 사람일 것이 확실하다. 내 판단에는 그러한 사람이 살아남을 확률이 더 높다.

그러나 나의 이러한 확신에는 한 가지 예외가 있다. 한 사람이 통치하도록 허용하거나 군대가 정부를 탈취한다면(우리가 그러한 위험한 상황에 아주 가까이 가고 있었던 것이 분명하다.) 다른 상황이 벌어질 것이다. 군사-경찰-산업의 복합적인 정부는 과학적 기술을 사용하여 군사적 · 산업적으로 정복할 것이며, 심리적인 기술을 사용하여 인간의 행동을 통제하게 되어 몹시 기뻐할 것이다. 근원적인 자유와 독특한 존재로서의 인간의 존엄성과 자기 결정 능력을 강조하는 인본주의 심리학은 그러한 정부에 의해서 가정 먼저 축출될 것이라 해도 터무니없는 말은 아닐 것이다.

이 주제에 대해서는 이쯤 해 두자. 이야기가 어느새 미래로 흘러가 버렸다. 다시 되돌아가 보되, 이번엔 조금은 덜 심각한 이야기를 하겠다.

두 가지 곤혹스러웠던 일

나를 곤혹스럽게 했던 두 가지 문제가 있는데 하나는 사소한 것이고 다른 하나는 조금 더 중요한 문제다.

이론에 관하여

1950년경 나는 나의 생각이 과연 논리정연한 이론의 형태를 띨 수 있을까 점점 더 의아하게 여기고 있었다. 그때쯤에 지그문트 코흐(Sigmund Koch)에게서 그의 기념비적인 총서 『심리학: 과학의 연구(Psychology: A Study of a Science)』(1959~1963)의 출판에 동참해 달라는 부탁을 받았다. 이와 같은 아주 작은 자극이 내게 필요했는데, 그 후 3, 4년 동안 이전이나 이후에 그 어떤 책을 쓸 때보다도 심혈을 기울여 이론을 정립하는 일을 했다. 내가 보기에는 이제껏 제시된 이론 중 이것이 인간의 성격과 행동의 변화 과정을 가장 정밀하게 진술하고 있는 이론이다. 이전에 수학을 공부했던 한 젊은 심리학자가 최근에 내게 이런 말을 했다. "이 이론은 너무나 정밀하군요! 수학적인 용어로 바꿀 수도 있겠어요." 내 의견도 이와 비슷하다고 고백할 수밖에 없다.

나는 내 이론이 코흐의 총서에 들어가게 되어 매우 기뻤다. 왜냐하면 장차 대학원생들과 심리학자들이 그 책들을 사용할 것이 분명해 보였기 때문이었다. 그러나 정확한 자료는 없지만 사실 그 책들은 거의 사용되지 않은 것 같다. 내가 쓴 '내담자-중심 상담구조 안에서 발달된 심리치료, 성격 및 인간관계 이론(A Theory of Therapy, Personality, and Interpersonal Relationships as Developed in the Client-Centered Framework)'이라는 장은 내가 집필했던 글들 중 가장 철저하게 무시당한 글이 되고 만 것이 분명하다(Rogers, 1959). 그렇지만 그것 때문에 내가 특별히 괴로웠던 것은 아니다. 왜냐하면 나는 이론이란 독단(dogma)이 되기 쉽다고 믿기 때문이다. 그러나 그 후로 오랫동안 이 일로 인해 나는 곤혹스러웠다.

창조적인 지도력에 관하여

두 번째로 당혹스러웠던 일은 좀 다른 종류의 일이다. 젊은 시절에 나는 영웅 숭배자는 아니었지만 매우 존경하던 사람들이 있었다. 나는 초라한 주변인이었지만 그들을 '진정한 심리학자'라고 생각했다. 레오나드 카마이클(Leonard Carmichael)이 1936년 심리학과 과장으로 부임했을 때 지역사회와 전문인들이 열광했던 기억이 난다. 그의 설계에 따른 특별 실험실이 제공되었고, 그의 학생들에게는 계속해서 연구비가 지급되었으며, 그의 명석함과 지도력에 대하여 칭찬이 자자했다. 그때 나는 아동학대 예방을 위한 지역사회 아동연구소(Child Study Department of the Society for the Prevention of Cruelty to Children)에 주어진 다 쓰러져 가는 골조식 건물에서 외따로 일하고 있었기 때문에, 아마도 질투심을 느꼈겠지만 그보다는 존경심과 기대감이 더 많았다. 그 외에도 내가 매우 존경하던 사람들이 여섯 명 정도 더 있었는데, 그들은 나보다 더 잘 훈련받고 내 판단에 나보다 훨씬 더 똑똑하며 책이나 학술 연구로 이미 인정을 받고 있었던 사람들이었다. 뛰어난 화학자, 물리학자, 천문학자처럼 명석함과 세계적인 지도력을 행사하며 심리학계에서 위대한 생각들을 펼쳐 갈 사람들이 거기 있었다. 내가 선택한 그들이 한 세대만 지나면 심리학이라는 과학의 분야에서 창조적이고 생산적인 걸출한 지도자가 되리라는 것을 나는 조금도 의심하지 않았었다.

그런데 모두 틀렸다. 카마이클은 내가 언급한 일 이후에, 점점 더 존경받는 행정가가 되었고 최고의 위치까지 올라갔다. 내가 뽑았던 다른 사람들 역시 심리학 안팎에서 매우 훌륭한 경력을 쌓았으나 그들이 젊었을 때 내가 그들에게 걸었던 눈부신 기대는 채워지지 않았다. 그로 인해 나는 몹시 당황스러웠다. 그들이 그렇게 된 것은 모두 같은 이유에서였기 때문이었다. 즉, 그들은 심리학에 대한 진실로 생기가 넘치는 창조적인 관심을 잃어버렸던 것이다. 왜 그랬을까? 그들이 늙어감에 따라 처음 가졌던 관심이 너무 편협하고 만족스럽지 못하게 느껴졌던 것일까? 그들이 일을 하는 데 길잡이가 되어 줄 기본적인 확신 또는 철학이 결핍되었던 것일까? 그들의 노력이 좀 더 큰 사회 장면에서는 들어맞지 않았고, 자신들의 공헌이 너무나 하찮게 보였던 것일까? 그들이 초기에는 주로 동료 심리학자들에게 깊은 인상을 남기려는 의도로 일했는데 세월이 갈수록 그것이 덜 중요해졌던 걸까? 그들이 자신들의 초기 업적을 옹호하고 변호하느라 좀 더 창조적인 미지의 일까지는 손을 뻗지 못한 것일까? 잘 모르겠다. 나는 이 일로 인해 몹시 당황스러워했고, 그 다음부터는 창조적인 생각을 가지고 있는 유망한 지도자를 선택하는 일에 매우 조심스러워졌다.

나의 배움의 원천

전문직업인으로서의 나의 삶에 양분을 공급해 주었고 또 지금도 공급해 주고 있는 사상과 경험의 모든 풍성한 흐름을 회고해 볼 때, 나는 가장 중요한 몇 가지 원천들을 구별해 낼 수가 있었다.

내담자들과 그룹 참여자들

가장 먼저 단연코 나에게 치료를 받았던 내담자들과 그룹에서 나와 함께 했던 사람들을 꼽을 수 있다. 개인상담과 그룹 회기들 안에서 발견하게 되는 지식의 보고는 나를 휘청거리게 할 정도다. 무엇보다도 깊은 수준의 마음속 경험이 한 가운데 있다. 그 경험 안에는 말과 감정과 몸짓이 흡수되어 있으며, 말로는 표현하기 어려운 복잡한 형태의 지식을 제공해 준다. 녹음된 상담 테이프를 통해 주고받은 이야기들을 들어보면 당시에는 놓쳤던 일련의 질서들이 보인다. 또한 거기에 부분적으로 놓쳤던 억양의 미묘한 차이, 반쯤 말하다 만 문장, 침묵, 한숨 소리가 있다. 그리고 노력을 기울여 축어록을 만들게 된다면, 내가 어떤 글에선가 '성격 변화의 분자들'이라고 표현했던 것들을 들여다볼 수 있는 현미경이 생긴 셈이다. 가장 깊은 수준의 경험적 학습과 가장 높은 수준의 추상적인 인지적, 이론적 학습을 통합하는 데는 앞서 언급한 3단계보다 더 나은 방법이 없다고 생각한다. 즉 전체적으로 살아 있는 체험을 하고, 그 다음에는 경험적-인지적으로 다시 살펴보며, 다시 한번 모든 지식적인 단서들을 찾아보고 연구하는 것이다. 앞서 말한 것처럼 이러한 종류의 면담은 인간 그리고 인간관계의 기묘한 내면세계를 들여다볼 수 있는 가장 귀중하고 투명한 거울이 될 것이다. 내담자들과 그룹 참여자들과 깊이 관계하며 배운 것들을 뺀다면 내가 해 온 일 중에 남는 것이 아무것도 없을 거라고 느껴진다.

젊은 동료들

나에게 자극을 준 두 번째 중요한 원천은 나와 젊은 사람들 간의 공생관계다. 나는 우리가 왜 그렇게 서로 끌리는지 이해를 잘 못하겠다. 나는 그 관계를 먹고 살았다. 젊었을 때는 물론 나이가 많은 사람들에게서 많은 것들을 배웠고, 때로는 내 연령층의 사람들에게도 배웠다. 그렇지만 지난 35년간 전문적인 원천에서 얻은 진정한 지식은 모두 젊은 사람들에게서 나온 것이다. 모든 대학원 학생들, 젊은 스태프들, 그리고 나를 가르쳐 주었고 지금도 계속해서 가르쳐 주고 있는 탐구심 많은 젊은 청중들에게 나는 깊은 감사함을 느낀다. 여러 해 동안 내 나이 또래의 전문가 동료들과 교제할 것인지, 젊은 그룹들과 교제할 것인지 선택할 기회가 내게 주어진다면 불가피하게 후자로 기울 것이라는 것을 알고 있다. 그들은 덜 독선적이고 덜 방어적이며 비판에 더 열려 있고 더 창의적인 제안을 한다. 나는 그들에게 진 빚이 너무 많다. 실례를 들어 보려고 했지만, 두세 가지 예만 든다면 나와 교제하며 나에게 그렇게도 마음껏 자신의 생각과 감정을 나눠 주어 내 안의 창의적인 생각에 불을 붙여 준 수없이 많은 사람들에게 공평하지 않다는 생각이 든다. 그들은 나를 흥분시켰고 나는 그들을 흥분시켰다. 그것이 공평한 거래였기를 바라지만 나는 종종 내가 준 것보다 받은 것이 더욱 많았다고 느낀다. 젊은 마음과 젊은 생활방식의 자극을 계속 받지 못하면서 늙어가는 사람들을 몇몇 알고 있는데 그들이 정말 불쌍하게 느껴진다.

학술 서적

다음은 훨씬 덜 중요한 것으로서 종종 학습의 주요 원천으로 여겨지는 서적을 꼽을 수 있다. 사람들이 뭐라고 할지는 모르겠지만, 내게 서적의 가치는 대부분 나의 견해를 지지해 주는 데 있다. 내가 알기로 나는 다른 사람들이 쓴 책을 통해 지식을 얻는 학자는 아니다. 그러나 가끔씩은 책이 내가 잠정적으로 생각하고 있는 것을 확신시켜 줄 뿐만 아니라 생각을 좀 더 널리 확장시키도록 미끼를 던져 주기도 한다. 예를 들어, 쇠렌 키르케고르(Sören Kierkegaard), 마르틴 부버(Martin Buber), 마이클 폴라니(Michael Polanyi)의 책들이 그러하다. 그러나 고백할 수밖에 없는 것은 내가 학구적이 되고 싶을 때면 세런디피티(serendipity)가 매우 중요한 역할을 한다는 것이다. 세런디피티란 '우연히 부자가 되거나 운 좋게 뜻밖의 것들을 발견하게 되는 능력'이라는 뜻이다. 내게 그런 능력이 있다는 생각에 두려운 느낌마저 든다. 최근에 나는 「신흥 인간: 새로운 혁명(The Emerging Person: A New Revolution)」이라는 논문을 준비하면서 몇몇 작가들이 나와 비슷한 견해를 표명하고 있다는 것을 알게 되었다. 그런데 그때 프레드와 앤 리처드(Fred and Anne Richards)가 방금 출간된 그들의 책 『신인간(Homonovus)』(1973)을 한 권 보내 주었다. 가장 알맞은 때였다. 또한 존 록펠러 3세(John D. Rockfeller III)는 자신의 책 『미국의 두 번째 혁명(The Second American Revolution)』(1973)을 한 권 보내 주었는데 이 역시 꼭 들어맞는 때에 내 손에 쥐어졌다. 그리고 내가 쓰려고 했던 APA 논문에 대한 나의 공상에 대해 북부 캘리포니아에서 온 친구와 이야기를 나누고 있었을 때, 그 친구가 "자네 『토요비평(Saturday Review)』에 실린 조이스 캐롤 오츠(Joyce Carol Oates)의 글을 읽어 봤나?" 하고 물었다. 사실 나는 그 글뿐만 아니라 그 작가도 전혀 모르고 있었다. 그 친구가 가지고 있던 그 에세이의 복사본은 나의 견해를 지지해 주었을 뿐만 아니라 현대 허구의 새로운 면을 전체적으로 바라볼 수 있는 눈을 열어 주었다. 나의 논문 중 한 부분만 하더라도 내가 도서관에서 몇 날, 몇 주를 보내며 쓴 것같이 보이겠지만, 그런 인상을 주는 것은 적어도 반 이상이 세런디피티 때문이다. 나는 살면서 그러한 도움을 자주 받고 있다.

의사소통에 대한 나의 관심

아직도 과거를 뒤돌아보며—계속해서 뒤를 보고 있으려니 목이 점점 뻣뻣해지기는 하지만—나는 전문직업인으로서의 나의 삶에서 가장 중요한 주제가 무엇이었는지 알 수 있게 되었다. 그것은 의사소통에 대한 나의 관심이다. 나는 처음부터 의사소통에 대하여 열정적인 관심을 가지고 있었는데 거기에는 이유가 있다. 사람들이 대화할 때 서로의 말이 어깨 너머로 스쳐 지나가는 것을 지켜보면서 나는 고통스러웠다. 나 자신도 오해받지 않도록 내 마음을 잘 전달하고 싶었고, 내담자든, 친구든, 가족이든 간에 다른 사람이 전달하고 싶어 하는 것도 가능한 한 깊이 이해하고 싶었다. 나는 이해를 받고 싶어 했다. 가장 다양한 관점을 가진 사람들 사이의 대화가 선명해지도록 하기 위해 노력해 왔다. 나는 이방인들, 서로 다른 문화권의 사람들, 서로 다른 사회계층을 대표하는 사람들처럼, 인식과 경험이 극과 극인 그룹들 사이의 좀 더 나은 의사소통을 위해서 일해 왔다. 적절한 예를 든다면 내가 그동안 해 왔던 일들을 충분히 설명할 수 있을 것 같다. 한 예로 마약에 연루된 사람들의 그룹치료 경험을 찍어 필름을 만들어 놓은 것이 있다. 거기에는 마약 수사관같이 '건실한' 사람도 있었고, 마약 밀매범을 포함하여 '마약에 찌든' 사람들도 있었다. 또한 백인도 흑인도, 젊은이도 중년도, 빈민 출신도 중류계급 출신도 있었다. 이렇게 다양한 사람들이 모인 그룹 안에서 점차 의사소통과 친밀감이 자라나는 과정을 경험한 것을 나는 결코 잊지 못할 것이다. 이 필름의 제목은 '이게 내 길이니까(Because That' s My way)'로 붙여졌는데, 그곳에서 일어난 생생한 상호 교류가 잘 표현되지 못한 것 같아 못내 아쉽다.

이토록 의사소통에 집념을 보인 것이 예상치 못한 결과를 가져다주었다. 글로리아라는 젊은 여성과 30분 동안 면담을 가졌는데(여러분 중에는 그 필름을 본 사람도 있을 것이다(Shostrom, 1965.)) 서로 간에 깊은 접촉이 있었다. 정말 놀랍게도 그녀는 8년간이나 때때로 내게 연락했다. 그녀가 주로 하는 얘기는 우리 사이의 친밀감에 대한 감사였다. 마약 관련 그룹의 필름에 나오는 마약 밀매범 랜디와는 1년 이상 지속적으로 교제했다. 정신분열증 환자의 심리치료에 관한 복잡한 연구에 참여했던 나의 내담자들 중 하나인 벡 씨는 8년이 지난 후 수소문하여 나를 찾아내었고, "안녕하세요, 선생님." 하며 자신이 여전히 잘 지내고 있으며 그동안 단 하루도 병원에 돌아가지 않았다고 알려 주었다. 이러한 결과는 해가 갈수록 더 진한 감동을 전해 준다.

요 약

전문인으로서의 나의 삶을 특별한 형식 없이 뒤돌아보았는데 요약하면 다음과 같다.

- 내가 한 일의 영향력에 대하여 놀라지 않을 수 없었다.
- 때가 무르익은 것에 대해 나는 잘 알지 못했다.

- 나는 심리학 분야에서 내가 만들어 낸 양면성에 대해 흥미와 애정을 가지고 바라보고 있다.
- 정신과의사들과의 전쟁이 종결되어 만족스럽다.
- 행동주의 철학 대 인본주의 철학이라는 영속적인 드라마에서 내가 역할을 맡은 것이 기쁘다.
- 나의 정밀한 이론이 외면당한 것에 대하여 곤혹스러웠지만 겸손히 받아들인다.
- 내가 보기에 심리학계를 진정 빛내 주리라고 기대했던 몇몇 사람들의 후기 업적이 기대에 미치지 못하여 당황스럽다.
- 내가 도왔던 사람들의 발달과 성장을 통해 생생한 배움의 선물을 받게 되어 특히 감사한다.
- 나는 계속해서 젊은이들에게 배워 왔으며 그들을 신뢰한다.
- 나의 삶의 주제가 의사소통을 선명하게 하고자 하는 나의 소망을 중심으로 형성되어 왔음을 더욱 분명하게 깨닫고, 그에 따른 갖가지 열매들을 보고 있다.

현재와 미래

여기서 멈추어야겠지만 그럴 수가 없다. 되돌아보는 일은 항상 긴장감을 준다. 그래도 내가 가장 관심이 있는 것은 현재와 미래다. 현재 내가 흥미를 가지고 있는 일과 하고 있는 활동을 간단히 살펴보지 않고는 끝마칠 수가 없겠다.

나는 더 이상 개인치료와 경험적 연구를 활발히 하지 못한다. 나이가 70이 넘다 보니 신체적인 한계로 하는 일에 제약을 받게 된다. 그러나 사회에 중요한 영향을 줄 것으로 기대되는 엔카운터 그룹에는 계속해서 참여하고 있다. 한 예로 나는 의학교육을 인간화하기 위한 프로그램에 참가하고 있다. 현재까지 200명이 넘는 고위급 의학 관련 교육자들이 집중적인 그룹 경험을 거쳤는데, 우리가 희망했던 것보다 훨씬 더 성공적으로 변화를 이끌어 내었다. 그 결과 아마도 좀 더 인간적으로 민감한 의사들이 나올 것이라고 생각한다. 이러한 그룹의 경험은 더 많은 새로운 영역에서 영향력을 미칠 수 있을 것이라는 가능성을 보여 준다.

나는 또한 서로 다른 인종 및 문화 간의 그룹을 후원하는 일을 돕거나 참여하는 일을 하는데, 다양한 그룹 사이에서 서로에 대한 이해가 증진되어야 우리의 지구가 살아남을 수 있을 것이라고 믿는다. 가장 힘들었던 그룹은 북부 아일랜드의 벨파스트 시민으로 구성되어 있었다. 그 그룹에는 호전적인 가톨릭, 덜 호전적인 가톨릭, 호전적인 개신교, 덜 호전적인 개신교 그리고 영국인으로 대표되는 사람들이 모였다. 이 엔카운터 그룹의 필름은 참여자들이 서로에 대한 보다 더 나은 이해를 향하여 힘들게 부분적인 발전을 이루어 가는 과정을 보여 주고 있다. 첫발을 떼는 것이 가장 힘들다. 이 엔카운터 그룹은 작은 시험관에서 시도된 것이지만, 훨씬 더 널리 그리고 더욱 깊은 수준에서 활용될 수 있을 것이다.

나는 여전히 글을 쓰고 있다. 인간과 인간관계에 대한 나의 전체적인 접근법이 서서히 변하고 있는 반면(근본적인 것은 거의 변하지 않았지만), 그것의 적용에 대한 나의 관심은 현저하게 바뀌었다. 나는 더 이상 개인치료에 주된 관심을 가지고 있지 않으며, 대신 사회적인 적용에 대한 관심이 점점 더 커지고 있다. 이런 이야기를 하고 있는 지금, 전에도 종종 그랬던 것처럼 마음속에 이런 질문이 떠오른다. "내가 한꺼번에 너무 많은 일을 하려고 하는 것은 아닌가?" 장차 다른 사람들의 평가만이 이 질문에 대답해 줄 수 있을 것이다.

나는 정원을 가꾼다. 시간이 없어서 꽃들을 잘 살펴보지 못하고, 번식시키고 있는 새싹에 물도 못 주고, 잡초를 몇 개 뽑거나 해충약을 뿌려 주지 못하고, 꽃봉오리가 올라오는 화초에 비료를 주지 못할 때, 나는 마치 속은 느낌이 든다. 나의 정원은 나의 전문가로서의 삶 내내 만나려고 노력했던 것과 똑같은 흥미로운 질문을 던져 준다. 성장을 위해 좋은 조건은 무엇인가? 그러나 나의 정원에서는 비록 좌절이 즉각적으로 오긴 하지만 성공이든 실패든 그 결과를 더욱 빨리 볼 수 있다. 인내심 있고 총명하고 이해심이 있는 돌봄을 통하여 좋은 조건을 제공해 줌으로써 희귀하고 찬란한 꽃이 피었을 때, 나는 개인이나 그룹 사람들의 내면의 성장을 촉진시켜 주었을 때 느끼는 것과 똑같은 만족감을 느낀다.

♣ 참고문헌

Koch, S. (Ed.). (1959-1963). Psychology: *A study of a science* (6 vols.). New York: McGraw-Hill.

Richards, F., & Richards, A. C. (1973). *Homonovus: The new man*. Boulder, Colo.: Shields.

Rockfeller, J. D., III. (1973). *The second American Revolution: Some personal Observations*. New York: Harper & Row.

Rogers, C. R. (1959). A theory of therapy, personality, and interpersonal relationships, as developed in the client-centered framework. In S. Koch (Ed.), *Psychology: A study of a science* (Vol. 3, Formulations of the person and the social context). New York: McGraw-Hill.

Rogers, C. R. (1964). Freedom and commitment. *The Humanist*, *24*(2), 37-40.

Rogers, C. R. (1975). The emerging person: A new revolution. In R. I. Evans (Ed.), *Carl Rogers: The man and his ideas*. New York: E. P. Dutton.

Shostrom, E. (Ed.). (1965). *Three approaches to psychotherapy* (Film No. 1). Orange, California: Psychological Films.

Skinner, B. F. (1971). *Beyond freedom and dignity*. New York: Knopf.

Station WQED, Pittsburgh. (1971). *Because that's my way* (60-minute color film). Lincoln: GPI Television Library, University of Nebraska.

제4장 늙어가기: 혹은 나이 들며 성장하기?

이 장은 자전적인 이야기의 마지막 장이다. 제2장에서 나의 성장 배경과 생각의 발달에 대하여 이야기했고, 제3장에서는 나의 전문가로서의 삶을 되돌아보았다. 이제는 나의 생애 중 최근 10년, 즉 65세부터 75세까지의 이야기를 하고자 한다. 이는 내가 현재 78세이므로 '최신 정보'에 관해 쓴 셈이다.

이 글은 여러 절차들을 거쳤다. 일찍이 1977년 브라질에서 있었던 큰 워크숍에서 이 글을 한 번 발표했다. 그 후 조금 수정하여 샌디에이고에서 소수의 청중들 앞에서 발표했다. 그리고 1977년 라호야에서 있었던 '현재를 살기: 인생의 단계에 대한 워크숍(Living Now: A Workshop on Life Stages)'이라는 프로그램에서는 프로그램의 한 부분으로서 알맞은 형태로 이 글을 내놓았다.

나는 노년에 대해 이야기해 달라는 요청을 받았다. 그러나 나는 내가 노년의 일반적인 모습에 대해서 별로 아는 것이 없으며 내가 정말로 잘 아는 노인은 나 자신밖에 없다는 것을 깨달았다. 그래서 나는 그 사람에 대해 이야기했다.

나이가 75세라는 것은 어떤 걸까? 55세 또는 35세와 똑같을 수는 없다. 그래도 내게는 그 차이가 사람들이 상상하는 것만큼 그렇게 큰 것은 아니다. 나는 아주 특별히 운이 좋은 사람이기 때문에 나의 이야기가 다른 사람에게도 쓸모가 있으며 중요하게 느껴질지는 잘 모르겠다. 내가 지각하고 반응했던 것에 대해 몇 가지 이야기해 보려는 것은 대부분 나 자신을 위해서다. 나는 내 이야기를 65세부터 75세까지로 제한하기로 결정했다. 왜냐하면 많은 사람들에게 65세는 생산적인 삶이 끝나고 '은퇴' (그것이 무엇을 뜻하든 간에)가 시작되는 때이기 때문이다!

신체적인 면

나는 확실히 건강이 악화되는 것을 느낀다. 여러 가지로 알아차릴 수 있다. 10년 전에는 프리즈비(던지기 놀이의 플라스틱 원반; 상표명-역자 주) 던지기를 매우 즐겼는데 지금은 오른쪽 어깨가 관절염으로 너무 아파서 그런 종류의 활동은 꿈도 못 꾼다. 정원을 가꾸는 일도 5년 전에는 쉬웠지만 작년에는 힘들었고, 지금은 너무 힘들어서 일주일에 한 번씩 정원사를 써야 할 것 같다. 이렇게 서서히 악화되면서 시력, 심장, 등에 여러 가지 작은 이상 증세가 생기고 있는 것은 내가 '나'라고 부르는 나의 몸이 영원히 지속되지 않으리라는 것을 가르쳐 준다.

그러나 나는 여전히 해변에서 4마일씩 걷는 것을 즐긴다. 무거운 물건을 들어올릴 수도 있고, 쇼핑도 하고, 요리도 하며 아내가 아플 때는 설거지도 하고, 헉헉거리지 않으면서 내 물건을 들고 다닌다. 내게 여성의 모습은 여전히 이 세상에서 가장 아름다운 창조물 중 하나인 듯하다. 이에 대해 나는 매우 감사한다. 성적인 능력이 예전 같다고 할 수는 없지만 성적인 관심은 35세 때나 마찬가지다. 내가 아직도 *성적으로 살아 있다는 것*이 기쁘다. 비록 대법관 올리버 웬델 홈즈(Oliver Wendell Holms)가 80세의 나이에 벌레스크(스트립쇼 위주의 버라이어티 쇼-역자 주) 하우스를 떠나면서 "오, 다시 70세만 되었어도!" 라고 했던 말에 나 또한 동감할 수 있지만 말이다. 그렇다. 65

세, 아니 60세만 되었어도!

아무튼 나는 내가 매우 늙었다는 것을 잘 알고 있다. 그러나 내면에서 볼 때 나는 여러 가지 면에서 똑같은 사람이다. 늙지도 않고 젊지도 않다. 바로 그 사람에 대해서 이야기해 보려 한다.

활동들

새로운 기획

지난 10년간 나는 심리적인, 심지어 신체적인 위험을 수반하는 새로운 모험을 시도해 왔다. 내가 이렇게 새로운 일을 시작하게 된 것은 신기하게도 대부분 다른 사람의 제안이나 의견으로 촉발되었다. 설령 내가 잘 모르고 있었을지라도, 아마 내 안에 이미 준비가 다 되어 있었기 때문에 누군가 버튼을 누르기만 하면 공이 튀어 오르듯 행동하게 된 것이 아닐까 생각한다. 어떤 일이 있었는지 이야기해 보겠다.

1968년 동료인 빌 코울슨(Bill Coulson)은 몇몇 다른 사람들과 함께 이렇게 말했다. "우리는 새로운 독립적인 단체를 결성해야 합니다." 이 제안으로 인해 가장 우스꽝스럽고 전혀 있음직하지 않으나 가장 영향력 있는 비조직적 단체인 인간연구센터(Center for Studies of the Person)가 탄생했다. 일단 센터를 만들자는 제안이 나오자, 나는 그것이 현실화되도록 누구보다도 활발하게 움직였다. 힘들었던 처음 몇 년 동안 나는 센터와 동료들을 돌보았다.

초등학교 교사인 나의 조카 루스 코넬(Ruth Cornell)이 이렇게 물었다. "교육도서 추천 목록에 왜 삼촌의 책은 하나도 없나요?" 이 말을 듣고 자극을 받아 쓰기 시작한 것이 『학습의 자유(Freedom to Learn)』다.

의사들이 인간적이 되도록 집중적인 그룹 경험을 통하여 영향을 주자는 나의 동료 오리엔 스트로드(Orienne Storode)의 꿈이 아니었다면, 내가 지위에만 관심이 있는 의사라는 직업에 영향을 주겠다는 생각까지는 못했을 것이다. 나는 회의도 들었지만 희망을 품고 프로그램이 시작되는 일을 돕기 위해 온 힘을 쏟았다. 우리는 큰 실패의 위험을 무릅썼다. 그러나 그 프로그램은 폭넓게 영향을 끼쳤다. 900명의 의학계 교육자들이 배우자들과 몇몇 수련의들과 함께 엔카운터 그룹에 참석했고, 그들은 '밑에서 올려다보는(worm's-eye-view)', 즉 환자의 입장에서 생각하는 의학교육을 도입했다. 그것은 흥미진진하고 보람 있는 발전을 이루어 내가 거의 도와주지 않아도 될 정도로 완전히 독립했다.

이번 여름에 우리는 제5회 집중적 '사람-중심' 워크숍(16일 과정)을 열었다. 이 워크숍은 지난 10년간의 다른 어떤 모험보다도 내게 많은 것을 가르쳐 주었다. 나는 나 자신이 되는 새로운 방법들을 배우고 그것들을 실천했다. 나는 인지적으로, 직감적으로 그룹의 과정에 대하여, 또 그룹을 시작하여 어떻게 공동체를 형성하는지에 대하여 배웠다. 이는 굉장한 경험이었다. 강한 스태프들이 나와 함께 했는데, 그들은 전문가로 구성된 친밀한 가족을 이루었다. 우리는 그룹과 함께 하는 새로운 방법을 시도하면서 점점 더 많은 모험을 감행했다. 어떻게 해서 이렇게 방대하고, 막대한 시간이 드는 기획에 참여하게 되었을까? 4년 전에 내 딸 나탈리가 내게 이런 말을 했다. "우리 '내담자-중심' 접근법 같은 걸로 함께 워크숍을 해 보지 않을래요?" 그 말로 인해 이런 결과가 오리라고는 우리 둘 다 미처 생각하지 못했다.

나의 저서 『칼 로저스, 개인의 힘에 관하여(Carl Rogers on Personal Power)』(1977) 역시 대화 중에 영감을 얻어 집필을 시작하게 되었다. 당시 대학원생이었던 앨런 넬슨(Alan Nelson)이 내가 '내담자-중심' 치료에는 '정책'이 없다고 한 말에 대해 도전했다. 나는 이미 그 주제를 추구할 준비가 다 되어 있었던 것이 틀림없다. 왜냐하면 책의 각 단원들이 저절로 써졌으니 말이다. 그 도전이 나로 하여금 일련의 생각들을 따라가도록 인도했던 것이다.

무모한가, 현명한가

나에게 가장 최근에 있었던, 그리고 아마도 가장 위험했던 모험은 4명의 다른 인간연구센터 회원들과 함께 했던 브라질 여행이었다. 이 여행은 준비를 위한 노력들, 비전, 그리고 에두아르도 반데이라(Eduardo Bandeira)의 설득이 있었기에 가능했다. 어떤 사람들은 이 여행이 내 나이에는 너무 길고 힘들 거라고 믿었고, 나 자신도 15시간이나 비행기를 타야 하는 것 등 이것저것 걱정이 되었다. 그리고 우리의 노력으로 그 거대한 나라에 어떤 방법으로든 영향을 미칠 수 있으리라고 생각하는 것은 교만한 일이라고 느끼는 사람들이 있었다. 그러나 미국에서 열렸던 워크숍에 참석했던 사람들이 대부분인 브라질인 상담 촉진자들을 훈련시켜서, 그들이 스스로 집중적인 워크숍을 인도할 수 있도록 돕는 기회는 몹시 매력적이었다.

그리고 또 다른 기회로 우리는 브라질에서 가장 큰 세 개의 도시에서 600~800명의 청중들을 만나게 되어 있었다. 이틀간의 집회로 모두 합해 12시간을 함께 하는 모임이었다. 미국을 떠나기 전에 우리는 대규모 청중을 짧은 시간 동안 만나야 한다면 강의 형식을 취할 수밖에 없다는 것에 동의했다. 그러나 시간이 다가올수록 그저 '사람-중심' 접근법에 대한 강의만 할 뿐 모임의 진행방법과 방향에 대하여 나누지 않고, 참석자들에게 자기 자신을 표현하거나 자신의 힘을 경험하는 기회를 주지 않는다는 것은 우리의 원칙과 모순된다는 것을 점점 더 강하게 느꼈다.

그래서 우리는 매우 파격적인 도박을 해 보기로 했다. 아주 짧게 강의를 하고 나서 인도자 없는 소그룹, 특별 주제 그룹, 실연 엔카운터 그룹, 스태프들과 청중들의 대화 나누기 등을 시도했다. 그러나 가장 대담했던 시도는 800명이 큰 원을 이루어(10열 또는 12열로 늘어서서) 감정과 태도를 표현하도록 허용해 준 것이었다. 이야기하고 싶어 하는 사람들에게 돌아가며 마이크를 건네 주었다. 기회는 참석자들과 스태프들에게 똑같이 주어졌다. 개인이든 그룹이든 간에 주도적인 사람은 아무도 없었다. 그것은 거대한 엔카운터 그룹이 되었다. 처음에는 몹시 혼란스러웠지만, 사람들은 점차 서로의 이야기를 듣기 시작했다. 스태프와 진행 과정에 관하여 비판을 하기도 했고, 때로는 과격해지기도 했다. 그렇게 짧은 시간 동안 그토록 많은 것을 배운 적이 없었다는 사람들도 있었다. 사람들 간에 첨예한 차이가 드러났다. 한 사람이 스태프를 향하여 그가 질문에 대답해 주지도 않고 통제해 주거나 어떻게 해야 하는지 모범을 보여 주지도 않는다며 신랄하게 비판하자, 그 다음 사람은 "그렇지만 우리가 언제 한 번 이렇게 자유롭게 비판도 하고 자신을 표현하며 무엇이든 말할 수 있었던 적이 있었던가요?" 하고 말했다. 마지막으로 참석자들 간에 집에 돌아가면 여기서 배운 것을 가지고 과연 무엇을 할 것인지에 대한 건설적인 토론이 있었다.

상파울로에서 있었던 첫날 저녁 집회는 극도로 무질서했는데, 그룹과 함께 할 수 있는 시간이 6시간밖에 남지 않았다는 것을 나는 날카롭게 느끼고 있었다. 그날 저녁시간 이후에 나는 그 모임에 관하여 누구와도 이야기하기를 거절했던 기억이 난다. 나는 엄청난 혼란을 경험하고 있었다. 내가 실패할 수밖에 없는 믿을 수 없을 정도로 어리석은 실험을 시작하도록 도왔거나, 또는 800명의 사람들이 그들 자신의 가능성을 감지하고 그들 자신의 배움의 경험을 형성하는 데 참여하도록 해 주는 전혀 새로운 방법을 고안해 내도록 도왔거나 둘 중에 하나였다. 결과가 어떻게 될지 예측할 수 있는 방법은 없었다.

위험이 클수록 만족도 큰 법이다. 상파울로에서의 둘째 날 저녁에는 진정한 공동체의 느낌이 있었다. 사람들은 자신 안에서 중대한 변화를 경험하고 있었다. 그 주와 몇 달 후에 있었던 비공식적인 추수 모임을 통해, 세 도시 모두에서 수백 명의 사람들이 값진 경험을 했다는 것이 확증되었다.

장기 여행이 이렇게 보람 있었던 적은 없었다. 나는 굉장히 많은 것을 배웠다. 개인적으로, 대인관계 차원에서, 그리고 그룹 차원에서 온갖 창조적인 일들이 일어날 수 있도록 우리는 촉진적인 분위기를 만들어 내는 일을 했다. 우리는 브라질에 흔적을 남기고 왔고, 브라질은 우리를 확실히 변화시켰다. 초대형 그룹에서 무엇을 할 수 있을지에 대한 우리의 비전이 그 경험으로 인해 크게 확장되었음이 분명했다.

지금까지 지난 10년 동안 내가 참여했던 활동들 중 몇 가지를 소개했다. 모두가 내게 엄청난 유익을 가져다주었다.

위험을 무릅쓰기

이러한 모든 활동들은 각각 위험 요소들을 내포하고 있었다. 근래의 나의 삶에서 가장 가치가 있었던 경험들은 모두 상당한 위험을 수반했던 것 같다. 여기서 잠시 멈추어 내가 위험을 무릅썼던 이유에 대해 생각해 봐야만 하겠다.

매우 만족스러운 결과를 가져왔던 과거의 경험을 통해서 이미 알고 있는 방법대로 손쉽게 일할 수 있었는데도, 나는 왜 잘 알지 못하는 것을 시도하고 위험을 무릅쓰며 새로운 일을 해 보는 것에 매력을 느꼈던 것일까? 그 이유를 완전히 이해하고 있는 것은 아니지만, 여러 가지 중요한 요소들을 찾아볼 수는 있다.

첫 번째 요소는 내가 나 자신의 지지그룹이라고 생각하고 있는, 서로 느슨하게 엮여 있는 친구들의 무리와 가까운 동료들과 관계가 있다. 그들 대부분은 앞서 이야기한 새로운 시도들 중 이런저런 일들을 나와 함께 해 주었다. 그 그룹에서 있었던 상호작용 안에는 은근하게 또는 실제적으로 새로운 일이나 모험을 장려하는 일들이 있었음에 틀림없다. 예를 들어, 브라질에서 함께 일했던 우리 중 누구도 혼자서 일했더라면 우리 다섯 명이 함께 일했던 것처럼 그렇게까지 담대한 실험은 하지 못했을 거라고 확신한다. 우리가 성패를 건 모험을 할 수 있었던 것은 실패한다 하더라도 서로를 믿어 주는 동료가 있어서 실패를 회복할 수 있도록 서로 도울 수 있었기 때문이었다. 우리는 서로 용기를 불어넣어 주었다.

두 번째 요소는 젊음과 젊은 사람들이 만들어 가고 있는 새로운 생활방식에 대하여 내가 가지고 있는 호감이다. 왜 내가 이런 호감을 가지고 있는지는 잘 모르겠지만, 어쨌든 그런 마음이 있는 것은 사실이다. 나는 미래의 '새로운 인간'에 대한 글을 쓴 적도 있고, 그런 식으로 존재하고 살아가는 모습에 나 자신도 이끌린다. 내가 새로운 인간의 특징을 너무 낙관적으로만 묘사한 것은 아닐까 고민한 적도 있다. 그러나 스탠퍼드 연구소(1973)에서 실시했던 연구 결과로 인하여 지금은 확신이 생겼다. 그 연구에 따르면 4,500만 명의 미국인들이 추구하는 삶의 방식은 그들이 다음과 같은 내적인 확신을 가지고 있다는 것을 보여 준다. 첫째, 인간에게 적합한 규모의 물건을 소유하는 것이 낫다. 둘째, 검소하게 살며 절약하고 재활용하고 낭비하지 않는 것이 낫다. 셋째, 외면적인 것보다는 내면의 삶이 중요하다(Mitchell, 1977). 나는 이 그룹에 속한다. 그리고 이렇게 새로운 방식으로 살려는 것은 위험하고 불확실할 수밖에 없다.

세 번째 요소는 내가 안전함과 확실함에 대해서 지루함을 느낀다는 것이다. 때때로 내가 강의나 논문을 미리 준비해 두면 청중들이 아주 잘 받아들인다는 것을 알고 있다. 이 말은 20곳의 각각 다른 청중들에게 20번 똑같은 강의를 하면 틀림없이 항상 좋은 반응을 얻을 수 있다는 뜻이다. 그런데 나는 그렇게 할 수가 없다. 똑같은 강의를 서너 번 하고 나면 나 스스로 지루해진다. 반복한다는 것은 참을 수가 없다. 돈도 벌고 긍정적인 반응도 얻을 수 있지만 나는 그렇게 하기가 싫다. 어떤 결과가 나올지 뻔한 것은 지루하다. 나는 나 자신이 똑같은 이야기를 반복하는 것을 들을 때면 지루해진다. 나의 삶에는 뭔가 새로운 일을 시도하는 것이 꼭 필요하다.

그러나 아마도 내가 즐겨 모험을 하는 가장 중요한 이유는 성공을 하건 실패를 하건 무언가 배울 수 있다는 것이다. 나는 모험을 해 보면서 그것을 발견했다. 배우는 것, 특히 경험을 통해 배우는 것은 나의 삶을 가치 있게 만드는 가장 중요한 요소가 되어 왔다. 그러한 배움은 나를 확장시키는 데 도움을 준다. 그래서 나는 계속해서 위험을 무릅쓰게 된다.

저술

이번에는 저술 활동에 대해서 이야기하기 위해 나 자신에게 질문해 보았다. "지난 10년간 나는 책을 얼마나 썼나?" 나는 정말 놀랐다. 비서가 나의 최근 출판물 목록을 가지고 있었는데, 내가 65세가 된 이후에 4권의 책과

40여 편의 소론(小論)들 그리고 여러 개의 필름을 발표했던 것이다. 내가 알기에 이것은 이전의 어느 10년 동안 출판하거나 발표한 것보다 더 많은 것이었다. 정말 믿기 어려울 일이었다!

게다가 그 책들은 모두 같은 철학에 의해서 하나로 묶을 수는 있겠지만 각각 확연히 다른 주제를 다루고 있다. 1969년 출간된 『학습의 자유(Freedom to Learn)』는 인습에 얽매이지 않는 나의 교육관에 관한 것이다. 1970년 출간된 엔카운터 그룹에 관한 책은 내가 그룹이 흥미진진하게 발달해 가는 동안 쌓아 왔던 지식들을 표현한 것이다. 1972년 출간된 『동반자되기(Becoming Partner)』에서는 남녀관계의 다양한 새로운 패턴을 그렸다. 그리고 『칼 로저스, 개인의 힘에 관하여(Carl Rogers on Personal Power)』는 내담자-중심 접근법의 새로운 정책들을 추구한 것으로 많은 분야에서의 적용을 위한 것이다.

40편의 소론 중에서 4편이 마음에 떠오른다. 그중 2편은 미래를 내다보고 있고, 2편은 과거를 되돌아보고 있다. [4편 모두 이 책에 나온다.] 공감에 관한 글(공감적 진가를 인정받지 못하는 존재방식(Empathic An Unappreciated Way of Being))에서는 매우 중요한 존재방식에 관하여 내가 그동안 배워 온 것들을 통합했다. 나는 이 글을 좋게 생각한다. 또한「우리에게 '하나의' 현실이 필요한가? (Do We Need 'A' Reality?)」에서는 내가 쓴 문장의 신선함이 좋다. 그리고 두 개의 다른 글들은 인간관계에 관한 나의 철학이 어떻게 발전되어 왔는지[나의 인간관계 철학과 그 발달 과정(My Philosophy of Interpersonal Relationships and How It Grew)]와 심리학자로서의 나의 경력[46년을 회고하며(In Retrospect: Forty-Six Years)]을 보여 준다.

나는 내가 이렇게 많은 글들을 쓴 것에 대해 놀라움을 금치 못한다. 여기에 대해 어떻게 설명할 수 있을까? 말년에 글을 쓴 사람들은 각각 다른 개인적인 이유들을 가지고 있다. 80세에 아놀드 토인비(Arnold Toynbee)는 "무엇이 나로 하여금 일을 하도록 만들어 왔는가?" 하고 질문을 했다. 그리고는 '양심'이라고 대답하며 다음과 같이 말했다. "일에 대한 나의 태도는 호주식이 아닌 미국식이다. 항상 일을 하되 최선을 다하는 것은 나의 양심에 의해서 내게 의무로 주어진 것이었다. 일하기 위해서 일하는 노예정신은 내가 생각하기에도 비이성적이지만, 그렇다는 걸 알아도 그것으로부터 자유로울 수가 없다. 내가 해이해지거나, 심지어 조금이라도 게을러지면 양심의 가책을 느끼게 되어 불안하고 불쾌해진다. 이러한 충동은 내가 일할 수 있는 힘이 다할 때까지 계속해서 나를 몰고 갈 것 같다." (Toynbee, 1969). 그렇게 쫓기듯 사는 것은 내게는 매우 슬픈 일이다. 이것은 나의 동기와는 닮은 점이 거의 없다.

세상을 떠나기 몇 년 전에 아브라함 매슬로(Abraham Maslow)는 이것과는 다른 충동을 가지고 있었다는 것을 나는 알고 있다. 그는 자신이 아직 하지 못한 말이 너무 많다고 느꼈기 때문에 그것을 말해야만 한다는 내적인 충동이 매우 많았다. 그것을 모두 꺼내 놓아야 한다는 충동이 그에게 마지막까지 글을 쓰게 했다.

나는 매우 다른 견해를 가지고 있다. 나의 정신분석가 친구 폴 버그먼(Paul Bergman)은 사람은 평생 자기만의 독창적인 생각을 하나 이상 가지고 살아갈 수 없으며, 그가 쓰는 모든 글은 그 한 주제를 좀 더 확장시켜 설명하는 것뿐이라고 썼다. 나는 이에 동의한다. 그리고 이 말이 나의 글들을 설명하고 있다고 생각한다.

내가 글을 쓰는 한 가지 이유는 호기심인 것이 확실하다. 나는 내 것이건 다른 사람의 것이건 어떤 생각 속에 함축된 의미를 이해하고 탐구하기를 좋아한다. 나는 논리적이 되는 것, 생각을 세분화하는 것을 좋아한다. 나는 감정의 세계, 직관, 언어적 의사소통뿐만 아니라 비언어적 의사소통에 깊이 연루되어 있지만 세상에 대하여 생각하고 글을 쓰는 것 또한 즐긴다. 세상을 개념화하는 것은 그 의미를 좀 더 분명하게 해 준다.

그러나 그 외에도 내가 글을 쓰는 중요한 이유는 많다. 나의 내면에는 아직도 인간관계에서 의사소통에 매우 어려움을 느끼고 있는 수줍은 소년이 있는 것 같다. 그 소년은 사랑을 직접 표현하기보다는 연애편지를 더 감동적으로 썼고, 고등학교 작문 숙제에서는 자신을 자유롭게 표현하면서도 학급 앞에서는 똑같은 것을 말로 하는 것을 너무나 '이상하게' 느꼈다. 그 소년은 여전히 나의 많은 부분을 차지하고 있다. 글쓰기는 실제로는 내가 그곳에 속해 있지 않는 것처럼 느껴지는 세상과 의사소통하는 나의 방법이다. 나는 이해받고 싶은 마음이 무척 많지만 그렇게 되리라고는 기대하지 않는다. 글쓰기는 병에 담고 봉하여 바다로 던지는 편지다. 그저 놀라운 것은 해변(심리적인 그리고 지리적인)에서 엄청나게 많은 사람들이 그 병을 찾아서 그 편지가 그들에게 말하고 있다는 것을 발견했다는 것이다. 그래서 나는 계속해서 글을 쓴다.

배 움

나 자신을 돌보기

나는 항상 나 자신보다는 다른 사람 돌보기를 더 잘했다. 그러나 요즈음에는 이런 점에서 발전을 하고 있다.

나는 항상 책임감이 매우 강했다. 어떤 일 또는 워크숍에 참석한 사람들을 다른 사람이 세밀히 돌보지 않을 때면 그 일을 내가 해야만 했다. 그러나 나는 좀 변했다. 1976년 오리건 주 애시랜드에서 '사람-중심' 접근법에 대한 워크숍을 열었을 때 나는 건강이 좋지 않았다. 1977년 브라질 아르코젤로에서 있었던 워크숍에서는 이 복잡한 일을 지휘하는 책임을 모두 다른 사람들에게 떠넘겼다. 나는 나 자신을 돌보는 것이 필요했다. 그래서 나 자신이 되어야 하는 책임(그리고 만족감) 외에는 모두 내려놓았다. 책임져야 할 일이 없어도 아무 죄책감 없이 편안할 수 있다는 것은 내게는 정말 신기한 느낌이었다. 그런데 놀랍게도 그럴 때 더 효율적이라는 것을 발견했다.

나는 여러 가지 방법으로 나의 몸을 더 잘 돌보고 있다. 또한 심리적인 필요들을 존중해 주는 법을 배웠다. 3년 전에 워크숍 사람들의 도움으로 나는 내가 얼마나 외부의 요구로 인해 압박을 받으며 쫓기고 있는지 깨달았다. 그중 한 사람이 "오리 부리에 쪼여 죽을 지경이 되었다."라는 표현을 했는데, 그 표현이 내 느낌을 정확히 짚어내고 있었다. 그래서 나는 이전에는 한 번도 해보지 못한 일을 했다. 누군가 제공해 준 해변의 오두막에서 열흘간 홀로 지낸 것이다. 이로 인해 엄청나게 재충전이 되었다. 그때 나는 내가 나 자신과 함께 있는 것을 정말 즐긴다는 것을 발견했다. 나는 나를 좋아한다.

나는 도움을 더욱 잘 요청할 수 있게 되었다. 내가 혼자서도 잘할 수 있다는 것을 증명해 보이는 대신, 다른 사람들에게 나를 위해 물건을 운반해 달라거나 무엇을 해 달라고 부탁하게 되었다. 이제는 개인적인 도움을 요청할 수도 있다. 아내 헬렌이 많이 아파서 내가 간호사, 살림하는 사람, 많은 책임을 지고 있는 직업인 그리고 작가로서 24시간 대기하느라 지쳐 거의 쓰러지게 되었을 때, 나는 심리치료사인 친구에게 도움을 청해 그의 도움을 받았다. 나는 나 자신의 필요를 탐색하고 그것을 채우려고 노력했다. 나는 아내의 투병 기간이 우리의 결혼생활에 가져다주는 긴장을 탐색했다. 헬렌이 몹시 아프더라도 내가 살아남기 위해서는 나 자신의 삶을 사는 것이 필요하며 그것이 우선시되어야만 한다는 것을 깨달았다. 그렇다고 늘 재빠르게 다른 사람의 도움을 청하게 되지는 않지만, 나는 이제 내가 모든 일을 다 할 수 없다는 사실을 훨씬 더 잘 인식하고 있다. 이렇게 다양한 방법으로 나는 나라는 사람을 소중하게 여겨 주고 돌보아 주는 일을 더욱 잘하고 있다.

평온?

사람들은 노년의 시기는 고요와 평온의 시기라고 자주 말한다. 나는 이런 태도가 오해를 부른다는 것을 알았다. 내가 주변에서 일어나는 일에 대해 좀 더 긴 안목을 가지게 되어 이전보다 좀 더 객관적인 관찰자가 되었다고 믿기는 하지만, 반대로 개인적으로는 나를 자극하는 사건들이 이전보다 더욱 강한 반응을 불러일으키는 일도 자주 있다. 흥분을 하면 더 크게 흥분하고, 근심이 있으면 더 깊이 근심하게 된다. 상처는 더 아픈 것 같고, 고통은 더 강렬하며, 눈물은 더 쉽게 흐르고, 즐거움은 더욱더 절정에 이른다. 그리고 나에게 항상 문제거리였던 분노도 더 날카롭게 느껴진다. 예전보다 지금은 정서적으로 더 변덕스럽다. 우울감과 고조된 기분의 폭이 더 커진 것 같고 어떤 상태든 더 쉽게 흔들린다.

기분이 이렇게 변덕스러운 것은 아마도 위험을 무릅쓰는 내 삶의 스타일 때문인 것 같다. 어쩌면 엔카운터 그룹을 통해 더욱 민감해졌기 때문일 수도 있겠다. 아니면 이것이 그동안 간과해 온 노년의 특징일 수도 있을 것 같다. 잘 모르겠다. 다만 나의 감정이 더 쉽게 일어나고 더 날카로워졌다는 사실을 알고 있을 뿐이다. 나는 예전보다 모든 감정과 더욱 친해졌다.

새로운 아이디어를 향하여 열린 마음

지난 10년간 나는 새로운 아이디어에 더욱 마음을 열게 되었다는 생각이 든다. 나에게 가장 중요한 것은 내면의 공간, 즉 인간의 심리적인 힘과 정신적인 능력에 관한 것이다. 내가 보기에는 이 영역이 새롭게 지식을 선도하고 발견을 주도하게 될 것 같다. 10년 전이라면 이런 말을 하지 않았을 것이다. 그러나 책을 읽고 경험을 하고 이 영역에서 일하고 있는 사람들과 대화를 나누면서 나의 견해는 바뀌었다. 인간에게는 엄청나게 광범위한 직관력이 잠재되어 있다. 우리는 우리의 지능 이상으로 정말 지혜롭다. 이에 대한 증거가 많다. 슬프게도 우리는 비이성적이고 창조적인 '은유적 마음(meta- phoric mind)', 즉 우뇌의 능력을 그동안 얼마나 무시해 왔는지 깨닫고 있다. 바이오피드백은 우리가 덜 의식적이 되고 더 느긋한 상태로 자기 자신이 기능하도록 허용해 준다면, 체온과 심장박동 및 모든 신체 기능을 어느 정도 조절할 수 있는 법을 배울 수 있음을 보여 준다. 말기 암 환자들을 집중적인 명상 프로그램과 악성 종양을 극복하는 데 초점을 맞추는 상상훈련에 참여하게 했을 때, 암세포가 놀랄 정도로 감소하는 경험을 하게 된다는 것이 발견되었다.

나는 예지, 텔레파시, 투시, 인간 오오라, 킬리언 사진, 심지어 유체이탈 체험 등의 더 신비로운 현상에도 개방적이다. 이러한 현상은 지금까지 알려진 과학 법칙에는 맞지 않을지 모르지만, 우리는 바야흐로 새로운 형태의 타당한 질서를 발견하려 하고 있다. 나는 새로운 영역에서 아주 많은 것들을 배우고 있는 느낌이 들고 그 경험이 즐겁고 흥미진진하다.

친밀감

지난 2~3년 동안 나는 사람들과의 관계가 훨씬 더 친밀하게 된 것을 발견했다. 내가 이렇게 발전하게 된 것은 전적으로 워크숍 경험 덕분이라는 것을 안다. 나는 신체 접촉을 좀 더 쉽게 할 수 있다. 여자든 남자든 더 많이 포옹하고 더 많이 키스를 나눈다. 나는 나의 삶의 감각적인 부분을 좀 더 인식하고 있다. 또한 내가 다른 사람들과의 가까운 심리적 접촉을 얼마나 원하는지 깨닫는다. 내가 얼마나 다른 사람들을 깊이 돌보는 것이 필요하며, 또 얼마나 그런 돌봄을 되돌려 받는 것이 필요한지 알아차린다. 그동안 내가 늘 희미하게 알고 있던 것을 이제는 공개적으로 이야기할 수 있다. 즉, 내가 심리치료에 깊이 관여했던 것은 그것이 너무 큰 위협을 느끼지 않고도 친밀감에 대한 나의 필요를 채울 수 있는 조심스러운 방법이었기 때문이라는 것을. 이제 나는 다른 관계에서도 더욱 기꺼이 가까워지려 하고 나 자신을 더 많이 드러내는 모험을 한다. 친밀감에 대한 완전히 새로운 깊이의 능력이 내 안에서 발견된 것 같은 느낌이다. 이러한 능력은 내게 많은 상처를 가져다주기도 하지만, 그보다 나누어 주는 즐거움이 더욱 크다.

이러한 변화가 나의 행동에 어떤 영향을 주었을까? 나는 남자들과 좀 더 깊고 좀 더 친밀한 관계를 발전시켜 왔다. 우정의 안전함을 신뢰하는 가운데 주저하지 않고 마음을 나눌 수 있게 되었다. 대학 시절 외에는—그 전에도 후에도—한 번도 진심으로 친밀하고 신뢰할 만한 남자 친구 그룹을 가진 적이 없었다. 그래서 이것은 새롭고 잠정적이고 모험적인 발전이며, 그 보상이 매우 큰 것 같다. 나는 또한 여성들과도 훨씬 더 친밀한 대화를 나눈다. 나에게는 플라토닉하면서도 심리적으로 친밀한 관계를 맺고 있는 여성들이 꽤 많으며, 그들과의 관계는 나에게 엄청난 의미를 가지고 있다.

남자든 여자든 이렇게 친한 친구들과 더불어 나는 나 자신의 모든 면들을 나눌 수 있다. 고통, 즐거움, 공포심, 미친 듯함, 불안정함, 독선, 자기 비하

등 내가 가지고 있는 어떤 감정이라도 상관없다. 나는 그들과 환상과 꿈도 나눌 수 있다. 마찬가지로 나의 친구들도 나와 깊이 나눈다. 이러한 경험이 나를 매우 풍요롭게 해 준다.

매우 오랜 결혼생활과 이러한 친구관계 안에서 나는 친밀감에 대해 계속해서 더 많이 배우고 있다. 나는 의미 있는 것을 나눔으로써 생기는 친밀감이나 이해받고 수용되는 데에서 오는 만족감뿐만 아니라 고통, 분노, 좌절 및 거절을 경험하는 때를 좀 더 날카롭게 알아차리고 있다. 나는 나를 깊이 배려하는 사람에 대해 느끼는 부정적인 감정을 직면하기가 얼마나 어려운지를 배웠다. 또한 관계에서 기대감이 얼마나 쉽게 관계에 대한 요구로 바뀔 수 있는지도 배웠다. 내 경험에 의하면 그 또는 그녀와의 관계 안에서 당시에 어떤 모습이든 간에 있는 그대로의 그 사람을 배려하는 일이 내게는 가장 어렵다. 내가 그렇다고 생각하고, 그렇게 되기를 바라고, 또 그렇게 되어야만 한다고 느끼는 그들을 배려하기는 훨씬 쉽다. 그 또는 그녀가 나를 위해서 그렇게 되어 주기를 바라는 기대와 나의 필요에 맞추어 그 사람을 변화시키고자 하는 나의 소망을 내려놓고 있는 그대로의 그 사람을 배려하는 것은 가장 어려운 일이다. 그렇지만 이는 만족스럽고 친밀한 관계로 갈 수 있는 훌륭한 방법이다.

이 모든 이야기는 지난 10년간 나의 삶에 있어서 변화된 부분에 관한 것이다. 나는 친밀감과 사랑을 향하여 점점 더 열리고 있는 나 자신을 보게 된다.

개인적인 즐거움과 어려움

이 기간 동안에 고통스러운 시간도 있었고 매우 즐거운 시간도 있었다. 헬렌이 지난 5년간 매우 심각하게 아팠기 때문에 거기에 대처하는 일이 가장 힘들었다. 그녀는 최대한의 용기를 가지고 고통과 불편한 생활을 맞이했다. 그녀가 몸을 제대로 가누지 못한다는 것이 우리 두 사람 모두에게 신체적으로나 심리적으로 새로운 문제를 가져왔다. 우리는 지금도 계속해서 그 문제와 씨름하고 있다. 현재는 희망이 훨씬 더 크지만, 우리는 절망과 희망이 교차하는 매우 힘든 시간을 겪었다.

그녀는 좀 더 정상적인 생활을 할 수 있기 위해 자신에게 주어진 목표를 놓고 회복을 위한 싸움을 (종종 순전히 의지의 힘으로) 해 왔으며, 이 싸움에서 놀라운 진전을 보이고 있다. 그러나 쉬운 일은 아니었다. 그녀는 먼저 살고 싶은지, 사는 것에 무슨 목적이 있는지부터 따져 보아야만 했다. 그리고 내게는 나 자신만의 독립된 생활이 있다는 사실이 그녀에게 좌절감과 상처를 안겨 주었다. 그녀가 너무 심하게 아플 때는 늘 시중을 들어주어야만 했기 때문에, 내가 항상 그녀 곁에 붙어 있어야만 하는 것이 내겐 매우 부담스러웠다. 그래서 내가 살아남으려면 나 자신의 생활을 해야겠다고 결정했던 것이다. 이 때문에, 그리고 나의 가치관의 변화로 인해 그녀는 종종 깊이 상처를 받는다. 그녀의 입장에서는 섬기는 아내 역할을 하는 옛 모델을 포기하고 있는 중이다. 이러한 변화는 그녀로 하여금 사회적으로 공인된 아내의 역할을 그녀에게 주었던 나와 사회에 대해 분노하게 만들었다. 내 입장에서는 이전의 완벽한 결합으로 우리를 되돌리려는 그 어떤 움직임에도 화가 난다. 나를 통제하려는 것으로 보이는 그 어떤 것에도 나는 완강하게 저항한다. 그래서 우리 사이에는 이전의 그 어느 때보다도 긴장감과 어려움이 많으며 해결해야 할 감정들이 많이 있다. 그러나 동시에 우리가 함께 사는 새로운 방법을 찾으려고 노력하는 사이에 정직함도 더 많아졌다.

그래서 이 기간은 투쟁과 긴장이 함께하는 시기였다. 그러나 좋은 경험 또한 풍성했다. 3년 전에는 우리 부부의 금혼식이 있었는데, 우리의 두 자녀들, 며느리, 6명의 손자손녀들과 함께 여러 날 동안 휴양지에서 즐거운 시간을 보냈다. 우리의 아들과 딸이 이제는 자녀일 뿐만 아니라 내면의 삶을 나눌 수 있는 가장 훌륭하고 가까운 두 명의 친구이기도 하다는 것이 우리 부부에게는 너무나 큰 기쁨이다. 그들은 따로따로 여러 차례 우리를 찾아주었고, 다른 지역에서 이와 같이 우리를 찾아와 주는 가까운 친구들도 있었다. 이곳에 있는 친구들 무리와도 지속적으로 더욱 친밀하게 교제하고 있는데, 그 친구들은 모두 우리보다 젊다.

내게는 정원 가꾸는 것과 멀리 산보하는 즐거움이 늘 있었다. 내게 과분할 정도의 명예와 상도 주어졌다. 가장 감동적이었던 것은 레이든 대학(Leiden University)의 창립 400주년 행사에서 내게 명예박사 학위를 수여한 것이었다. 그것은 오래된 네덜란드 학문의 중심지로부터 특별 사절에 의해 내게 전달되었다. 내가 쓴 글을 읽고 감동을 받고 삶이 변했다는 개인적인 편지들도 수십 통 받았다. 이런 편지들을 받을 때마다 나는 끊임없이 놀라게 된다. 남아프리카에 사는 한 남자의 삶이 변화하는 데에, 호주의 오지에 있는 한 여인의 삶이 변화하는 데에 내가 중요한 부분을 차지할 수 있었다는 것이 아직도 믿어지지 않는다. 아무래도 마술 같다.

죽음에 관한 생각들

이제는 인생의 종말에 관해 이야기해 보려 한다. 내가 이 나이에 **죽음**에 대하여 거의 생각하지 않는다는 것이 당신을 놀라게 할 수도 있겠다. 그러나 나는 오히려 죽음에 대해 많은 사람들이 관심을 갖는 것이 놀랍다.

10년 또는 15년 전에는 정말 죽음이 완전히 끝이라고 확신했다. 나는 아직도 그럴 가능성이 가장 크다고 생각한다. 그렇지만 그것이 비극적이거나 끔찍하다고 여겨지지는 않는다. **나는 나의 인생을 살았다**. 물론 완전한 삶은 아니었지만 만족스러울 정도는 된다. 그러므로 나의 인생에 종말이 오는 것이 **자연스럽게** 느껴진다. 나는 이미 다른 사람들 안에 영원한 생명을 어느 정도 가지고 있다. 나는 심리적인 의미에서 **전 세계**에 강한 아들, 딸들을 가지고 있다고 가끔 말한 적이 있다. 또한 나는 다른 사람들과 함께 발전시켜 온 생각들과 삶의 방식이 적어도 한동안은 지속되리라고 믿는다. 그러므로 내가 개인으로서 완전히 종말을 맞이한다 해도, 나의 여러 가지 면들은 여전히 계속해서 다양하게 발전하며 살아 있을 것이다. 이런 생각을 하면 기분이 좋다.

죽음을 두려워하게 될지 그렇지 않을지는 죽음을 맞기 전까지는 누구도 알 수 없을 것이다. 죽음은 어둠 속에서의 마지막 도약임에 틀림없다. 그리고 죽음을 맞이할 때는 마취되고 있을 때 느끼는 것의 두 배 또는 그보다 더 큰 두려움을 느낄 가능성이 상당히 많으리라고 생각한다. 그러나 나는 이러한 죽음의 과정에 대해서 정말로 깊은 공포를 느끼는 것은 아니다. 내 생각에 죽음에 대한 나의 두려움은 주변 여건과 관계가 있는 것 같다. 나는 길고 고통스러운 질병으로 죽어가게 될까 두렵다. 노망이 나거나 중풍으로 인해 뇌가 부분적으로 손상을 입게 될까 두렵다. 내가 원하는 것은 품위를 잃을 정도가 되기 전에 빨리 죽는 것이다. 윈스턴 처칠(Winston Churchill)이 생각난다. 나는 그의 죽음을 슬퍼하지 않는다. 내가 슬픈 것은 그에게 어울리는 품위를 지니고 죽을 수 있도록 죽음이 좀 더 빨리 오지 않았다는 점이다.

그러나 지난 10년간 배워 온 것들로 인해 죽음이 끝이라는 나의 믿음은 조금 바뀌었다. 나는 레이몬드 무디(Raymond Moody)가 사망 선고를 받을 정도로 죽음 직전까지 갔다가 다시 살아난 사람들의 경험을 설명해 주는 것을 듣고 감동을 받았다. 환생에 대한 몇몇 보고는 나에게 깊은 인상을 준다. 과연 환생이 축복일지는 의문이지만 말이다. 나는 엘리자베스 큐블러-로스(Elizabeth Kubler-Ross)의 업적과 죽음 후의 삶에 대하여 그녀가 도달한 결론에 흥미가 있다. 개인의 의식은 우주의 의식의 한 조각에 불과하며 그 조각은 사람이 죽으면 전체 안에 다시 흡수된다는 아서 쾨슬러(Arthur Koestler)의 견해가 정말로 내 마음에 든다. 죽음에 대해 하나의 강물이 마침내 대양의 조수로 흘러 들어가며 끝없는 바다로 들어갈 때 진흙 침전을 떨어뜨리는 것과 같다고 한 그의 비유를 나는 좋아한다.

그래서 나는 열린 마음으로 죽음을 경험하려 한다. 죽음은 죽음이리라. 그것이 종말이든 생명이 지속되는 것이든, 나는 죽음을 받아들일 수 있을 것이라고 믿는다.

결론

나는 건강, 결혼, 가족, 도전을 주는 젊은 친구들, 책으로 벌어들인 예상 밖의 많은 수입 등 여러 가지로 특별히 운이 좋았다는 것을 알고 있다. 그러므로 나는 결코 전형적인 사람은 아니다. 나에게 지난 10년은 흥미진진했으며 모험으로 가득 차 있었다. 나는 새로운 아이디어, 새로운 감정, 새로운 경험, 새로운 모험에 열려 있었다. 살아 있다는 것은 위험을 무릅쓰고 확실성에 덜 의지하여 행동하며 삶에 대항하여 싸우는 일이라는 것을 나는 발견했다.

이 모든 것들은 변화를 초래한다. 나는 변화의 과정이 인생이라고 생각한다. 고정되어 있고 일정하고 정지되어 있는 것은 죽음을 사는 것이라고 하겠다. 그래서 나는 혼란과 불확실함 그리고 두려움과 감정의 동요를 받아들인다. 왜냐하면 그것들은 내가 유동적이고 복잡하고 흥분된 삶을 사는 것에 대한 대가여서 내가 기꺼이 그 대가를 지불하려 하기 때문이다.

내가 살아온 모든 세월들을 생각해 볼 때 이러한 삶에 비견될 만한 시기가 딱 한 번 더 있었는데, 그것은 시카고 대학의 상담센터에 있을 때였다. 그때도 모험, 배움, 개인적인 성장과 풍성함이 있었다. 그러나 동시에 개인적인 심한 불안정과 직업적인 격렬한 투쟁의 시기이기도 했고 지난 10년보다 훨씬 더 힘들었다. 그래서 그 기간이 나의 인생을 통틀어 가장 만족스러운 10년이었다고 하는 것이 솔직한 생각이다. 나는 점점 더 나 자신이 될 수 있었으며 그렇게 하는 것을 즐거워했다.

어렸을 때 나는 몸이 좀 약했고 부모님은 내가 젊어서 죽을 것 같다고 말씀하셨다. 이 예언은 완전히 빗나갔다는 것이 증명되었지만, 한편으로는 심오한 의미에서 매우 적중했다. 나는 내가 결코 늙을 때까지 살지 않으리라는 얘기가 맞는다고 생각한다. 그래서 나는 지금 부모님의 예언에 동의한다. 나는 내가 젊은 채 죽을 것이라고 믿는다.

개정판 1979

나는 고통, 애도, 변화, 만족감, 모험, 이 모든 것이 현저히 많았고 이 모든 것들로 너무나 가득 찼던 1979년에 초점을 맞추어 이야기하기 위해 한 절을 더 쓰기로 결정했다.

죽는 과정을 살기

아내는 1979년 3월에 세상을 떠났다. 아내가 죽기 18개월 전에 헬렌과 나 그리고 많은 친구들은 죽음과 인간 영혼의 불멸성에 대한 생각과 감정을 완전히 변화시켜 준 일련의 경험들을 했다. 이런 경험들은 매우 개인적인 것으로 언젠가는 그것에 대해 자세히 쓰게 될 수도 있을 것이다. 지금은 대략만 밝히겠다. 지금부터 하려는 이야기는 대부분 헬렌에 관한 것이지만 내 입장에서 경험한 것에 초점을 맞추려 한다.

헬렌은 심령 현상이나 영혼 불멸에 대해서 매우 회의적이었다. 그러나 초청에 의해서 아내와 나는 돈도 안 받는 매우 정직한 영매를 방문했다. 거기서 헬렌은 영매가 알 리가 없는 이야기들이 나오는 가운데 그녀의 죽은 언니와의 '접속'을 경험했고 나는 그것을 지켜보았다. 놀랍게도 신빙성이 있었던 모든 메시지들은 영매가 튼튼한 테이블을 가볍게 치자 글자들이 두드려지면서 나왔다. 후에 그 영매가 우리 집에 왔을 때는 우리 집 거실에 있는 테이블이 메시지를 나타내 주었고, 나는 믿기 어렵지만 절대로 사기일 리가 없는 이 경험에 마음을 열 수밖에 없었다.

헬렌은 친정 식구들의 환상도 보고 꿈도 꾸었는데, 그로 인해 '저 세상'에서 자신이 환영을 받게 되리라는 것을 점점 더 확신하게 되었다. 죽음이 가까워 오자 그녀는 자신의 병원 침상 옆에서 악한 영들과 마귀를 '보았다'. 그러나 한 친구가 그것들이 그녀의 마음에서 만들어진 것일지도 모른다고 말하자 그녀는 그들을 내쫓기로 했고, 마귀에게 그가 그곳에 온 것은 실수이고 자신은 그와 함께 가지 않을 것이라고 말함으로써 마침내 그들을 쫓아내었다. 그 후로 마귀는 다시 나타나지 않았다.

또한 죽기 전 며칠 동안 헬렌은 신비한 하얀 빛이 다가와서 그녀를 침대에서 들어 올렸다가 다시 침대 위에 내려놓는 환영을 보았다.

나는 앞에서 지난 몇 년 동안 우리 사이가 점점 더 많이 벌어졌다는 이야기를 했다. 나는 아내를 돌보고 싶은 마음은 있었지만 내가 아내를 얼마나 사랑하는지는 전혀 확신할 수 없었다. 그런데 아내가 죽음에 매우 가까워졌던 어느 날 도무지 이해할 수 없는 격앙된 마음이 들었다. 평소처럼 병원에 가서 아내에게 저녁식사를 먹여 주고 있었는데, 내가 얼마나 아내를 사랑했는지, 그녀가 나의 인생에 얼마나 소중한 존재였는지, 그녀가 얼마나 솔선수범해서 우리의 오랜 부부관계에 훌륭하게 기여해 왔는지를 그녀에게 털어놓고 있는 자신을 발견했다. 이 모든 이야기들을 전에도 하기는 했던 것 같은데, 그날 밤에는 이전과 다른 절실함과 진심이 담겨 있었다. 나는 아내에게 살아야 한다는 의무감을 느낄 필요는 없으며, 우리 가족은 다 괜찮으니 살든 죽든 그녀가 원하는 대로 편하게 해야 한다고 말해 주었다. 또한 그날 밤에 하얀 빛이 다시 찾아왔으면 좋겠다고 말했다.

그녀가 다른 사람들을 위해서 살아야만 한다고 느끼지 않아도 되도록 그녀를 풀어 주었던 것이 분명했다. 나중에 안 사실이지만, 내가 떠난 후 그녀는 그 병동의 간호사들을 불러 모아 그들이 그녀에게 베풀어 준 모든 것에 감사해하며 자기가 곧 죽을 것이라고 이야기했다고 한다.

아침이 되자 아내는 혼수상태에 빠졌고, 그 다음날 아침 딸이 손을 잡아 주고 여러 친구들과 내가 함께 있는 가운데 매우 평온하게 숨을 거두었다.

그날 저녁에 앞서 말한 영매와 오랜 시간에 걸쳐 약속을 잡고 있었던 나의 친구들이 그녀를 만났다. 그들은 매우 빨리 헬렌과 접속할 수 있었다. 헬렌은 많은 질문에 대답해 주었다. 그녀는 혼수상태에 있는 동안 사람들이 한 말들을 모두 들었으며, 하얀 빛과 영들이 그녀를 찾아오는 경험을 했고, 자기 가족을 만났으며 자신이 젊은 여자 모습으로 있고, 죽음은 고통 없이 매우 평온

했다고 했다.

지금까지 자세히 묘사하기보다는 간략하게 제시했는데, 이러한 모든 경험들로 인해 나는 인간의 영혼이 지속된다는 가능성에 훨씬 더 마음을 열었다. 그 전에는 그럴 수 있으리라고 결코 믿지 못했다. 이러한 경험들로 인해 나는 과학적으로 설명할 수 없는 모든 종류의 현상에 매우 관심을 갖게 되었다. 그렇게 해서 죽음의 과정에 대한 나의 이해가 많이 바뀌었다. 나는 이제 우리 각자는 시간을 초월하여 존재하는 영적 실체이며 그것이 때때로 인간의 몸을 입는 것일 수도 있겠다고 생각한다.

이 모든 생각들은 겨우 2년 전에 썼던 이 장 끝의 몇몇 내용들과는 분명하게 상반된다.

활동과 위험

헬렌의 죽음과는 상관없을 수도 있겠고 헬렌의 죽음 때문일 수도 있겠는데, 나는 최근에 평소보다 더 많은 초대에 응하여 다른 팀원들과 함께 국내외 워크숍에 참석해 왔다. 그중에는 베네수엘라에서 열렸던 교육자들을 위한 워크숍, 로마 근처에서 국제부원들과 함께했던 요란했던 대규모 워크숍, 그룹 촉진자들의 훈련을 위한 파리 프로그램에서의 짧지만 깊은 경험, 매우 보람 있었던 롱아일랜드에서의 사람-중심 지역 워크숍(두 번째 해에 똑같은 동부 스태프와 함께 함), 많은 외국인들이 참석했던 프린스턴에서의 사람-중심 워크숍, 폴란드 바르샤바 근처 휴양지에서의 흥미진진했던 워크숍, 그리고 뉴욕 폴링에서 있었던 '인생의 전환기'에 관한 연속 4일간의 굉장했던 워크숍이 있다. 이런 활동 외에도 글을 몇 개 썼는데, 이 책에도 그 글들이 포함되어 있다.

위에서 언급한 것들 중 두 가지 프로그램에 관해서 이야기하고 싶다. 프린스턴에서 있었던 워크숍은 90명이 함께했는데 내가 참석했던 워크숍 중에서 가장 힘들었다. 우리 스태프 중 적어도 한 사람은 우리가 인도했던 것 중에서 최고였다고 느끼고 있다. 그러나 내게는 매우 고통스러웠던 것이었으며, 나는 그룹이 진정한 공동체가 되지 못하고 겨우 그 언저리에 머물렀을 뿐이라고 느꼈다.

그 워크숍이 고통스러운 경험이 되었던 데는 몇 가지 원인이 있었던 것 같다. 스태프는 제7차 워크숍을 마지막으로 연례 사람-중심 워크숍을 끝내기로 결정했다. 우리는 서로 매우 가깝게 느꼈지만 개인적으로 각각 다른 방향으로 움직이고 있었고, 사람-중심 워크숍이 '관례'에 따른 행사가 되는 것을 원치 않았다. 오랫동안 함께했던 경험이 있는 우리 스태프는 부정적, 비판적, 적대적 감정들을 이전의 어느 때보다도 더 잘 수용할 수 있게 된 듯하다. 그래서였는지 참석자들은 서로 간에 그리고 스태프를 향하여 부정적인 감정들을 많이 표출했다. 그곳에는 외국인들도 많이 참석했는데, 그들은 미국과 미국인 참석자들을 향하여 조롱, 멸시, 분노의 말들을 자유롭게 했다. 참석자들 중에 워크숍이 어떻게 진행되어야만 하는지에 대하여 분명한 견해를 가지고 있었던 두 사람이 있었다. (그 두 사람의 견해는 서로 달랐으나 비구조화된 우리의 접근법을 강력하게 반대했다. 두 사람을 따르는 사람들이 꽤 많았지만 그 어느 편도 워크숍의 방향을 전체적으로 바꿀 정도가 되지는 못했다.) 또한 심각한 정신적 문제를 보이는 참석자들도 여럿 있었다.

규모가 큰 그룹이 늘 그렇듯이 그 그룹은 자체적인 프로그램을 개발하고 자체적인 방식을 찾으려고 한데다가 위의 요인들까지 겹쳐 그 결과가 끔찍했다. 좌절감과 분노가 자주 표출되었다. 몇 사람이 창조적이고 긍정적인 방향으로 움직여 보려고 노력했으나 다른 사람들에 의해 저지당했다. 개인들이 과연 자기 자신의 힘을 건설적으로 인식하고 사용할 수 있을지 신뢰하기가 정말 어려웠다. 우리는 모두 자기 자신의 최악의 적이었다. 10일 과정의 마지막에 가서야 다양한 차이점들이 조율되기 시작하고, 다양성 위에 공동체가 시작되는 것이 희미하게나마 보였다. 그러나 놀랍게도 많은 참석자들이 후에 편지를 보내 그들이 고통과 격동 및 친밀감을 통하여 많은 것을 배우고 변화할 수 있었다고 말해 주었다. 나 역시 배우기는 했지만 힘이 들었다.

폴란드에서의 워크숍은 여러 가지 점에서 특이했다. 워크숍은 믿기 어려울 정도로 높은 관심을 불러일으켜서 전문인, 비전문인을 합하여 90명의 사람들이 함께 모였다. 폴란드인 스태프는 자신감이 없었고 그곳에 있던 미국인 네 사람이 주로 촉진자 역할을 했다. 나는 폴란드인 리더들이 더 많은 역할을 하기를 기대했기 때문에 당시에는 좀 실망했다. 일주일 과정 중 중반에 접어들자 참석자들은 자기들에게 힘이 있다는 것을 인식하게 되어 많은 이들, 특히 전문가들이 그 힘을 다른 사람들에게 상처를 주는 데 사용하기 시작했다. 상처를 주는 호칭들과 진단(診斷)들, 교묘한 비난들이 난무했다. 내가 보기에는 프린스턴 때와 흡사해서 '오, 안 돼! 또다시 그래선 안 돼!' 하는 생각이 들었다. 그러나 폴란드인 스태프 중 참으로 정직했던 한 여인으로 인해 사람들은 그러한 행동의 결과를 인식하게 되었고 그 행동은 어느덧 없어졌다. 그리고 일주일이 끝날 무렵, 우리는 친밀하고 사랑을 나누는 공동체가 되어 있었다.

나는 몇 달 후 한 참가자에게서 편지를 받고 나서야 그때 일어났던 일을 충분히 인식할 수 있었다. 그 편지의 내용은 다음과 같다. "이곳 사람들은 레스칼제브에서 있었던 '역사적 사건'에 대하여 이야기하고 있습니다. 그렇게도 많은 다양한 사람들, 많은 전문가들, 즉 정신과의사들, 심리학자들(그들은 모두 대인관계 전문가로 자처하는 사람들이었지요.)이 매일 끊임없이 서로 증오하고 비난하더니 이제 모두가 화합이 되었습니다. 그래요, 자기 자신을 잃어버리지도 않고 다른 사람에게 아무 강요도 하지 않으면서 화합을 이루게 된 겁니다." 나는 전문가들 사이의 경쟁심과 험담에 대해서 사전에 몰랐던 것을 다행으로 여긴다.

나는 폴란드에서의 그룹이 유사한 미국에서의 그룹보다 전반적으로 훨씬 더 세련되고 지적이며 때로 더 학자적이라는 것을 발견했다. 그들이 비록 사회주의 국가에서 살고 있지만, 그들의 문제, 감정, 대처방법, 솔직함과 온전함을 향한 열망은 내가 다른 모든 나라에서 발견했던 것과 다를 바 없었다.

개인적인 일들

그해가 끝날 즈음에 나는 나의 사랑할 수 있는 능력, 신체적인 감각, 성적 관심에 대해 점점 더 많이 인식했다. 내가 이러한 필요들이 표현될 수 있는 관계들을 발견하고 만들어 갈 수 있다는 것이 정말 행운이라는 것을 알았다. 고통과 상처도 있었지만 기쁨과 심오함도 있었다.

1980년 1월 8일은 그해 최고의 날이었다. 많은 친구들이 음식과 음료수와 음악을 가지고 집으로 찾아와서 나의 78회 생일을 축하하는 깜짝 파티를 열어 주었다. 사랑, 보살핌, 우정 그리고 행복으로 가득했던 결코 잊을 수 없는 화끈하고 멋지고 신나는 파티였다.

그래서 나는 아직 이번 장의 제목 중에서 뒷부분이 내게 더 어울린다고 느낀다. 나는 내가 나이 들며 성장하고 있다고 느낀다.

♣ 참고문헌

Mitchell, A. (1977). Quoted in *Los Angeles Times*, February 28.

Moody, R. A., Jr. (1975). *Life after life.* New York: Bantam Books.

Stanford Research Institute. (1973). *Changing images of man.* Policy Research Report No. 3. Menlo Park, California.

Toynbee, A. (1969). Why and how I work. *Saturday Review*, April 5, 22.

제5장 우리에게 '하나'의 현실이 필요한가?

다음에 소개되는 글을 나는 좋아한다. 1974년 가을 잠시 친구가 내게 빌려 준 해변의 오두막에서의 즐거웠던 기억(제3장에서 언급함)으로 돌아갈 수 있기 때문이다. 열흘이라는 귀한 시간 동안 나는 완전히 혼자였다. 두세 번 그 지역의 식품점에 갔던 것을 제외하고는 전화 연락도 없었고 어느 누구와도 접촉하지 않았다. 나는 그 기간 동안에는 아무 일도 하지 않겠다고 나 자신에게 약속했다. 나는 내가 읽고 싶었던 책을 몇 권 가져갔다. 해변에서 오랫동안 거닐었고, 청왜가리와 친구가 되었으며, 일지를 쓰고 나의 꿈을 기록하고 책을 읽으며 나의 마음이 떠도는 대로 그냥 내버려두었다.

이 글이 마음속에서 싹튼 것은 내가 오두막의 테라스에 앉아 있을 때였다. 이번에는 그때까지 내가 썼던 글들과는 전혀 다른 글이 나오게 되었다. 이 글은 내가 좋아하는 일종의 꿈을 꾸는 듯한 특징을 가지고 있다. 새로운 사실은 없지만 진지하게 보면 그러한 사실들이 암시하고 있는 것은 깜짝 놀랄 만한 것이다.

이 글은 이전 글들처럼 개인적인 것은 아니지만 나 자신의 새롭고 색다른 한 면을 표현하고 있기 때문에 제1부에 실었다.

나는 교육의 가장 중요한 목적이 개개인으로 하여금 '현실 세계'를 더욱 건설적으로 다룰 수 있게 해 주는 지식, 정보 그리고 개인적인 성장을 습득하도록 돕는 것이라는 점에 대해 대부분의 교육자들이 동의할 것이라고 믿는다. 이런 이야기는 종종 졸업식 축사의 주제가 되곤 하는데, 사람들은 축사를 통해 새로운 졸업생들이 '현실 세계'를 어떻게 대면하고 대처할 것인가에 대한 소망과 염려를 표현한다. 또한 이것은 종종 집중적인 엔카운터 그룹에서 자기 자신과 자신의 대인관계 패턴에 대해 많은 것들을 배운 사람들이 바깥세상의 '실제' 삶으로 돌아가면 어떻게 처신해야 할지 염려하게 되는 마지막 시간에 다루어야 하는 주제이기도 하다.

'현실 세계'란 무엇인가? 이 질문에 대해 나는 탐구해 보고 싶다. 이에 대한 나의 생각들은 지칠 줄 모르고 나를 이끌어 갔다. 내가 어디에 도달하게 되었는지는 여러 가지 개인적이고 평범한 실례를 통해 가장 잘 설명될 수 있을 것이다.

2~3주 전에 나는 밤늦게 북부 캘리포니아 해변의 오두막 테라스에 혼자 앉아 있었다. 몇 시간을 앉아 있었는데 수평선 위에서 밝은 별이 떠오르는 것이 뚜렷하게 보였다. 빛나는 행성이 그 별과 똑같은 속도로 나의 머리 위에서 천천히 장엄하게 움직여서 나의 오른편으로 갔다. 은하수와 모든 다른 별자리들 옆에서 별과 행성은 함께 가며 움직였다. 분명히 나는 우주의 중심이었고, 천체는 나를 중심으로 천천히 회전했다. 이 경험은 나를 겸손하게 만들었고(내가 얼마나 작은 존재인가!), 동시에 의기양양하게 만들었다(내가 초점이 되다니 얼마나 대단한가!). 나는 현실 세계를 보고 있었다.

그러나 마음 한편에서는 나와 내 발 밑의 땅 그리고 나를 둘러싸고 있는 공기가 제트기보다 더 빠른 굉장한 속도로 움직이되 내가 동쪽이라고 부른 방향을 향하고 있으며, 별들과 행성들은 지구에 비해서 거의 움직이지 않고 있다는 것을 알고 있었다. 비록 그러한 것을 직접 볼 수는 없었지만, 나는 (내가 분명하게 지각한 것이 아니라) 그것이 정말로 현실 세계라는 것을 알고 있었다.

또 다른 차원에서 나는 우주의 수백만 은하계 가운데 한 작은 은하계의 시시한 행성 위에 있는 극히 미미한 한 점에 불과하다는 것을 깨닫고 있었다. 나는 이 은하계들이 각각 믿을 수 없을 정도의 빠른 속도로 움직이며 종종 충돌하여 폭발하기도 한다는 것도 알고 있었다. 이것 역시 현실인가? 나는 혼란스러웠다.

그러나 적어도 한 가지 현실은 확신할 수 있었다. 내가 앉아 있던 나무로 만든 딱딱한 의자, 테라스가 놓여 있는 굳은 땅, 내 손에 쥐어 있는 금속 펜. 이것들은 볼 수 있을 뿐 아니라 느낄 수도 있고 만질 수도 있는 현실이었다. 이러한 물체들은 무게와 압력을 견딜 수 있었다. 그것들은 견고했다.

그러나 아니다. 나는 이 모두를 반박할 수 있을 만큼 충분한 과학 지식이 있다. 의자는 전에는 살아 있었던 식물의 세포로 만들어졌고, 그 세포는 구성이 복잡하며 물질보다 빈 공간이 더 많은 구조로 되어 있다. 지구는 천천히 움직이는 유체로 된 덩어리로서 오그라들고 갈라지고 구겨질 때 매우 자주 진동이 일어난다. 어제 내가 차를 타고 지나온 길은 그런 진동을 겪었던 곳이었다. 1906년 어느 날 갑자기 지구가 살짝 움츠리자 길이 갈라졌고 갈라진 서쪽 부분은 이어져 있던 곳에서 북쪽으로 20피트나 밀려갔다. 참으로 견고한 땅이 아니겠는가!

정말로 단단한 나의 금속 펜은 어떠한가? 그것은 보이지 않는 원자들로 구성되어 있다. 원자들은 엄청난 속도로 움직이고 있다는 말을 들었다. 각 원자는 원자핵을 가지고 있는데 최근에는 그 핵 안에서 점점 더 많은 미립자들이 발견되고 있다. 미립자에게는 믿을 수 없을 정도로 신기한 특성들이 부여되었다. 미립자는 각 원자 내부의 거대한 공간 안에서 가급적 제멋대로, 가급적 질서정연한 궤도를 따라 움직인다. 내가 너무도 확실하게 느끼고 손에 쥐고 있는 나의 펜은 강하고 단단한 물질이 전혀 아니다. '현실 세계'는 분해되고 있는 듯 느껴진다.

나는 위대한 물리학자 제임스 진스(James Jeans) 경의 말을 듣고 안심이 되면서도 혼란스럽기도 했다. "인간 지식의 흐름은 치우침 없이 비화학적인 현실을 향해 가고 있다. 우주는 거대한 기계라기보다는 거대한 생각처럼 보이기 시작했다." 당신의 현실적인 친구 또는 배관공이나 주식 중매인에게 한 번 실험을 해 보라. 그들에게 "현실 세계는 단지 거대한 생각이다."라고 말해 보라. 어쨌든 누구에게나 분명한 현실 세계의 개념이 순식간에 내가 이해할 수 없는 것이 되어 버리고 말았다.

그러나 적어도 대인관계의 세계에서 나는 나의 가족과 나의 친구들을 안다. 이 지식은 틀림없이 확실하고 나는 그것을 기초로 행동할 수 있다. 그러나 이제 나의 기억들이 제동을 건다. 부드럽게 진행하면서 자신을 표현할 수 있도록 허용해 주는 엔카운터 그룹의 경우만 보아도 우리가 우리의 인간관계에 대하여 알고 있는 것이 얼마나 불확실한지를 쉽게 알 수 있다. 사람들은 가장 친한 친구들이나 가족 구성원들 안에 숨겨져 있는 감정들이 매우 많다는 것을 발견하게 된다. 전에는 알지 못했던 두려움, 부적절감, 억압된 분노, 기이한 성적 욕망과 환상이 그 안에 있고, 소망과 꿈, 기쁨과 공포, 또는 창조적인 충동과 초대받지 않은 사랑이 담겨 있는 숨겨진 연못들이 그 안에 있다. 이 현실 역시 이 장에서 아직 다루어지지 않은 다른 것들과 마찬가지로 불확실하고 모르는 것들로 가득 차 있는 것 같다.

그래서 개개인은 자기 자신에게로 돌아가 본다. "나는 적어도 내가 누구인지는 알고 있어. 나는 내가 무엇을 하고 싶은지 결정하고 그것을 하지. 그건 현실이야." 정말 그런가? 행동주의자들에게 이런 말을 한다면, 그들은 "당신은 입력된 자극과 조건화된 반응의 합에 불과하다. 나머지는 모두 허상이다."라고 이야기할 것이다. 자, 마침내 우리는 현실을 찾았다. 우리는 로봇일 뿐이다. 그게 다일까? 우리의 꿈은 어디에서 비롯된 것일까? 아마 그것도 설명할 수 있을 것이다. 나는 진이 생각난다. 그녀는 나에게 자신의 일란성 쌍둥이 자매에 대해 이야기해 주었다. 그녀의 쌍둥이 자매가 밤에 익숙한 길을 따라 자신의 집으로 차를 몰고 있을 때, 진은 어떤 분명한 꿈을 꾸다가 소스라쳐 잠에서 깨어났다. 진은 고속도로 경찰에게 전화해서 "고속도로 어느 지점에서 사고가 났으며, 이러한 번호의 하얀 차이고 여자 운전자가 혼자 있다."라고 말했다. 전화를 받은 사람은 잠시 멈칫하더니 놀래서 조금은 의심스러운 목소리로 "그런데 그걸 어떻게 아셨죠? 그 사고에 대한 보고를 바로 2분 전에 받았는데요."라고 말했다. 그러한 종류의 현실에 대해서는 어떻게 생각하는가?

이 작은 에피소드는 내면의 세계와 '무형의 현실'에 대하여 긴 생각을 하게 해 준다. 칼 융(Carl Jung, 1961)이 세 살 때 본 환상 또는 꿈에 대해서는 어떻게 생각해야 할까? 그는 땅 속에 있는 크고 신비한 동굴을 보았다. 동굴 안에는 꼭대기에 머리 같은 것이 달린 거대한 기둥의 몸체가 왕좌 위에 놓여 있었고 모든 불빛이 그 기둥을 향하여 비추고 있었다. 융은 그로부터 50년 후 한 원시 부족의 남근 숭배 의식에서 똑같은 광경을 다시 발견하게 되었고, 그제야 비로소 자신의 경험을 완전히 이해하게 되었다. 세 살의 나이에 어떻게 해서 그런 환상을 보게 되었던 것일까? 이런 현상은 어떤 현실 세계에 속하는 것일까?

냉철한 사업가이며 엔지니어였던 로버트 먼로(Robert Monroe, 1971)의 이야기를 읽어 보라. 그는 몇 차례 이해할 수 없는 경험을 한 후, 어느 날 밤 방 천장에 떠올라서 자기 몸과 아내의 몸을 내려다보고 있는 자신을 발견했다. 처음에는 매우 놀랐지만 자신의 몸 밖으로의 여행을 점점 더 기꺼이 하게 되었다고 한다. 이러한 경험에 대한 그의 설명은 정말 놀라우면서도 매우 신빙성이 있다. 우리는 이러한 질문을 하지 않을 수 없다. 내가 알고 있는 '진짜' 경험뿐 아니라 위의 경험들도 포함하는 현실은 어떤 '현실'인가?

야키족 인디언인 불로(不老)의 돈 주앙(Don Juan)은 완고하고 회의적인 인류학자 카를로스 카스타네다(Carlos Castaneda)에게 완전히 새로운 세상을 열어 주었다. 마술적인 사건, 공중으로의 비행, 죽음이 삶과 다를 바가 없는 비범한 현실이 있는 세상, '지식인'이 영적인 동반자를 가지고 있고, 불가능한 것이 경험되는 그곳. 이를 쓰레기 같은 소리라고 하겠는가? 카스타네다(1969, 1971)는 스스로 체험한 것을 통하여 현대 과학적 사고와는 완전히 다른 무형의 현실이 존재한다는 것을 인식하지 않을 수 없었다.

캘리포니아 공대에서 훈련을 받았던 과학자 존 릴리(John Lilly, 1973)가 생각난다. 그는 계속해서 신경해부학, 의학 및 정신의학을 공부했는데 돌고래를 12년간 연구한 사람으로 가장 잘 알려져 있다. 그는 돌고래의 지능이 적어도 사람 정도는 된다고 믿었으며 돌고래와의 의사소통을 시도했다. 그의 발걸음을 추적해 볼 때, 처음에는 현실을 기계적인 차원으로만 이해했던 과학자로 시작한 그가 현재는 다양한 의식의 차원이 있다는 견해를 가지게 되었다. 그는 변형된 의식의 차원에 도달했으며 다른 사람도 그 차원에 이르도록 돕고 있다. 이러한 그의 행보는 상상할 수도 없었던 일이다. 이 과정을 거쳐서 그는 돌고래들이 자신의 마음을 읽을 수 있다고 확신하게 되었다. 오감을 사용할 수 없는 물탱크 안에서 보고 듣고 만지고 맛보는 일을 거의 할 수 없는 따뜻한 물속에 떠 있는 경험은 놀라운 것이었다. 아무런 외부의 자극이 없는 가운데 그는 내면의 세계가 믿을 수 없을 정도로 풍성하며 가끔은 두렵고 종종 기이해지는 것을 발견했다. 이러한 내면의 세계를 이해하려는 의도로 그는 LSD를 가지고 실험을 했다. 결과는 빛과 두려움, 두 가지 모두였다. LSD는 명상, 자발적인 사고의 전달 그리고 점점 더 높은 차원의 의식으로 그를 인도했고, 많은 신비주의자들이 그랬던 것처럼 그도 우주가 사랑을 바탕으로 조화롭게 일치되는 경험을 했다. 캘리포니아 공대에서의 훈련과는 얼마나 거리가 먼 경험인가!

우리는 이러한 이야기들을 쉽게 조롱하거나 멸시할 수가 없다. 그것들은 모두 광대하고 신비한 세계가 있다는 것을 가르쳐 준다. 어쩌면 내면의 현실이, 어쩌면 우리가 그 일부분이면서도 잘 모르고 있는 영적 세계가 존재하고 있을 수 있다. 그러한 세계가 있다는 것은 '우리는 모두 현실 세계가 어떤 것인지 알고 있다.'라는 우리의 안락한 믿음을 상대로 결정적인 주먹을 한 방 크게 날린다.

객관적인 현실 세계에 관련하여 나는 이제 어떤 생각을 하게 되었는가?

- 그것은 우리가 분명하게 보고 느끼고 만지고 있는 물체 안에 존재하지 않는다.
- 그것은 우리가 너무나도 숭배하고 있는 과학기술 안에 존재하지 않는다.

- 그것은 굳은 땅이나 빛나는 별들 안에서 발견될 수 없다.
- 그것은 우리 주변 사람들에 대한 확실한 지식 가운데 있지 않다.
- 그것은 어느 한 문화권의 조직 또는 관습 안에서 발견되지 않는다.
- 그것은 우리 자신이 알고 있는 개인적인 세계 안에도 없다.
- 그것은 객관적인 세계와는 전혀 다른 지금으로서는 측량할 수 없는 신비한 '무형의 현실'을 고려해야만 한다.

나와 다른 많은 사람들은 이제 새로운 인식에 도달했다. 그것은 다음과 같다. 내가 알 수 있는 유일한 현실은 내가 현재 지각하고 경험하는 대로의 세계다. 당신이 알 수 있는 유일한 현실은 당신이 현재 지각하고 경험하는 대로의 세계다. 그리고 확실한 것 하나는 그렇게 지각된 현실들이 서로 다르다는 것이다. '현실 세계'는 사람 수만큼이나 많다. 이것이 역사상 전에는 경험해 보지 못했던 가장 힘든 딜레마를 만들어 내고 있다.

아득한 옛날부터 종족 또는 공동체, 국가 또는 문화마다 어떤 것이 현실 세계를 구성하는지에 대한 합의가 있었다. 물론 다른 종족이나 다른 문화권은 매우 다른 가치관을 가지고 있었다. 그러나 적어도 비교적 통일을 이루고 있는 큰 집단이 있었고, 그 집단은 세상과 우주에 대하여 그들이 가지고 있는 지식에 확신이 있었으며 또 그렇게 지각하는 것이 옳다고 알고 있었다. 그래서 공동체는 그에 동의하지 않고 현실을 다르게 지각하는 사람들을 비난하고 저주하고 핍박하고 심지어 죽이기까지 했다. 코페르니쿠스는 오랫동안 자신이 발견한 것을 비밀로 간직했는데도 결국에는 이단으로 몰렸다. 갈릴레오는 코페르니쿠스의 견해가 맞는다는 증거를 발표했지만 70세의 나이에 자기주장을 철회하도록 강요를 받았다. 지오다노 브루노(Giodano Bruno)는 우리의 우주 안에는 수많은 다른 세계들이 있다고 가르친 대가로 1600년에 화형에 처해졌다.

종교적 현실에 대하여 지각을 달리하던 사람들은 고문을 당하고 죽임을 당했다. 1800년대 중반의 젊고 열정적인 헝가리 의사 이그나즈 제멜바이스

(Ignaz Semmelweis)는 당시 분만실의 무서운 재앙으로 여겨졌던 분만열이 의사의 손과 기구에 붙어 있는 보이지 않는 세균에 의해 한 여자에게서 다른 여자에게로 전염된다는 '어리석은' 주장을 했다는 것 때문에 핍박자들에 의해 미친 사람으로 몰렸다. 그의 주장은 당시의 현실에서 보자면 분명 터무니없는 말이었다. 우리 미국에서도 식민지 시절에는 심령의 능력을 가지고 있다고 의심되는 사람은 마녀로 여겨져 교수형에 처해지거나 큰 바위에 깔려 죽임을 당했다. 역사는 우리에게 동의된 현실 세계와 다르게 현실을 지각하고 있다는 이유로 엄청난 대가를 지불해야 했던 수없이 많은 사례들을 말해준다. 내가 언급한 경우처럼 비록 사회가 의견을 달리하는 사람에게 마침내 동의하게 되는 일이 종종 있기는 했지만, 이미 알고 확신하고 있는 세상을 강요하는 것이 한 문화권을 결집하고 유지하는 역할을 부분적으로 감당했다고 하는 데는 의심할 여지가 없다.

오늘날 우리는 그와 다른 상황을 접하고 있다. 빠르고 손쉬운 전 세계적인 통신망으로 인하여 우리 모두는 12개도 넘는 '현실들'을 접하고 있다. 비록 어떤 것들(성육신 같은)은 어리석다고 생각하고, 또 어떤 것들(공산주의 같은)은 위험하다고 생각할 수는 있겠다. 그러나 그것들을 인식하지 않을 수는 없다. 우리는 더 이상 모두가 세상을 똑같은 방식으로 보는 안전한 고치 안에 있을 수만은 없게 되었다.

이러한 변화로 인해 나는 매우 심각한 질문을 제기하려 한다. 오늘날 우리는 '하나'의 현실만 가지고 사는 사치를 누릴 여유가 있는가? 우리는 우리에게 하나의 '현실 세계'가 있으며 그 정의(定義)에 우리 모두 동의할 수 있다는 믿음을 여전히 가질 수 있는가? 나는 우리가 이런 사치를 누릴 수 없으며 이런 신화를 유지할 수 없다고 믿는다. 근대사에서 단 한 번 이런 일이 완전히 성공적으로 성취된 적이 있었다. 수백만의 사람들이 사회적, 문화적 현실에 대해서 완전한 합의에 이르렀다. 그 합의는 최면술과 같은 히틀러의 영향력에 의하여 이루어졌다. 그리고 현실에 대한 이 합의는 서구 문화의 파멸을 가져올 뻔했다. 나는 이것을 본받을 만한 것이라고 보지 않는다.

20세기의 서구 문화, 특히 미국 문화 안에도 역시 가치관의 현실에 대해 합의된 것이 있었다. 이 복음은 아주 간략하게 설명될 수 있다. '많을수록 좋다, 클수록 좋다, 빠를수록 좋다. 그리고 현대 과학기술은 이 세 가지 훌륭한 목표를 달성시켜 줄 것이다.' 그러나 지금은 이것을 믿는 사람이 거의 없으며, 이 신조는 산산이 부서지고 있는 재앙이 되었다. 오염된 스모그, 인구 과밀로 인한 기아 문제, 핵폭탄이라는 다모클레스의 칼(Damocles' sword) 안에서 이 신조는 분해되고 있다. 우리가 '더욱 큰 비용 대비 효과'라는 목적을 너무 효과적으로 달성하는 바람에 지구상의 모든 생명체가 파괴될 수도 있는 위험에 처하게 된 것이다.

나는 우리가 모든 사람이 똑같은 방식으로 지각하는 '현실 세계' 안에서 살고자 시도했던 것 때문에 인류가 멸망의 위기에 처했다고 생각한다. 나는 감히 그 대안을 제시하고자 한다.

미래에는 사람 수만큼이나 많은 현실이 있다는 가정하에 우리의 삶과 교육이 이루어져야만 하며, 우리의 최우선 순위는 그 가설을 수용하고 거기서부터 출발해야 한다고 믿는다. 그리고 어디를 향해 갈 것인가? 각자는 마음을 열고, 수없이 많이 존재하는 현실에 대한 상이한 지각들을 탐구하라. 그 과정을 통해 우리는 자신의 삶을 풍성하게 할 수 있을 것이라고 믿는다. 또한 선택의 폭이 더욱 넓어지기 때문에 우리는 각자가 살고 있는 현실에 더욱 잘 대처할 수 있을 것이다. 이러한 삶을 산다는 것은 당연히 매우 당혹스러우며 힘든 결정을 해야 하는 일이 너무 많고 우리에게 더 큰 성숙을 요구하겠지만, 동시에 흥분되고 모험이 가득 찬 삶이 될 것이다.

그렇지만 다음과 같은 의문이 당연히 생길 것이다. 다수의 현실들이 공존하는 공동체와 사회가 가능한가? 그러한 사회는 완전히 개인주의적인 무법천지가 되지 않을까? 그런 사회를 말하고자 하는 것은 아니다. 내가 나와 다른 당신의 세계관을 마지못해 참아 주는 대신에 당신과 그러한 세계관을 가질 수 있는 당신의 권리를 완전히 수용하게 되었다고 가정해 보자. 내가 다른 사람들이 지각하고 있는 현실을 어리석다거나 위험하다거나 이단 같다거나 바보 같다고 하여 마음의 문을 닫는 대신에 그러한 현실들을 기꺼이 탐구하고 배우려 한다고 가정해 보자. 그리고 당신도 기꺼이 그렇게 한다고 생각해 보자. 그 결과 어떠한 사회가 될 것인가? 우리 사회는 현실에 대한 어떤 근거나 신조 또는 관점에 맹목적으로 헌신하는 것에 기반을 두는 것이 아니라, 서로에게 공동으로 헌신하되 각자 구별된 현실을 가지고 있는 구별된 사람으로 마땅히 인정해 주는 것에 기반을 두는 사회가 될 것이다. 더 이상 "당신이 나와 같기 때문에 나는 당신을 배려합니다."가 아니라 "당신이 나와 다르기 때문에 나는 당신을 존중하고 소중히 여깁니다."라는 것이 서로를 바라보는 인간의 자연스러운 성향이 될 것이다.

이상에 불과하다고 말하려는가? 물론 이상이다. 그러나 나는 그러한 급격한 변화가 쉽게 일어나리라는 소망을 가질 정도로 그렇게 순진하고 '비현실적' 이지는 않다. 나의 소망은 찰스 비어드(Charles Beard)에 의하여 적절하게 묘사된 세계 역사관에 어느 정도 기초를 두고 있다. "하늘이 어두워지면 별이 빛나기 시작한다." 그러므로 우리는 아마도 이 새로운 방향으로 움직이는 지도자들의 출현을 보게 될 것이다.

역사사상가인 랜슬롯 화이트(Lancelot Whyte)가 죽기 전에 마지막으로 쓴 자신의 저서에서 발표한 견해로 인해 나는 더욱 견고한 소망을 갖는다. 변화에 앞서 일정 기간 동안 일어나는 수천, 수만의 사람들의 무의식적인 생각들의 변화에 의해서 인류 역사상 위대한 진보들이 예견되고 나타나게 된다는 것이 그의 이론이다. 그렇게 생각한 것은 그뿐만이 아니었다. 무의식적인 생각들의 변화에 이어 비교적 짧은 기간 동안 갑자기 새로운 생각, 새로운 관점이 세상에 나오는 듯하더니 변화가 일어나게 되는 것이다. 그는 1914년 이전에는 애국심과 민족주의가 의문의 여지없이 좋은 덕목이었다는 것을 예로 들었다. 그런데 희미한 무의식적인 의문을 일으키는 모든 생각의 패턴을 뒤집으며 새로운 무의식적인 전통이 만들어진 것이다. 1950년에서 1970년 사이에 새로운 관점들이 갑자기 튀어나왔다. '옳건 틀리건 내 조국' 이라는 것은 더 이상 우리가 따라야 할 신조가 아니다. 민족주의적 전쟁은 시대에 뒤진 것이 되었으며 자국민들도 좋아하지 않는다. 설사 그들이 아직 좋아한다고 해도 세계 여론이 심하게 반대한다. 화이트(1974)는 다음과 같이 말했다. "감정, 생각, 행동을 일치시키는 과정에서 언제나 무의식의 단계들이 의식보다 앞선다!" (p. 107)

나는 이러한 줄기의 생각에 전적으로 동의한다. 나는 우리가 우리의 지능 이상으로 지혜로우며, 우리 인간은 의식적인 생각을 훨씬 뛰어넘는 지혜와 목적성을 가지고 있다고 말한 바 있다. 이러한 생각은 이 장에서 내가 제시하고 있는 개념들에 잘 적용된다고 믿는다. 나는 남자와 여자가 개인적으로 그리고 집단적으로, 내면적으로 그리고 유기체적으로 단 하나의 공인된 문화적 현실을 가져야 한다는 견해를 거부한다. 그보다 서로 다르고 도전적이고 흥미진진하며 새로운 정보를 주고 개인적인 수백만의 현실 지각을 향하여 사람들이 불가피하게 움직이고 있다고 믿는다. 마치 과학자들이 각각 다른 나라에서 동시에 양자역학의 원리를 갑자기 발견하는 것처럼, 이러한 견해가 동시에 세계 곳곳에서 갑자기 나타나 효력을 발생하게 되는 것이 가능하리라고 본다. 그렇게 된다면 우리는 역사상 유례없는 전혀 새로운 세상에서 살게 될 것이다. 그러한 변화가 생기리라는 것을 상상할 수 있겠는가?

여기에 교육자들을 향한 도전이 있다. 아마도 교육자는 어떤 전문직업인보다도 가장 불안정하고 두려움이 많을 것이다. 그들은 여론의 압력에 의해서 질타를 받고, 법적 규제로 인하여 제재를 받으며, 근본적으로 보수적인 반응을 보인다. 내가 그동안 설명했던 다중 현실이라는 관점을 그들이 과연 지지해 줄 수 있을까? 그들이 그러한 세계관에 따라 태도와 행동 그리고 가치관의 변화를 이루기 시작할 수 있을까? 그들 스스로는 그렇게 할 수 없을 것이 분명하다. 그러나 화이트가 말한 '무의식적인 전통' 안에서 잠재적인 변화가 일어나고, 우리 문화권 안에서 나와 많은 다른 이들이 지켜보고 있는 가운데 등장하는 새로운 사람의 도움을 받는다면 그들이 성공할 수도 있으리라는 생각이 든다.

만약 국가들이 과거의 방법을 따르려고 한다면 여러 가지 다른 견해들을 신속하게 전달하는 전 세계 통신망 때문에, 각 사회들은 현실 세계와 그 가치관을 구성하면서 억지 동의를 얻어내기 위해 점점 더 강제력을 행사해야 할 것이라는 결론이 나온다. 그렇게 강제로 만들어 낸 합의는 나라 그리고 문화마다 다를 것이다. 강압은 개인의 자유를 파괴할 것이다. 우리는 서로 다른 세계관에 의해 초래되는 충돌로 인하여 자멸하게 될 것이다.

그러나 나는 대안을 제시해 왔다. 우리가 각자 다른 현실 안에서 살고 있다는 것을 모든 인간 삶의 기본적인 사실로 수용한다면, 우리가 그렇게 상이한 현실들이 모든 세계 역사에서 배움을 위한 가장 장래성 있는 자원이라는 것을 볼 수 있다면, 우리가 두려움 없이 서로서로 배우기 위해 함께 살 수 있다면, 우리가 이런 모든 것들을 할 수 있다면 새로운 시대가 올 것이다. 그리고 아마도—단지 추측일 뿐이지만—인류의 깊은 유기체적 감각이 그러한 변화를 위해 지금 길을 닦고 있는 건지도 모르겠다.

♣ 참고문헌

Castaneda, C. (1969). *The teachings of Don Juan: A Yaqui way of knowledge.* New York: Ballantine Books.

Castaneda, C. (1971). *A separate reality: Further conversations with Don Juan.* New York: Pocket Books, Division of Simon & Schuster.

Jung, C. G. (1961). *Memories, dreams, reflections.* New York: Vintage Books.

Lilly, J. C. (1971). *The center of the cyclone.* New York: Doubleday.

Monroe, R. A. (1973). *Journeys out of the body.* New York: Bantam Books.

Whyte, L. L. (1974). *The universe of experience.* New York: Harper Torchbooks.

2

사람-중심 접근법에 대한 고찰

제6장 사람-중심 접근법의 기초

이 장은 매우 기본적인 장으로서 과거와 현재 모두에 뿌리를 두고 있다. 이것을 쓸 때 나는 1963년에 내가 쓴 글을 활용했는데, 그 글은 그 당시 나의 생각들을 명료화했다는 중요한 특징이 있다. 두 번째 근원은 일찍이 1970년대에 인본주의 심리학 이론에 대한 학회에서 싹이 트고 '형성 성향(The Formative Tendency)'(1978)에 대한 글에서 절정을 이룬 생각의 씨앗으로 거슬러 올라가 찾아볼 수 있다. 내가 영국의 역사사상가 랜슬롯 화이트(Lancelot Whyte)의 생각에 도움을 받은 것이 사실이기는 하지만, 나는 전설적인 남아프리카공화국의 전사이자 학자며 수상이었던 얀 크리스티안 스무츠(Jan Christian Smuts)가 훨씬 전에 쓴 책에 거의 동일한 생각들이 나오는 것을 발견하고 깜짝 놀랐다. 정치적인 패배 후 수상으로서의 첫 임기를 마치고 나서 그는 이 책을 썼는데, 그 주제는 '우주 안에서 근본적인 존재의 모든 단계마다 보이는 전체 만들기(whole-making), 전체론적 성향(holistic tendency)'이었다. 후에 알프레드 아들러(Alfred Adler, 1933)는 "우리가 몸이라고 부르는 모든 것이 전체가 되려고 투쟁하고 있다는 것을 더 이상 의심할 수 없다."라는 자신의 견해를 옹호하기 위하여 전체론적 성향이라는 스무츠의 개념을 사용했다. (나로 하여금 이들 초기 사상가에게 관심을 돌리게 해 준 버몬트 대학의 교수이며 아들러 학파의 추종자였던 하인즈 안스벡커(Heinz Ansbacker) 박사에게 감사드린다.) 과학자들에 의해서는 거의 전적으로 무시되었던 전체론적 힘에 대해서 오래 전에 이들 사상가들이 이해하고 있었다는 것을 발견하게 된 것은 나에게 큰 힘을 실어 주었다.

이 글의 세 번째 근원은 현대 과학계에서 최고 지도자의 입장에 있는 세 사람의 글을 읽게 된 것에서 비롯된다. 이론물리학자인 프리초프 카프라(Fritjof Capra), 과학철학자인 마고하 무라야마(Magohah Murayama), 그리고 노벨상 수상자이며 화학철학자인 일리야 프리고진(Ilya Prigogine)이 그들이다.

이렇게 이 글은 여러 원천에서 나온 것이며, 나는 옛 것이든 새 것이든 모든 생각들을 통합하여 '사람-중심' 상담의 체계를 세워 보았다. 그 심오한 개념들을 간단한 말로 옮겨 보려고 노력했다. 이 개념들에 대해서 과거부터 최근에 이르기까지 생명력 넘치는 생각들을 내놓았던 많은 사람들에게 나는 빚을 졌다.

이번 장을 쓰면서 나는 정말 만족스러웠으며 이 글을 내놓게 된 것이 기쁘다.

해가 감에 따라 나의 생각 속에 점점 더 중요해지고 있는 두 가지 성향이 있다. 하나는 유기체의 특성인 실현 성향(actualizing tendency)이고, 다른 하나는 우주 안에서 전반적으로 볼 수 있는 형성 성향(formative tendency)이다. 이 두 가지가 합쳐져서 '사람-중심' 접근법의 기초를 이루고 있다.

사람-중심 접근법의 특징들

내가 말하는 '사람-중심' 접근법이란 무엇을 의미하는가? 이 말은 전문인으로서 나의 삶 전체에서 가장 중요한 주제가 무엇이었는지를 표현해 준다. 그 주제들은 여러 가지 경험과 다른 사람들과의 상호작용 그리고 연구 활동을 통해서 점점 더 분명해졌다. 전문인으로서 일해 오는 동안 그 주제를 놓고 비지시적 상담, 내담자-중심 치료, 학생-중심 수업, 그룹-중심 리더십 등 여러 이름을 붙였던 것을 생각하면 미소를 짓게 된다. 적용 영역이 많아지고 다양해짐에 따라 '사람-중심 접근법'이라는 말이 가장 적합하다고 여기게 되었다.

이 접근법의 중심 가설은 간단하게 설명될 수 있다. (더 자세한 내용은 Rogers, 1959를 참고하기 바란다.) 그 가설이란 사람은 자기 자신을 이해하고 자기 개념, 기본적인 태도, 자기 주도적인 행동을 변화시킬 수 있는 방대한 자원을 자신 안에 갖고 있으며, 어떤 토양(정의 내릴 수 있는 촉진적인 심리적 태도)이 제공되기만 한다면 그 자원을 일깨울 수 있다는 것이다.

성장을 촉진하는 토양을 위해서는 반드시 세 가지 조건이 필요하다. 이 조건들은 치료자와 내담자, 부모와 자녀, 지도자와 그룹, 선생과 학생, 경영자와 직원 등의 모든 관계에 다 적용할 수 있다. 그리고 사실상 인간의 발달이라는 목적을 가지고 있는 모든 상황에 다 적용할 수 있다. 이에 대해서 이미 설명한 바 있기에 여기서는 심리치료의 관점에서 간단히 요약해 보겠다. 그러나 이들 조건도 앞서 말한 모든 관계에 다 적용이 된다.

첫 번째 요소는 **진정성**(genuineness), **진실성**(realness), **일치성**(congruence)이다. 내담자와의 관계에서 치료자 자신이 직업적인 모습이나 개인적인 가면을 벗고 진정한 자기 자신이 될수록 내담자는 건설적인 모습으로 변하고 성장한다. 이 말은 치료자가 순간마다 마음속에서 흐르는 감정들과 태도들에 대하여 개방적이 되는 것을 뜻한다. **투명성**이라는 용어는 이 조건에 알맞은 말이다. 치료자는 내담자 앞에서 자신을 투명하게 만든다. 내담자는 관계 가운데서 치료자가 누구인지 곧바로 볼 수 있다. 내담자는 치료자 쪽에서 아무것도 숨기는 것이 없다는 것을 경험한다. 치료자의 입장에서는 적절하기만 하다면 그가 그 순간 경험하고 있는 것이 인식이 될 수 있으며, 관계 가운데 나타날 수 있고 전달이 될 수 있다. 그렇게 해서 마음속에서 경험한 것, 인식된 것 그리고 내담자에게 표현된 것이 모두 잘 들어맞고 일치하게 된다.

두 번째 태도는 변화의 토양을 만드는 데 중요한 **수용**, **배려** 또는 **존중**이며 나는 이것을 '**무조건적인 긍정적 관심**(unconditional positive regard)'이라고 불러왔다. 내담자가 그 순간 어떻게 하든지 치료자가 내담자에 대하여 긍정적이고 수용적인 태도를 경험할 때 치료적 발달과 변화가 더욱 잘 일어난다. 치료자는 내담자로 하여금 혼란, 적의, 두려움, 분노, 용기, 사랑, 자부심 등 그 어떤 감정이든 느낄 수 있도록 기꺼이 허용한다. 치료자는 소유하려 하지 않으면서 배려한다. 치료자는 내담자를 조건적으로 대하지 않고 전체적으로 수용한다.

관계를 촉진해 주는 세 번째 조건은 **공감적 이해**(empathic understanding)다. 이것은 내담자가 경험하고 있는 감정과 개인적인 중요한 의미들을 치료자가 정확히 감지하고, 또 그렇게 이해한 것을 내담자에게 전달해 주는 것을 의미한다. 이것이 가장 잘되는 경우에는 치료자가 상대방의 내면세계 속에 아주 깊숙이 들어가서 상대방이 인식하고 있는 것뿐만 아니라 인식 저변에 깊이 숨어 있는 것들까지도 명료화할 수 있게 된다. 이렇게까지 민감하고 적극적인 경청을 우리 삶에서 찾아보기란 정말 어렵다. 우리는 듣는다고 생각하지만 진정한 이해, 진실된 공감을 가지고 듣는다고 하기는 매우 어렵다. 그러나 이런 식의 특별한 경청은 내가 알고 있는 한 변화를 일으키는 가장 강력한 힘들 중 하나다.

앞서 설명한 토양이 어떻게 해서 변화를 가져오게 되는 것일까? 간단히 설명해 보겠다. 사람은 수용받고 소중히 여김을 받을수록 자기 자신을 돌보는 태도를 더욱더 발달시키게 된다. 누군가가 자신의 마음을 공감하며 들어줄 때, 그 사람은 자신의 내면에서 경험하고 있는 흐름에 좀 더 정확하게 귀 기울여 들을 수 있게 된다. 한편, 그가 자기(self)를 이해하고 소중히 여길 때, 그의 자기는 그가 경험하고 있는 것과 더욱 일치된다. 그렇게 해서 그는 더 진실되고 더 진짜가 된다. 이러한 성향들, 즉 치료자의 태도의 호혜성은 사람으로 하여금 더욱 효과적으로 자기 자신의 성장을 촉진시킬 수 있게 해 준다. 진실되고 온전한 사람이 될 수 있는 자유가 더욱 커지는 것이다(Rogers, 1972).

사람-중심 접근법의 효과를 입증해 주는 증거

이러한 촉진적인 조건들이 존재할 때 성격과 행동의 변화가 정말로 일어난다는 견해를 입증해 주는 연구 결과들이 꾸준히 증가하고 있다. 1949년부터 현재까지 많은 연구들이 수행되어 왔다. 어려움을 겪고 있는 사람들과 정신분열증 환자들을 대상으로 한 '사람-중심' 심리치료 효과, 학교에서의 학습 촉진 효과, 인간관계 개선 효과에 대한 연구가 실행되었다. 애스피(Aspy, 1972), 애스피와 로벅(Aspy & Roebuck, 1976), 교육 분야 연구들, 독일에서 타우쉬(Tausch)와 그의 동료들이 여러 다른 분야에 걸쳐 수행했던 연구(Tausch, 1978, 요약본) 등은 잘 알려지지는 않았지만 훌륭한 학술 연구들이다.

생명 안에 있는 지향 과정

임상 경험, 이론 및 학술 연구는 사람-중심 접근법이 인간과 모든 유기체에 대한 근본적인 신뢰에 근거하고 있다는 것을 분명히 하고 있다. 여러 분야의 학문에서 나온 증거가 더욱 광범위한 진술까지도 입증해 준다. 즉, 모든 유기체 안에는 수준의 차이는 있지만 고유의 잠재력을 적극적으로 실현하고자 하는 성장의 흐름이 내재되어 있다고 할 수 있다. 인간 안에는 더 복잡하고 완전한 발달을 향하는 자연적인 성향이 있다. 이에 대하여 가장 자주 사용된 용어는 '실현 성향(actualizing tendency)'인데, 이것은 모든 살아 있는 유기체 안에 존재한다.

우리가 꽃, 떡갈나무, 지렁이 또는 아름다운 새, 원숭이 또는 사람, 그 무엇에 대해 이야기하든 간에, 생명이란 수동적인 과정이 아니라 적극적인 과정이라는 것을 인식하는 것이 필요하다고 믿는다. 자극이 밖에서 일어나든 안에서 일어나든, 주위 환경이 좋든 나쁘든, 유기체의 행동은 자기 자신을 유지하고 강화하고 재생산하는 방향으로 간다는 것은 믿을 만한 사실이다. 이러한 특성을 가지고 있는 과정을 바로 생명이라고 부른다. 이런 성향은 항상 작용한다. 그리고 그 유기체가 살았는지 죽었는지는 실로 이와 같은 전체적인 방향성을 가진 과정이 있는지 없는지를 통해서만 알 수 있는 것이다.

실현 성향은 물론 방해받고 뒤틀릴 수는 있지만 유기체를 완전히 파괴하기 전에는 파괴될 수가 없다. 어린 시절에 겨울 동안 먹을 감자를 상자에 넣어 지하실의 작은 창문에서 멀리 떨어진 바닥에 놓아두었던 기억이 난다. 환경이 열악했지만 봄에 땅 속에서 올라오는 건강한 초록색 싹과는 달라도 창백한 흰색 싹이 돋아나기 시작하곤 했다. 그러나 이 슬프고 허약한 싹들도 멀리 창문을 통해 들어오는 빛을 향하여 키가 2피트, 3피트씩 자라곤 했다. 헛된 수고를 하며 기형적으로 자라던 이 싹들은 앞서 설명한 것과 같은 종류의 필사적인 지향 성향(directional tendency)을 보여 준다고 하겠다. 그 싹들은 결코 나무가 되지 못했고 결코 성숙하지 못했으며, 본래 가지고 있는 잠재력을 결코 완전히 실현할 수 없었다. 그러나 최악의 상황에서도 그들은 분투했다. 생명이란 번성하지 못한다고 하더라도 포기하려 하지는 않는다. 인생이 끔찍하게 비틀린 내담자들을 만날 때, 주립병원 뒤 수용 시설에 있는 남자들 및 여자들과 함께 일할 때 나는 자주 그 감자 싹이 생각난다. 그들이 자라 온 환경이 너무 열악해서 삶이 뒤틀리고 비정상적이며 거의 사람이라고 할 수 없을 정도까지 되었더라도 그들 안에 지향 성향이 있다는 것은 믿을 수 있다. 그들의 행동을 이해하는 비결은 그들이 살기 위하여, 그리고 성장하기 위하여 분투하기는 했으나, 그들에게 사용 가능하게 보였던 방법들을 가지고 싸울 수 있었을 뿐이었다고 이해하는 것이다. 건강한 사람들에게는 그들이 싸워 온 결과가 괴이하고 무모하게 보이겠지만, 그것은 생명의 생명이 되기 위한 필사적인 시도였다. 이렇게 강력한 적극적 성향이 사람-중심 접근법의 바탕이 된다.

지향 과정을 확증해 주는 실례들

무엇이 유기체로 하여금 움직이게 하는가라는 질문에 대한 근본적인 대답이 실현 성향이라고 보는 사람은 나뿐만이 아니다. 골드스타인(Goldstein, 1949), 매슬로(Maslow, 1953), 앵기얄(Angyal, 1941, 1965), 센트죄르지(Szent-Gyoergyi, 1974) 등이 비슷한 견해를 가지고 있었고 나의 생각에 영향을 주었다. 나는 실현 성향이 기관과 기능의 분화를 향한 발달을 수반하며 재생산을 통한 증식을 수반한다고 지적한 바 있다(Rogers, 1963). 센트죄르지는 '살아 있는 물체 안에는 자기 자신을 완성시키려는 타고난 힘이 있다는 가정이 없이는' (p. 17) 식물의 성장의 신비를 설명할 수 없다고 말했다. 유기체는 정상적인 상태에 있다면 자기실현을 향하여, 자기 조절과 외부의 통제로부터 독립하고자 하는 방향을 향하여 움직이게 되어 있다.

그러나 과연 이 견해가 어떤 다른 증거에 의해 입증되었는가? 실현 성향의 개념을 입증해 주는 생물학 연구를 소개하겠다. 여러 해 전에 한스 드리쉬(Hans Driesch)가 성게를 사용하여 별개의 종을 복사하는 연구를 했다. 드리쉬는 수정난의 첫 번째 분화 후 형성된 두 개의 세포를 조작하여 분리시키는 법을 배웠다. 그 두 개의 세포가 정상적으로 자라도록 그냥 두었다면 그들은 각각 성게 유생의 일부분으로 자랐을 것이고 그 공헌이 완전한 생명체를 이루는 데 필요했을 것이다. 그리고 두 개의 세포가 기술적으로 분리되었을 때도, 그것이 자라기만 한다면 각각 그저 성게의 일부분으로 발달했으리라는 것 역시 분명해 보인다. 그러나 이러한 가정은 모든 유기체가 가지고 있는 지향적, 실현적 성향을 간과한 것이다. 각 세포는 그것이 살아 있을 수만 있다면 보통보다 좀 작기는 해도 정상적이고 완전한 성게 유생으로 발달한다는 것이 밝혀졌다.

내가 이 예를 선택한 것은 이것이 일대일의 치료관계 안에서 사람들을 다루고 집중적 그룹을 촉진하며 수업시간에 학생들에게 '배울 수 있는 자유'를 허용해 주었을 때 내가 경험하는 것과 비슷해 보였기 때문이다. 나는 이러한 상황들 가운데서 개개인이 온전함을 향한, 자신의 잠재력의 실현을 향한 지향 성향을 가지고 있다는 사실에 가장 깊은 인상을 받는다. 나는 개인 심리치료든 그룹 경험이든 간에 다른 사람 안에서 그 사람이 가지고 있지 않은 것을 창조하려고 시도했을 때는 효과적이지 못하다는 것을 발견했다. 그러나 내가 성장이 일어나도록 허용해 주는 조건을 제공해 줄 수 있다면 그 사람 안에 있는 적극적인 지향 성향이 건설적인 결과를 만들어 낸다는 것을 발견했다. 성게의 핵을 분리하는 실험을 했던 과학자도 비슷한 상황 가운데 있었다. 그는 세포가 이쪽저쪽으로 발달하도록 만들 수는 없었지만, 자신의 기술을 사용하여 세포가 생존하고 자라게 해 주는 조건을 제공하는 데 초점을 맞췄을 때 성장 성향이 분명하게 나타났다. 그것은 유기체 안에서 나오는 것이었다. 심리치료와 집단 경험에서 내가 심리학적 양수(羊水)를 공급할 수 있다면 건설적인 성장의 움직임이 나타난다는 것을 설명하는 데 이보다 더 좋은 비유는 없을 것이다.

이야기를 분명하게 하기 위하여 한 가지 덧붙이고 싶다. 때때로 성장 성향이 유기체의 모든 잠재력의 발달을 수반하는 것처럼 말하는 경우가 있다. 이 말은 확실히 틀렸다. 나의 동료 한 사람이 지적했던 것처럼, 유기체는 메스꺼움의 능력을 최대한도로 발달시키거나 자기 파괴의 능력이나 고통을 참는 능력을 실현하지는 않는다. 비정상적이거나 뒤틀린 환경 아래에서만 이러한 잠재력이 실현되는 것이다. 실현 성향은 선택적인 지향적 성향이며 건설적인 성향임이 분명하다.

현대의 이론과 경험을 통한 입증

펜토니(Pentony, 1978, 미간행)는 실현 성향의 견해를 지지하는 사람들이 '그것이 현대 과학이나 지식적인 이론들과 상충된다는 생각 때문에 위축될 필요는 없다.' (p. 20)고 강하게 지적했다. 그는 현대 과학과 다른 최근의 인식론, 특히 무라야마(1977)의 인식론을 설명하고 있다. '유전 코드(genetic code)'가 성숙한 유기체의 특성을 상술하는 데 필요한 모든 정보를 가지고 있지는 않다는 것이 이제는 이론화되었다. 그 대신 유전 코드는 세포 분열의 상호작용을 결정하는 일련의 규칙들을 가지고 있다고 한다. 발달의 상세한 과정을 모두 관리하는 데 필요한 정보보다 규칙들을 체계적으로 정리하는 데 필요한 정보가 훨씬 적다. "그러므로 정보는 유기체 체계 안에서 생겨날 수 있다. 즉, 정보는 자라날 수 있다." (Pentony, p. 9) 그러므로 드리쉬의 성게 세포는 의심할 여지없이 지정된 규칙들을 따른 것이고, 결국 미리 엄격하게 만들어진 상세한 방법대로가 아닌 원형(原形)대로 발달할 수 있었던 것이다.

이 모든 것들은 최근의(아마도 시대에 뒤진) 사회과학 인식론과는 매우 대조적이다. 사회과학은 '원인'의 일직선상에서 '결과'가 뒤따라온다고 주장한다. 대조적으로 무라야마와 그 밖의 사람들은 원인-결과 사이에 상호작용이 일어나며, 그 상호작용에 의해서 변경이 되고 새로운 정보를 허용하고 새로운 형태가 발달된다고 믿는다. 이러한 '변형성적 인식론(morphogenetic epistemology)'은 유기체의 모든 성장 과정을 포함한 모든 생물의 체계를 이해하는 데 기본이 되는 것으로 보인다. 무라야마는 "생물의 현상을 이해하기 위해서는 생물학적 과정이 우발적인 과정이 아닌 호혜적인 인과관계의 과정이라는 것을 이해해야만 한다."(1977: 130)라고 말했다. 한편으로 그는 한쪽 방향으로만 진행되는 원인과 결과 체계에 근거하고 있는 인식론을 가지고서는 생물의 현상을 이해할 수 없다고 했다. 그러므로 대부분의 사회과학자가 기초를 두고 있는 자극-반응, 원인-결과론에 대해서 다시 생각해 볼 필요가 매우 크다고 하겠다.

오감이 박탈된 상황에서의 연구는 다양성을 증대시키고 새로운 정보와 형태를 창조하고자 하는 유기체의 성향이 얼마나 강한지를 보여 준다. 긴장의 감소 또는 자극의 부재는 유기체가 바라는 상태와는 물론 거리가 멀다. "신경체계는 가능하기만 하다면 심지어 전적으로 자극이 없는 상태를 유지하고자 하는 기관이다."라는 프로이트의 주장은 더 이상 틀릴 수가 없다. 반대로 외부의 자극이 박탈된 상태에서 인간이라는 유기체는 내면의 자극, 때로는 가장 기괴한 자극을 엄청나게 많이 만들어 낸다. 릴리(1972)는 아무 소리도 들리지 않는 수조 속에 떠 있을 때 어떤 경험을 했는지 우리에게 말해 준 최초의 사람들 중 하나다. 그는 황홀경과 같은 상태, 신비한 경험, 평소의 의식 세계에서는 불가능한 의사소통의 주파수에 파장이 맞춰진 느낌, 심지어 환각상태라고밖에 할 수 없는 경험 등에 대해서 이야기했다. 사람은 외부 자극이 완전 최소화된 상태에서는 일상생활과는 매우 동떨어진 수준의 엄청나게 많은 경험에 개방된다는 것이 매우 분명하다. 사람이 항상성(homeostasis), 즉 수동적인 평형 상태에 빠져 있지 않다는 것은 너무나도 확실하다. 그런 상태는 병든 유기체에게서만 일어난다.

신뢰할 만한 기초

그러므로 모든 동기 부여의 기저에는 실현을 향한 유기체적 성향이 있다고 말하는 것이 내게는 의미가 있다. 이 성향은 몹시 광범위한 행동으로, 그리고 매우 다양한 욕구들에 대한 반응으로 그 모습을 나타낸다. 어떤 기본적인 욕구가 있으며 그것이 적어도 부분적으로나마 채워진 후에라야 다른 욕구들이 중요해진다는 것은 분명한 사실이다. 유기체가 자신을 실현하려는 성향이 어떤 때는 음식이나 성적인 만족을 추구하는 것으로 이끌 수도 있다. 하지만 이러한 필요들이 압도적으로 크지 않은 한, 이 같은 만족감들은 자존감을 저하시키기보다는 고양시키는 방식으로 추구될 것이다. 그리고 유기체는 환경과 교류하면서 또 다른 것들의 성취를 추구하게 될 것이다. 환경을 탐색하고 변화를 이루려는 욕구, 놀고 싶은 욕구와 자기 탐색의 욕구, 이 모든 것들과 다른 많은 행동들은 실현 성향의 기본적인 표현이다.

요약하자면, 유기체들은 항상 무언가를 추구하며 항상 어떤 일을 시작하고 항상 '어딘가에 도달'한다. 인간 유기체 안에는 에너지의 중심적인 원천이 하나 있다. 이 원천은 체계의 일부 기능이 아니라 전체 체계의 믿을 만한 기능이다. 이는 성취와 실현을 향한 성향이라고 개념화할 수 있는데, 이 성향은 유지에 그치지 않고 유기체의 증식을 수반한다.

더욱 넓은 견해: 형성 성향

이러한 입장을 비판하는 사람들이 많이 있다. 그들은 이것이 지나치게 낙관적이며 인간의 부정적인 요소, 악, 어두운 면을 적절히 다루고 있지 못하다고 생각한다.

결국 나는 지향 성향을 넓은 영역에 비추어 보아야 하겠다. 그렇게 하여 나의 분야보다는 다른 분야의 학문에서 다른 사람들의 업적들과 사상들을 많이 가져다 사용해 보고자 한다. 나는 많은 과학자들에게서 배움을 얻었다. 그러나 특히 노벨상 수상자인 생물학자 알베르트 센트죄르지(1974)와 역사사상가인 랜슬롯 화이트(1974)의 글에 신세를 졌다는 것을 밝히고 싶다.

나의 주요 논제는 이것이다. '우주 안에는 **형성 성향**이 작용하고 있는 것으로 보이며 이는 모든 면에서 관찰될 수 있다. 형성 성향은 그동안 마땅히 받았어야 할 적절한 관심을 받지 못했다.'

물리학자들은 현재까지 '**엔트로피**(entropy)'라는 타락과 무질서를 향한 성향에 주로 초점을 맞추어 왔다. 그들은 이런 성향에 대해서 아주 많은 것을 알고 있다. 그들은 폐쇄계(閉鎖系)의 연구를 통해서 이 성향에 대한 명확한 수학적 설명을 제공할 수 있게 되었다. 질서는 퇴보하며 혼란의 상태를 향해 가고 있고, 단계마다 그 전단계에 비하여 덜 조직적이 되는 성향이 있다고 그들은 알고 있다.

우리 역시 유기체의 생명 안에 퇴보가 일어난다는 것에 매우 익숙하다. 식물, 동물 또는 인간이라는 체계는 그 기능이 점점 더 퇴보해서 결국은 (더 이상 부패할 것이 없어) 부패가 멈출 때까지 이른다는 것이다. 어떤 의미에서 이것은 의학이 관심을 두고 있는 한 양상으로서, 대체적으로 기관이나 조직의 기능 부전이나 퇴화에 초점을 맞추고 있다. 신체 조직이 죽음에 이르게 되는 복잡한 과정에 대해서 우리는 점점 더 잘 이해하게 되었다.

그러므로 모든 종류의 체계들이 질서는 점점 더 줄어들면서 혼란은 점점 더 커지는 상태를 향해 간다는 보편적인 성향은 매우 널리 알려져 있다. 이러한 체계는 일방통행로를 지나 움직여 간다. 세상은 거대한 기계와 같아서 점점 쇠약해지고 닳아 없어질 것처럼 보인다.

그러나 온 우주에서 이것과 똑같이 잘 관찰될 수 있는 훨씬 더 중요한 성향이 있다. 그것은 형성 성향인데 이에 대해서는 인식이 별로 없고 강조되지도 못하고 있다. 그러나 사실 우리가 보거나 알고 있는 모든 형태는 그보다 훨씬 단순하고 덜 복잡한 형태에서 비롯되었다. 이것은 적어도 엔트로피만큼 중요한 현상이다. 무생물이나 생물의 모든 형태에서 우리는 그 예를 찾아볼 수 있다. 몇 가지만 제시해 보겠다.

모든 은하계와 별, 우리 지구를 포함한 모든 행성은 작은 항성들로 이루어진 덜 조직적인 회오리 폭풍으로 형성되었던 것으로 보인다. 이들 많은 항성들 자체가 형성적이다. 우리의 태양계 안에서는 수소핵이 융합하여 헬륨 원자들을 만들어 내는데, 헬륨은 그 특성이 더 복잡하다. 다른 별들에서는 수소핵 융합 작용에 의해서 훨씬 더 무거운 헬륨 원자들이 형성된다는 가설이 있다.

생명이 나타나기 전에 지구의 대기권에는 물과 암모니아 형태로 된 수소, 산소, 질소라는 간단한 물질이 있었다. 그것들이 전기 충전이나 방사선에 의해서 처음에는 보다 무거운 원소들이 형성되었고, 후에는 더 복잡한 아미노산이 되었다고 알고 있다. 우리 인간은 바이러스와 그보다 조금 더 복잡한 생명체로부터 겨우 한 발짝 더 나아왔을 뿐인 것 같다. 그러므로 해체의 과정이 아닌 창조의 과정이 진행 중에 있는 것이다.

또 하나 매력적인 예는 수정이 형성되는 과정이다. 예외 없이 덜 조직적이고 덜 대칭적인 유동체에서 놀랍게 독특하고 질서 있게 대칭을 이룬 종종 아름다운 모양의 결정체가 나온다. 우리 모두는 눈꽃의 정교함과 완벽함을 보고 놀란다. 그러나 눈꽃은 형체가 없는 수증기에서 생겨난다.

산호초에서 볼 수 있듯이, 살아 있는 하나의 세포를 보더라도 종종 더욱 복잡한 군집을 이루고 있는 것을 발견하게 된다. 많은 세포가 모여 특별한 기능을 가진 조직이 될 때에는 하나의 세포일 때보다 훨씬 더 많은 질서를 볼 수 있다.

유기체의 진화에 대한 점진적인 과정을 모두 묘사할 필요는 없겠다. 우리는 모두 유기체들이 계속해서 점점 더 복잡해지고 있는 것을 익히 알고 있다. 모든 유기체가 변화하는 환경에 항상 성공적으로 적응하는 능력을 가지고 있는 것은 아니지만 복잡성을 향하고 있는 경향만은 언제나 분명하다.

아마도 우리 대부분은 수정된 인간의 난자 하나가 가장 단순한 세포 분열을 거쳐서 수중 아가미 단계, 그리고 후에는 매우 복잡하고 정교하게 조직된 사람의 유아가 되는 발달 과정을 생각해 볼 때 유기체의 진화 과정을 가장 잘 볼 수 있을 것이다. 조나스 솔크(Jonas Salk)가 말했듯이 진화가 진행됨에 따라 질서가 더욱 분명해지고 점점 더 증가하는 것을 볼 수 있다.

그러므로 퇴보를 향한 성향을 무시하지는 않되 무생물과 생물 모두 안에서 질서의 증가를 향하여, 그리고 상호작용하는 복잡성을 향하여 항상 움직이는 성향이 분명하게 나타난다는 뜻을 가지고 있는 센트죄르지의 용어 '**신트로피**(syntropy)'와 화이트가 말한 **변형 성향**(morphic tendency)을 충분히 인식할 필요가 있다. 우주는 퇴보하고 있지만 동시에 언제나 건설하고 창조하고 있다. 이런 과정은 인간에게도 분명하게 나타난다.

인간의 의식 기능

우리의 인식은 이 형성 기능 안에서 어떤 부분을 차지하고 있는가? 나는 의식이 작지만 매우 중요한 부분을 차지하고 있다고 믿는다. 의식적으로 주의를 기울이는 능력은 우리 인간에게 진화의 과정 중 가장 최근에 발달된 것들 중 하나인 듯하다. 상징을 사용하여 그 용량을 표현하자면, 이 능력은 거대한 피라미드 같은 무의식적인 유기체의 기능 중에 꼭대기에 있는 인식의 작은 봉우리로 묘사될 수 있다. 변화가 계속적으로 진행된다는 것을 나타낼 수 있는 좀 더 나은 비유로는 피라미드와 똑같은 모양의 커다란 분수를 생각해 보면 되겠다. 분수 꼭대기에 간헐적으로 의식의 깜박이는 불빛이 비추어지나 생명의 물줄기는 어둠 속에서도 마찬가지로 끊임없이 이어지고 있는 것처럼, 무의식에서도 의식에서와 마찬가지다. 인간이라는 유기체는 좀 더 완전한 인식의 발달을 향하여 움직여 왔다. 인간이라는 종을 위한 새로운 형상, 아마도 심지어 새로운 방향까지 만들어 내게 되는 것은 이 단계에 이르렀을 때다. 원인과 결과 사이의 호혜적 관계가 가장 분명하게 나타나게 되는 것도 여기에서다. 선택하게 되고 자발적인 형상이 창조되는 것도 여기에서다. 우리는 여기서 인간의 기능이 아마도 최고조에 이르는 것을 보게 된다.

나의 동료 중 몇몇은 유기체의 선택—존재방식에 대한 비언어적, 잠재의식적 선택—은 진화의 흐름에 의해서 인도된다고 말했다. 나는 이에 동의하지만 한 발 더 나아가고자 한다. 심리치료에서 매우 중요하게 여겨지는 자기 인식을 증가시키기 위한 가장 효과적인 심리적 조건에 대하여 우리는 이미 배웠다. 좀 더 많은 인식을 하게 되면 선택을 위해 좀 더 많은 정보를 갖게 된다. 무조건 받아들이는 것이 아니라 자유롭게 선택하고, 진화의 흐름에 좀 더 일치하는 의식적인 선택을 하게 된다. 그러한 사람은 더 많이 인식할 수 있으며 외부의 자극뿐 아니라 자신의 내면으로부터 감지하는 것들, 즉 아이디어와 꿈, 계속적인 감정의 흐름, 느낌, 신체적인 반응 등을 인식할 수 있다. 이러한 인식이 커질수록 그 사람은 방향을 가지고 진행되는 진화와 더욱 확실하게 일치된 방향으로 가며 그 흐름을 탈 수 있을 것이다.

사람이 이렇게 기능을 한다는 말은 내면에서 일어나고 있는 모든 것에 대하여 자의식적 인식(self-conscious awareness)을 한다는 뜻이 아니다. 마치 지네가 자기의 다리를 하나하나 모두 인식하게 되면 움직임이 마비되는 것과 같은 이치다. 그와 반대로 그런 사람들은 인식을 할 뿐만 아니라 주체적으로 자유롭게 자신의 감정대로 살 수가 있다. 그는 사랑이나 고통 또는 두려움을 경험할 수 있고, 이런 것들을 경험하는 가운데 그저 주체적으로 살 수도 있다. 또는 이러한 주체성에서 자기를 따로 떼어내어 '나는 고통 가운데 있다.' '나는 두렵다.' '나는 정말 사랑한다.'는 것을 인식 안에서 깨달을 수도 있다. 중요한 점은 사람이 온전히 기능을 할 때에는 유기체 안에서 일어나고 있는 것이 무엇이든 그것들을 온전히 경험하지 못하도록 방해하는 어떤 장벽도 장애도 없다는 것이다. 이런 사람은 전체성, 통합, 통일된 생명이라는 방향을 향해서 움직이고 있다. 의식이라는 것은 이렇게 더욱 크고 창조적이며 형성 지향적인 성향에 참여하고 있다.

변형된 의식 상태

그러나 어떤 사람들은 심지어 여기서 좀 더 나아간다. 그로프와 그로프(Grof & Grof, 1977), 릴리(1973) 같은 연구자들은 사람들이 평상시의 의식 수준을 넘어 더 나아갈 수 있다고 믿는다. 그들의 연구에 의하면 변형된 의식 상태에서 사람들은 이러한 진화의 흐름과 접촉하며 그 의미를 이해하는 것으로 느낀다. 그들은 그것을 초월적인 일치의 경험을 향하여 가고 있는 것으로 경험한다. 또한 그들은 더 높은 가치들, 특히 아름다움, 조화 그리고 사랑의 모든 영역 안에서 개인의 자기가 용해되는 모습을 상상한다. 사람은 우주와 하나가 되는 것을 느낀다. 실제적인 연구는 우주와 일치되는 신비한 경험을 확증해 주는 듯 보인다.

나로 말하자면 내담자들과 함께 작업하며, 특히 좀 더 최근에 집중적인 그룹을 다루면서 경험하게 된 것에 의해서 이러한 견해를 확인할 수 있었다. 나는 앞서 연구를 통해 조사되고 확인된 성장을 촉진하는 관계의 특징들을 설명했다. 그러나 최근에는 아직 실증적으로 연구되지는 못했지만 나의 견해가 새로운 영역으로 확장되었다.

나는 내가 그룹 촉진자 또는 치료자로서 최고의 상태에 있을 때에 나타나는 새로운 특징들을 발견했다.

내가 나의 내면의 직관적인 자신에 가장 가까울 때, 내가 내 안에 알려지지 않은 부분과 어떻게든 접촉할 때, 아마도 약간 변형된 의식 상태에 있을 때, 내가 하는 일이 매우 치료 효과가 있는 것 같았다. 그럴 때는 내가 함께 있어 주는 것만으로도 상대방을 편안하게 해 주고 도움을 준다. 이러한 경험을 하기 위해 특별히 애써서 할 수 있는 일은 아무것도 없지만, 내가 긴장을 풀고 내 안의 초월적인 핵심에 가까이 다가가게 되면 색다르고 충동적으로 행동하게 된다. 그렇게 하는 것에 대해 이성적으로는 설명할 수 없으며 그것은 나의 사고 과정과는 아무 상관이 없다. 그러나 이러한 색다른 행동들이 어쨌든 결국 옳았다는 것이 드러난다. 내 내면의 영혼이 상대방의 내면의 영혼에게 다가가서 어루만져 주는 것 같다. 그러면 우리의 관계는 관계 자체를 초월하여 좀 더 큰 무언가의 일부분이 된다. 깊은 성장과 치유 그리고 에너지가 일어난다.

내가 인도했던 그룹 안에서도 종종 이러한 종류의 초월적 현상을 경험하였으며, 함께했던 몇몇 사람들의 삶에 변화가 일어났다. 워크숍에 참석했던 한 사람은 이와 관련하여 다음과 같은 감동적인 말을 했다. "나는 그것이 심오한 영적 경험이라는 것을 발견했습니다. 나는 공동체 안에서 영의 하나 됨을 느꼈어요. 우리는 함께 호흡하고 느끼고, 심지어 서로 상대방의 마음을 이야기해 주기도 했어요. 나는 우리 각자에게 생기를 불어넣어 주는 '생명력'의 힘을 느꼈지요. 그것이 무엇이었는지는 상관없어요. '나' 또는 '너'라는 평상시의 장벽은 없었고 그 생명력이 함께하고 있는 것을 느꼈습니다. 그것은 내 의식이 더욱 넓은 우주적인 의식의 일부분이 되고 그 중심으로서의 나를 느끼게 되는 명상적 경험과 같았어요. 그러나 하나됨의 특별한 느낌과 함께 그곳에 있는 각 사람의 개별성이 그때만큼 확실하게 보존되었던 적은 없었답니다."

변형된 의식 상태의 묘사에서와 같이, 이 설명은 다시 한번 신비적 경험에 대해 이야기하고 있다. 심리치료와 그룹에서 우리가 경험한 것은 초월적이고 영적이며 말로 표현할 수 없는 것들을 포함하고 있음이 분명하다. 나는 다른 많은 사람들과 마찬가지로 그동안 이러한 신비하고 영적인 차원의 중요성을 과소평가했다고 고백할 수밖에 없다.

과학과 신비

이제 많은 독자들이 나를 떠나려 할 것이라는 확신이 든다. 그들은 과학의 논리, 실제적이고 빈틈없는 논리는 어찌 된 것인지 알고 싶어 할 것이다. 그러나 그들이 나를 완전히 떠나기 전에 위의 견해를 지지하는 깜짝 놀랄 만한 예를 인용해 보겠다. 이는 전혀 예상치 못했던 출처에서 얻은 것이다.

유명한 이론물리학자 프리초프 카프라(1975)는 어떻게 해서 현대 물리학이 우리의 물질세계(에너지를 제외하고)에 대한 이전의 견고한 개념들을 거의 모두 폐지시켜 버렸는지를 보여 주었다. 그는 다음과 같이 요약해서 말했다. "현대 물리학에서 우주는 이렇게 역동적이고 분리될 수 없는 전체로서 경험되며 항상 필수적으로 관찰자를 포함한다. 이러한 경험에서 전통적인 시간과 공간 개념, 고립된 대상의 개념, 원인과 결과의 개념은 그 의미를 잃어버린다. 그러나 그러한 경험은 동양 신비주의의 경험과 매우 흡사하다."(p. 81) 그러고 나서 그는 선, 도교, 불교, 그리고 그 밖의 동양 사상들과 놀라운 유사점이 있음을 지적했다. 그는 물리학과 동양 신비주의가 별개의 것이지만 같은 지식을 향해 가는 상호 보완적인 방법이며 우주를 좀 더 충분히 이해할 수 있도록 서로 보완해 주고 있다고 확신했다.

최근에 화학철학자 일리아 프리고진(Ferguson, 1979)은 다른 관점을 제공했는데, 이는 내가 지금 논하고 있는 것에 대하여 새로운 빛을 던져 주고 있다.

프리고진은 엔트로피가 진행되는 과정에서 질서와 복잡성이 어떻게 생겨나는지에 대한 근본적인 질문에 답하려고 시도하는 가운데 전적으로 새로운 이론적 체계를 주창했다. 그는 살아 있는 자연 세계는 단지 결정론적이 아닌 개연론적이라는 것을 증명하는 수학적인 공식들과 증거들을 발전시켰다. 그의 견해는 에너지가 환경과 상호작용하는 모든 열린 체계에 적용된다는 것이다. 이것은 물론 인간이라는 유기체도 포함하고 있다.

간단히 말해서, 화학이든 인간이든 그 구조가 더 복잡할수록 그 복잡성을 유지하기 위하여 더 많은 에너지를 소모한다는 것이다. 예를 들어, 인간의 뇌는 우리 몸무게의 2%밖에 안 되지만 사용할 수 있는 총 산소량의 20%를 사용한다! 그러한 체계는 불안정하며 변동, 또는 프리고진에 의하면 '동요'가 있게 된다. 이러한 변동이 증가함에 따라 체계의 수많은 연결에 의해서 변동이 증폭되며, 그렇게 해서 화합물이든 인간이든 그 체계를 새롭고 변형된 상태, 전보다 더욱 질서 있고 일관된 상태로 만들어 간다. 이러한 새로운 상태는 더욱더 복잡하기에 변화를 창조할 가능성이 더 많다.

한 상태에서 다른 상태로의 변형은 갑작스러운 변화로서 일직선상에서 일어나는 것이 아니며, 그 안에서 많은 요인들이 한순간에 상호작용하는 것이다. 이러한 현상이 이미 돈(Don, 1977~1978)에 의해서 제시되었다는 것이 내게는 특히 흥미롭다. 돈은 심리치료에서 젠들린(Gendlin)의 '경험(experiencing)'의 개념을 탐구했다(Gendlin, 1978). 이제까지 억압되어 온 감정이 치료관계 안에서 인식되는 가운데 온전히 그리고 수용적으로 경험될 때, 심리적인 변화가 분명히 느껴질 뿐만 아니라 동시에 신체적인 변화도 일어나게 된다. 그렇게 되면 통찰의 새로운 단계에 도달한 것이다.

프리고진의 이론은 명상, 이완기법, 변형된 의식 상태에 빛을 던져 준다. 이러한 상태에서는 여러 수단에 의해서 변동이 증대되는 것이다. 이는 긍정적인 감정이든 부정적인 감정이든 간에 충분히 인식하고 표현하는 것이 중요하다는 것을 뒷받침해 준다. 그렇게 해야 체계의 동요가 충분히 일어나도록 허용해 줄 수 있다는 것이다.

프리고진은 자신의 '복잡성의 과학'이 알프레드 노스 화이트헤드(Alfred North Whitehead)와 앙리 베르그송(Henri Bergson)뿐만 아니라 동양의 현인들과 신비주의의 견해와도 매우 유사하다는 것을 깨달았다. 그는 자신의 견해가 '깊은 집단적 비전(deep collective vision)'을 가리키고 있다고 했다. 그가 최근에 쓴 책이 『있음에서 되어감까지(From Being to Becoming)』(1979)라는 것은 다소 놀랍다. 화학철학자가 쓴 책의 제목치고는 이상하지 않은가? 그의 결론은 다음과 같이 간단히 요약될 수 있을 것이다. "체계가 복잡하면 복잡할수록 자아 초월의 가능성은 더욱 커진다. 각 부분들은 체계를 재조직하는 일에 서로 협력한다."(Ferguson, 1979)

이렇게 해서 나와 동료들이 사람-중심 접근법에 필요한 것으로 여기고 주목하게 된, 초월적이고 설명할 수 없으며 예기치 못하는 변형적인 경험들의 타당성에 대하여 이론물리학과 화학에서 확인을 받게 되었다.

미래를 위한 가설

내가 제시한 다양한 주제들을 여러 영역을 통해 설명하려고 시도하고 더불어 그것을 지지해 주는 몇몇 증거들을 제공하면서 나는 광범위한 가설을 만들었다. 이 가설이 매우 잠정적인 것이라고 생각하기는 하지만, 의미를 분명하게 하기 위하여 명확한 용어를 사용하려 한다.

나는 우주 안에 형성적이고 지향적인 성향이 있다고 가정한다. 이는 천체, 수정, 미생물, 좀 더 복잡한 유기체 그리고 인간 안에서 관찰되며 그 근거를 찾을 수 있다. 이것은 더 많은 질서, 더 많은 복잡성, 더 많은 상호 연결을 향한 성향이다. 사람이 하나의 세포에서 시작하여 복잡한 유기체적 기능을 하게 되는 것, 의식 밑의 수준에서 알고 지각하던 것에서 유기체와 외부 세상에 대한 의식적인 인식이 생기고 더 나아가 인류를 포함한 우주 체계의 조화와 일치를 초월적으로 인식하게 되는 것을 통해 인류 안에서도 이러한 성향을 볼 수 있다.

이 가설이 인본주의 심리학의 이론을 세우는 데 기초가 될 수 있으리라는 생각이 든다. 이것이 사람-중심 접근법의 기초를 형성하는 것은 물론이다.

결 론

나는 지금까지 우리가 '사람-중심' 심리치료사와 촉진자로 일하면서 발견해 왔던 것으로 사람들의 기질과 행동에 건설적인 성장과 변화를 가져오는 매우 효과적인 태도의 특징들에 관하여 이야기했다. 이러한 태도들이 녹아 있는 환경 안에 있으면 사람들은 더 많은 자기 이해, 더 많은 자신감, 자신의 행동을 선택할 수 있는 더 많은 능력들을 발달시킨다. 그들은 더 많이 배우며 '있음과 되어감(be and become)'의 더욱 큰 자유를 얻는다.

사람들은 양육적인 토양 가운데 있을 때 어떤 방향이든 선택할 수 있으나, 실제로는 긍정적이고 건설적인 길을 선택한다. 실현 성향은 인간 존재 안에서 늘 작용한다.

이것이 생명체계 안에 있는 성향일 뿐만 아니라 우주 안에서 모든 단계마다 나타나는 강한 형성 성향의 일부분이라는 것을 발견하게 된 것은 더욱 큰 확신을 심어 준다.

그러므로 내담자든, 가르치는 학생이든, 함께 일하는 동료든, 그룹 참여자든, 누구든지 그가 자기 자신일 수 있도록 허용해 주는 심리적 토양을 제공해 줄 때 우리는 그저 우연한 사건 가운데 있는 것이 아니다. 우리는 모든 유기체의 생명 속에 스며 있는 성향, 즉 그 유기체가 할 수 있는 한 가장 복잡한 상태가 되려고 하는 성향을 두드려 깨우고 있는 것이다. 그리고 좀 더 범위를 확장시켜 우리는 가장 작은 눈꽃에서 가장 거대한 은하계에 이르기까지, 낮은 단계의 아메바에서 가장 민감하고 뛰어난 사람에 이르기까지 우리의 우주를 형성하고 있는 잠재적인 창조 성향을 조율하고 있는 것이라고 믿는다. 그리고 우리는 자신을 초월하고 인류의 발전에서 새롭고 더욱 영적인 방향을 창조하는 우리의 능력의 첨단에 도달하고 있는 것인지도 모른다.

이상 정리해 놓은 것은 나에게 사람-중심 접근법을 위한 철학적 기초다. 이것은 생명을 긍정해 주는 존재방식에 참여하고 있는 나의 정당성을 증명해 준다.

♣ 참고문헌

Adler, A. (1964). *Social interest: A challenge to mankind.* New York: Capricorn Books. (Originally published in 1933)

Angyal, A. (1941). *Foundations for a science of personality.* New York: Commonwealth Fund.

Angyal, A. (1965). *Neurosis and treatment.* New York: John Wiley & Sons.

Aspy, D. (1972). *Toward a technology for humanizing education*. Champaign. Illinois: Research Press.

Aspy, D., & Roebuck, F. M. (1976). *A lever long enough*. Washington, D. C.: National Consortium for Humanizing Education.

Capra, F. (1975). *The Tao of physics*. Boulder, Colorado: Shambala.

Don, N. S. (1977-1978). The transformation of conscious experience and its EEG correlates. *Journal of Altered States of Consciousness*, 147.

Ferguson, M. (1979). Special issue: Prigogine's science of becoming. *Brain/Mind Bulletin*, May 21, *4*(13).

Freud, S. (1953). Instincts and their vicissitudes. In *Collected papers* (Vol. 4, pp. 60-83). London: Hogarth Press and Institute of Psychoanalysis.

Gendlin, E. T. (1978). *Focusing*. New York: Everest House.

Goldstein, K. (1947). *Human nature in the light of psychopathology*. Cambridge: Harvard University Press.

Grof, S., & Grof, J. H. (1977). *The human encounter with death*. New York: E. P. Dutton Co.

Lilly, J. C. (1973). *The center of the cyclone*. New York: Bantam Books. (Originally Julian Press, 1972.)

Maslow, A. H. (1954). *Motivation and personality*. New York: Harper and Brothers.

Murayama, M. (1977). Heterogenetics: An epistemological restructuring of biological and social sciences. *Acta biotheretica*, *26*, 120-137.

Pentony, P. (1978). Rogers' formative tendency: An epistemological perspective. Unpublished manuscript, University of Canberra, Australia.

Prigogine, I. (1979). *From being becoming*. San Francisco: W. H. Freeman.

Rogers, C. R. (1959). A theory of therapy, personality and interpersonal relationships. In S. Koch (Ed.), *Psychology: A study of a science* (Vol. 3, pp. 184-256). New York: McGraw-Hill.

Rogers, C. R. (1962). Toward becoming a fully functioning person. In *Perceiving, behaving, becoming*(pp. 21-23). 1962 Yearbook, Association for Supervision and Curriculum Development. Washington, D.C.: National Education Association.

제7장 공감

다른 사람과 관계하는 데에서 '공감'이라고 불려 왔던 매우 특별한 존재의 방식(a way of being)에 대해 우리는 재검토하고 재평가해야만 한다는 것이 이 글의 명제다. 성격의 역동을 이해하기 위해서 그리고 성격과 행동의 변화를 초래하기 위해서 너무나도 중요한 요소인 공감에 대해 우리는 별로 관심을 기울이지 않았던 것 같다. 공감은 자기 자신을 사용하는 것으로서 우리가 가지고 있는 가장 섬세하고 강력한 방법들 중 하나다. 이 주제에 관하여 말도 많이 했고 글도 많이 썼지만 관계 안에서 그 꽃을 활짝 피우지는 못한 것 같다. 이 주제와 관련하여 동요했던 나 자신의 과거 이야기부터 시작하겠다.

개인적인 동요

상담치료사로 일하던 초기 시절에 나는 그저 내담자의 이야기를 매우 주의를 기울여 들어주는 것이 도움을 줄 수 있는 매우 중요한 방법이라는 것을 발견했다. 그래서 어떻게 적극적으로 개입해야 할지 잘 모를 때 나는 경청을 했다. 그렇게 소극적인 상호작용이 매우 유용할 수 있다는 것이 내게는 놀라운 일이었다.

얼마 후, 랭키안(Rankian) 훈련을 받은 적이 있는 사회복지사의 도움으로 나는 내담자가 사용하는 단어들에서 그 패턴이 드러나게 되는 감정들, 느낌들을 듣는 것이 가장 효과적인 접근법이라는 것을 배웠다. 이러한 감정들을 내담자에게 '반영(reflect)'해 주는 것이 가장 좋은 반응이라고 제안했던 사람도 그녀였다. '반영'이라는 단어는 후에 나에게 어려움을 가져다주었지만, 당시에는 나의 상담치료에 진보를 가져왔기에 그에 대해 감사하고 있다.

그 후 나는 오하이오 주립대학의 전임교수로 옮겨갔는데, 학생들의 도움으로 마침내 나와 학생들의 상담 장면을 녹음할 수 있는 장비를 얻어낼 수 있었다. 녹음기 주위에 떼지어 모여서 배우며 느꼈던 흥분은 정말 대단한 것이었다. 우리 자신들이 했던 말을 들을 수 있었고, 상담이 분명히 잘못되기 시작한 몇몇 곤혹스러운 시점들이나 내담자가 크게 진전을 보였던 순간들을 반복해서 들을 수 있었다. (나는 아직도 녹음을 하는 것이 상담치료자가 자신의 발전을 위해 배움을 얻을 수 있는 가장 좋은 방법들 중 하나라고 생각한다.) 녹음을 통해 우리는 많은 교훈을 얻었다. 우리는 감정을 들어주고 그것을 '반영'해 주는 것이 매우 복잡한 과정이라는 것을 깨달았다. 또한 치료자의 어떤 반응이 내담자의 중요한 표현의 풍성한 흐름을 피상적이고 무익한 것으로 바꾸어 버리는지 정확하게 알아낼 수 있었다. 반대로 치료자의 어떤 말들이 내담자의 지루하고 산만한 이야기를 집중적인 자기 탐구로 바꾸는지도 찾아낼 수 있었다.

이와 같은 배움의 맥락 가운데 우리가 공감적 경청의 특징보다는 치료자의 반응의 내용을 더욱 강조하게 된 것은 매우 자연스러운 일이었다. 그리하여 상담자나 치료자가 사용하던 기술을 이 정도로 매우 중요하게 의식했다. 우리는 회기마다 상담 과정의 기복을 매 순간 자세히 분석하는 데 전문가가 되었고, 이러한 미시적인 연구로부터 많은 것을 얻었다.

그러나 치료자의 반응에 초점을 맞추었던 경향은 끔찍한 결과를 가져왔다. 나는 적대감에 맞닥뜨리게 되었는데, 더 나빴던 것은 다음의 반응들이었다.

몇 년 사이에 우리의 접근법은 기술로 알려지게 되었다. "비지시적 상담이란 내담자의 감정을 반영해 주는 기술이다."라는 말이 생겼다. 심지어 "비지시적 상담은 내담자의 끝말만 반복해 주면 된다."라는 풍자까지 나왔다. 나는 우리의 접근법을 이렇게 완전히 왜곡시키는 말에 몹시 충격을 받았기 때문에 수년간 공감적 경청에 대해서 거의 아무 말도 하지 않았다. 공감적인 태도를 강조하고 어떻게 하면 관계 가운데서 이런 태도가 실행될 수 있는지에 대해 이야기할 때나 간단히 언급했을 뿐이었다. 나는 긍정적 관심(positive regard)과 치료자의 일치성(congruence)이라는 특징에 대해서 이야기하는 것을 더 좋아했다. 나는 이 두 가지가 공감과 더불어 치료 과정을 촉진하는 요소들이라고 가정하고 있다. 이것들도 역시 종종 오해를 샀지만 적어도 조롱을 받지는 않았다.

현대의 필요

그러나 세월이 흐르고 연구 결과가 쌓이면서 관계에서 높은 수준의 공감은 변화와 배움을 가져올 수 있는 가장 유력한 요인이라는 결론이 강력한 지지를 받게 되었다. 그러므로 이제는 과거의 풍자와 곡해된 말들을 잊고 공감에 대해 새롭게 살펴보아야 할 때가 된 것 같다.

지금이 그렇게 해야 할 때라고 생각하는 또 다른 이유가 있다. 지난 10년 또는 20년간, 미국에서는 많은 새로운 상담 접근법들이 등장했다. 게슈탈트 치료(Gestalt therapy), 사이코드라마(psychodrama), 프라이멀 요법(primal therapy), 생체에너지 요법(bioenergetics), 인지-정서 치료(rational-emotive therapy), 교류분석(transactional analysis) 등이 잘 알려진 것들이고 그 밖에도 많이 있다. 그들이 흥미를 끌었던 이유 중에는 대부분의 경우 치료자가 전문가로서 내담자의 유익을 위하여 적극적으로 상황을 조작하고 종종 극적인 방법을 사용한다는 사실도 있었다. 내가 징후들을 정확하게 파악하고 있는

지는 모르겠지만, 주도적이었던 이들 전문적 기술들에 대한 매력은 점차 감소하고 있다고 믿는다. 전문 기술에 기초를 두고 있는 또 다른 접근법인 행동치료는 여전히 상승일로에 있다고 보인다. 기술 사회는 당사자의 지식이나 승인이 없이도 치료자나 사회에 의해서 결정된 목표를 따라 사람들의 행동이 교정될 수 있는 기술을 발견한 것으로 인하여 즐거워하고 있다. 그러나 행동치료의 경우에도 '행동수정(behavior mod)'이 정치적·철학적으로 어떤 의미를 내포하고 있는지 좀 더 분명해짐에 따라 사려 깊은 사람들에 의해서 많은 의문이 제기되고 있다. 그러므로 나는 많은 사람들이 전문가가 가지고 있는 힘이 아닌 개인이 가지고 있는 힘을 발견하게 해 주는 방법, 즉 그런 식으로 사람들과 함께 존재하는 방법을 살펴보고 싶어 하는 것을 보게 되었다. 이에 나는 '공감'이라는 용어가 의미하는 것과 우리가 그것에 대하여 알게 된 것들을 다시 한번 자세히 검토해 보고자 하는 것이다. 아마도 이제는 공감의 가치가 인정받을 때가 무르익은 것 같다.

초기의 정의들

이 용어에 대해서는 이미 많은 정의들이 내려졌고 나 역시 여러 정의를 내놓았다. 20여 년 전에 나는 내가 가지고 있는 개념과 이론에 대한 공식적인 진술의 일부분으로서 공감에 대해 매우 정밀한 정의를 내리려고 시도했다(Rogers, 1959). 그것은 다음과 같다.

공감적이라는 것 또는 공감의 상태라는 것은 다른 사람의 내적인 기준 틀(frame of reference)을, 그리고 거기에 관련된 감정적인 요소와 의미를 **마치 자신이 그 사람인 것처럼** 정확하게 지각하는 것이다. 그러나 '마치 ~처럼(as if)'이라는 조건을 잃어버려서는 안 된다. 그러므로 상대방의 상처나 즐거움을 그가 느끼는 것처럼 느끼고 그것의 이유들을 그가 지각하는 대로 지각하되, 마치 자신이 상처받거나 즐거운 것처럼 **가정**하고 있다는 **인식**을 결코 잃어버려서는 안 된다. '마치 ~처럼'이라는 특징을 잃어버린다면 그 상태는 **동일시**(identification)의 상태가 되는 것이다(pp. 210-211. 또한 Rogers, 1957 참고).

유용한 구성 개념: 경험

현재의 공감의 정의를 구성하면서 나는 젠들린(Gendlin, 1962)의 '경험(experiencing)' 개념을 가져왔다. 이 개념은 여러 가지 점에서 나의 사고를 풍성하게 해 주었는데, 그에 대해 이제부터 분명하게 보게 될 것이다. 그의 견해를 간단히 설명하자면, 인간 유기체 안에서는 경험의 흐름이 항상 진행되고 있는데 사람들은 그러한 경험들의 의미를 발견하기 위하여 그 흐름으로 자꾸만 되돌아가 참조한다는 것이다. 공감적인 치료자는 내담자가 그 특정한 순간에 경험하고 있는 '느껴진 의미'를 민감하게 지적한다. 이는 내담자가 그 의미에 집중하고 더 온전하고 막힘이 없는 경험으로 옮겨가도록 돕기 위함이다.

실례를 들어 보면 그것의 개념 및 그것과 공감 간의 관계를 분명히 할 수 있을 것이다. 엔카운터 그룹의 참석자가 자신의 아버지에 대해서 부정적인 말을 모호하게 하고 있었다. 인도자가 말했다. "아버지에 대해서 화가 난 것 같군요." 그 사람은 대답했다. "아니요, 그렇게 생각하지는 않아요." "그럼 아마도 불만스러운가 보지요?" "글쎄요, 그런 것 같네요(다소 미심쩍다는 듯이)." "아버지에게 실망하신 것일 수도 있겠군요." 그러자 그는 재빨리 대답했다. "바로 그거예요. 나는 아버지가 강한 사람이 아니라서 실망하고 있어요. 난 어렸을 때부터 줄곧 아버지에 대해 실망해 왔던 것 같아요."

그 사람은 어떤 표현이 맞는지 점검할 때 무엇과 대조하고 있는 것일까? 나도 동의하는 것처럼 젠들린의 견해에 의하면, 그 사람은 어떤 표현이 거기에 맞는지 알아보기 위해 자신 안에서 계속해서 진행 중에 있는 심리적인 흐름과 대조하고 있다. 이런 흐름은 매우 실제적인 것이며 사람들은 그것을 참조체계로 활용할 수 있다. 이 경우에 '화가 난'은 그의 느껴진 의미와 전혀 다르다. '불만스러운'은 가깝기는 했지만 아주 정확하지는 않다. '실망한'이 꼭 들어맞는 표현이며, 종종 그렇듯이 이것은 경험의 흐름이 좀 더 진전되도록 격려해 주게 된다.

최근의 정의

이러한 개념적인 설명에 이어 현재 내게 만족스러운 공감의 정의를 내려 보도록 하겠다. 나는 '공감의 상태'라는 말을 쓰지 않는다. 그것은 상태가 아닌 과정이기 때문이다. 나는 그 특징들을 추려낼 수 있을 것 같다.

다른 사람에게 공감적이라는 것은 여러 가지 국면을 가지고 있다. 그것은 상대방이 개인적으로 지각하고 있는 세계로 들어가서 완전히 거기에 익숙해지는 것을 의미한다. 상대방 안에서 흐르고 있는 느껴진 의미들의 변화, 곧 두려움, 분노, 부드러움 또는 혼란, 그 무엇이든 그가 경험하고 있는 것에 대하여 순간순간 민감하게 되는 것을 포함한다. 이는 잠시 상대방의 삶을 살면서 판단하지 않고 그 안에서 섬세하게 움직이는 것을 의미한다. 또한 그 사람이 거의 인식하지 못하고 있는 의미들을 지각하는 것을 의미한다. (무의식적인 감정들을 완전히 들춰내지는 말아야 한다. 그것은 너무 위협적일 수 있기 때문이다.) 그것은 그 사람의 세계에 대해서 당신이 느낀 점을 표현해 주는 것을 포함한다. (그가 두려워하고 있는 것들에 대해 당신이 새롭고 두려움 없는 눈으로 바라본 대로 그에게 전해 주는 것이다.) 그것은 당신이 느낀 것이 정확한지 자주 그와 함께 점검하고, 그의 반응에 의해 안내를 받는 것을 의미한다. 당신은 그 사람의 내면세계 안에서 그의 신뢰할 만한 동반자다. 상대방이 경험하고 있는 흐름 가운데 있는 가능한 의미들을 짚어 줌으로써 당신은 그 사람이 이 유용한 형태의 참조체계에 초점을 맞추도록 돕고, 그 의미들을 보다 충분히 경험하며, 그 경험 가운데서 좀 더 전진해 나가도록 도와준다.

이런 식으로 상대방과 함께해 주는 것은 당신이 편견 없이 상대방의 세계에 들어가기 위하여 당분간 자신의 견해와 가치들을 내려놓는 것을 의미한다. 어떤 의미에서 이것은 당신 자신을 내려놓는 것을 말한다. 자기 자신에 대한 충분한 확신이 있어서 기이하고 별난 것으로 판명된 다른 사람의 세계 안에서도 길을 잃어버리지 않을 것이며, 원할 때는 언제든지 자신의 세계로 안전하게 돌아올 수 있을 것이라는 것을 알고 있는 사람들만이 이런 일을 할 수 있다.

이러한 설명을 통하여 공감적이 된다는 것은 복잡하고 요구사항이 많고 강하면서도 미묘하고 부드러운 존재방식이라는 것이 분명해졌을 것이다.

조작적 정의

앞서 내가 묘사한 것은 연구에 적합한 조작적 정의라고 하기는 어렵다. 그러나 그러한 조작적 정의들이 만들어지고 널리 사용되어 왔다. 예를 들어, '바렛-레나드 관계검사(Barrett-Lennard Relationship Inventory)'는 관계를 맺고 있는 당사자들이 작성하게 되어 있는 것으로 검사에 사용된 문항들을 통해 공감이 조작적으로 정의되었다. 이 검사도구의 문항들은 공감적인 것에서 비공감적인 것까지 있는데 그중 몇 가지를 소개하면 다음과 같다.

> 그는 나의 경험이 내게 어떤 느낌인지를 알아준다.
> 그는 내가 객관적이고 공평한 입장에서 이야기한 것을 이해한다.
> 그는 나의 말을 이해하지만 내가 어떻게 느끼는지는 모른다.

바렛-레나드(1962)는 공감에 대하여 세부적인 개념들을 구성하였는데, 검사도구의 문항들은 그것에 근거하고 있다. 그것은 내가 앞서 제시한 정의와 확실히 중복되기는 하지만 여기에 인용해야 할 만큼 다른 점도 충분히 있다.

> 질적으로 그것(공감적 이해)은 적극적인 과정이다. 즉, 다른 사람의 현재의 변화하고 있는 인식을 온전히 **알고자 갈망하며**, 그가 전달하고 의미하려는 것을 받아들이려고 노력하고, 그의 단어들과 신호들을 적어도 그 순간 그가 가장 중요하다고 인식하고 있는 국면들과 부합될 수 있는 **경험된 의미**로 해석해 주는 것이다. 또한 그것은 그 사람이 드러내고 있는 겉모습 **'뒤'에 있는 의식**을 경험하되, 그 의식이 그 사람 안에서 비롯되어 진행되고 있다는 것을 끊임없이 인식하고 있는 것이다.

또한 트라욱스(Traux, 1967)와 그 동료들에 의하여 고안된 '정확한 공감척도(Accurate Empathy Scale)'가 있는데, 이것은 평가자가 사용할 수 있게 되어 있다. 녹음된 면담 장면의 작은 부분이라도 이 척도에 의해서 신뢰할 수 있게 평가할 수 있다. 이 척도의 본질은 공감적 이해의 가장 낮은 단계인 1단계와 매우 높은 단계인 (비록 가장 높은 것은 아니지만) 8단계의 정의를 통해 설명될 수 있다. 다음은 1단계의 정의다.

> 치료자는 내담자의 감정 중 가장 뚜렷하게 드러나는 것도 전혀 모르는 듯하다. 그의 반응은 내담자 말의 분위기와 내용에 적합하지 않으며 공감이라고 할 만한 특성이 보이지 않는다. 그러므로 정확성이 전혀 없다. 치료자는 지루해하거나 흥미가 없거나 적극적으로 충고를 제공하고 있는지는 모르지만, 내담자가 현재 느끼고 있는 감정들을 인식하거나 전달하고 있지는 않다.

그리고 8단계의 정의는 다음과 같다.

> 치료자는 내담자가 현재 인식하고 있는 감정들을 모두 정확하게 해석한다. 그는 또한 내담자가 거의 인식하지 못하고 있는 내담자의 감정 영역 중 가장 깊이 숨겨져 있는 것들과 내담자가 자신의 경험 안에서 목소리로 표현하고 있는 것의 의미들을 드러내 준다. 그는 내담자가 주는 작은 힌트를 통해 민감성과 정확성을 가

지고 내담자의 감정들과 경험들 안으로 들어간다. 마침내 모습을 드러낸 내용은 새로울 수는 있지만 이질적이지는 않다. 8단계의 치료자도 실수를 하기는 하지만 그것이 불협화음을 일으키는 것은 아니며, 치료자의 반응이 잠정적이라는 특징을 가지고 있기 때문에 실수를 해도 크게 문제가 되지 않는다. 또한 치료자는 자신의 실수에 민감하여 도중에라도 재빨리 바꾸거나 수정한다. 이는 내담자가 스스로 탐험하며 말하고 있는 것, 추구하고 있는 것을 치료자가 더욱 분명히 알게 되었다는 것을 보여 준다. 치료자는 내담자와 함께 잠정적인 시행착오를 거치며 탐험하는 과정에 참여하고 있음을 반영한다. 그의 **목소리 톤**은 그가 공감적으로 이해하고 있는 것의 깊이와 진지함을 반영한다(p. 566).

나는 이러한 예들을 통하여 공감적 과정이 이론적이고 개념적이며 주관적이고 조작적인 방법으로 정의 내려질 수 있다는 것을 보여 줄 수 있기를 원했다. 그러나 비록 그럴 수 있었다 하더라도 우리는 아직 그 기초를 충분히 다루지는 못했다.

현대인들을 위한 정의

유진 젠들린(Eugene Gendlin)과 몇몇 사람들(Gendlin & Hendricks, 연도 미상)은 최근에 '변화(Changes)'라는 조력 공동체를 세우는 일에 참여하고 있다. 그 이름에는 도시생활이라는 혼돈 가운데서 소외되고 반문화적인 구성원들을 다루기 위한 많은 의미들이 함축되어 있다. 특히 흥미로운 것은 '랩 안내서(Rap Manual)'로서, 일반 사람들이 '다른 사람의 회복을 어떻게 도와야 하는지' 배울 수 있도록 하기 위해 만들어졌다.

이 책자는 '전적인 경청'이라는 단락으로 시작한다. 그것이 과연 어떤 건지 다음의 인용문이 맛보게 해 줄 것이다.

이것은 사람들을 흠잡는 것이 아니다. 당신은 단지 상대방이 말하는 것을 듣고 그것을 그대로 다시 말해 주면 된다. 상대방이 그 순간 경험하고 있는 것과 똑같이 한 단계, 한 단계 보조를 맞춘다. 당신 자신의 것 또는 생각들을 절대로 거기에 섞지 않으며, 어떤 것이라도 상대방이 표현하지 않은 것은 절대로 덧붙이지 않는다. …… 당신이 정확하게 이해했다는 것을 보여 줄 수 있도록 그 사람이 전달하고자 했던 개인적인 의미를 정확하게 짚어 주는 말을 한두 문장 만든다. 보통 당신의 말로 바꾸게 되겠지만 민감하고 중요한 이야기는 그 사람이 말한 단어들을 그대로 사용한다.

이 안내서는 이런 맥락으로 계속되는 가운데 많은 것들을 상세하게 제시해 준다. 그중에는 '당신이 잘하고 있다는 것을 알 수 있는 방법'도 포함되어 있다. 공감적인 존재방식은 개념상으로는 매우 미묘한 것 같아도 도시 중심부의 현대 젊은이들과 시민들이 완벽하게 이해할 수 있는 용어로도 잘 설명될 수 있다. 이것은 광의의 개념이다.

일반적인 연구 결과

위에서 언급한 도구들과 그 밖의 다른 도구들을 사용한 연구들을 통해서 우리가 공감에 대해 알게 된 것은 무엇인가? 우리는 매우 많은 것을 배웠는데 그중 몇 가지를 제시하려 한다. 흥미로운 일반적 결과들부터 먼저 설명하고, 공감적 분위기가 공감을 받는 사람에게 미치는 효과에 대해서는 나중에 이야기하겠다. 확증될 수 있는 일반적인 진술을 몇 가지 소개하면 다음과 같다.

이상적인 치료자는 무엇보다도 공감적이다. 다양한 배경을 가지고 있는 심리치료자들은 이상적인 치료자—즉, 어떤 치료자가 되고 싶은지—의 개념을 묘사할 때, 12가지 변인들 중에서 공감이 가장 중요하다는 것에 대부분 동의했다. 이 진술은 래스킨(Raskin, 1974)이 83명의 현재 활동 중인 치료자들을 대상으로 8종류의 치료 접근법에 대하여 연구한 결과에 근거하고 있다. 공감적인 특성의 정의는 이 글에서 사용된 것과 매우 비슷했다. 래스킨의 연구는 이전의 피들러(Fiedler, 1950b)의 연구를 보완하고 강화한 것이었다. 그리하여 우리는 치료자들이 치료자가 되는 가장 중요한 요소에 대해서 '내담자를 이해하기 위해 내담자의 관점을 가지고 가능한 한 가장 민감하고 정확하게 노력하는 것' 으로 인식하고 있다는 결론을 내릴 수 있다(Raskin, 1974).

공감은 자기 탐구, 점진적 변화와 긍정적 상관관계를 가지고 있다. 치료관계에서 높은 수준의 공감은 치료 중에 일어나는 다양한 양상의 변화와 진보에 관련이 있다는 것이 밝혀졌다. 또한 공감적 분위기는 내담자의 높은 수준의 자기 탐구와 분명히 관계가 있었다(Bergin & Strupp, 1972; Kurtz & Grummon, 1972; Tausch, Bastine, Friese, & Sander, 1970).

치료관계 초기의 공감은 차후의 성공을 예언해 준다. 관계 가운데 존재하는, 그리고 앞으로 존재할 공감의 정도는 매우 일찍(5회기 즈음, 심지어 2회기에) 결정된다. 상담 초기에 측정한 것을 통하여 차후 치료가 성공할지 성공하지 못할지를 예측할 수 있다(Barrett-Lennard, 1962; Tausch, 1973). 이러한 결과들은 초기에 치료자의 공감을 측정해 봄으로써 많은 치료들이 실패로 끝나는 것을 막을 수 있으리라는 것을 말해 준다.

성공적인 사례에서는 내담자가 점점 더 많이 공감받고 있다고 느끼게 된다. 성공적인 사례에서 내담자가 치료관계 가운데 느끼는 공감의 질은 시간이 갈수록(비록 그 폭이 아주 크지는 않지만) 증가한다. 객관적인 평가는 내담자가 느끼는 것과 동일한 결과를 가져다주었다(Cartwright & Lerner, 1966; van der Veen, 1970).

공감적 이해는 내담자가 이끌어 내는 것이 아니라 치료자에 의해서 아낌없이 제공되는 것이다. 공감은 치료자에 의해서 제공되는 것이지, 단지 어떤 특정한 유형의 내담자에 의해서 유도되는 것이 아니다(Tausch et al., 1970; Traux & Carkhuff, 1967). 반대로 치료자에게서 이해를 이끌어 내는 것은 사람의 마음에 호소하고 마음을 끌 수 있는 내담자에게 달려 있다는 견해가 있었다. 그런데 그렇지 않다는 것이 증명되었다. 실로 관계에서 공감의 정도는 내담자가 어떤 말을 했는지 모르는 상태에서도 치료자의 반응을 들어 보면 정확하게 측정할 수 있다(Quinn, 1953). 그러므로 관계 가운데 공감적인 분위기가 존재한다면 그것은 치료자에게 책임이 있을 가능성이 높다.

치료자가 경험이 많을수록 공감적이 될 가능성이 높다. 경험이 적은 치료자보다 경험이 많은 치료자가 내담자에게 더 높은 수준의 공감을 제공한다. 내담자의 지각을 통해 평가한 것이나 자격을 갖춘 심사원들이 듣고 평가한 것이 모두 같은 결과를 보여 준다(Barrett-Lennard, 1962; Fiedler, 1949, 1950a; Mullen & Abeles, 1972). 치료자들도 확실히 해가 감에 따라 자신이 이상적으로 생각하고 있는 치료자의 모습에 점점 더 가까워지기 위해 배우면서 더욱 민감하게 이해하는 사람이 된다.

공감은 관계에서 특별한 자질이며, 치료자들은 도움을 주는 친구보다 훨씬 더 많은 공감을 제공한다(van der Veen, 1970). 이것은 매우 고무적인 말이다.

치료자가 통합이 잘되어 있을수록 더 높은 수준의 공감을 보여 준다. 치료자의 성격상의 문제는 낮은 수준의 공감을 수반한다. 불안이 없고 인간관계에 자신이 있는 치료자는 더 많은 이해를 제공할 수 있다(Bergin & Jasper, 1969; Bergin & Solomon, 1970). 이 결과와 더불어 치료자를 훈련시켰던 나 자신의 경험을 고려해 볼 때, 심리적으로 성숙하고 통합이 잘된 치료자일수록 더욱 도움이 되는 관계를 제공할 수 있다는 결론에 도달하게 된다.

경험이 많은 치료자들도 종종 공감적이지 못할 때가 있다. 경험이 많은 치료자에 대해서 앞서 한 말에도 불구하고 그들이 제공하는 공감의 정도는 매우 많은 차이가 난다. 래스킨(1974)은 6명의 숙련된 치료자들의 인터뷰 녹음을 듣고 83명의 다른 숙련된 치료자들에게 평가하도록 했는데, 12개의 변인들의 차이가 0.001 수준으로 유의미했고 공감은 차이의 정도에서 두 번째였다. 내담자-중심 치료자들의 현저한 특징은 공감이었다. 다른 유형의 치료 접근법들은 각각 그 두드러진 특징에 따라서 인지적인 특징, 치료자가 지시적이라는 특징 등을 가지고 있었다. 비록 치료자들이 공감적 경청을 그들이 이상으로 여기는 치료자의 가장 중요한 요소로 생각하고 있었다 할지라도, 실제 치료 장면에서는 그 점에서 매우 부족했다. 사실 6명의 숙련된 치료자들의 녹음된 인터뷰에 대한 다른 치료자들의 평가는 뜻밖이었다. 숙련된 치료자의 치료를 평가한 것 중에 2개 사례에서만 이상적인 치료자를 묘사하는 문항들의 집합과 긍정적인 상관관계가 있었다. 4개 사례에서는 부정적인 상관관계가 나타났으며 가장 극단적인 경우는 −.66이었다! 사실 숙련된 상담이라고 하기에는 너무 큰 숫자였다.

공감의 정도를 평가하는 데는 내담자들이 치료자들보다 더 낫다. 그렇다면 치료자들이 내담자들과의 치료관계 안에서 자신의 공감 정도를 평가할 때 다소 부정확하다는 것이 입증되었다고 해도 별로 놀라지는 않을 것 같다. 내담자들이 공감에 대하여 지각한 것은 편견이 없는 심사원들이 녹음을 듣고 평가한 것과 일치했지만, 내담자와 치료자 또는 심사원과 치료자 사이에서는 일치 정도가 낮았다(Rogers, Gendlin, Kiesler, & Traux, 1967, 5, 8장). 우리가 좀 더 나은 치료자가 되기를 원한다면 자신이 내담자들을 정확하게 이해하고 있는지의 여부를 내담자들이 우리에게 말해 주도록 해야만 할 것이다.

뛰어난 재기와 통찰력 있는 진단은 공감과는 상관이 없다. 치료자들이 공감적인 분위기를 조성하는 정도는 그들의 학업 성취나 지적인 능력과 관계가 없다(Bergin & Jasper, 1969; Bergin & Solomon, 1970). 또한 개개인에 대한 정확한 판단이나 진단을 내리는 능력과도 관계가 없다. 사실상 후자와는 부정적인 상관관계가 있을지도 모른다(Fiedler, 1953). 이것은 가장 중요한 발견이다. 공감에서 학구적인 탁월함이나 진단기술이 중요하지 않다면 공감의 자질은 대부분의 임상적 사고, 즉 심리학적 · 정신의학적 사고와는 다른 대화의 영역에 속해 있는 것이 분명하다. 치료자들은 이 말의 함축적 의미를 받아들이기가 어려울 것이라고 생각한다.

공감적인 존재방식은 공감적인 사람들에게서 배울 수 있다. 정확하게 공감적이 될 수 있는 능력은 훈련에 의해서 개발될 수 있는 것이라는 말이 아마도 가장 중요한 말일 것이다. 치료자들, 교사들 그리고 부모들은 도움을 받으면 공감적이 될 수 있다. 그들 자신의 슈퍼바이저들, 교사들, 부모들이 민감하게 이해해 주는 사람들이라면 그들도 그렇게 될 가능성이 특히 높다(Aspy, 1972; Aspy & Roebuck, 1975; Guerney, Andronico, & Guerney, 1970). 미묘하고 붙잡기 어려우며 치료에서 극히 중요한 이 자질이 '타고나는 것'이 아니라 배울 수 있으며, 더욱이 공감적인 분위기에서 가장 잘 배울 수 있다는 것을 아는 것은 격려가 된다. 치료에 효과가 있는 기본 요소들 중 아마도 오직 두 가지만이 인지적이고 경험적인 훈련의 도움을 받아 습득될 수 있다고 하겠다. 그것은 바로 공감과 일치성이다.

공감적인 분위기의 결과

공감에 관한 지식은 이제 너무 많이 얻게 되었다. 그러나 일련의 깊은 공감 반응이 그 대상에게 미치는 영향은 어떠한가? 그 결과는 실로 놀랍다. 공감은 긍정적인 성과와 분명히 관계가 있다. 정신병원에 있는 정신분열증 환자들부터 일반 교실에 있는 학생에 이르기까지, 상담센터의 내담자부터 훈련 중에 있는 교사에 이르기까지, 독일에 있는 신경증 환자부터 미국에 있는 신경증 환자에 이르기까지 그 결과는 마찬가지다. 즉, 치료자나 교사가 더욱 민감하게 이해하면 할수록 건설적인 배움과 변화가 일어날 가능성은 크다는 것이다(Aspy, 1972, 4장; Aspy & Roebuck, 1975; Berrett-Lenard, 1962; Bergin & Jasper, 1969; Bergin & Strupp, 1972; Halkides, 1958; Kurtz & Grummon, 1972; Mullen & Abeles, 1972; Rogers et al., 1967, 5, 9장; Tausch, Bastine, Bommert, Minsel, Nickel, & Langer, 1972; Traux, 1966). 버긴과 스트럽(Bergin & Strupp, 1972)이 말한 것과 같이 다양한 연구는 "치료자의 공감은 환자의 자기 탐구와 환자 변화의 독립 기준과 긍정적 상관관계가 있다는 것을 보여준다."(p. 25)

그러나 나는 사람들이 이러한 결과들에 대해서 너무 관심이 없었다고 생각한다. 이렇게 단순한 공감적 상호작용이 믿을 수 없을 정도로 많은 심오한 결과들을 가져오는 것이다. 나는 이에 대해 좀 더 상세하게 논하고자 한다.

첫 번째로 공감은 소외감을 해소한다. 공감을 받는 사람은 적어도 그 순간만은 자신이 인류와 연결된 한 부분이라는 것을 안다. 비록 명확하게 구분 지을 수는 없지만 그 경험은 다음과 같이 진행되는 것 같다. "나는 숨겨져 있던 것들을 이야기하고 있다. 어떤 것들은 베일에 가려져 있어서 나 자신조차 몰랐다. 비정상적일 수도 있는 이 이상한 감정들을 나는 단 한 번도 다른 사람들과 나눈 적이 없었다. 이것은 나 자신도 분명하게 알지 못했던 것들이다. 그런데 누군가 다른 사람이 이해해 주었다. 내가 이해한 것보다 나의 감정들을 더 분명하게 이해해 주었다. 내가 말하는 것, 내가 의미하는 것을 누군가 다른 사람이 알아주는 것을 보니 적어도 그 만큼은 내가 이상하거나 이질적이거나 분리되어 있지 않은 것이다. 내 말이 다른 사람에게 통했다. 그러므로 나는 다른 사람과 접촉하고 있다. 아니, 관계하고 있다고 할 수도 있겠다. 나는 더 이상 소외되어 있지 않다."

아마 이것이 정신분열증 환자들의 심리치료 연구에서 우리가 발견한 주요 결과들 중 하나를 설명해 주는 것 같다. 우리는 공정한 심사원들에 의해 치료자들에게서 높은 수준의 정확한 공감을 받았다고 평가되었던 환자들이 다면적 인성검사(Minnesota Multiple Personality Inventory: MMPI)로 측정된 정신분열증 병리에서 아주 급격한 감소를 보이는 것을 발견했다(Rogers et al., 1967: 85). 이것은 다른 사람에 의한 민감한 이해가 정신분열증 환자를 소외된 곳으로부터 데리고 나와서 세상과 연결될 수 있도록 해 주는 가장 중요한 요소가 되어 왔다는 것을 제시해 준다. 칼 융은 정신분열증 환자들은 자신들이 이해받고 있다고 느낄 수 있는 사람을 만나면 더 이상 정신분열증 환자가 아니다라고 말한 적이 있다. 우리의 연구는 그의 말을 지지해 주는 실증적 증거를 제공했다.

정신분열증 환자와 상담센터의 내담자들 모두를 대상으로 우리가 연구한 바에 의하면, 낮은 수준의 공감은 그들의 적응력과 병리가 경미하게 악화되는 것과 관계가 있었다. 이 결과 또한 일리가 있다. 그들은 "아무도 나를 이해하지 못하는 것을 보니 내가 정말 나쁜 상태로구나. 그동안 내가 생각했던 것 이상으로 더 비정상이구나."라는 결론을 내렸을 것 같다. 랭(R. D. Laing)의 환자들 중 한 사람이 정신과의사와 만났던 이전 경험을 이야기하면서 그 느낌을 다음과 같이 생생하게 표현했다.

> 의사가 실제로 당신을 보지 못하고 있고 당신이 느끼는 것을 이해하지 못한 채로 자기 생각대로 그냥 진행하고 있다는 것을 깨닫게 되는 건 가장 두려운 일입니다. 그렇게 되면 나는 내가 보이지 않거나 거기에 전혀 존재하지 않는다고 느끼기 시작합니다(Laing, 1965: 166).

공감적 이해의 두 번째 성과는 그 대상으로 하여금 자기 자신이 있는 모습 그대로 가치 있고 존중받으며 수용된다고 느끼게 한다는 것이다. 이제 우리가 다른 영역으로 발을 들여놓았고, 더 이상 공감을 이야기하고 있지 않은 것 같아 보일지도 모르겠다. 그러나 그렇지 않다. 당신이 상대방과 그의 세계를 가치 있게 여기지 않는다면, 그리고 어느 정도 좋아하지 않는다면 그가 인식하고 있는 세계를 정확하게 인식하기란 불가능하다. 그러므로 그 대상에게 다음과 같은 메시지가 들려지게 된다. "이 사람이 나를 신뢰하고 가치 있게 여기는구나. 아마 내가 무슨 가치가 있긴 한가 보다. 어쩌면 나도 나 자신을 가치 있게 여겨도 될 것 같다. 어쩌면 내가 나를 좋아해도 될 것 같다."

많은 민감한 이해를 받아왔으며 지금은 치료의 후기 단계에 접어든 한 젊은이의 예가 이것을 생생하게 보여 준다.

> 내담자: 내가 나를 부드럽게 돌보아 주는 것이 가능하리라고는 한 번도 생각해 보지 못했어요. 여전히 내가 어떻게 나 자신에게 부드러워지고 나를 돌볼 수 있을까 싶어요. 그들은 하나이고 똑같은 것이잖아요? 그렇지만 이제 너무 분명하게 느낄 수 있어요. 아시다시피 어린아이를 돌보는 것과 같은 거예요. 사람들은 어린아이에게 이것도 주고 싶고 저것도 주고 싶어 하지요. 나는 다른 사람을 위해서는 왜 그렇게 해야 하는지 어느 정도 분명하

게 볼 수 있어요. 그렇지만 나 자신을 위해서는 그것을 전혀 볼 수가 없어요. 그래서 내가 나를 위해 그렇게 할 수 없는 거예요. 내가 나 자신을 돌보기를 원하게 되고 그것이 나의 삶의 주된 목적이 되는 것이 가능할까요? 그것은 마치 내가 가장 소중하고 가장 필요한 나의 소유물의 수호자가 되기나 하는 듯이 온 세상을 다뤄야만 한다는 것을 의미해요. 그러고 보니 나는 내가 돌보기를 원하는 소중한 나와 온 세상의 사이에 끼어 있었나 보네요. 마치 내가 나를 사랑했던 것 같아요. 그것 참 이상하군요. 하지만 그게 사실이에요.

상담자: 그렇게도 기이한 발상인 것처럼 느껴지나 보네요. 그러니까 마치 나의 주된 임무 중 하나가 이 소중한 사람인 나, 내가 사랑하는 나를 돌보는 것인 양 그렇게 세상과 맞서겠다는 그런 뜻일 수 있겠군요.

내담자: 내가 배려해 주는 사람, 내가 매우 가깝게 느끼는 사람. 윽! 이것도 또 이상하네요.

상담자: 너무 이상하게 느껴지나 봐요.

내담자: 네, 그래요. 그래도 더 가깝게 맞는 것 같아요. 내가 사랑하는 나, 내가 돌보는 나라는 생각. (눈에 눈물이 고인다.) 아주 좋은 생각이에요. 아주 좋아요.

앞에서뿐만 아니라 이 인용문에서 보듯이, 이 내담자에게 자신에 대한 높은 배려, 심지어 사랑을 경험하게 해 준 것은 치료자의 보살핌 어린 이해였을 거라고 나는 믿는다.

민감한 이해의 세 번째 효과는 여전히 무비판적인 특징에서 나온다. 가장 높은 수준의 공감적 표현은 수용과 무비판이다. 이것은 진실이다. 왜냐하면 당신 안에 상대방에 대한 평가적인 견해가 형성되어 있다면, 당신이 그 사람의 내면세계를 정확하게 인지하기란 불가능하기 때문이다. 이 말이 의심스럽다면 당신이 아는 사람 중에 당신과 불화가 심하고 당신이 판단하기에 전적으로 틀렸고 잘못된 사람을 하나 골라 보라. 그리고 그 사람의 견해, 믿음, 감정들을 묘사하되 상대방이 보기에 당신이 정말 민감하고 정확하게 자신의 입장을 표현해 주었다고 할 정도로 해 보기 바란다. 열 중 아홉은 틀릴 거라고 생각한다. 왜냐하면 그 사람에 대한 묘사에는 그에 대한 당신의 판단이 슬그머니 포함될 것이기 때문이다.

결론적으로 진정한 공감은 언제나 평가적, 진단적 성격을 배제한다. 상대방은 이를 놀라움으로 지각한다. "내가 판단받지 않는 것을 보니 그동안 생각했던 것만큼 내가 악하거나 비정상적이지는 않은가 보네. 아마 그렇게 심하게 나 자신을 정죄할 필요가 없을 것 같아." 이렇게 해서 자기 수용의 가능성이 점차 증진되는 것이다.

시각적 지각을 연구해 본 결과 심리치료에 대해 관심을 갖게 되었다는 한 심리학자가 생각난다. 그 연구에서 그는 많은 학생들과 인터뷰를 했으며, 그들에게 무엇을 보거나 글을 읽는 데 어떤 어려움이 있는지, 안경을 쓰게 된 것에 대한 반응은 어떤 것이었는지 등 시각과 지각에 관련된 과거 사건들을 이야기해 보게 했다. 심리학자는 흥미를 가지고 듣기만 하고 그가 들은 것에 대하여 아무런 판단도 하지 않으면서 자료 수집을 마쳤다. 많은 학생들이 자발적으로 그에게 돌아와서 자기들에게 베풀어 준 모든 도움에 대해 감사했기 때문에 그는 놀랐다. 그의 생각에는 자기가 그들을 도와준 것이 아무것도 없었다. 그러나 삶의 작은 영역에 관한 것이었고 도와주려는 의도가 없었는데도 흥미를 가지고 평가 없이 들어주는 것이 강력한 치료 효과가 있다는 것을 그는 깨닫게 되었다.

앞서 이야기한 것을 다른 말로 표현하자면, 다른 사람에게서 제대로 이해받게 되면 사람은 자신의 개성과 정체감을 느끼게 된다는 것이다. 랭은 "정체감을 인식하려면 자신을 알고 있는 타인의 존재가 필요하다."라고 말했다(Laing, 1965: 139). 부버도 우리의 존재에 대해 타인이 확인해 주어야 할 필요성에 대해 말했다. 공감은 사람이 정체감을 가진 독립적이고 가치 있는 모습으로 존재하는 데 필요한 확인을 제공해 준다.

사람들이 이해받았다고 느낄 수 있는 공감적인 상호작용의 더 구체적인 결과로 눈을 돌려보자. 사람들은 이전에는 결코 의사소통을 해 본 적이 없다는 모습을 드러내기 시작하면서 그 과정에서 자기들 안에서 전에는 알지 못했던 것들을 발견해 간다. 그중에는 "내가 나의 아버지에 대해서 화가 났다는 것을 전에는 전혀 몰랐어." "내가 성공하기를 두려워하고 있다는 것을 미처 깨닫지 못했어."와 같은 것들이 있을 수 있다. 그런 것들을 발견하게 되면 불안하면서도 흥미롭다. 자기 자신에 대하여 새로운 면을 지각하는 것은 자기 개념의 변화를 향한 첫 걸음이다. 이해받는 분위기 가운데 새로운 요소가 획득되고 흡수되어서 이제 변형된 자기 개념이 된다. 나는 이것이 기초가 되어 행동의 변화가 생기며 심리치료의 결과가 나타난다고 생각한다. 일단 자기 개념이 변하면 새롭게 지각된 자기에게 알맞도록 행동이 변화한다.

그러나 공감이 심리치료라는 일대일의 관계에서만 효과가 있다고 생각한다면 큰 오산이다. 심지어 교실 안에서도 공감은 중요한 차이를 만든다. 학생들이 교실 안에서 경험하고 있는 것의 의미를 교사들이 이해한다는 증거를 보여 주면 그들의 학습은 향상된다. 애스피(Aspi)와 그의 동료들에 의한 연구에서 교사들의 이해 정도가 높은 교실에서는 그러한 이해가 없는 교실에서보다 아이들의 읽기 능력이 훨씬 더 향상되었다는 것이 밝혀졌다. 이러한 결과가 많은 교실에서 반복하여 나타났다(Aspy, 1972, 4장; Aspy & Roebuck, 1975). 심리치료를 받는 내담자가 공감적인 분위기를 통해 자기 자신에 대하여 더 많이 배우게 되는 것과 마찬가지로, 교실의 학생들도 이해해 주는 교사가 있을 때 그 과목을 더 잘 배울 수 있게 된다.

지금까지 공감의 효과 중에 좀 더 분명한 변화를 가져다주는 것에 대하여 이야기했다. 이제 성격의 역동과 관련이 있는 국면으로 눈을 돌려야 하겠다.

사람들은 민감한 이해를 받게 되면 자신의 경험의 더욱 광범위한 영역까지 가깝게 접촉하게 된다. 이는 그들이 자기 자신을 이해하고 행동을 선택하는 데 인도받기 위해 찾게 되는 참조체계의 확장을 가져다준다. 정확하고 깊은 공감을 받을 수 있을 때 그들은 경험의 흐름을 방해하는 장벽을 무너뜨리고 막힘 없이 흐를 수 있도록 자신을 허용해 줄 수 있을 것이다.

이 말들은 무엇을 의미하는가? 오크 부인과의 인터뷰 녹음에서 인용한 것을 소개한다면 그 뜻이 좀 더 분명해질 것이라고 생각한다. 오크 부인은 중년 여성으로서 치료의 후기 단계에 있다. 그녀는 자신을 괴롭혀 온 몇몇 복잡한 감정들을 탐구하고 있는 중이다.

내담자: 내가 느끼고 있는 건 죄책감은 아니에요. (잠시 멈추고 흐느낀다.) 물론 내 말은 아직은 뭐라 말할 수가 없네요. (이때 감정이 복받친다.) 정말 끔찍한 상처였어요.

치료자: 음, 아무튼 매우 크게 상처를 입었다는 뜻이기는 하지만 죄책감은 아니라는 말씀이군요.

내담자: (흐느낀다.) 그건 …… 저, 나는 종종 그것에 대해 스스로 죄책감을 느꼈는데요. 그러나 세월이 흐른 후 부모들이 자기 자녀들에게 "그만 울어!" 하고 말하는 것을 들었을 때, 내 느낌이, 상처가 마치, 글쎄요, 왜 그들이 **아이에게 그만 울라고 해야만 하지요?** 그 아이는 자신이 슬퍼서 그러는 거라고요. 그 아이 외에 자기 자신에 대해서 더 적절하게 슬퍼할 수 있는 사람이 어디 있겠어요? 저, 내 말은 그러니까 내가 이 얘기를 하려는 것 같아요. 그들은 **아이를 울게 해 주어야만 한다**고 생각했다는 거죠. 그리고 …… 아마 그들도 그를 위해 슬퍼해야겠지요. 좀 더 객관적인 방법으로 말이에요. 저, 그게 …… 내가 경험하고 있는 거예요. 내 말은 지금, 바로 지금 …… 그리고 내 안에 …… .

치료자: 이제 자신의 느낌이 어떤지 조금 더 잡아내고 있군요. 마치 자기 자신을 위해서 정말로 울어 주고 있는 것 같다는 거의 그런 뜻이로군요.

내담자: 네. 그런데 또 갈등이 생겨요. 우리 문화는 왜 그렇잖아요. …… 내 말은, 자기 연민에 빠져서는 안 된다는 거죠. 그러나 이건 그렇지가 않아요. 내 말은 이건 그런 뜻을 가지고 있는 게 아니라고 느껴져요. 그런 뜻을 가지고 있을 수도 있겠지요.

치료자: 우리 문화가 자기 자신에 대해서 슬퍼하는 것을 좋지 않게 여긴다고 생각하시네요. 그러면서도 자신이 경험하고 있는 것이 딱히 우리 문화가 반대하는 것은 아니라는 느낌도 있는 거군요.

내담자: 그리고 물론 나는 이제 …… 보게 되었고 느끼게 되었는데, 그 위에

…… 그것 보세요, 내가 그것을 감춰 왔잖아요. (흐느낀다.) 그렇지만 그것을 너무 많은 원한으로 감추어 왔고, 그래서 또 이번에는 그 원한 마저도 감추어야만 했던 거예요. (울면서) 그것을 없애 버리고 싶어요! 상처받아도 별로 상관없을 거예요.

치료자: (그녀가 경험하고 있는 상처에 대하여 부드럽게 공감하며) 당신은 그것을 경험하면서 여기 그 밑바닥에 자기 자신을 위한 진정한 눈물이라는 감정을 느끼고 있는 거군요. 그러나 그것을 보여 줄 수는 없고, 보여 주어서는 안 되고, 그래서 자신이 원치 않았던 원한으로 그것을 감추어 왔다는 거네요. 그래서 그 원한을 없애 버리고 싶다는 거구요. 그 원한을 느끼기보다는, 그것보다는 차라리 상처를 받는 것이 나을 것 같다고 거의 그렇게 느끼고 있는 거군요. (잠시 멈추며.) 정말 강하게 말씀하고 있는 것은 '나는 정말로 상처가 있고 그것을 감추려고 애써 왔다.' 인 것 같아요.

내담자: 난 그런 줄 몰랐어요.

치료자: 으음, 정말로 새로운 발견 같네요.

내담자: (치료자와 동시에 말을 시작하며) 나는 정말로 그런 줄 몰랐어요. 그러나 이것은 …… 이것은 거의 **신체적인 것**이에요. 그건 마치 내가 내 몸 안의 온갖 것들을 바라보고 있는 것 같았어요. 마구 짓이겨져 있는 신경종말과 미세한 부분들을 말이에요. (흐느낀다.)

치료자: 마치 거의 신체적으로 자신의 가장 섬세한 부분들 중 일부가 짓이겨지고 상처를 받은 것처럼 말이지요.

내담자: 그리고 이제 그 감정을 알았어요. '오, 불쌍한 것.'

여기서 치료자의 공감적인 반응이 오크 부인의 마음속에서 진행되고 있는 깊은 **창자로부터의 경험**을 범위를 더욱 넓혀 가며 탐색하고 더욱 가깝게 알아가도록 격려해 주었던 것이 분명하다. 그녀는 (고상하지 않은 단어를 사용하자면) 자신의 창자에서 나오는 소리 듣기를 배우고 있다. 그녀는 자신의 경험의 흐름에 대한 지식을 넓혀 갔다.

또한 우리는 다시 한번 어떻게 언어화되지 않은 창자 속의 흐름이 참조체계로 사용되었는지를 보게 된다. 그녀가 어떻게 해서 '죄책감'이 자신의 감정을 묘사하기에 적절한 말이 아니라는 것을 알았을까? 그녀는 자기 내면에 눈을 돌려보고 이 현실, 마음속에서 일어나고 있는 이 분명한 과정, 이 경험을 다시 한번 바라봄으로써 알게 되었던 것이다. 그래서 그녀는 '상처'라는 단어를 참조체계에 비춰 점검할 수 있게 되고 그 말이 좀 더 가깝다는 것을 발견한다. '오, 불쌍한 것.'이라는 표현을 시도했을 때 비로소 그것이 자기 자신의 연민과 슬픔이라는 내면의 느껴진 의미와 꼭 들어맞게 된다. 내 판단에는 그녀가 자신의 경험의 이러한 측면을 참조체계로 사용했을 뿐 아니라 신체적 존재로서의 전체적인 자신을 점검하는 과정에 대해서도 무언가 배웠을 것 같다. (그렇게 배운 것을 앞으로 계속해서 적용할 수 있을 것이다.) 그리고 공감은 그것이 가능하도록 도왔다.

더불어 이 상담치료의 한 장면을 통해서 경험이 자기 길을 따라 흐르게 한다는 것이 무엇을 의미하는지 발견할 수 있다. 이것이 새로운 감정이 아닌 것은 분명하다. 그녀는 이전에도 종종 그 감정을 느꼈지만 그것이 밖으로 나타난 적은 없었다. 어딘가 막혀 있었던 것이다. 나는 내가 여러 번 이런 일을 경험한 당사자이기 때문에 막힌 것이 뚫릴 때의 실체와 생생함에 대해 너무나 분명히 알고 있다. 그러나 어떻게 해야 가장 잘 설명할 수 있을지는 잘 모르겠다. 창자 수준의 경험이 온전히 받아들여지고 인식 안에서 정확하게 이름 붙여져야만 그 작업이 끝나게 되는 것 같다. 그렇게 되면 그 사람은 그것을 뛰어넘게 된다. 다시 한번 말하지만, 경험을 앞으로 나아가게 하여 결론(이 경우에는 그녀가 자신을 향한 연민을 막힘 없이 경험하는 것이다.)에 이르도록 돕는 것은 민감한 공감적 분위기다.

결론

나는 이제 공감의 중요성에 대하여 다소 다른 관점에서 천천히 설명하려 한다. 사람들은 민감하게 그리고 정확하게 이해받고 있다고 느끼게 될 때 자기 자신에 대하여 성장을 촉진하는 자세 또는 치료적인 태도를 발달시킨다고 말할 수 있을 것이다. 이에 대해 설명해 보겠다.

1. 우리가 그동안 볼 수 있었던 것과 같이, 무비판적이고 수용적인 특징의 공감적 분위기는 사람들이 자기 자신에 대해서 소중히 여기고 돌보아 주는 태도를 취하도록 만든다.
2. 누군가 이해하며 들어주면 사람들은 자기 자신의 창자 속 깊은 경험, 자기 자신의 모호하게 느껴졌던 의미들에 대해서 더욱 많이 공감하면서 자기 자신을 좀 더 정확하게 듣는 것이 가능해진다.
3. 자기 자신을 더욱 많이 이해하고 소중히 여겨 주게 되면 그것이 그들로 하여금 자신에 대하여 새로운 측면을 경험하게 만들고, 그 새로운 측면은 더욱 정밀하게 기반이 잡힌 자기 개념의 한 부분이 된다.

자기는 이제 경험과 더욱 일치된다. 그리하여 사람들은 자기 자신에 대하여 더욱 다정하고 수용적이며, 더욱 공감적이고 이해심이 있으며, 더욱 실제적이고 일치적인 태도를 갖게 된다. 그런데 이 세 요소들이 바로 경험과 연구 모두가 지적하고 있는 효과적인 치료자의 태도다. 그러므로 공감적 이해를 받게 되면 자기 자신을 위하여 더욱 효과적으로 성장을 촉진하는 사람이 되고 더욱 효과적인 치료자가 된다고 하는 것이 과장된 말은 아닐 것이다.

결론적으로 우리 치료자, 엔카운터 그룹 촉진자, 교사 또는 부모의 역할을 할 때 공감적인 태도를 취할 수만 있다면 변화와 성장을 위한 강력한 힘은 우리 손 안에 있게 된다. 그 힘의 진가를 알아줄 필요가 있다.

마지막으로 내가 이제껏 이야기한 모든 것들을 좀 더 큰 문맥에 투입해 보고자 한다. 공감적 과정에 관해서만 이야기했기 때문에 성장을 촉진하는 관계에서 공감만이 유일한 요소라고 내가 생각하고 있다고 느꼈을지도 모르겠다. 나는 그런 인상을 남기고 싶지는 않다. 내가 성장을 이루고 상호관계를 촉진하는 태도의 3요소라고 보고 있는 것들의 중요성에 대하여 나의 견해를 간략하게 이야기하고자 한다.

결혼과 성 파트너 사이, 교사와 학생 사이, 고용주와 피고용자 사이, 동료와 친구 사이 등의 일상적인 상호관계에서 일치성은 아마도 가장 중요한 요소일 것이다. 일치성 혹은 진정성은 상대방이 정서적으로 '당신이 어디에 있는지' 알도록 해 주는 것을 수반한다. 이는 직면을 필요로 하기도 하고, 긍정적인 것이든 부정적인 것이든 개인적으로 가지고 있는 감정들을 솔직하게 표현해야만 한다. 그러므로 일치성은 진실된 분위기 안에서 함께 사는 것의 기초가 된다.

그러나 다른 특별한 상황에서는 돌보아 주고 소중히 여겨 주는 것이 가장 중요한 요소가 될 수 있다. 그러한 상황은 부모와 영아, 치료자와 무언의 정신질환자, 의사와 매우 아픈 환자 사이같이 말로 의사소통을 할 수 없는 관계를 포함한다. 돌봄은 창조성을 촉진하는 태도로 알려져 있다. 양육적인 분위기에서는 섬세하고 실험적인 새로운 사상과 생산적인 변화가 나타난다.

그리고 내가 경험한 것 중에는 공감적인 존재방식이 최우선이 되어야 하는 다른 상황들이 있다. 사람이 상처를 받고, 혼란스러우며, 고뇌하고, 불안해하고, 소외되어 있고, 두려워하고, 자기 가치를 의심하거나 정체감이 불확실할 때는 이해가 요구된다. 공감적인 사람(물론 다른 두 가지 태도까지 함께 갖추고 있는)이 부드럽고 민감하게 동행해 준다면 희망과 깨달음이 제공될 수 있다. 그러한 상황에서는 깊은 이해라는 것이 한 사람이 다른 사람에게 줄 수 있는 최고의 선물일 것이라고 나는 믿는다.

♣ 참고문헌

Aspy, D. (1972). *Toward a technology for humanizing education.* Champaign,

Illinois: Research Press.

Aspy, D., & Roebuck, F. (1974). From humane ideas to humane technology and back again, many times. *Education, 95*(2). 163-171.

Barrett-Lennard, G. T. (1962). Dimensions of therapist response as causal factors in therapeutic change. *Psychological Monographs, 76*(43, Whole No. 562).

Bergin, A. E., & Jasper, L. G. (1969). Correlates of empathy in psychotherapy: A replication. *Journal of Abnormal Psychology, 74*, 477-481.

Bergin, A. E., & Solomon, S. (1970). Personality and performance correlates of empathic understanding in psychotherapy. In J. T. Hart & T. M. Tomlinson (Eds.), *New directions in client centered therapy.* Boston: Houghton Mifflin.

Bergin, A. E., & Strupp, H. H. (1972). *Changing frontiers in the science of psychotherapy.* Chicago: Aldine-Atherton.

Blocksma, D. D. (1951). *An experiment in counselor learning.* Unpublished doctoral dissertation, University of Chicago.

Cartwright, R. D., & Lerner, B. (1966). Empathy, need to change, and improvement in psychotherapy. In G. E. Stollak, B. G. Guerney, Jr., & M. Rothberg (Eds.), *Psychotherapy research: Selected readings.* Chicago: Rand McNally.

Fiedler, F. E. (1949). *A comparative investigation of early therapeutic relationships created by experts and non-experts of the psychoanalytic, non-directive, and Adlerian schools.* Unpublished doctoral dissertation, University of Chicago.

Fiedler, F. E. (1950a). A comparison of therapeutic relationships in psychoanalytic, non-directive and Adlerian therapy. *Journal of Consulting Psychology, 14,* 436-445.

Fiedler, F. E. (1950b). The concept of the ideal therapeutic relationship. *Journal of Consulting Psychology, 14,* 239-245.

Fiedler, F. E. (1953). Quantitative studies on the role of therapists' feelings toward their patients. In O. H. Mowrer (Ed.), *Psychotherapy theory and research.* New York: Ronald Press.

Gendlin, E. T. (1962). *Experiencing and the creation of meaning.* New

York: The Free Press of Glencoe.

Gendlin, E. T., & Hendricks, M. Rap manual, *Changes*. Chicago, Illinois, mimeographed document, undated.

Guerney, B. G., Jr., Andronico, M. P., & Guerney, L. F. (1970). Filial therapy. In J. T. Hart & T. M. Tomlinson (Eds.), *New directions in client-centered therapy*. Boston: Houghton Mifflin.

Halkides, G. (1958). *An experimental study of four conditions necessary for therapeutic change*. Unpublished doctoral dissertation, University of Chicago.

Kurtz, R. R., & Grummon, D. L. (1972). Different approaches to the measurement of therapist empathy and their relationship to therapy outcomes. *Journal of Consulting and Clinical Psychology, 39*(1), 106-115.

Laing, R. D. (1960). *The divided self*. London: Tavistock.(Pelican edition, 1965)

Mullen, J., & Abeles, N. (1972). Relationship of liking, empathy, and therapist's experience to outcome of therapy. In *Psychotherapy, 1971, an Aldine annual*. Chicago: Aldine-Atherton.

Quinn, R. D. (1953). Psychotherapists' expressions as an index to the quality of early therapeutic relationships established by representatives of the non-directive, Adlerian and psychoanalytic schools. In O. H. Mowrer (Ed.), *Psychotherapy theory and research*. New York: Ronald Press.

Raskin, N. (1974). Studies on psychotherapeutic orientation: Ideology in practice. *AAP Psychotherapy Research Monographs*, Orlando, Florida: American Academy of Psychotherapists.

Rogers, C. R. (1957). The necessary and sufficient conditions of therapeutic personality change. *Journal of Consulting Psychology, 21*, 95-103.

Rogers, C. R. (1959). A theory of therapy, personality and interpersonal relationships as developed in the client-centered framework. In S. Koch (Ed.), *Psychology: A study of a science, Vol. 3, Formulations of the person and the social context*. New York: McGraw-Hill.

Rogers, C. R., Gendlin, E. T., Kiesler, D. J., & Truax, C. B. (Eds.) (1967). *The therapeutic relationship and its impact: A study of psychotherapy with schizophrenics*. Madison, Wisconsin: University of Wisconsin Press.

Tausch, R. (1973). Personal communication.

Tausch, R., Bastine, R., Bommert, H., Minsel, W-R., Nickel, H., & Langer, I. (1972). Weitere Untersuchung der Auswirkung und der Prozesse klientenzentrierter Gesprähpsychotherapie. *Zeitschrift für Klinische Psychologie, 1* (3), 232-250.

Tausch, R., Bastine, R., Friese, H., & Sander, K. (1970). Variablen und Ergebnisse bei Psychotherapie mit alternierenden Psychotherapeuten. *Verlag für Psychologie, XXI/I,* Götingen.

Truax, C. B. (1966). Effective ingredients in psychotherapy: An approach to unraveling the patient-therapist interaction. In G. E. Stollak, B. G. Guerney, Jr., & M. Rothberg (Eds.), *Psychotherapy research: Selected readings*. Chicago: Rand McNally.

Truax, C. B. (1967). A scale for the rating of accurate empathy. In C. R. Rogers, E. T. Gendlin, D. J. Kiesler, & C. B. Truax (Eds.), *The therapeutic relationship and its impact: A study of psychotherapy with schizophrenics*. Madison, Wisconsin: University of Wisconsin Press.

Truax, C. B., & Carkhuff, R. R. (1967). *Toward effective counseling and psychotherapy: training and practice*. Chicago: Aldine-Atherton.

Van Der Veen, (1970). F. Client perception of therapist conditions as a factor in psychotherapy. In J. T. Hart & T. M. Tomlinson (Eds.), *New directions in client-centered therapy*. Boston: Houghton Mifflin.

제8장 엘렌 웨스트-그리고 외로움

이 장은 긴 역사를 가지고 있다. 실존주의 접근법에 대한 롤로 메이의 책 『존재(Existence)』가 1958년 출간되었다. 이 책에는 루드비히 빈스방거(Ludwig Binswanger) 박사에 의해 기록된 유명한 사례가 포함되어 있다. 그 사례는 빈스방거 박사가 유진 블로일러(Eugene Bleuler) 박사와 함께 관여했던 것으로 처음에는 독일어로 보고되었다(Binswanger, 1944~1945). 치료방법은 정신의학적이고 정신분석적인 것이었음이 분명하다.

1958년 가을, 정신과의사와 심리학자들을 모두 포함하여 새롭게 결성된 AAP(American Academy of Psychotherapist)에 의한 대회가 열렸다. 메이 박사는 그 대회에서 엘렌 웨스트(Ellen West)의 사례에 대하여 토론하기 위하여 심포지엄을 조직했다. 여기에는 세 명의 정신과의사, 나를 포함한 두 명의 심리학자, 한 명의 인류학자 그리고 한 명의 사회역사가가 참여했다. 토론은 하루 종일 진행되었는데, 여러 각도에서 사례에 대한 논의가 이루어졌다. 이 토론이 전체적으로 보고된 적은 아직 없었다.

심포지엄을 준비하기 위해 그 사례를 연구하면서 엘렌을 치료하는 과정에 있었던 많은 중대한 '실수'에 대해 나는 점점 더 화가 났다. 그녀는 자신의 부모, 여러 의사, 정신과의사, 그리고 두 명의 분석가에 의해서 전혀 도움을 받지 못했을 뿐 아니라 사실상 정신건강을 오히려 악화시키는 방법으로 다루어졌다. 엘렌이 오래 전에 살았던 사람이었으며, 그 당시에는 심리치료와 정신과 치료가 초보 단계에 있었다는 것을 알고 있기 때문에 그러한 실수들이 있을 수 있는 일이었다라고 머리로는 생각하면서도 마음의 분노는 사라지지 않았다.

결국 나는 심포지엄에서 나의 견해를 발표하여 내가 본 대로 그들의 상호작용의 역동을 제시했을 뿐만 아니라 엘렌이 도움을 얻기 위해 만일 나나 다른 내담자-중심 치료자의 상담실로 걸어 들어왔다면 어떤 역동이 일어났을지를 상상해 보았다. 내가 보기에는 그 결과가 무척 달랐을 것 같다.

몇 년 후에 나는 그 보고서를 확장시켰다. 엘렌의 생애의 주요 사건들을 제시하고, 빈스방거의 설명도 요약했으며, 엘렌의 삶을 현대 사회에 존재하는 소외와 외로움에 연결시켰다. 이렇게 만들어진 것은 심포지엄을 위한 간단한 논평이라기보다는 그 자체로 독립적인 글이 되었다.

시작 부문은 오래 전에 쓰인 것이고 확장된 글도 최근에 쓴 것은 아니지만 나는 여전히 이 글을 지지하고 있으며, 고통 중에 있는 사람을 돕는 내담자-중심, **사람-중심 접근법**에 대하여 좀 더 보충하여 설명하는 의미로 이 글을 싣게 된 것을 기쁘게 생각한다.

현대인이 느끼고 있는 근본적인 소외감에 대한 나의 견해에 대해 먼저 이야기하겠다. 그러고 나서 이 외로움이 비극적인 지경까지 이르렀던 예로 내가 엘렌 웨스트를 어떤 식으로 보았는지를 말하겠다.

외로움을 보는 방법들이 많이 있지만, 나는 우리가 내담자들과 다른 사람들에게서 매우 자주 보게 되는 것처럼 외로움을 지각하는 데에서의 두 가지 요소에 초점을 맞추고자 한다. 첫째는 자기 자신으로부터의 소외, 유기체로서의 자신의 경험으로부터의 소외다. 이 근본적인 분리 안에서 유기체는 경험을 통해 어떤 의미를 느끼는데, 의식적인 자기(self)는 다른 의미를 굳게 붙잡고 있다. 왜냐하면 그것이 다른 사람들에게서 사랑과 수용을 얻는 방법이기 때문이다. 그러므로 치명적일 수도 있는 분리가 생겨서 의식적으로 지각된 의미에 의하여 행동이 조절되는 한편, 신체기관에 의해서 지각된 것은 부인되고 무시된다. 왜냐하면 자기 자신과 자유롭게 의사소통할 수 있는 능력이 없기 때문이다.

우리의 외로움의 또 하나의 요소는 우리가 진정 경험하는 것을—즉, 진정한 우리 자신을—의사소통을 통해 다른 사람에게 전달할 수 있는 관계의 결여다. 우리가 분리된 자기의 두 가지 부분—우리가 인식하고 있는 면과 깊은 수준의 경험—을 관계를 통해 결코 전달할 수 없게 되면, 우리는 어느 누구와도 진정한 접촉을 할 수 없다는 외로움을 느끼게 된다.

이 외로움이 현대인에게만 있는 것일까? 아마도 그런 것 같다. 예전에도 사람들이 중요한 타인의 인정을 받기 위해서 자신의 경험을 불신하고 무시하기는 했지만, 그래도 그때는 자신이 선택한 모습, 자신의 경험을 통해 발견했다고 느꼈던 의미가 잘 통합되어 강하게 지탱해 주는 신념과 의미가 되었다. 그리고 한 사회 전체가 인생과 경험에 대하여 똑같은 방식으로 지각하는 경향이 있었으므로, 의식하지 못하는 가운데 자신의 깊은 자기를 포기했다 하더라도 일관성이 있고 존중받고 인정받는 자기를 취하고 그것에 의하여 살아갈 수 있었다. 예를 들어, 초기 청교도들은 자신의 유기체적인 경험의 광대한 영역들을 부인하면서 많은 내적인 긴장을 경험했음에 틀림없다. 그러나 오늘날의 우리 내담자들만큼이나 고독과 소외감을 경험했던 것 같지는 않다.

현대인들은 예전의 동질적인 그룹에서와 같이 사랑을 가져다주는 존재방식을 취하기 위하여 자기 자신의 경험을 버린다. 그렇지만 그가 채택한 모습은 그의 부모나 몇몇 사람들에게 이어받은 것이기 때문에, 그는 자신의 모습이 어떤 사람에게는 인정을 받지만 그 밖의 사람들은 인생을 매우 다르게 이해한다는 사실을 계속해서 깨달을 수밖에 없다. 그 어느 것이라도 한 가지 모습만 가지고는 안전하지 못하다. 그러므로 현대인은 심한 외로움, 단절감, 그리고 자신의 깊은 내면으로부터의 소외와 다른 사람들로부터의 소외를 경험한다.

이 글의 나머지 부분은 이렇게 매우 근본적인 현대적 유형의 소외를 엘렌 웨스트라는 젊은 여인의 내력을 예로 들어 설명하려 한다. 그녀의 이야기는 매우 많은 가르침을 줄 것이다.

이 사례가 심포지엄의 주제로 결정된 것을 기쁘게 생각한다. 먼저 엘렌 웨스트의 일기와 편지들은 설명에 필요한 풍성한 개인적인 자료들을 더해 준다. 또한 의사들, 치료자들, 진단했던 사람들의 관찰 기록과 보고서도 포함되어 있어서 설명이 완전해지도록 더욱 보완해 준다. 두 번째로 이 사례에 대한 완전한 설명은 독일어(1944~1945)와 영어(1958) 모두로 읽을 수 있다. 마지막으로 이 사례는 정신의학계와 심리치료계에서 가장 잘 알려져 있던 사람들 중 몇몇이 한 세대 전 또는 그 이전에 어떤 생각을 갖고 어떻게 일했는지 그 방법을 제시해 준다.

여기에서 엘렌 웨스트의 비극적인 이야기를 모두 할 수는 없다. 그녀의 내력은 30쪽이 넘는 종이에 빽빽하게 기록되어 있다. 그녀의 삶 가운데 중요한 사건만 몇 개 추려서 이야기해 보겠다.

먼저 그녀의 어린 시절이다. 엘렌은 20세가 될 때까지는 전체적이고 통합되어 있고 평범했던 것으로 보인다. 임상가들은 결과를 가지고 뒤돌아본다는 이점을 가지고 병리를 역사적으로 해석하기 쉽지만, 나는 그녀의 어린 시절이 병리적이었다고 보지 않는다. 엘렌은 쾌활하고 고집 세고 예민하고 반항적이며 경쟁적이고 표현이 풍부하고 변덕스러운 소녀다. 한마디로 그녀는 활기찬 사람이다. 그녀는 자신의 아버지에 대한 애정이 깊다. 그녀는 좋아하는 남자애를 만나기 전까지는 매우 남자가 되고 싶어 한다. 그녀는 인생의 목적이 무엇인지 궁금해한다. 뭔가 큰일을 성취하겠다는 이상적인 꿈을 가지고 있다. 이러한 특징들 중에 어두운 미래를 예고해 주는 것은 아무것도 없다. 오히려 그녀는 변화가 풍부하고 민감했던 아이로서 미래가 매우 유망해 보인다.

"그녀가 20세 된 해는 행복, 갈망 그리고 희망으로 가득하다."* 그녀는 활

*이 부분과 뒤따라오는 인용문은 메이(1958)의 글에서 발췌했다.

기차고 진지하며 다정한 남자를 찾을 수 있기를 간절히 원한다. 그녀는 먹고 마시는 것을 즐긴다. 그러나 그해에 자기 자신으로부터의 중대한 분리가 일어나는 사건이 발생한다. '그녀는 낭만적인 외국인과 약혼을 하게 되지만 아버지의 반대로 파혼을 한다.' 이 사건의 전모가 불분명하지만 그녀 편에서 저항했던 흔적이 별로 없는 것으로 보아, 그녀는 아버지의 감정을 마치 자신의 감정인 것처럼 받아들였던 것 같다. 이 사건을 도식적으로 설명해 보자면, 그녀는 다음과 같이 생각했을 것 같다. "나는 나의 감정이 사랑에 빠졌다는 것을 의미하는 줄로 생각했다. 약혼을 하는 것이 좋고 의미 있는 일이라고 느꼈다. 그러나 내가 경험하는 것은 신뢰할 수가 없다. 약혼을 하는 것은 의미 있는 위탁이 아니다. 나는 내가 경험하는 것을 따라가면 안 되겠다. 그렇게 하는 것은 잘못된 행동이고 그렇게 되면 아빠의 사랑을 잃게 된다."

그 당시 불과 2~3주 동안에 그녀는 너무 많이 먹고 점점 살이 찐다. 이것이 그녀의 주요 증상의 시작이었다. 아마도 이것은 그녀가 자기 자신에 대해 불신하기 시작했다는 것을 보여 주는 것으로서 그때부터 그녀는 동료들의 놀림을 받고서야 다이어트를 시작한다. 그녀는 자기 자신의 충동을 믿을 수 없기 때문에 다른 사람들의 기대에 맞춰 자신의 인생을 살아야 한다는 필요성을 점점 더 많이 느끼게 된다.

그녀가 그 사건 직후 죽음을 '영광스러운 여인'이라고 느낄 정도로 왜 그렇게 자기 자신을 멸시하기 시작했는지 짐작하기란 어렵지 않다. 결국 그녀는 신뢰할 수 없는 유기체이자 멸시받아 마땅한 자가 되었고, 자신의 경험은 계속해서 잘못 인도하기만 하는 것이 되었던 것이다. 그녀의 일기에는 '의심과 공포의 그림자'라는 말이 나오는데, 그것은 곧 뚱뚱해지는 것에 대한 두려움으로 해석된다. 그녀가 자신 안에 있는 '악한 영' 때문에 무서워했다는 것도 그리 놀랄 일이 아니다. 그녀를 따라다니며 괴롭혔던 것은 받아들여지지 않고 부인된 자기 자신의 감정이었던 것이다.

자기 자신과 마음속에 숨어 있는 감정들 사이에서 진짜 분리가 일어났던 것이 이때가 처음은 아닐 것이라고 나는 확신하지만 그 사건이 매우 중요했다는 데는 의심의 여지가 거의 없다. 그 사건은 그녀가 자율성이 있는 존재로서 자기 자신에 대해 가지고 있어야 할 자신감을 너무 심하게 파괴했다. 비록 그 후에 그녀가 다시 기분이 좋아지고 행복한 기간을 보내게 될지라도, 그녀는 자기 자신의 일부분을 포기했고 아버지의 감정을 자신의 것으로 내사해 놓았다.

이 기간 동안 그녀는 동요로 가득하다. 무언가 대단한 일을 하기를 원하고, 사회개혁을 소망하고, 학생으로서 매우 열심히 공부하고, 어린아이들을 위한 독서실을 설립한다. 그러나 때때로 그녀는 '겁 많은 지렁이'였고, 죽고 싶어 하며, 가정교사에게 '선한 사람은 일찍 죽는다.'라는 문장을 자꾸 읽게 한다. 때때로 '인생이 다시 승리했다.' 그녀는 승마 코치와 불쾌한 연애 사건을 갖는다. 그녀는 '좌절'을 겪는다. 체중에 대하여 너무나 과도하게 염려한다.

그녀가 24세가 되었을 때 자기 자신에 대하여 자신감을 더욱 완전히 잃게 되는 또 다른 시점을 맞는다. 그녀는 오랜 여자 가정교사가 함께 살아 주는 것을 필요로 할 정도로 여전히 자기 자신에 대해서 확신이 없지만 그래도 공부하며 행복해한다. '그녀의 일기에는 인생과 관능의 즐거움이 풍기고 있다.' 그녀는 한 학생과 사랑에 빠진다. 교제가 지속적이었고 빈번했던 것으로 보아 깊이 빠져 있었던 것이 분명하다. 그녀는 약혼하게 되지만, 다시 한번 부모들이 그녀의 경험이 틀렸다고 주장하며 헤어지기를 요구한다. 그래서 그녀로서는 그 관계가 현실적이지 않고 지혜롭지 못하며 포기하는 편이 낫겠다는 생각이 들었을 것이다. 다시 한번 그녀는 자기 자신의 경험을 불신하고 경멸하며 자신의 부모의 감정을 내사한다. 그러고는 그 관계를 포기한다. 더불어 지혜롭게 자신을 인도할 수 있도록 해 주는 자신에 대한 신뢰를 완전히 포기한다. 다른 사람들의 경험만 믿을 수 있게 된다. 이때 그녀는 의사에게 도움을 요청한다.

이 시점에서 그녀가 반항했더라면, 그녀가 자기 자신의 세계에서 스스로 경험하는 것을 위하여 싸울 수 있는 힘을 가지고 있었더라면, 그녀는 자신의 깊은 감정들에 충실했을 것이며 글자 그대로 자율적인 자기 자신을 구원할 수 있었을 것이다. 그러나 거기에는 반항 대신에 끔찍한 우울과 자기 몸에 대한 증오가 있었고, 그녀의 몸은 인생을 다루는 데 전혀 믿을 만하지 못한 기관이 되었음에 틀림없다. 그녀가 얼마만큼 자기 자신을 포기했는지는 그녀의 끔찍한 다이어트를 통해 볼 수 있다. 그녀는 후에 다음과 같이 말했다. "내 안에서 무언가가 내가 살이 찌는 것에 반대했어요. 그리고 내가 건강해지고, 통통한 붉은 뺨에 단순하고 원기 왕성한 여인이 되는 것을 반대했어요. 그것이 나의 진짜 모습인데 말이죠."

다시 말해서, 그녀가 자기 자신의 감정들, 갈망들, 경험들을 신뢰했더라면 원기 왕성하고 통통하고 젊은 여자로서 자기가 사랑하는 그 학생과 결혼했을 터였다. 그러나 그녀의 감정들은 전혀 신뢰할 수 없다는 것이 증명되었고, 그녀의 갈망들과 경험들은 결코 믿을 만하지 못한 안내자였다. 그러므로 그녀는 사랑하는 사람에 대한 자신의 감정만 부인해야 했던 것이 아니라, 자기 자신의 성향에 완전히 반하여 다른 사람들이 인정하는 외모를 만들기 위해 굶고 자기 몸을 억압했다. 그녀는 삶의 기초가 되는 자기 자신의 경험에 대한 신뢰를 완전히 잃어버렸다.

또 다른 사건에 대해서 간단히 언급하려 한다. 그녀는 사촌오빠를 신랑감으로 점쳐 보게 되었는데, 이에 대해서는 가족의 승인을 얻었다. 그들은 결혼을 계획한다. 그러나 28세가 될 때까지 2년 동안을 더 그녀는 사촌과 자기가 사랑했던 학생 사이에서 방황한다. 그녀는 그 학생을 만나서 결별을 선언하고 떠난다. 그녀 말에 의하면 그것은 '아물지 않는 상처'였다. 가장 결정적이라고 할 수 있는 이 상호작용의 내용에 대해서 우리는 아무것도 모르지만, 그녀의 심리적인 삶이 여기에서 매우 위태로운 상태가 되었으리라는 것을 짐작할 수 있다. 그녀가 자기 자신의 경험을 믿고 자신이 사랑하는 사람을 선택해야 했을까, 아니면 사촌을 선택해야 했을까? 사촌에 대한 그녀의 감정은 더 차가워졌지만 그녀는 자기가 느껴야 한다고 여겼던 모든 공인된 감정들을 느껴야만 했다. 그녀는 자신이 그 학생을 선택한다면 자율적인 자아라는 미지의 길을 선택하는 것이 된다고 희미하게나마 깨닫고 있지는 않았을까 하는 생각이 든다. 그녀가 자기 사촌을 선택한다면 다른 사람들이 기대하는 삶을 살게 되기는 하겠지만 그것은 안전하고 공인된 가식적 삶이 될 것이었다. 결국 그녀는 사촌을 선택하고 결혼하는데, 그렇게 해서 그나마 있었던 자신에 대한 신뢰를 더욱더 포기하게 된다.*

32세가 되었을 때 그녀는 자신이 날씬해야만 한다는 생각에 완전히 사로잡힌다. 그 때문에 그녀는 굶고 하루에 60개의 렉서티브 알약을 먹는다! 그녀가 기운이 거의 없어지게 된 것은 놀라운 일이 아니다. 그녀는 심리치료사를 찾았지만 도움이 안 되는 것 같다고 느낀다. 그녀는 "내 마음을 분석해 보았지만 모두 이론으로 남았을 뿐이야."라고 말했다. 그리고 "분석가는 내게 통찰력을 주긴 했지만 날 치료해 주지는 못했다."라고도 했다. 그러나 사정에 의해서 분석이 갑작스럽게 중단되자 그녀는 더욱 나빠진다.

이 기간 동안 그녀는 자신의 이상적인 사랑, 즉 그 학생에 대하여 이야기한다. 그녀는 남편에게 보낸 편지에서 다음과 같은 말을 한다. "그 당시 당신은 내가 받아들여야 할 인생이었고 그것을 위해 나의 이상을 포기해야 했지요. 그러나 그것은 억지로 한 결정이었어요." 그녀는 필사적으로 다른 사람들이 자신에게 원하는 감정을 가지려고 노력하고 있는 듯이 보인다. 그러나 그녀는 억지로 자신을 몰아가야만 한다.

여기서부터 계속해서 그녀 자신 안의 불화는 더 많은 불화와 점점 더 많은 다른 사람으로부터의 소외감으로 이끌게 된다. 그녀가 보내졌던 병원에서 그녀를 돌보았던 두 번째 분석가는 이제 그 익숙한 패턴을 반복하게 되는데, 그 시점에서 그녀가 처음으로 자살을 시도하게 된 것은 그리 놀랄 일이 아닌 것 같다. 그녀의 남편은 그녀와 함께 있고 싶어 했고 그녀도 남편과 병원에서 함

* 똑같은 사건에 대해 얼마나 다른 견해를 가질 수 있는지 보이기 위하여 빈스방거 교수의 말을 소개하자면, 그는 그녀가 자기 자신의 이상적인 부분과 현실적인 부분 사이에서 갈등을 느꼈다고 했다. 그는 그녀가 사랑했던, 곧 사라져 버릴(이상적) 세계의 일부분인 금발머리 청년과 땅 위에 두 발을 딛고 서 있는 다른 사람(사촌)을 대조하며 땅 위의 삶이 다시 이겼다고 했다. 빈스방거 박사나 나, 우리 두 사람 모두가 이에 대해서 객관적인 관찰을 하려고 할 때에도 우리의 가치관이 드러난다는 것을 말해 주는 것 같아 염려스럽다.

께 있고 싶어 했지만, 아버지 같은 존재였던 그 분석가는 어떻게 하는 것이 더 나은지 잘 알고 있었기에 남편을 보내 버렸다. 그녀에게 조금이나마 남아 있던 자신감마저 그녀를 지도하는 사람의 입장에 있던 그 분석가가 파괴해 버렸던 것이다.

이 시점 이후로 소외는 더 심화되고 비극이 가까이 다가온다. 그녀는 더 많은 의사들, 더 많은 정신과의사들을 찾아가는데, 그녀를 다루는 그들의 눈에는 그녀가 점점 더 하나의 대상이 되었을 뿐이다. 그녀는 마침내 빈스방거 박사의 요양소에 보내졌고 그곳에서 여러 달을 머문다.

이 기간 동안 그녀에 대한 진단에는 계속해서 이견이 있었다. 저명한 정신과의사, 에밀 크레펠린(Emil Kraepelin)은 그녀가 우울했던 기간 동안 그녀를 진단하고는 우울증에 걸렸다고 했다. 그녀의 두 번째 분석가는 '조울증을 수반한 심한 강박증'이라고 진단 내렸다. 고문 의사는 그녀의 문제를 '점차 나타나고 있는 정신증적 기질'이라고 말했다. 그는 그녀의 지능에 이상이 있는 것은 아니기 때문에 정신분열증은 아니라고 했다. 그러나 블로일러 박사와 빈스방거 박사는 그녀의 증상이 점진적인 정신분열적 정신이상(단순 정신분열증)이라는 데 동의했다. 그들은 그녀에게 희망이 거의 없다고 보았으며 요양소에서 나가면 자살할 것이 분명하다고 말했다.

엘렌은 이 모든 논의들을 알고 있었기 때문에 자기 자신이 사람이 아니라 자신이 전혀 제어할 수 없이 파괴를 향해 가고 있는 이상한 비정상적인 기계 장치인 것처럼 느꼈을 것임에 틀림없다. 이 모든 '진단들'을 통해 볼 때, 의사들이 그녀를 사람으로 다루고 있다고 생각할 만한 흔적은 전혀 찾아볼 수가 없다! 엘렌의 다음과 같은 말을 이해하는 것은 어렵지 않다. "나는 나 자신을 이상한 사람으로 보게 돼요. 나는 나 자신이 두려워요." 또한 그녀는 이렇게 말하기도 했다. "바로 이 점에서 나는 정신이상이다.—나는 내 본성과 싸우며 파멸해 가고 있다. 운명은 내가 뚱뚱하고 힘센 사람이 되기를 원했는데, 나는 마르고 섬세해지기를 원했던 거다." 그녀는 정말로 자신의 본성과 싸우며 파멸해 가고 있었다. 유기체로서의 그녀는 건강하고 힘이 세기를 원했지만 내사된 '나' —다른 사람을 기쁘게 하기 위해 취한 거짓 자기— 는 그녀가 말한 것처럼 마르고 '지적인' 모습이었다.

현명한 의사들은 자살의 위험에도 불구하고 다음과 같은 결론에 도달했다. "확실하게 도움을 줄 수 있는 믿을 만한 치료법은 없다. 그러므로 우리는 환자의 요구에 따라 퇴원시키기로 결정했다." 사흘 후 그녀는 편안하고 행복한 듯 보였고, 수년 만에 처음으로 잘 먹은 후 치사량에 이르는 독약을 삼켰다. 그녀의 나이 서른셋이었다. 그녀의 묘비명에는 그녀 자신의 것임이 당연한 말이 적혀 있다. "나는 나 자신이 두 개의 적대적인 힘들이 서로 난도질하는 무대인 것처럼 느껴진다. 나는 아무 저항도 할 수 없다."

엘렌 웨스트의 인생에 무엇이 그토록 잘못되었던 것일까? 그 잘못된 일이 어느 정도는 우리 모두에게 일어나는 것이겠지만 그녀의 경우에는 그것이 비정상적으로 너무 컸다는 나의 생각이 잘 전달되었기를 바란다. 유아일 때 우리는 우리의 경험 안에서 산다. 우리는 그것을 신뢰한다. 아기는 배가 고프면 자기가 배가 고프다는 것을 의심하거나 먹을 것을 얻기 위하여 모든 노력을 기울여야 할까 말까를 의문시하지 않는다. 아기는 그것을 조금도 의식하지 않는다. 그는 자기를 신뢰하는 유기체다. 그러나 어느 날 부모나 다른 사람들이 그에게 말을 하기 시작하면서 다음과 같은 뜻을 전달하게 된다. "네가 그렇게 느끼면 나는 너를 사랑하지 않을 거야." 그래서 그는 자신이 느껴야만 하는 것을 느끼고, 실제로 느껴지는 것을 느끼지 않게 된다. 이럴 정도로 그는 느껴야만 하는 것을 느끼는 자기를 형성하게 되며, 어쩌다 한 번씩 자신의 유기체가, 자기가 그 일부분인 그 유기체가 실제로 경험하고 있는 것을 두려운 눈으로 힐끗 쳐다볼 뿐이다. 엘렌의 경우에는 이 과정이 극단적인 형태로 진행되었다. 인생의 가장 중요한 몇몇 순간에 그녀는 자신이 경험하고 있는 것이 타당하지 않고 실수이고 틀렸고 신뢰할 수 없으며, 그녀가 느껴야만 하는 것은 그것과는 전혀 다른 것이라고 느끼도록 만들어졌다. 그녀의 경우 불행하게도 부모님, 특히 아빠에 대한 그녀의 사랑이 너무 컸기 때문에, 그녀는 자신의 경험을 신뢰하는 자신의 능력을 포기하고 부모님의 것 또는 아버지의 것으로 바꾸어 버렸다. 그녀는 자기 자신이기를 포기했던 것이다. 그녀의 담당의사들 중 하나가 그녀가 살았던 마지막 해에 이렇게 관찰했던 것은 놀라울 것이 없다. "그녀는 어렸을 때는 다른 사람의 의견으로부터 완전히 독립적이었는데, 이제는 다른 사람이 생각하는 것에 전적으로 의지한다." 그녀는 더 이상 자기가 느끼는 것 또는 자기의 의견을 알 길이 없다. 이것은 자율적인 유기체로서의 자기 자신으로부터 거의 완전히 분리된 것이며 무엇보다 외로운 상태다.

그녀의 치료는 무엇이 잘못되었는가? 여기에 지적이고 예민한 한 젊은 여인이 있어 도움을 찾고 있다. 현대의 기준으로 볼 때 예후가 아주 좋아 보인다. 그런데 왜 그렇게 완전한 실패로 돌아갔는가? 각자 견해가 다르겠지만, 나는 내 견해를 이야기하겠다.

그녀의 치료에서 가장 큰 약점은 아무도 그녀를 존중받을 만하고 자율적으로 선택할 수 있으며 내면의 경험이라는 의지할 만하고 믿을 만한 진귀한 자원을 가지고 있는 한 사람으로 여기며 관계하지 않았다는 것이다.

오히려 그녀는 하나의 대상으로서 다루어졌던 것으로 보인다. 그녀의 첫 번째 분석가는 그녀가 자신의 감정들을 볼 수 있도록 도와주기는 하지만 그것들을 경험하도록 도와주지는 않는다. 이것은 그녀로 하여금 자기 자신을 더욱 대상으로 보도록 만들 뿐이고, 자신의 경험 안에서 그것에 의지하여 사는 것으로부터 더욱 분리시킨다. 그녀는 지혜롭게도 "분석가는 내게 통찰력을 주긴 했지만 치료해 주지는 못했다."라고 말한다. 분석가는 그녀가 이러이러한 역동을 가지고 있는 사람이라고 지적해 준다. 그녀는 그러한 역동적 감정들을 경험하는 것에 근거하지 않은 것이 분명한데도 그에게 동의한다. 그녀는 자신을 이미 소외시켜 왔던 그 패턴을 따르고 있을 뿐이다. 자기 자신이 경험하고 있는 것을 불신하고 자신이 느껴야만 하는 것, 즉 전문가가 그녀가 그렇게 느끼고 있다고 말하는 것을 믿고 느끼려는 것이다.

그 다음은 그녀에 대한 진단을 놓고 벌어진 희극적-비극적 논쟁으로서 그녀는 그것에 대해 잘 알고 있었음이 분명하다. 의사들은 그녀가 어떤 대상인지에 대해서 의견이 분분하다. 그녀는 조울증이다. 그녀는 강박증이다. 그녀는 우울증 사례다. 그녀는 치료 가능하다. 그녀는 치료가 불가능하다. 그러고 나서 최종적으로 믿을 수 없는 결정이 내려진다. 그녀는 자살 충동적이며 정신분열증이고 치료할 가망이 없다. 그러므로 우리는 그녀를 퇴원시켜서 자살을 하게 하자. 적어도 이것만은 유일하게 성취된 예언이 되었다.

"나는 비명을 지르지만 그들은 듣지 않는다." 엘렌의 이 말이 내 귓전에 울린다. 아무도 사람으로서의 그녀를 진정 들어주지 않았다. 어린 시절 이후로는, 아마 어린 시절마저도 그녀의 부모도, 두 명의 분석가도, 의사들도, 그 누구도 그녀를 깊이 들어줄 정도로 충분히 그녀를 존중해 주지 않았다. 그들은 그녀를 인생에 직면하는 능력이 있는 사람으로, 신뢰할 만한 경험을 하고 있는 사람으로, 수용할 만한 가치가 있는 내면의 감정을 가지고 있는 사람으로 대하지 않았다. 그런데 어떻게 그녀가 자기 자신의 소리를 듣거나 내면에서 진행되고 있는 경험을 존중할 수 있었겠는가?

"나는 고립되어 있다. 유리로 만든 공 안에 앉아 있다. 나는 유리벽을 통해 사람들을 본다. 나는 비명을 지르지만 그들은 듣지 않는다." 두 사람 사이의 관계를 원하는 얼마나 절박한 외침인가? 부버가 말한 만남을 통한 치유를 그녀는 결코 경험할 수 없었다. 있는 그대로의 그녀를 만나주고 수용해 줄 수 있는 사람은 아무도 없었다.

이 비극적인 사례를 읽으면 나는 화가 나면서도(앞으로 분명해질 테지만) 동시에 격려를 받는다. 한 인간이 비극적으로 죽어간 것에 대해 나는 분노를 느낀다. 그렇지만 내가 격려받는 이유는 개입했던 기간 동안 우리가 충분히 배웠으므로 만일 엘렌 웨스트가 오늘 나의 상담실로, 또는 내가 아는 많은 치료자의 상담실로 들어온다면 도움을 받을 수 있으리라고 느끼기 때문이다. 그 가능성을 간단히 설명해 보겠다. 그 일을 가장 생생하게 하기 위하여 그녀가 24세의 나이에 나의 상담실로 찾아왔다고 가정해 보겠다. 그때는 그녀가 의료적인 도움을 찾기 시작했던 때다. 그러므로 오늘날에는 그녀가 심리적 도움을 찾았을 것이라고 가정하는 것이 합당하다. 이때는 그녀가 부모님의 주장에 의해서 사랑하던 그 학생과 결별한 직후가 되겠다.

나는 이 사례를 읽기만 해도 내가 이 우울하고 불행하고 여위고 스스로 굶주리고 있는 젊은 여인을 수용하는 마음을 느끼는 데 아무런 장벽이 없으리라는 것을 확실히 느낀다. 나는 그녀가 어떤 사람인지, 어떤 잠재력이 있는지를 모두 감지할 것이며, 그녀를 위해서 기꺼이 이 두 가지 모두가 되거나 그중 한 가지가 될 수도 있다.

우리가 만나면 다음과 같은 주제로 시작하게 될 것이 확실하다고 느낀다. "나는 우울할 이유가 없는데 매우 우울해요." "나는 혼자 있는 것을 견딜 수가 없는데 왜 그런지 모르겠어요." "내가 살이 쪘을 때는 나 자신을 증오하게 돼요. 그리고 나는 말라야만 해요. 그렇지만 이것도 왜 그런지 이유를 모르겠어요." "나는 그 학생을 정말 사랑했지만 우리가 잘 어울렸다고는 믿지 않아요. 아버지와 어머니는 그 남자와 내가 맞지 않는다고 느끼고 있어요." 이러한 감정들을 각각 이해해 주고 이런 감정들이 되는 것의 정당성을 수용해 줌에 따라 다른 태도들이 잠정적으로 그리고 두려움 가운데 나타날 수 있다. 약혼자와 헤어진 것에 대한 그녀의 실망감, 그 사람에 대하여 가지고 있던 그리고 여전히 가지고 있는 그녀의 강한 감정, 아버지를 향한 그녀의 분노 (매우 놀라게 되겠지만) 등이 그것이다. 그녀는 자신이 아버지를 향한 사랑과 분노, 독립적인 삶에 대한 두려움과 갈망, 남자가 되고 싶은 마음과 여자가 되고 싶은 마음, 통통하고 건장하고 만족스러운 아내가 되고 싶은 소원과 날씬하고 총명하고 경쟁적인 사회개혁가가 되고 싶은 소원을 동시에 경험해도 된다는 것을 천천히 그리고 조금씩 발견하게 될 것이다. 그녀는 배고픔과 먹고 싶고 통통해지고 싶다는 욕구와 뚱뚱해지고 추해져서 친구들에게 배척받게 되리라는 두려움을 모두 경험할 수 있을 것이다. 그녀는 그녀가 실제로 말했던 것처럼, "나는 나 자신이 두려워요. 순간마다 방어할 수 없이 느껴야만 하는 감정들이 두려워요." 라고 말했을 수 있다. 조금씩 조금씩 그녀는 이 모든 감정들을, 그녀 자신의 모든 요소들을 자유롭게 경험할 수 있게 되었을 것이다.

이들 감정들 중 몇몇은 정말 매우 두려운 것이라는 것을 발견할 수 있다.

독립적인 사람이 되는 것에 대한 위험성과 흥분감, 이 두 가지를 다 탐구하고 경험하는 것이 그 두려운 요소들 중에 하나일 수 있다. 나의 내담자 중 한 사람은 이러한 깨달음을 다음과 같이 표현했는데, 엘렌도 이와 같은 말을 했을 법하다. 그녀는 이렇게 말했다.

> 나는 공포심의 모든 증상들을 가지고 있어요. …… 정말로 나를 붙잡아 주던 끈이 끊어져서 매우 위험해진 것 같아요. ……그래도 힘이 있다는 느낌이 있어요. ……지금 내 안에서 일종의 치솟고 있는 느낌, 일종의 힘 …… 정말 크고 강한 무엇인가를 마음속에서 느끼고 있어요. 그러나 처음에는 내 몸이 혼자 떨어져 나온 느낌이고, 나를 늘 지탱해 주던 끈이 끊어진 것 같은 느낌이에요. (잠시 멈춤) 이제부터는 더 많은 일들을 하기 시작하는 거로구나, 그런 느낌이 드네요.

이것은 안전한 관계 가운데 감정을 온전히 그리고 수용적으로 느끼기를 경험한다는 것이 무엇인지에 대한 실례다. 내가 판단하기에 이것은 변화의 순간, 아마도 신체적인 느낌의 변화와 역행할 수 없는 변화의 순간을 나타내 주는 것 같다. 엘렌도 이와 비슷한 식으로 숨겨져 있던 자기 자신의 또 다른 모습을 경험함에 따라 자신이 변화하고 있다는 것을 보게 될 것이었다. 이번에 변화된 자신이 나타날 때는 다른 사람들의 가치와 기대에 의해서가 아닌, 그녀 자신의 유기체적인 반응과 그녀의 내면의 경험에 기초한 자기 자신이 될 것이었다.

그녀는 자기가 자신의 본성에 거슬리는, 자신의 감정에 거슬리는 싸움을 할 필요가 없다는 것을 발견할 것이다. 오히려 그녀는 자신의 내면에서 경험하는 것과 다른 사람들의 요구와 태도들을 경험하는 것 모두를 경험하도록 마음을 열어 놓을 수 있을 때에 살아갈 수 있는 기반을 갖게 된다는 것을 발견할 것이다. 그녀는 자신의 경험에 마음을 열고 그 의미를 민감하게 귀 기울여 들을 수만 있다면, 그 경험이 자신의 행동과 자신의 삶을 건설적으로 인도해 준다는 것을 발견하게 될 것이다.

그 과정이 쉽고 평탄하리라고 말하는 것은 아니다. 사람이 되기 위하여 때로는 그녀의 부모님에게 대항해야 하고, 때로는 사회의 압력에 맞서야 하고, 종종 결과를 확신하지 못한 채 행동을 선택해야 하는 등 고통스럽고 비싼 대가를 치러야 하며 어떤 때는 심한 공포를 느끼게도 될 것이다. 그러나 이것은 매우 귀한 일이다. 자기 자신이 된다는 것은 비싼 값을 치를 만한 가치가 있다. 또한 그것은 다른 많은 귀중한 면들을 가지고 있다.

그녀의 모든 것이 수용되는 치료관계를 통해서 그녀는 자기 자신을 더 완전하게 전달해도 안전하다는 것을 발견할 것이다. 그녀는 외롭고 소외될 필요가 없으며 다른 사람이 자신의 경험을 이해할 수 있고 그와 그 의미를 나눌 수 있다는 것을 발견할 것이다. 또한 이러한 과정을 통해서 자기 자신과 친구가 되었다는 것, 자기 몸, 자기 감정들, 자기 욕구들이 적군이나 외계인이 아닌 친근하고 건설적인 자신의 부분들이라는 것을 발견할 것이다. 그녀는 "나는 나의 본성과 싸우며 파멸해 가고 있다."라는 절망적인 말을 할 필요가 없을 것이다. 그녀의 두 가지 본질적인 소외가 완화될 수 있을 것이다. 그녀는 자기 자신과 관계가 좋고 의사소통을 잘할 수 있었을 것이다. 그녀는 관계 가운데서도 온전한 자기 자신이 되는 것이 안전하다는 것을 발견할 것이다. 그 결과 그녀는 자기 자신을 다른 사람들에게 좀 더 나누게 되는 것을 발견할 것이다. 그리고 진짜 자기로 있으면서 다른 사람과 교제하는 것이 위험하고 불안한 것이 아니라 오히려 훨씬 더 만족스럽다는 것을 발견할 것이다.

내 판단에는 이러한 과정에 의해서 유리벽이 사라졌을 것 같다. 그녀는 인생이 모험이 가득하고 종종 고통스럽다는 것을 발견할 것이다. 그녀 자신의 복잡하고 모순된 감정들과 가장 잘 조화를 이루는 행동을 찾는 것은 끝없는 수수께끼가 되겠지만, 그녀는 활력 있고 실제적이며 자기 자신과 다른 사람의 관계 가운데 머물러 있을 것이다. 그리고 자기 자신을 위하여 현대인의 거대한 외로움의 문제를 해결했을 것이다.

엘렌이 사람 –중심 치료에 참석하는 기회를 가졌더라면 얻을 수 있었을 치료 결과에 대하여 내가 자신감을 가지고 낙관적으로 이야기한 것에 대해서 사과할 마음은 없다. 내 경험은 이와 다른 결과를 정당화하지 않는다. 나는 그녀가 내가 지적한 곳까지 갈 수 있을지는 잘 모르겠다. 그러나 내가 사람 대 사람의 치료적 관계를 만들 수만 있었다면 그녀가 그 방향으로 나아갔으리라는 것은 의심하지 않는다.

나는 엘렌 웨스트의 사례에서 나 자신을 위한 어떤 교훈을 얻었다. 첫째는 진단하거나 분석하거나 사례 기록을 통해 비인간적으로 지각하는 식으로 사람을 대상으로 만드는 것은 모든 점에서 치료의 목표를 가로막는다는 것이다. 사람을 대상으로 만드는 것은 신체적인 질병을 치료하는 데는 도움이 되었지만 심리적인 병을 치료하는 데는 성공적이지 못했다. 우리가 사람으로서 관계를 맺을 때, 우리 자신이 사람으로서 관계하는 위험을 무릅쓸 때, 우리가 상대방을 권리를 가지고 있는 사람으로 경험할 때, 그럴 때만 우리는 깊이 도움을 줄 수 있다. 그럴 때만 내담자와 치료자 모두 안에 있는 외로움의 고통을 녹여 주는 깊은 만남이 있게 된다.

♣ 참고문헌

Binswanger, L. (1944). Der Fall Ellen West. *Schweizer Archiv für Neurologie and Psychiatrie, 53,* 255-277; *54,* 69-117, 330-360; 1945, *55,* 16-40.

Binswanger, L. (1958). The case of Ellen West. In May, R., Angel, E., & Ellenberger, H. F. (Eds.), *Existence: A new dimension in psychiatry and psychology.* New York: Basic Books.

May, R., Angel, E., & Ellenberger, H. F. (Eds.) (1958). *Existence: A new dimension in psychiatry and psychology.* New York: Basic Books.

제9장 사람-중심 공동체 만들기: 미래를 위한 대책

앞의 두 장은 개인을 다루는 것에 대한 여러 측면들을 이야기했다. 이번 장은 나와 동료들이 가장 최근에 그룹과 함께 하며 배운 것들과 미래를 위한 몇몇 흥미진진한 가능성에 대해 이야기하려 한다. 최근에 진행하였던 워크숍들이 이 장에서 이야기할 배움과 성찰에 대한 기초를 제공했다. 이 장의 글들과 생각들은 많은 사람들, 특히 마리아 보웬(Maria Bowen), 조앤 저스틴(Joan Justin), 자레드 카스(Jared Kass), 모린 밀러(Maureen Miller), 나탈리 로저스(Natalie Rogers) 그리고 존 우드(John K. Wood)에게 힘입은 것이다.

비록 작은 규모의 집중적 그룹들—엔카운터 그룹 또는 특별 관심사 그룹—이 참석자들에게 언제나 중요한 경험이기는 하지만, 여기서는 그룹이나 그 역동에 대하여 묘사하려고 노력하지는 않겠다. 이 주제에 대한 나의 견해는 내가 집필한 엔카운터 그룹에 관한 책(Rogers, 1970)에 자세히 소개되어 있다.

나와 동료들은 워크숍에서 모든 참석자들이 함께 만나는 동안 나타나는 강력한 힘에 점점 더 관심을 갖게 되었다. 우리는 종종 이를 '공동체 만남'이라고 부르기는 하지만, 사실 모임의 초기에는 진정한 의미의 공동체가 아니다. 종종 워크숍이 거의 끝날 때에 이르러서야 스태프를 포함한 참석자들이 진심으로 공동체의 일원이 되었다는 것을 느끼게 된다.

정말 신기한 것은 4일간의 워크숍에서도 17일 또는 그보다 더 긴 워크숍에서와 거의 똑같은 역동이 일어난다는 것이다. 그룹은 그 자체의 지혜를 가지고 특정한 시간 제약 안에서 가능한 목표를 달성하기 위하여 주어진 시간을 활용한다고 나는 믿는다. 그룹이 가지고 있는 이 지혜는 여러모로 정말 신기하다.

그러한 워크숍에 대해 관심이 있고 좀 더 자세하고 생생한 설명을 보고 싶다면 내가 가장 최근에 쓴 책(Rogers, 1977, 8장)을 읽어보기 바란다.

공동체의 형성

지난 15년간 나는 미국과 여러 나라들에서 온 많은 동료들과 함께 내가 그동안 생각해 오던 공동체를 세우는 일에 관여해 왔다. 우리는 소그룹부터 50~200명의 좀 더 큰 그룹, 그리고 종종 600~800명에 이르는 매우 큰 그룹과 함께 일해 왔다. 우리는 참으로 개인적인 위험을 무릅썼다. 우리는 배워 가며 변화해 왔고 실수도 많이 했다. 또 우리는 종종 우리가 일하는 과정에 대하여 깊은 의문을 품기도 했다. 우리는 우리가 관찰하고 경험한 것을 다른 방식으로 체계화하는 실험도 해 보았지만 어떤 결론에 도달하게 될지 확신하기가 매우 어렵다고 느끼고 있다.

그러나 두드러지게 드러나는 중요한 요소 하나는 우리가 어느 정도 기초적인 수준에서 좀 더 효과적으로 일시적인 공동체의 형성을 촉진할 수 있게 되었다는 것이다. 이러한 공동체 안에서 대부분의 구성원들은 자기 자신의 힘뿐만 아니라 모든 다른 구성원들과의 친밀하고 서로 존중해 주는 연합에 대해서도 날카롭게 인식하게 된다. 과정이 계속해서 진행됨에 따라 열린 상호관계적 의사소통이 증가하고 일치감이 자라며 사실상 거의 영적인 집단적 심령의 조화가 나타난다.

이러한 그룹에서 우리는 참석자들이 스스로 선택하고 활동들을 계획하고 수행하는 일에 서로 동등한 권리를 가지고 참여하며, 개인적인 힘을 더욱 잘 인식하고 자신의 인생을 설계하는 데 점점 더 자율적이고 창의적이 될 수 있는 환경을 조성해 주기 위해 집중적인 노력을 기울인다. 이렇게 전적으로 개개인에게 힘을 불어넣어 주는 데 초점을 맞추기 때문에 우리는 우리의 방법을 사람 -중심 접근법이라고 생각하게 되었다.

배경

우선 이 철학적 접근, 즉 내가 설명하고자 하는 기초석이 공동체를 형성하는 데 유일한 기초는 아니라는 것을 지적하고 싶다. 공동체들은 선사시대부터 시작되었다. 우리의 고대 선조들은 사냥과 나중에는 농사라는 공동의 목적을 위해서 함께 무리를 이루었다. 미국 인디언 공동체는 오늘날 우리에게도 유익을 주는 철학과 의식(儀式)에 기초한 형태를 가지고 있다. 가장 초기의 문명화된 공동체는 강가나 항구 주변에 형성되었고 교역을 통해 시민들이 하나로 연결되었다. 미국에서는 카리스마적인 지도자나 종교적인 신념을 중심으로 하는 이상주의적인 공동체가 형성되었다. 아만파(Amish) 신도들만 생각해 봐도 이러한 공동체들이 놀라운 생존력을 가지고 있었다는 것을 알 수 있다. 중국에서는 여러 세기 동안 그룹들이 모여 촌락을 이루었다. 그 전에도 어느 정도, 그리고 1949년 중화인민공화국이 탄생한 후에는 더욱 확실히 이들 공동체들은 집단적인 목적을 강조하는 모습이 뚜렷하다. 나라든 주든 전체 조직의 복지가 가장 중요했던 것이다. 개인의 자율성은 별로 강조되지 않았고, 개인은 거대한 유기 구조 안의 한 세포에 불과하다는 것을 인식하도록 장려되었다.

그러나 서구 문화에서는 개인의 중요성을 강조하는 또 다른 경향이 있었다. 민주주의 철학, 인간의 권리, 자기 결정권, 이런 요소들이 강조되게 되었던 것이다. 내가 언급해 왔던 사람 -중심 접근법이라는 특별한 철학적 존재방식은 이러한 토양에서 발달했다. 이제 여기서는 공동체를 형성하는 모든 다른 가능한 기초들은 다루지 않을 것이며 사람 -중심 철학에 기반을 두고 있고 이 철학에서 생긴 경험들에 관해서만 이야기하려 한다.

다양한 종류의 사람 -중심 공동체는 여러 다른 배경 가운데 형성되어 왔다.

교사들은 교실 안에서 그러한 실체를 창조할 수 있었다. 여러 조직의 스태프들로 이루어진 그룹들이 사람-중심 방법으로 성장하고 기능한다. 몇몇 교회 그룹들이 이런 방식으로 활동한다. 매우 제한적이기는 하지만 산업계에서도 이러한 공동체를 실험하여 꽤 성공적으로 진행해 왔는데, 이제 개인의 성장이라는 목표가 이윤 추구라는 목표와 맞서게 되는 지점까지 이르렀다. 간단히 말하자면, 우리 문화권에서는 효모가 발효되고 있는 것처럼 개인의 위엄과 힘 그리고 자기 결정권이 더 많은 주목을 받도록 하기 위한 많은 노력들이 생겨났다. 하나의 문화로서 우리는 미래 공동체의 모형을 더듬어 찾고 있다.

사람-중심 워크숍

나와 많은 동료들이 최근에 진행해 온 워크숍은 이러한 일반적인 방향에서 나온 것으로서 순수한 사회실험에 가장 가까우며 명확한 철학과 이론을 조심스럽게 실행하는 경험이다. 이들 워크숍에는 실험과 관계없는 요소들이 상대적으로 별로 없기 때문에, 우리는 이를 통하여 그 과정의 역동이 드러나는 공동체의 형성을 실험하고 관찰할 수 있는 기회를 가졌다. 이들 워크숍은 기존의 설립된 기관에서 열리는 것이 아니었다. 대학이나 정부 또는 재단의 후원도 받지 않았으며 이윤을 추구하는 것도 아니었다. 그것은 자체적으로 설립되었다는 것 외에는 어떤 조건으로부터도 자유로웠다. 그러므로 이들 워크숍에 대해서 정밀하게 살펴볼 만한 가치가 있다.

이들 워크숍에서 우리가 경험한 것을 전적으로 다루는 논의를 이제부터 하고자 하는 것은 이러한 이유들 때문이다. 사회실험이기도 한 이 활동들을 설명함으로써 기본적인 유기적 형태와 과정이 좀 더 분명하게 나타나기를 나는 희망한다.

우리는 운 좋게도 성격이 매우 다양하고 지역적으로 널리 흩어져 있는 그룹들과 일할 수 있는 기회를 가졌다. 그 과정에 대해 생각해 보려 할 때 나는 미국의 여러 지역, 특히 두 곳의 해안에서 열렸던 그룹들, 멕시코, 브라질, 베네수엘라, 일본, 영국에서의 그룹들, 총 22개국의 170명이 흥미진진한 이

종문화 간 워크숍에 참석하러 왔던 스페인의 그룹 등 규모가 다양했던 여러 그룹들의 경험들에 의지하게 된다.

나는 이들 그룹들이 진행되었던 과정들을 설명할 것인데, 그룹이 모이기 전에 스태프가 여러 날 동안 모임을 준비하며 배운 것들에 대해서 먼저 이야기해야 하겠다.

스태프로서의 존재방식*

스태프가 기능하는 방식에 대한 나의 배움은 1974년에 시작하여 여섯 차례나 열린 사람-중심 접근법의 여름 워크숍에서 동료들과 함께 일하는 동안 가장 날카로워지고 가장 생생해졌다. 이 워크숍은 캘리포니아에서 세 번, 오리건과 애디론덱스(Adirondax) 그리고 영국의 노팅엄에서 각각 한 번씩 총 6회에 걸쳐 열렸다. 참석자 수는 65명에서 135명에 이르렀다. (이들 워크숍에 대하여 자세히 알고 싶다면 Rogers, 1977을 참고하기 바란다.)

이들 워크숍의 스태프는 비교적 고정되어 있었다. 5~7명 정도가 함께 일했는데 약간의 변동이 있기는 했지만 그래도 연속성이 있었다는 느낌이 든다. 우리는 따로 일하게 될 때도 워크숍이 시작되기 전에 함께 모인다. 우리가 일하는 방법과 서로의 필요를 채워 주는 방법은 시간이 흐름에 따라 변해 왔다.

처음에 우리는 우리의 역할을 다소 전통적인 방식으로 보았다. 우리가 워크숍을 앞두고 모였을 때, 예를 들어 소그룹과 다른 특별 활동을 제공하자는 등 프로그램을 계획하고 디자인하기 위하여 여러 대안들을 마련하는 데 많은 시간을 보냈다. 우리는 가능한 많은 선택의 기회를 '주기'를 원했다(마치 그것을 주는 것이 우리인 것처럼). 우리가 우리 자신들을 볼 때 우선시했던 것은 교사들이나 촉진자들처럼 남다른 관심과 기술을 가지고 있는 특별 전문가라는 점이었다. 우리는 잘 준비하기 위해, 그리고 사람들이 잘 배울 수 있

* 나는 특히 이 단락에서, 또 이 장의 다른 부분에서도 어느 정도 '사람-중심 접근법' 워크숍의 스태프들에 의하여 제작된 자료를 사용했다(Bowen et al., 1978).

도록 하기 위해 매우 다양한 자원들을 제공하려고 노력했다.

스태프 구성원들도 서로 간의 갈등과 상이점들을 다루는 데 시간을 보냈다. 우리는 그런 부분들이 참석자들에게 노출되는 것을 원하지 않았다.

점차적으로 우리는 스태프의 역할을 매우 다른 방식으로 보게 되었다. 간단히 말해, 우리는 우리의 주된 임무가 자기 자신이 되는 것이라고 믿게 되었다. 이 목적을 위하여 우리는 워크숍이 개최되기 전에 모여서 여러 날을 함께 지내며 할 수 있는 한 다음과 같이 되려고 노력한다.

- 우리는 완전히 열려 있다. 처음에는 서로서로에게, 나중에는 전체 그룹을 향하여.
- 우리는 우리 자신의 삶의 새로운 영역들, 아직 알려지지 않은 영역들을 탐구할 준비가 되어 있다.
- 우리는 우리들의 차이점들을 진정으로 수용한다.
- 우리는 스태프 경험과 그룹 경험에 의해 고무되는 우리의 신선한 내면 여행으로부터 무엇이든 새로운 것을 배우려는 열린 마음을 가지고 있다.

우리는 현재 프로그램이나 준비물은 훨씬 덜 강조하되 우리 자신을 준비시키고 있다고 할 수 있겠다. 우리는 스태프로서의 과정을 소중히 여기며 그 과정이 그룹에서도 사용되기를 원한다. 우리는 우리가 할 수 있는 한 온전히 자기 자신이 됨으로써—창조적이고, 다양하고, 모순이 있고, 현재적이며, 열려 있고, 나눔이 있는—워크숍 공동체의 모든 구성원들 안에 있는 똑같은 특성들과 공명을 일으키며 어떻게든 잘 조율할 수 있는 사람이 된다는 것을 발견해 왔다

우리는 그룹과 그 구성원들과 관계를 형성하면서 힘을 나눠 갖는다. 우리는 자기 자신을 '있게' 하고 다른 사람들도 '있게' 한다. 가장 좋은 상태라면 다른 사람의 생각이나 행동을 판단하거나 조종하려는 마음이 거의 없을 것이다. 이런 방식으로 사람들에게 접근하고 있는 그대로 수용해 줄 때, 그들

이 삶을 점검하고 변화시켜 가는 데 매우 창조적이 되고 기략(機略)이 풍부해지는 것을 보게 된다.

우리가 설득하거나 해석하거나 조종하지 않는 동안 우리의 태도가 방임적이 되는 것은 분명 아니다. 오히려 우리는 우리 자신, 우리의 감정들, 우리의 가능성들 그리고 우리의 기술들을 적극적으로 나눌 수 있는 것을 발견한다. 우리 각자는 최대한 자유롭게 자기 자신이 될 수 있다.

이러한 존재방식의 일부가 깊이 뿌리박히게 되었다. 즉, 우리가 바라는 것은 듣는 것이다. 무질서, 스태프에 대한 비난 또는 깊은 감정이 표현되는 동안 우리는 집중적으로, 수용적으로 경청하며, 때때로 우리가 들은 것을 이해했다는 것을 소리로 표현해 준다. 우리는 특히 인기가 없거나 받아들여지지 않는 견해를 표현하는 반대의 목소리들, 작은 목소리들에도 귀를 기울인다. 누군가 마음을 열어 이야기했는데 아무도 반응해 주지 않는다면 우리는 반드시 반응을 보여 준다. 이렇게 해서 우리는 각 사람의 존재를 확인해 준다.

여기서 그치지 않는다. 스태프로서 우리는 개인적으로 우리 자신의 새로운 면들을 계속해서 탐색하고 있다. 최근에는 서로 다른 스타일의 삶을 사는 가까운 사람들과의 관계를 통해 우리가 배우고 있는 것들을 밝혀 보고 있다. 즉, 우리는 점점 더 우리 삶의 직관적이고 영적인 면들을 공개적으로 직면하고 있다. 우리가 잘 알려지지 않았던 내면의 영역 안으로 파고 들어감에 따라, 새로운 워크숍 공동체가 (개인적으로나 집단적으로) 그들 자신의 그림자와 신비의 세계를 더 깊이 탐색할 수 있도록 더 잘 도와줄 수 있게 되는 것 같다. 그렇게 되면 이번에는 각 워크숍이 미처 기대하지 않았던 배움을 우리에게 선사해 준다.

놀라운 예를 하나 들자면, 워크숍 공동체가 진행되는 과정에서 스태프가 어떤 생각을 하고 있는지 거의 텔레파시로 알아낸다는 것이다. 한 번은 스태프 회의에서 워크숍에서 감지되고 있는 성적인 뉘앙스와 성적인 행동에 대하여 깊이 토의하였고, 우리 자신 안에 있는 이러한 성적인 면들도 솔직하게 나누었다. 다음 워크숍 시간이 되자 스태프 중에 아무도 제안하지 않았는데도 이 주제가 처음으로 솔직하게 논의되고 다루어졌다. 한 스태프 구성원이 이렇게 말했다. “내게 아직도 미스터리로 남아 있는 것은 공동체가 신기하게도 우리가 스태프 회의에서 한 얘기들을 다 알고 있는 것 같았다는 거예요(마치 심령 현상같이).”

우리가 기능하였던 방식에 대하여 마지막으로 이야기하고 싶은 것이 있다. 우리는 리더도 없고 위계 조직도 없으며 완전히 열려 있는 스태프다. 리더십과 책임은 서로 나누어 갖는다. 우리는 서로 매우 가까운 팀이 되었고 우리가 아는 가장 사람-중심적인 태도로 실제로 관계한다.

나 자신이 배운 것

나는 이런 식으로 스태프들과 함께 하는 것이 가장 풍성한 경험이라는 것을 발견하고 있다. 나 혼자서는 도저히 시도할 수 없었을 텐데, 스태프들과 함께 했기 때문에 처음으로 위험을 무릅쓸 수 있었다. 내가 대규모의 워크숍 그룹에서 바보같이 굴었거나 뭔가 새로운 시도를 했는데 그것이 실패했다 할지라도, 스태프들은 여전히 나를 믿어 주고 수용해 주었으리라는 것을 나는 안다. 이 상황이 나에게 새롭고 불가능한 것을 할 수 있는 용기를 주었다.

스태프들과 함께 했던 경험은 또한 내가 워크숍에 대해서 특별히 책임감을 느끼지 않아도 되도록 해주었다. 그룹 안에서 무언가 ‘잘못되고 있다’ 고 느껴질 때도 나는 더 이상 간이 콩알만해지지 않는다. 오히려 느긋하게 있으면서 그때의 나 자신으로 그냥 있을 수 있다. 스태프의 집단적인 지혜에 대한 신뢰는 이제 전 워크숍 공동체의 집단적인 지혜에 대한 깊은 신뢰가 되었다.

마지막으로 내가 나를 완전히 맡길 수 있는 공동체라는 환경을 갖게 되어서 내 마음이 얼마나 편안한지 모르겠다. 워크숍을 3, 4일 앞두고 갖는 스태프 회의에서 나는 내 문제, 고충, 감정을 다 쏟아 놓는다. 슬퍼할 수 있고 신음할 수 있다. 자랑할 수 있고 즐거워할 수 있다. 완전히 좌절할 수 있고 절망할 수 있다. 창조적인 아이디어들로 가득할 수 있다. 그룹의 다른 사람들에게 비판적일 수 있다. 친근하고 정다울 수 있다. 다른 사람들도 마찬가지다. 우리는 할 수 있는 한 서로 깊이 나눈다. 이 과정은 치료와 회복을 가져다주며 믿을 수 없을 만큼 안전감을 준다. 워크숍이 진행되는 동안 이러한 종류의 나눔이 스태프 회의에서 지속적으로 일어나서 우리가 더 큰 공동체에서도 깊이 나누는 일이 가능하도록 해 준다. 우리는 서로 도움이 되는 피드백을 주며 독창성과 반짝이는 재치로 서로를 놀라게 한다. 또 우리가 관계와 상황을 다루었던 방법에 대해서 서로 화를 내기도 한다. 때로는 서로 비판하기도 하고 서로 자랑스러워하기도 한다. 우리는 서로에게서 배우며 감정들을 함께 풀어간다. 우리는 서로서로 굉장히 지지해 주는 그룹이다. 우리는 서로에게 촉매의 역할을 한다.

그룹의 과정

이들 워크숍 그룹 안에서 진행되는 과정이 너무나 복잡하기 때문에 그 다양한 면들에 대해 힌트 이상은 줄 수 없을 것 같아 절망스럽다. 그렇지만 중요하고 특징적이라고 생각되는 요소들이 있기는 하다.

개별성과 화합

공동체라는 느낌은 단체 활동이나 그룹의 몇 가지 방침에 따름으로써 생기는 것이 아니다. 사실 그와는 정반대다. 개인은 그 자신이 될 수 있는 모든 것이 되기 위하여 기회를 사용하는 경향이 있다. 개별성과 다양성—'나'라는 존재의 독특성—이 경험된다. 이러한 매우 특징적인 현저한 개별성의 의식이 그룹을 하나된 의식의 수준으로 올려놓는 것 같다.

우리는 개인이 워크숍을 개인적인 필요를 채우는 곳으로 인식할 뿐 아니라 그러한 필요들을 채울 수 있는 상황을 적극적으로 만들어 가는 것을 보아 왔다. 어떤 사람은 결혼이나 일에서 힘든 전환의 시기를 맞는 새로운 방법을 발견한다. 어떤 사람은 내면의 성장을 가능하게 하는 통찰력을 얻는다. 어떤 사람은 공동체를 세우는 새로운 방법을 배운다. 그리고 어떤 사람은 좀 더 나은 대인관계 기술을 익힌다. 여러 사람들이 영적, 예술적, 심미적으로 회복되고 새로워지는 새로운 방법을 발견한다. 많은 사람들이 사회 변화를 위하여 더 많은 정보를 얻고 효과적인 행동을 취하는 방향으로 나아간다. 나아가 이 모든 배움들을 복합적으로 경험하는 사람들도 있다. 자기 자신이 될 수 있는 자유, 다양성이 조화된 가운데 자기 자신의 목적을 향하여 가는 것은 우리 워크숍의 가장 소중한 면이다.

한 참석자가 개별성과 화합 모두가 계발되는 모습을 아름다운 시로 표현했다.

> 난생 처음으로 나는
> 내가 진정 특별한 사람임을 느꼈다.
> 난생 처음으로 나는
> 내 모습 그대로가
> 　　내가 되어야 할 모든 것임을 느꼈다.
> 내 마음 중심의 부드러운 곳, 벌거벗겨진 그곳,
> 　　내가 있는 그곳에
> 　　더 이상 다른 것이 필요 없다는 것,
> 그것을 알았다.
> 그것으로 충분하다는 것을.
> 내가 사람으로서
> 　　그렇게 귀하고 소중하다는 것을
> 　　단 한 번도 느껴 본 적이 없었다.
> 나는 진정한 자존감이 무엇인지 전혀 몰랐다.
> 당신은 …… 내게 힘을 불어넣어 주어
> 　　마음을 열고 당신의 진실을 만지게 했다.
> 이전에는 나 자신을 전혀 몰랐다.
> 이번 주가 오기 전까지

나는 다른 사람을 전혀 몰랐다.
이러한 평화 또는 이러한 힘을 나는 전혀 몰랐다.
　　이렇게 빨리 자란 적도 없었고
　　이렇게 많이 배운 적도 없었다.
나를 향한 사랑과, 당신을 향한 사랑 안에서
　　이렇게 풍성함을 느낀 적이
　　나는 한 번도 없었다.

또 다른 참석자는 워크숍을 마치고 몇 달 후에 다음과 같은 글을 썼는데, 이는 공동체가 개별성에서 어떤 방향으로 전개되었는지 매우 잘 보여 주고 있다.

> 9일간 순간순간마다 우리 눈앞에 펼쳐져 있고 우리 손으로 짜야 하는 정교한 벽걸이 융단에 실이 한 올 한 올 더해지는 듯했다. …… 어떤 이는 강한 실을, 어떤 이는 담대한 색깔을, 어떤 이는 섬세한 손길을 사용했다. 그것은 너무나 경이로워 보였고 너무나 정교한 예술 작품이었기 때문에, 뒤로 멀리 물러서서 깨끗한 벽을 배경으로 하여 전체적으로 보기 전에는 그 벽걸이 융단을 온전히 이해하고 진가를 인정할 수 없을 것 같았다. 그렇게 해서 전체적으로 볼 수 있다고 해도 그것은 매일 변하는 것 같았고 결코 완전히 끝마칠 수는 없을 것 같아 보였다. 아직 완성되지 못한 부분은 모두 어느 순간 갑자기 가장 예상치 못한 시간에 내게 통찰력을 가져다주는 곳이다.

이 벽걸이 융단을 짜는 여러 종류의 실은 참석자들 안에 존재하는 놀라운 다양성으로 설명할 수 있겠다. 같은 그룹 안에 18세 젊은이와 75세 할머니가 함께 한다. 스페인 워크숍에서는 열렬한 마르크스주의자와 보수적인 사업가와 전문직 사람들이 함께 했다. 여러 가지 종교를 믿는 헌신적인 신앙인들과 종교를 비웃는 사람들이 함께 했다. 운동을 하는 남녀들과 휠체어에 의지하며 사는 장애인들이 함께 한다. 서로 다른 이 모든 사람들이 활발하게 참석하며 각자 자기 자신만의 독특함으로 그룹의 진행 과정에 기여해 왔다.

무질서하고 고통스러운 면들

그룹이 늘 부드럽게 진행된다는 듯이 보이려는 것은 아니다. 초기 회기에는 종종 무질서하다. 우리 모두가 함께 워크숍을 계획한다는 것을 사람들은 보통 믿지 않는다. 참석자들은 스태프를 의심한다. (스페인에서 있었던 국제적인 그룹에서 사람들은 미국과 그 경제제국주의에 대한 전반적인 혐오감을 표현하였고 그 혐오감은 미국인 스태프와 참석자들에게 향했다.) 구조가 결여되어 있기 때문에 혼란이 있다. 참석자들은 계획을 세우지 않은 스태프를 비난하고 자신들의 힘을 획득하기를 주저한다. 때때로 과격한 불일치가 생기기도 한다. 무슨 얘기를 하고 있는지 듣지 않고 '발언'을 하는 경향이 있다. 그룹원들이 그룹을 제어하려 한다든가 누군가에게 '주도권을 맡기려고' 할 때는 경쟁적이고 권력을 추구하는 모습이 분명해진다. 거의 모든 사람들이 원하는 단계인 소그룹을 어떻게 나눌 것인가에 대한 논쟁이 일어난다. 12가지 방법이 제안되고 또 거부된다. 특별 관심사 그룹의 계획을 짜는 데도 비슷한 긴장이 생긴다.

그러나 스태프와 많은 참석자들에 의해서 조성되는 촉진적인 태도로 개인들은 점차 서로의 말을 듣기 시작하며 천천히 이해하고 존중하게 된다. 큰 그룹이나 작은 그룹이나 사람들이 자기 자신과 자신들의 관계를 탐구하기 시작함에 따라 작업적인 분위기가 되어 간다.

이런 작업적인 과정이 더욱 깊어지면서 개인적인 큰 고통과 고뇌를 거치게 될 수 있다. 고통은 거의 항상 자신에 대한 통찰, 자기 개념의 변화에 따르는 두려움, 또는 관계의 변화에 따르는 불안과 관계가 있다. 그룹이 끝날 즈음 자신의 성장에 대하여 시적으로 표현했던 여인이 그룹이 진행되는 과정에 대하여 다음과 같은 글을 썼다.

움켜쥐고 엉금엉금 기며 두려움에 쌓여,
지금 깊은 울음을 울며
나의 상처 입고 피 흘리는 두 손은
뾰족뾰족한 죽음과 같은 두려움의 벽들을 긁으며
공포의 구덩이를 향하고,
그의 생명이 내게 가장 소중한
잃어버린 누군가를 찾아
더욱 가파른 길을 내려가서
뛰어든다, 구원해야 하므로 ……

한 참석자의 일기에 적혀 있던 또 다른 글은 점차적이고 고통스러운 자기 이해를 거쳐 긴장이 완화되는 과정을 보여 주고 있다.

나는 너무도 찢겨지는 느낌이었다. 나의 일부분은 오늘 아침 도로시와 폴과의 상황을 내가 올바른 방법이라고 생각했던 대로 다룬 것에 대하여 자랑스러워하지만 그것이 나를 찢어 놓도록 허락한 것에 대하여 짜증이 났다. 또한 나는 그 모든 것들이 해결되지 않은 것 같아 두려웠다. 눈물이 나의 뺨을 따라 흐를 때 견디기 어려운 긴장감으로 온몸이 아팠다. 나는 복도를 가로질러 그룹 모임이 열리고 있는 방을 향하여 급히 달려갔다. 나는 무턱대고 끼어들어 그룹원들에게 내가 늦은 이유와 감정적인 과적(過積) 상태, 지칠 대로 지친 마음에 대해 이야기했다. "나는 어제의 일도 회복하지 못했는데 오늘도 벌써부터 무거워요. 전임으로 상담하는 당신이 치러야 할 희생에 진심으로 감사할 수 있게 되었어요!"
그러자 조지가 말했다. "패티, **당신 자신의 필요를 돌보는 법**을 배우셔야만 해요." 그의 말을 들을 때 편안한 느낌이 나를 덮었다. 얼마나 부드럽고 치유를 가져다주는 말인지. 그 말은 그때 진실로 내게 필요했던 모든 것이었다.

그룹 안에는 좌절, 불신, 분노, 시기, 절망의 경험들이 있다. 개인 안에는 변화에 따르는 고통, 두려움, 모호함에 잘 대처할 수 없음, 외로움, 자기 비하의 경험들이 있다. 그러나 그룹이나 개인이 비록 그 당시에는 왜 그렇게 해야 하는지 이성적으로는 그 이유를 납득할 수 없을지라도, 그들은 이러한 고통들을 자기들이 참여하고 있고 어쨌든 신뢰하게 된 그룹 과정의 일부분으로 경험한다.

가치관 선택의 기초

워크숍이 진행됨에 따라 참석자들이 가치관을 선택하는 기초에 변화가 생긴다. 권위에 기초하고 있고 사람의 외부에 있는 근원에서 비롯된 가치들은 점점 사라진다. 그리고 경험된 가치들이 강화되는 경향이 생긴다. 부모, 교회, 주정부 또는 정당 등 누군가가 좋고 가치 있다고 말해 주었던 것에 대하여 질문을 던지게 된다. 만족스럽고 의미 있게 경험된 행동들과 존재방식들이 강화된다. 가치판단을 내리는 기준이 책, 선생님, 또는 일련의 독단적 견해가 아니라 점점 더 자기 자신 안에 있게 된다. 가치판단의 소재는 외부에 있지 않고 그 사람 안에 있다.

그리하여 개인은 점점 더 많이 자신의 내면에 기초를 둔 일련의 기준들에 의지해서 살게 된다. 각자는 이러한 기준들이 늘 변화하는 경험에 기초하고 있다는 것을 알고 있기 때문에 그 기준들은 잠정적이며 덜 경직되어 있다. 기준들은 돌에 새겨져 있는 것이 아니라 사람의 마음에 쓰여 있다.

의사결정의 과정

그러한 큰 규모의 그룹 경험에서 배우게 되는 놀라운 것들 중 하나는 무슨 결정이든 믿을 수 없을 정도로 복잡한 과정을 거치게 된다는 것이다. 평상시에는 권위자가 어떤 행동을 하라고 명령을 내리면 그것이 우리를 분노하게 하지 않는 한 그 명령에 순종하고 그 규칙에 따르는 경향이 있다. 투덜거릴 수는 있겠지만, 일반적으로 모든 사람들이 규정들을 받아들이는 것처럼 보인다. 모든 복잡한 반응들은 숨겨져 있다.

그러나 사람들이 자기 자신에 대해 가치감을 느낄 수 있고 자기 자신을 자유롭게 표현할 수 있는 워크숍 공동체에서는 그 복잡성이 분명하게 드러난다. 워크숍에서 한 사람이 소그룹으로 나누는 방법을 하나 제안한다. "숫자를 적어서 제비뽑기를 합시다. 1번을 뽑은 사람끼리 모여서 그룹을 하나 만들고, 2번을 뽑은 사람끼리 모여 또 다른 그룹을 만들고, 그런 식으로 하는 겁니다." 이에 대한 반응이 얼마나 다양한지 상상도 못할 것이다. 이 의견에 대한 이유들이 제공되며 반대하는 주장이 제기된다. 약간 변형된 의견이 나오고 예외 조항이 제안된다. 이렇게 간단해 보이는 계획에 대하여 한두 가지 정도가 아니라 열두 개나 되는 반응들이 나오는 것을 발견할 수 있다. 바야흐로 의견이 모아질 즈음에 종종 한두 사람이 목소리를 높이기도 한다. "그렇지만 나는 그렇게 하기 싫어요. 그건 내게 맞지 않으니까요."

이와 같은 과정은 성가시고 복잡하고 짜증나고 실망스러운 결정방법으로 보이며 또 종종 실제로 그러하다. 결국 모든 사람의 의견이 다 고려되어야 하는가? 그룹의 무언의 대답은 그렇다. 모든 사람이 가치 있으며 모든 사람의 견해와 감정은 고려되어야 할 권리를 가지고 있다는 것이다. 이러한 과정이 진행되는 것을 관찰해 보면 그 놀라운 본질이 점점 더 분명해진다. 모든 참석자가 바라는 것이 참작되고 자신이 제외되었다고 느끼는 사람이 아무도 없다. 천천히, 아름답게, 고통스러운 과정을 거쳐 각 사람을 돌보는 정교한 결정이 이루어진다. 개인의 공헌을 고려하고 존중하고 심사숙고 하고 통합하여 최종 안에 이르는 과정을 거쳐서 해결점에 도달한다. 그룹의 지혜란 정말 특별하다.

그 과정은 더뎌 보여서 참석자들은 '시간 낭비를 하고 있다' 며 불평한다. 그러나 그룹의 더욱 큰 지혜는 그 과정의 가치를 인식하고 있다. 왜냐하면 그것은 모든 부드러운 음성, 모든 미묘한 감정이 존중받는 가운데 함께 지속적으로 짜여져 가는 공동체이기 때문이다.

초월적인 면

내가 관찰한 바로는 초월성 또는 영성이 공동체를 만드는 과정 중 또 다른 중요한 특징이다. 나는 초기에는 이런 단어들을 결코 사용하지 않았다. 그러나 무엇보다 소중한 그룹의 지혜, 거의 텔레파시적인 의사소통의 현존, '무언가 더욱 위대한 것' 이 존재한다는 느낌, 이런 것들이 그러한 용어를 사용하게 한 것 같다.

다른 예에서도 보듯이 한 참석자가 이러한 생각들을 감동적으로 표현했다. 그녀는 워크숍을 끝내고 얼마 후에 이 글을 썼다.

> 나는 이것이 심오한 **영적 경험**이라는 것을 발견했습니다. 나는 공동체 안에서 영의 하나됨을 느꼈어요. 우리는 함께 호흡하며, 함께 느끼며, 심지어 서로 상대방의 마음을 이야기해 주기도 했어요. 나는 우리 각자에게 생기를 불어넣어 주는 '생명' 의 힘(그것이 무엇이든지)을 느꼈어요. 그것이 우리 가운데 있음을 느꼈을 때 평상시의 '나' 또는 '너' 라는 장벽이 없었습니다. 그건 마치 더욱 광활하고 우주적인 의식의 한 부분으로서 나 자신이 의식의 중심에 있다고 느껴지는 명상의 경험 같았어요. 그러나 그런 특별한 하나됨이 있으면서도 각자의 개별성이 그보다 더욱 분명하게 보존된 적은 결코 없었습니다.

역설-그리고 그것의 가능한 해결책

나는 공동체를 형성하는 데 관하여 우리가 일하며 배운 몇 가지 것들을 간단히 소개하였으며 복잡한 과정의 몇몇 국면들을 지적해 보았다. 우리는 공동체를 경험하면서 서양 문화의 한 가지 이상한 면에 대하여 어떤 태도를 취하게 되었다. 이제 그에 대해 관심을 돌려보자.

우리는 믿을 수 없는 역설의 한 부분이다. 한편으로 우리는 자족, 독립, 사생활을 원한다. 각 사람은 심지어 가족의 각 구성원들까지 다른 사람의 스케줄이나 다른 사람이 원하는 것에 맞추지 않아도 되도록 자기 차를 원하고 또 '필요로 한다.' 가족은 그 구성원들이 설거지를 돕지 않아도 되도록 식기세척기를 구입한다. 절대적으로 '그래야만' 하는 것은 아니지만 각자 제 방을 갖는 것이 항상 목표가 된다. 기차나 버스로 통근 또는 통학을 할 때, 우리는 옆 사람과 얘기 나누는 것을 피하기 위하여 신문이나 책에 코를 박는다. 극도의 사생활도 전혀 개인적이라고 여기지 않는 것이 분명하다. 우리의 구호는 그레타 가르보가 말한 것처럼 '나는 혼자 있고 싶어요.' 다. 필 슬레이터(Phil Slater, 1970)가 매우 분명하게 보여 준 것처럼, 우리는 모든 가능한 방법으로 사생활과 자족을 추구한다.

그러나 우리 워크숍 공동체에서는 반대되는 성향이 나타난다. 서로 모르는 사람들끼리 함께 방을 사용하는데도 불평이 없다. 때로는 12명이 불편한 기숙사 방을 함께 쓰며 그에 대해 그냥 농담을 던지기도 한다. 공동 또는 남녀 공용 욕실이 더 많은 대화를 위한 즐거운 장소로 여겨지는 것은 보통이다. 특별히 집중적인 워크숍에서는 사람들이 하루 18시간 또는 20시간 동안이나 계속해서 서로 관계를 맺고 의사소통을 통해 접촉하는데도 그러한 경험에 대해 흥분하고 좋아한다. 오히려 워크숍이 끝나게 되면 떠나야 한다는 사실에 매우 슬퍼한다. 그 워크숍에서 시작하여 지지그룹으로서 계속 친분을 갖자는 계획이 나오기도 한다. 우리가 일상생활에서 그렇게도 끊임없이 피해오던 이토록 깊은 친밀감을 지속하기 위하여 우리는 가능한 모든 일을 한다. 매우 개인적인 것을 나누고 정직한 피드백을 주며 터놓고 직면한다. 일상적인 상황에서는 이러한 것들을 피하기 위하여 그렇게도 애를 쓰는데 말이다.

이러한 모순을 설명하는 것이 어떻게 가능한가? 그것의 한 국면은 쉽게 이해될 수 있다. 우리들 대부분은 피상적인 의사소통을 싫어한다. 잡담, 사소한 주제에 대한 긴 대화, 칵테일파티에서 거품 물고 얘기하기, 정치에서 야구경기에 이르기까지 모든 것에 대한 기나긴 논쟁들. 그래서 이러한 '시간 낭비' 를 피하기 위해 우리는 그러한 피상적인 수준의 대화가 예상되는 곳에는 가지 않는다.

그러나 이보다 더 설명할 것이 많다. 서구 문화 자족, 도움을 필요로 하지 않는 것, 매우 엄선된 소수의 관계 외에는 완전히 사생활을 지키는 것을 맹목적으로 숭배해 왔던 것 같다. 역사상 대부분 이렇게 사는 것이 완전히 불가능했지만, 현대 과학기술로 인해 이 목적이 실현 가능해졌다. 내 방, 내 차, 내 개인 사무실, 내 전화기(전화번호부에 실리지 않으면 더 좋음), 대형 무인 상점에서 산 음식과 옷, 나만의 난로, 냉장고, 식기세척기, 세탁기와 건조기와 함께 나는 실제로 어떤 사람과도 친밀한 접촉을 배제한 채 살 수가 있다. 남자들을 위한 매춘업소와 매춘부, 여자들을 위한 '경호 서비스', 남녀 모두를 위한 '독신자 술집'과 같은 것을 통해 심지어는 개인적인 친밀감 없이도 성적 욕구를 채울 수 있다. 개인의 극도의 사생활까지 보장받을 수 있으며, 또 종종 그렇게 보장받으며 살고 있다. 우리는 목적을 달성했다.

그러나 우리는 그 대가를 치렀다. 우리의 소외된 젊은이들은 범죄자가 되며 무감각한 폭력을 행사할 수 있다. 우리 중년들은 사생활을 유지하며 매우 외로운 '노(老)시민'이 되어 간다. 젊은이와 늙은이 모두 현대 사회에서는 거의 완전히 쓸모가 없으며 자신들이 무용지물이라는 것을 날카롭게 인식할 수밖에 없게 된다. 그들은 설 자리가 없다. 그들은 사적이고 고립되어 있으며 아무런 희망이 없다.

우리 워크숍에서는 18~75세의 참석자들이 나이를 별로 의식하지 않으면서 함께 모여 진자(振子)가 분리의 방향으로 너무 멀리 갔다는 것을 깨닫고 있는 것처럼 보인다. 우리가 사실은 깊은 친밀감을 소중하게 여긴다는 것, 친밀감은 우리를 성장하게 해 준다는 것, 그리고 그것은 우리에게 힘을 불어 넣어 주어서 우리 사회 안에서 행동하게 한다는 것을 발견한다. 우리는 서로 함께 슬퍼하기도 하고 기뻐하기도 한다. 우리는 함께 있기 위해서 불편함을 기꺼이 참는다. 우리는 공동체를 형성하려고 더 많은 노력을 기울이는 가운데 개인적인 자기들을 잃어버리게 된 것을 발견하지만, 그것이 우리에게 자기에 대한 더 깊고 더 견고한 감각을 가져다준다는 것 또한 발견한다.

미해결된 문제들

우리의 경험이 미래를 위하여 중요한 의미를 지니고 있다고 믿고 있지만, 아직 만족스럽게 해결하지 못한 문제들이 여전히 남아 있다. 그것들을 간단히 열거하자면 다음과 같다.

① 우리의 경험은 거의 전적으로 일시적인 공동체를 형성하는 데 국한되어 있다. 우리는 우리 센터와 같은 영구적인 공동체를 좀 더 경험할 필요가 있다.

② 그룹 구성원들이 개인으로서 자유롭게 과정에 참여할 수 있는 것이 아니라 선거구에 의해서 정당의 '정책 노선' 을 표명할 의무를 가지고 참석한 그룹에서는 부분적으로밖에는 성공하지 못했다. 그러나 이러한 상황도 때로는 극복이 가능했다. 그것은 캠프 데이빗(1978년 9월 6일~17일) 경험의 놀라운 영향력을 보면 알 수 있다. 이집트 대통령 사다트와 이스라엘 수상 베긴은 잠시나마 자신에게 맡겨진 역할을 내려놓고 서로 개인으로서 대화하고 포옹할 수 있었다.

③ 우리는 벨파스트에서 온 무장한 가톨릭 신도들과 개신교도들이 함께 참석한 그룹을 통하여 그 방향에 접근하기는 했지만, 아직 과격한 혁명가들과 테러리스트들을 다룰 만한 능력이 있다고 확신할 수는 없다(McGaw, Rice, & Rogers, 1973 참조).

④ 우리는 실제 삶으로 돌아갔을 때의 문제를 해결하지 못했다. 사람들은 워크숍에서 얻은 것들을 집에 돌아가자마자 잃어버리는 것 같다. 그렇지만 우리는 워크숍을 끝마치기 전에 앞으로 맞닥뜨릴 수 있는 문제점들에 대해서 함께 토의하고, 워크숍이 끝난 후에도 서로를 지지해 줄 수 있도록 지지망을 형성하여 이 부분에 진전을 보이고 있다.

미래를 위한 의미들

권력을 위한 새로운 패러다임

아마도 그저 우리의 존재방식과 스태프로서 이런 식으로 일하는 것이 미래에 가장 극적으로 널리 영향을 미치기 위한 방법인 것 같다. 권력을 나누어 가지며, 개인들에게 힘을 부여해 주며, 그룹이 문제에 직면할 수 있도록 신뢰할 만하고 효과적이라고 여겨지는 토양을 창조하는 것—이는 일상생활에서는 한 번도 들어보지 못했던 것들이다. 우리의 학교, 우리의 정부, 우리의 기업, 회사 등은 개인이든 그룹이든 믿을 만하지 못하다는 생각으로 가득 차 있다. 군림하고 통제하기 위한 권력이 반드시 있어야만 한다. 우리의 모든 문화는 본래 위계적 체계를 가지고 있다. 여러 종교계조차 인간은 근본적으로 악하기 때문에 훈련과 지도가 필요하다고 여긴다. 심리학계에서는 정신분석이 이와 유사한 견해를 취한다. 즉, 개인들은 그 핵심에 무의식적인 충동이 가득하기 때문에 그것을 조절하지 않으면 사회를 파괴할 수도 있다는 것이다.

서구 문화의 패러다임은 인간은 본질적으로 위험하므로 보다 우월한 권위에 의해서 가르침과 지도를 받고 통제되어야만 한다는 것이다.

그러나 우리의 경험과 점점 더 증가하고 있는 인본주의 심리학자들의 경험은 개인이나 사회를 위해서 새로운 패러다임이 훨씬 더 효과적이고 건설적이라는 것을 보여 준다. 적절한 심리적 토양이 제공된다면 인류는 믿을 만하고 창조적이며 스스로 동기 부여가 되고 강하고 건설적이어서 꿈도 꾸지 못했던 잠재력을 분출하게 된다는 것이다.

인간 본성의 악을 통제해야 한다는 첫 번째 패러다임은 현대 문명을 재앙 직전으로 이끌어 왔다. 우리 사회가 과연 이 두 번째 패러다임이 효과적이라는 것을 볼 수 있을 것인가? 이것만이 우리가 살아남기 위한 유일한 희망이라고 본다.

국제적 갈등을 해결하기 위한 기회들

나는 9개국 유럽공동시장이 약 400명의 유럽의회 의원들을 선출했다는 것을 읽으면서 가능성을 보게 되어 몹시 흥분했다. 유럽의회의 기능은 법적이기보다는 상징적인 것이 되리라는 보도가 있었다. 이 사실은 좀 더 많은 기회들을 열어 준다. 왜냐하면 의원들이 '정책 노선'에 완전히 매이기보다는 자기 자신을 표현할 수 있을 것이기 때문이다. 이 다양한 나라가 모인 의회에서 국제적 그룹을 촉진할 수 있는 유능한 스태프가 내가 그동안 설명한 것과 같은 과정을 시작할 수 있으리라고 믿어 의심치 않는다. 스페인에서 있었던 국제적인 워크숍에서 22개국 사람들이 조화롭게 연합을 이루었던 것에서 그 과정의 놀라운 결과를 볼 수 있었듯이 말이다. 그러한 국제적인 의회 구성원들이 서로 진심으로 잘 들어주고 이해하며 존중해 주어서 상호 협력적인 공동체 의식이 발달하며, 권력보다는 사람이 더 중요하게 되는 지점에 도달하는 모습을 상상해 보라. 그 결과는 가장 심오한 중요성을 가질 수 있다. 이것이 모든 문제가 해결될 것이라는 뜻은 아니다. 반드시 그렇지 않다. 그렇지만 가장 심각한 긴장과 갈등이라 할지라도 이해와 상호 존중이라는 인간적인 토양 안에서는 더욱 잘 해결될 수 있을 것이다.

이것은 공동체를 형성하기 위한 우리의 노하우가 이종문화 간, 국제 간 긴장을 해결하고 풀어가기 위하여 사용할 수 있는 한 가지 예에 불과하다. 아랍-이스라엘 관계 해결을 위한 계획이 마련되어 있다. 다만 그것을 시도할 수 있을지가 문제다. 중요한 것은 그러한 계획이 가능성의 영역 안에 있다는 것이다. 서로 아무리 적대적이고 반목관계에 있더라도 같은 방에 함께 기꺼이 모이기만 한다면, 의사소통이 가능한 상호 존중의 방향으로 옮겨가서 마침내 하나의 공동체가 되도록 할 수 있는 태도와 기술을 우리는 알고 있다.

교육을 위한 중요성

좀 더 사람-중심적인 교육의 형태에 관한 많은 실험이 진행 중에 있다. 우리가 오늘날 가지고 있는 지식을 활용한다면 미래의 교육이 어떤 모습이 될지 그 그림을 한 번 크게 그려 보고 싶다.

- 신뢰의 분위기를 만들어 호기심과 배우고자 하는 자연스러운 마음을 일으키고 강화시킬 수 있을 것이다.
- 학생들과 교사들, 운영자들을 자유롭게 풀어 주어 학습에 관련된 모든 부분을 결정하는 데 다함께 참여할 수 있도록 해 줄 것이다.
- 오늘날의 파괴적인 경쟁심 대신에 협력하고 다른 사람들을 존중하며 서로 돕는 공동체 의식이 자라날 수 있을 것이다.
- 학생들이 자기 자신들을 소중히 여기게 되고 자신감과 자존감을 발달시킬 수 있는 곳이 될 것이다.
- 학생들과 교사들이 자신들 안에서 가치의 근원을 발견하고 좋은 삶은 내면에 있는 것이지 외부에 있는 것이 아니라는 것을 점점 더 많이 발견할 수 있는 상황이 될 것이다.
- 그러한 교육적 공동체에서는 학생들이 지적, 정서적 발견에 흥미를 느낄 수 있게 되어 평생 배우는 사람들이 되어 갈 수 있을 것이다.

이것은 '그림의 떡' 과 같은 말들이 아니다. 이러한 목적을 모두 달성할 수 있는 노하우를 우리는 가지고 있다. 다만 우리의 문화가 그것을 받아들이기로 선택할지가 불확실한 요소다.

의식의 새로운 단계

우리 워크숍에서 종종 일어나는 초월적인 영과의 하나됨을 앞서 언급했다. 이것이 미래를 위하여 무엇을 시사하는가? 이 질문에 대하여는 나보다 더 대답을 잘해 줄 수 있는 사람들이 있다고 느낀다.

역사사상가인 랜슬롯 화이트(1974)는 어떤 것이라도 새로운 발달이 일어날 때는 보통 대중의 마음과 감정 안에 숨어 있는 흐름이 점점 강해지다가

(갑작스럽게 나타나는 것으로 보이겠지만) 마침내 여러 곳, 여러 나라에서 일시에 분명한 형태로 그 모습을 드러내게 된다고 지적했다. 이런 의미에서 나는 우리 지구상에서 명백한 파괴적 힘들과 더불어 인간을 새로운 의식의 단계로 인도해 줄 흐름이 자라나고 있다고 믿는다. 전인 치유에 대한 강한 관심, 개인 안에 있는 미개발된 심령 능력에 대한 인식, 그리고 우리 그룹 안에서 매우 분명히 볼 수 있는 신비한 무언의 대화가 존재하고 있다. 우리 우주에서 가장 강력한 힘은 위압적인 권력이 아닌 사랑이라는 인식이 희미하게나마 생기고 있다. 나는 우주와 관련하여 인간을 보는 일련의 새로운 관점들이 과연 언제 활짝 피어날 수 있을지, 과연 그렇게 될 수 있을지 예견할 수가 없다. 다만 나는 우리 워크숍 안에서 일어나는 조화로운 공동체의 느낌이 지하에서 따로따로 흐르고 있는 모든 샘물들을 더욱 세차게 흐르도록 만들 것이라는 사실을 지적할 수 있을 뿐이다. 우리의 워크숍 경험이 내게 의미하는 것은 이러한 흐름이 나타나고 있는 다른 많은 징후들과 더불어 인류가 오늘날 존재하는 의식과는 전혀 다른 형태의 의식을 향하여 움직이고 있다는 것이다.

시험 모델

나는 우리의 워크숍 공동체 또는 인본주의, 사람-중심 철학이 기울이고 있는 유사한 노력들이 전 세계의 중요한 사건들이나 지구상에 살고 있는 수많은 사람들의 삶에 직접적으로 영향을 줄 수 있는 가능성이 있다며 자신을 속일 생각은 없다.

단지 사회가 원할 때 좀 더 큰 규모로 활용될 수 있도록 우리가 지금 시험 모델을 개발하고 있는 것이라고 나는 믿는다. 우리의 벨파스트 그룹은 긴 안목으로 보아도 아일랜드의 문제 상황에 지극히 미세한 영향을 주는 데 그쳤다. 그러나 벨파스트의 관찰자가 말한 것처럼, '벨파스트의 모든 동네마다 이와 같은 그룹이 생기기만 한다면 그것이 변화를 만들어 낼 것이다!'

요점은 우리 모두가 사회의 뜻을 계속해서 기다려야만 한다는 것이다. 우리의 문화가 끝없는 반목과 살상에 싫증이 나고, 평화를 가져오기 위한 수단으로 권력과 전쟁을 사용하는 것에 절망하며, 그 구성원들이 반쪽 인생을 살고 있는 것에 불만을 느끼게 된다면, 그때서야 비로소 우리의 문화는 심각하게 대안을 찾고자 할 것이다. 그때가 왔을 때 사람들은 허공만 바라보게 되지는 않을 것이다. 그들은 반목의 해결을 촉진할 수 있는 방법이 있다는 것을 발견할 것이다. 그들은 개인의 잠재력과 창조성을 희생하지 않고도 공동체를 건설할 수 있는 방법이 있다는 것을 발견할 것이다. 또한 작은 규모로 이미 시도가 되었던, 배움을 촉진할 수 있고 새로운 가치를 향하여 나아가며 의식을 예상치 못했던 단계로 높여 줄 수 있는 방법이 있다는 것을 인식하게 될 것이다. 그들은 개인이나 그룹 위에 군림하는 힘이 없이도 존재할 수 있는 방법이 있다는 것을 발견할 것이다. 그들은 상호 존중과 개인의 성장이라는 기초 위에 조화로운 공동체가 건설될 수 있다는 것을 깨닫게 될 것이다. 내 생각에는 그것이 사람-중심 철학을 가지고 있는 우리 인본주의 심리학자들이 할 수 있는 기본적인 공헌인 것 같다. 우리는 우리 문화가 언젠가 준비될 때에 사용할 수 있는 작은 규모의 효과적인 모델을 만들어 놓았다.

♣ 참고문헌

Bowen, M., Justyn, J., Kass, J., Miller, M., Rogers, C. R., Rogers, N., & Wood, J. K. (1978). Evolving aspects of person-centered workshops. *Self and Society* (London), February, *6*, 43-49.

McGaw, W. H., Rice, C. P., & Rogers, C. R. (1973). *The Steel Shutter*. Film. Center for Studies of the Person, La Jolla, California.

Rogers, C. R. (1970). *Carl Rogers on encounter groups*. New York: Harper & Row.

Rogers, C. R. (1977). *Carl Rogers on personal power*. New York: Delacorte Press.

Slater, P. (1970). *The pursuit of loneliness*. Boston: Beacon Press.

Whyte, L. (1974). *The universe of experience*. New York: Harper & Row.

제10장 여섯 개의 삽화들

나는 작고 강렬한 경험을 통해 최고의 것을 배우는 경향이 있다. 그런 경험들은 내가 하고 있는 일의 여러 양상들을 분명하게 보여 준다. 또한 사람-중심 접근법의 다소 추상적인 몇몇 개념들을 생생한 모습으로 제시해 준다. 내 기억 속에 잘 저장해 두기 위하여, 또는 관련된 사람들을 위하여 사용할 수 있도록 나는 자주 기록을 해 놓는다. 여기에 여섯 개의 경험들을 모아 보았다. 서로 매우 다르지만 하나하나가 중요한 점들을 예시해 주고 있다. 이것들은 모두 실화이기는 하나 다소 꾸며낸 부분도 있다. 각 이야기들은 나 자신의 성장이나 내가 하는 일에 대한 나 자신의 확신을 위해 매우 소중했던 것이었으며 지금도 그러하다.

첫 번째 이야기 '나는 나를 잃어 버리기 시작했다'는 한 젊은 여인의 편지로 심리치료를 받던 중에 경험한 것을 그리고 있다. 나는 그 여인도, 그 치료자도 알지 못한다. 그러나 그녀의 경험이 담겨 있는 이 한 통의 편지는 개인치료에 대하여 배움을 얻을 수 있는 가득 채워진 금광이다.

두 번째 이야기 '동굴: 치료 중의 경험' 역시 편지로서 개인의 공허함 또는 내면의 빈 공간을 경험한 사건이 그것을 받아들였을 때 어떻게 해서 풍성하고 충족감을 느끼는 사건이 될 수 있었는지에 대해 매우 개인적인 설명을 해 놓았다. 이 또한 일대일 치료관계에 대한 설명이다.

세 번째 이야기 '낸시의 애도'는 내 기억 속에 항상 생생하게 남아 있는 어떤 사건에 대한 이야기다. 그것은 개인적인 성장과 공동체를 세우기 위한 목적을 가진 큰 규모의 사람-중심 워크숍에서 나의 딸과 낸시 그리고 많은 다른 사람들이 함께 겪었던 사건이다.

네 번째 이야기 '함께 하기: 9년 후 사후 보고서'는 엔카운터 그룹 경험의 장기 효과에 관한 이야기로 특별히 그 기록이 잘 보관되어 있었던 것이다. 심지어 주말 그룹도 오래도록 그 영향을 미친다는 것에 대하여 우리는 개인적인 편지들, 만남들을 통해 풍성한 자료들을 얻을 수 있었는데, 최근에 동료와 함께 그것들을 검토해 보았다. 여기에 워크숍 참석자들 중 한 사람의 독특한 경험에서 시작하여 9년 후 그녀에게서 받은 편지로 끝나는 '스냅 사진' 시리즈가 있다. 이것은 그러한 장기 효과를 보여 주는 하나의 사례다.

다섯 번째 이야기 '경비원'은 공동체 경험(워크숍)에서 발산되는 일종의 에너지를 볼 수 있는 여러 매혹적인 실례들 중의 하나다. 우리는 알지 못하는 사이에 워크숍과 직접적인 접촉이 전혀 없는 사람들에게도 영향을 미친다. 여기에 그 영향력을 분명하게 알 수 있는 예가 있다.

여섯 번째 이야기 '어린이 워크숍'은 우리를 다시 힘든 현실로 데려간다. 이것은 어린아이들이 사람-중심적인 분위기에 어떻게 반응하는지를 잘 설명해 주는 것과 더불어 전통적인 방식을 위협하는, 특히 전통적인 권력 구조를 위협하는 그 어떤 존재방식에 대해서도 사람들이 두려움으로 저항하는 모습을 생생하게 그려 준다.

이번 장은 내게 여러 다른 색깔과 향기를 가진 꽃들로 만든 산뜻한 꽃다발이다. 이 꽃들은 관계 안의 특성들, 변화의 내적 경험, 집중적인 그룹 경험의 효과, 치료자로서의 공동체, 워크숍에서 새어 나오는 빛들, 예상치 못했던 방식의 새로운 모험 등 이 책 안의 여러 다른 지역을 여행하며 꺾어 온 것들이다. 이것을 꺾으면서 나는 온 정원을 돌아다녔다. 수년 동안 모아서 만든 이 꽃다발은 나에게 많은 즐거움을 가져다주었던 것이다. 이제 이것을 여러분께 바친다.

1. 나는 나를 잃어 버리기 시작했다

친애하는 로저스 박사님,

내가 박사님이 쓰신 책 『사람이 되어 감에 관하여(On Becoming a Person)』를 방금 읽었고 깊은 감명을 받았다는 것 외에는 내가 누구이며 내가 왜 박사님께 편지를 쓰는지에 대해 어떻게 설명해야 할지 모르겠습니다. 나는 어느 날 우연히 그 책을 발견해서 읽기 시작했습니다. 지금 나는 나를 발견할 수 있도록 도와줄 수 있는 무언가가 필요합니다. 그런데 박사님의 책을 읽게 된 것은 정말 우연의 일치였습니다. 나를 발견하기 전까지는 내가 남을 위해 무엇을 할 수 있으리라고 느낄 수가 없습니다.

나는 고등학교 시절에 나를 잃어버리기 시작했다고 생각합니다. 나는 항상 사람들을 도울 수 있는 일을 하기 원했지만 가족들은 그것에 반대하였고, 나는 그들의 말이 옳을 것이라고 생각했습니다. 2년 전까지는 다른 모든 사람들을 위해서는 일이 잘 풀렸습니다. 나는 나의 이상형인 한 남자를 만났습니다. 그리고 약 1년 전에 우리 두 사람을 잘 살펴본 결과, 나는 내가 원하는 대로가 아니라 그가 내게 원하는 대로 모든 것이 되어가고 있다는 것을 깨달았습니다. 나는 늘 감정적이었고 많은 감정을 지니고 있었습니다. 그런데 결코 그 감정들을 가려내고 확인할 수가 없었습니다. 나의 약혼자는 내가 몹시 화가 났다거나 행복하다고 말해 주곤 했는데, 그러면 나는 알았다고 말하고 그냥 내가 그런가 보다 했습니다. 그런데 내가 우리 둘을 잘 살펴보았을 때, 사실은 내가 나의 진정한 감정을 따르지 않고 있었기 때문에 화가 났다는 것을 깨달았습니다.

나는 그 관계를 깨끗하게 정리하고 내가 잃어버린 조각들이 어디에 있는지 찾아보려고 했습니다. 두세 달 노력해 본 끝에 내가 다룰 수 있는 일이 아니라는 것을 발견하고 나 스스로는 찾아낼 수 없을 것 같다고 느꼈습니다. 그래서 한 심리학자를 찾아갔고 지금도 그를 만나고 있습니다. 그는 내가 인식하지 못했던 나의 조각들을 찾을 수 있도록 도와주었습니다. 어떤 조각들은 우리 사회의 기준으로 볼 때는 나쁜 것이지만 나를 위해서는 매우 좋은 것이라는 것을 발견했습니다. 그를 만나러 가기 시작한 후부터 나는 더욱 두렵고 혼란스러웠지만, 한편으로는 안심이 되었고 나 자신에 대해서 좀 더 확신하게 되었습니다.

특히, 어느 날 밤의 일이 기억납니다. 그날 그와 정기적인 만남을 가졌는데, 나는 화가 나서 집으로 돌아오게 되었습니다. 무슨 얘기를 하고 싶기는 했지만 그것이 무엇인지 알 수가 없었기 때문에 화가 났던 것이었습니다. 그날 밤 8시쯤 되었을 때 나는 너무 화가 나서 겁이 났습니다. 그에게 전화했더니 그가 나에게 최대한 빨리 자기 사무실로 오라고 했습니다. 나는 그에게 가서 적어도 한 시간은 울었습니다. 그러고 나서야 말이 나왔습니다. 나는 지금도 내가 그때 무슨 말을 했는지 하나도 모릅니다. 내가 아는 것은 그동안 내가 전혀 알지 못했던 너무나 많은 상처와 분노가 내게서 튀어나왔다는 것뿐입니다. 집에 돌아오자 외계인이 내 안에 들어 있는 것 같았고 주립병원에서 보았던 몇몇 환자들처럼 내가 환각을 일으키고 있는 것 같았습니다. 계속해서 그렇게 느끼던 어느 날 밤, 가만히 앉아서 생각하던 중에 그 외계인이 바로 내가 찾고자 애썼던 나라는 사실을 깨달았습니다.

그날 밤 이후로 사람들이 더 이상 그렇게 이상해 보이지 않는다는 것을 깨달았습니다. 이제 나의 인생이 막 새롭게 시작되고 있는 것처럼 보이기 시작했습니다. 나는 지금 혼자 있지만 하나도 두렵지 않으며 반드시 무언가 하고 있지 않아도 됩니다. 나는 나를 만나는 것을 좋아하고 나의 생각과 감정과 친구가 되기를 좋아합니다. 그렇기 때문에 다른 사람들과 즐기는 것도 배우게 되었습니다. 특히, 나이가 나보다 많고 건강이 매우 나쁜 한 남자는 내가 정말로 살아 있다는 느낌을 가지게 해 주었습니다. 그는 모든 사람을 수용해 줍니다. 그가 어느 날 내가 굉장히 많이 변했다고 말해 주었지요. 그는 내가 마음을 열고 사랑하기 시작했다고 합니다. 나는 내가 사람들을 늘 사랑해 왔다고 생각하고 있었기에, 그에게 그렇게 말했습니다. 그는 "그들이 그 사랑을 느끼던가요?" 하고 물었습니다. 나는 내가 분노와 상처보다 사랑을 더 많이 표현했다고는 생각지 않습니다.

그 무엇보다도 나는 내가 충분한 자기 존중감을 가져 본 적이 결코 없었다는 것을 발견하고 있습니다. 그리고 지금은 정말로 나를 좋아하는 법을 배우고 있기 때문에 마침내 내 안에서 평화를 발견하고 있습니다. 박사님이 이 부분에 도움을 주신 것에 대해 감사드립니다.

이 편지에 표현되어 있는 감정들과 태도들을 요약해 주는 여러 중요한 문장들을 다른 표현으로 바꾸어 논의해 보겠다. 그렇게 하여 인격의 변화와 성장에 대한 일반적인 설명을 제공하고자 노력할 것이다.

나는 나를 잃어 버리고 있었습니다. 그녀 자신의 경험들과 그것의 의미들은 부인되고 있었으며 그녀는 실제로 경험된 자기(real experienced self)와는 다른 자기를 발달시켜 왔던 것이다. 그래서 실제로 경험된 자기는 점점 더 숨어 버리게 되었다.

나의 경험은 내가 하고 싶은 일이 무엇인지 내게 말해 주었지만, 나의 가족은 내가 자신이 옳다고 느끼는 것을 신뢰해서는 안 된다는 것을 보여 주었습니다. 이 문장은 어떻게 해서 자기에 대한 거짓 개념이 형성되는지를 보여 준다. 그녀는 자기 부모의 의미들을 자신의 경험으로 받아들였기 때문에 자기 자신의 유기체적 경험을 불신하게 되었다. 그녀가 이전에 오랫동안 부모의 가치들을 내사해 온 경험이 없었다면 이 문제에 대해서 부모의 가치를 내사하지는 않았을 것이다. 그녀가 자기 자신의 경험을 불신할수록 그녀의 자기 가치감은 계속해서 줄어들었고 결국 자기 자신의 경험 또는 자기 자신을 거의 사용하지 않게 되었다.

다른 모든 사람을 위해서는 일이 잘 풀렸습니다. 얼마나 뜻 깊은 말인가! 그녀가 기쁘게 해 주려고 노력하던 사람들을 위해서는 물론 일이 잘 풀렸을 것이다. 이 가짜 자기(pseudoself)가 바로 그들이 원하던 것이었다. 막연한 불쾌감이 존재했던 곳은 오직 그녀의 내면, 미지의 깊은 층이었다.

나는 그가 내게 원하는 대로 모든 것이 되었습니다. 여기서 다시 그녀는 자기 자신의 모든 경험의 인식을 부인하고 있다. 그녀는 더 이상 자기가 없고 다른 사람이 원하는 자기가 되려고 노력하는 지점에 이르렀다.

마침내 나의 유기체는 반항을 했고 나는 나를 되찾으려고 노력했지만 도움이 없이는 할 수가 없었습니다. 왜 그녀가 마침내 반항을 하고 자신과 약혼자의 관계를 잘 살펴보게 되었을까? 이러한 반항은 실현 성향이라고 볼 수밖에 없다. 너무 오랫동안 억압해 왔던 실현 성향이 마침내 자신을 주장하게 된 것이다. 그러나 그녀가 자기 자신의 경험을 너무 오랫동안 불신해 왔기 때문에, 그리고 그녀가 그동안 살아왔던 자기는 그녀의 유기체 경험과 너무나 달랐기 때문에 도움이 없이는 진정한 자기(true self)를 재건설할 수가 없었다. 불일치가 그렇게 큰 경우에는 종종 도움을 받아야 할 필요가 있다.

나는 나의 경험들을 발견하고 있습니다.—사회, 부모님 그리고 남자친구에게는 나쁘게 보이겠지만 나에게 관한 한 좋기만 한 것들입니다. 판단의 기준이 전에는 부모, 남자친구 그리고 다른 사람들에게 있었지만, 이제 그녀는 자기 자신의 것으로 되찾고 있다. 그녀는 자신의 경험의 가치를 결정하는 주체다. 그녀는 가치판단 과정의 중심에 있으며, 그 증거는 자기 자신의 감각에 의해 제공된다. 사회는 주어진 경험을 나쁘다고 부를 수 있겠지만, 이제 그녀가 자신의 가치판단을 신뢰하게 되자 그것이 자신에게 가치 있고 중요하다는 것을 발견한다.

내가 인식하기를 거부해 왔던 경험의 홍수가 수면에 가까워졌을 때 중요한 전환기가 왔습니다. 나는 두렵고 화가 났습니다. 부인했던 경험이 인식에 가까워 올 때면 늘 불안하기 마련이다. 왜냐하면 이전에 거부했던 경험들이 어떤 의미들을 가지게 될 터인데, 이 의미들은 그동안 살아왔던 자기의 구조를 바꾸게 될 것이기 때문이다. 자기 개념의 극심한 변화는 항상 두렵고 위협적인 경험이다. 앞으로 무엇이 나타날지 아직 알지는 못했지만 그녀는 이러한 위협을 희미하게나마 알아채고 있었다.

부정되었던 경험들이 댐을 무너뜨리자, 그것들이 그동안 전혀 인식하지 못했던 상처와 분노들이었다는 것이 드러났습니다. 대부분의 사람들이 경험이 의식으로부터 얼마나 완전히 차단될 수 있는지 깨닫기란 불가능하다. 어느 날 갑자기 인식하게 되기 전까지는 전혀 알 수 없다. 자기 개념을 위험에 빠트릴 수 있는 그러한 경험들을 가두고 부인하는 것은 모든 사람에게 가능한 일이다.

나는 내가 미쳤다고 생각했어요. 웬 외계인이 내 안에 들어 있는 것 같았기 때문이었습니다. 자기 개념이 너무 급격하게 바뀌어 각 부분들이 완전히 산산조각 나는 것은 매우 두려운 경험으로서 그녀가 외계인이 자신 안에 들어 있는 것 같았다고 표현하는 것은 매우 정확한 것이다.

한참 후에야 나는 그 외계인이 진짜 나라는 것을 깨달았습니다. 그녀가 발견한 것은 순종적이고 쉽게 영향을 받으며 살던 자기, 다른 사람들의 말, 태도, 기대에 의해서 좌우되던 자기가 더 이상 자신의 것이 아니라는 것이었다. 그렇게도 외계인 같았던 새로운 자기야말로 그동안 상처, 분노, 사회가 나쁘다고 여기던 감정들, 마치 환각과도 같은 무모한 생각들, 그리고 사랑을 경험해 왔던 진짜 자기였다. 그녀가 좀 더 자신을 발견하게 되었을 때, 아마도 자신의 분노 중 일부는 자신의 부모를 향하여 있다는 것을 발견했을 가능성이 크다. 상처의 근원은 여러 가지였을 것이다. 사회가 나쁘다고 여겼지만 그녀가 좋고 만족스럽게 여겼던 경험과 감정은 아마 성과 관련이 있을지도 모른다. 그 어떤 상황에서도 그녀의 자기는 자신의 창자 수준의 경험 안에 훨씬 더 견고하게 뿌리박게 되었을 것이다. 또 다른 사람의 표현을 빌리면 이렇다. "나는 내가 나의 경험에 억지로 의미를 붙이려고 애를 쓰는 대신에 나의 경험으로 하여금 그 의미를 내게 말해 주도록 허용하기 시작했다." 개인의 자기 개념이 자신의 경험에 대하여 자연스럽게 느끼게 된 의미(felt meaning)에 뿌리가 박힐수록 그 또는 그녀는 더욱더 통합된 사람이 된다.

나는 나를 만나며 나의 생각과 감정들과 친구가 되는 것을 좋아합니다. 너무 오랫동안 박탈당했던 자기 존중과 자기 수용이 이제 동터 오고 있는 것이다. 그녀는 심지어 자기 자신에게 애정을 느끼고 있다. 신기하면서도 일반적인 이 변화의 부수적인 효과는 이제 그녀가 좀 더 자유롭게 자신을 다른 사람들에게 주며, 다른 사람들과 좀 더 즐기며 그들에게 좀 더 진심으로 관심을 가질 수 있게 되리라는 것이다.

나는 마음을 열고 사랑하기 시작했어요. 그녀는 자신의 사랑을 좀 더 표현할 수 있을 뿐 아니라 분노와 상처, 좋아하는 것, 싫어하는 것, '무모한' 생각과 감정들(결국 창조적인 충동임이 드러날 수 있는)까지도 좀 더 표현할 수 있게 되었다는 것을 발견할 것이다. 그녀는 심리적인 부적응에서 훨씬 더 건강한 다른 사람들과의 관계 및 현실과의 관계로 변화하는 과정 중에 있다.

나는 마침내 내 안에서 평화를 발견하고 있어요. 통합된 사람이 되어 가는 것에는 평화로운 조화가 존재한다. 그러나 그녀가 이 반응이 영구적인 것이라고 생각한다면 그건 잘못된 생각이다. 그녀가 진실로 자신의 경험에 열려 있게 된다면, 오히려 인식하기를 거부해 왔던 자신의 또 다른 숨겨진 면들을 발견하게 될 것이다. 그리고 그러한 발견을 잘 소화하여 자기 자신에 대해 새롭게 개정되고 변화된 그림을 그리게 되기 전까지는 순간적으로 또는 여러 날 동안 불안하고 힘든 시간을 갖게 될 것이다. 그녀는 경험하고 있는 유기체와 자기 개념 간의 일치를 향해 성장하는 과정이 흥미진진하면서도 때때로 괴로운 영원히 끝나지 않는 모험이라는 것을 발견하게 될 것이다.

2. 동굴: 치료 중의 경험

친애하는 로저스 박사님,

타이핑을 하기 전에 이것을 읽어보니 마치 친구에게 보내는 모노그래프(monograph)를 쓰기 시작한 것 같더군요. 처음에는 나의 무모한 행동에 놀랐지만 다시 생각해 보니 이것이 정말 맞는 말이라는 것을 알 수 있었습니다. 지난 3년간 내게 일어났던 일, 특히 지난달에 있었던 일은 여러모로 박사님 덕분이었습니다. 내가 박사님을 친구로 느끼는 것과 박사님이 이런 얘기를 아무리 많이 들었더라도 이것이 내게 얼마나 소중한지 박사님은 아실 것이라고 내가 느끼는 것은 하나도 이상할 것이 없습니다. 내가 사실 나 자신에 대해서 별로 이야기하지 않았다는 것을 알고 있습니다. 나의 외적인 모습 말입니다. 아마도 얘기해야 하겠지만 그건 좀 나중에 해도 될 것 같습니다. 중요한 것은 한 사건입니다.

한 달쯤 전에 나는 나의 치료자(조 M…, 시카고 대학의 박사님 제자입니다)를 향해 매우 깊은 적개심을 가지고 있었는데, 그때 박사님이 쓰신 책을 찾아보게 되었습니다. 그 목적은 조를 향해 맹렬한 공격을 퍼부을 탄환을 모으기 위한 것이었습니다. "아, 당신의 로저스가 말한 것이 여기 있군요. 내 경우에는 이것을 어떻게 설명하실 수 있겠어요, 박사님! 전능한 정상상태에 있는 당신들은 이쪽 편에서 잠시 살아봐야만 해요." 뭐 이런 말을 하고 싶었지요. 그것은 마치 거의 지게 된 싸움에서의 마지막 헐떡임 같았어요. 모든 것이 박사님에게서 시작된 일이니, 조와 함께 박사님을 넘어뜨리거나 찌르지 못한다면 포기하는 편이 낫겠다고 느꼈지요. 그 방법 외에는 조를 공격할 다른 방법이 없었던 겁니다.

그때는 그것이 나의 목적이었어요. 그러나 로저스 박사님, 대부분 혼란스러웠던 나의 삶이었지만 이렇게 완전히 예상과 정반대의 결과가 나왔던 적은 한 번도 없었습니다. 박사님의 철학을 더 많이 읽을수록 그 당시와 그 후에도 계속해서 거의 계시라고 말할 만한 경험을 하게 되었습니다. 내가 읽게 된 간단한 글(『사람이 되어 감에 관하여』 재판본, 3장 '조력관계의 특징들')을 통해서 나는 조를 향하여 쏠 탄환을 발견하는 대신에 지난 3년간의 힘들었던 치료 기간 동안 우리가 씨름해 온 모든 것에 대한 설명과 해답이 거기에 있는 것을 발견했습니다. 그리고 세 권의 책과 그 밖의 글들을 좀 더 많이 읽으면서, 그 철학이 내게는 너무나도 이해가 가고 마음에 깊이 와닿았기 때문에 그것이 거의 계시처럼 느껴졌습니다.

박사님과 이야기 나누고 싶은 것을 시작하기에 앞서 조에 대하여 한마디 하겠어요. 내가 비록 박사님의 책이 계기가 되어 즉각적이고 극적인 변화를 이룬 것으로 보인다 할지라도, 조가 나를 위해, 아니 나와 함께 해 왔던 일이 없었다면 내 평생에 함께 살아왔던 그 잡음들 때문에 너무 시끄러워서 박사님의 얘기를 들을 수조차 없었을 것이고 거의 이해할 수 없었을 것입니다. 그는 자기의 로제리아니즘(Rogerianism)* 에다가 때때로 엘리시안(Ellisian)**을 향한 맹공격의 양념을 뿌렸다는 사실에도 불구하고(괴상한 배치이기는 하지만 내게는 분명 성공적이었던) 박사님이 성공적인 치료관계에 필요하다고 여기셨던 모든 개념들을 실제로 보여 준 사람입니다. 그는 일치된 사람이었고, 공감적이었으며 무조건적인 긍정적 존중을 보여 주었습니다. 치료를 받는 동안 나에게 가장 유익했던 것은 5분 또는 10분 동안의 침묵이었습니다. 그때는 몰랐지만, 우리 둘이 함께 경험하고 있었기 때문에 그 시간 동안 평화가 거의 만져질 정도였습니다. 끝으로 조에게 참담하고 실망스러운 시간이었음이 분명함에도 불구하고, 그는 일관된 모습에 안정되어 있었고 변함이 없었다는 것을 말씀 드리고 싶습니다.

그러나 여기서 조에 대한 감사는 사실 두 번째로 중요한 것입니다. 더욱 중요한 점은 박사님의 말을 통해서 내가 처음으로 내게 일어났던 일을 제대로 보고 이해할 수 있었다는 것입니다. 내가 생각하기에 이것이야말로 나에게 숨을 죽이게 하고(비유로 표현하자면), 박사님께 이야기하지 않고는 못 견디게 만드는 것입니다. 즉, 나는 내가 무엇을 하고 있는지에 대해 갑작스럽게 깨달았으며, 거의 가까이 도달했지만 어렴풋이밖에는 이해하지 못했던 목표를 확인할 수 있었습니다. 나의 치료 노트에, 그리고 회기 중에 나는 반복해서 '사람이 되라' 는 어구를 사용했습니다. 사람이라는 단어를 대문자로 쓰기도 했습니다. 나는 박사님의 업적에 대하여 단지 매우 희미하게 알고 있었을 뿐이었습니다. 나는 조가 본래 로제리안이라는 것, 매우 많이 경청해 준다는 것, 내가 분명하게 이해하지 못하는 중에 더듬어 찾고 있던 생각들, 개념들, 감정들을 아주 여러 번 선명하게 짚어 주었다는 것을 알고 있었습니다. 그러나 사람이 된다는 것에 대해서 내가 알고 있었던 것은 단지 그렇게 되고 싶다

* 칼 로저스의 철학을 말한다.
**인지-정서 치료를 창시한 알버트 엘리스(Albert Ellis)를 따르는 엘렉스학파를 말한다.

는 것뿐이었습니다. 나는 박사님이 나를 위한 방향을 발견하기 위하여 평생을 바쳤다는 것을 몰랐습니다.

박사님께서는 가장 소중한 것으로 나를 이끌어 주셨지요. 그것은 감정을 갖는 능력 또는 아마도 내가 나에게 감정을 갖게끔 허락해 주는(조는 항상 나에게 허락해 주었던) 능력입니다. 힘들었던 그것을 위해 우리가 지난 3년간 함께 노력했다는 것을 물론 알고 있습니다. 나는 단번에 내가 행복, 우울, 감동, 슬픔, 열광 등을 느낄 수 있다는 것을 발견했습니다. 감정을 거부하거나 부인할 필요가 없었습니다. 좋은 감정이라면 그것을 인식한다 해도 겁을 주어 쫓아 버릴 필요가 없는 것이고, 나쁜 감정이라면 그것을 인식한다고 해서 그것이 영원히 머무르도록 하지는 않을 것입니다. 참으로 인생에는 고정된 것이 없습니다. 인생은 흘러가고 변하며 역동적이어서 나도 그와 같이 역동적이고 변화할 수 있습니다.

감정을 느낄 수 있는 새로운 능력은 나에게 매우 중요한 통찰을 가져다주었습니다. 예를 들어 보지요. 내가 박사님의 책을 통해 상담 장면에서 발췌한 글을 읽었을 때, 사람들이 경험을 하기 시작하면서 지적으로 분석하는 것이 아니라 자신의 감정, 느낌, 이미지들을 너무나 분명하게 묘사하고 있는 것을 보았습니다. 나는 그것 때문에 괴로웠습니다. 내가 자신을 들여다보았더니 내 안은 텅 비어 있었습니다. 벽들이 무너져 내리지도 않았고, 홍수가 터져 나오지도 않았고, 겹겹이 쌓인 껍질이 벗겨지지도 않았습니다. 그곳에는 동굴이 있을 뿐이었습니다. 그렇지만 나는 갑작스러운 감정의 선물을 받고 난 후에 그 동굴을 지적으로 만들고 거기에 존재하지도 않는 것을 집어넣는 일을 멈추었습니다. 그리고 나는 이렇게 느꼈습니다. '그래, 내 안에 동굴이 있단 말이지. 동굴은 비어 있고 쓰레기 하나 없이 깨끗해. 동굴은 나를 기다리고 있는 거야.' 그렇게 내가 동굴이 있다는 것을 깨닫자 그것이 채워지기 시작했습니다. 통찰, 경험, 감정들이 계속 이어졌습니다. 몸을 돌리는 곳곳마다 앞을 향하여 또 하나의 큰 발걸음을 내디뎠습니다. 그것들 중 내가 최고라고 생각하고 있는 두 가지(첫 번째 발걸음과 또 다른 발걸음)를 박사님께 말씀 드리고 싶습니다.

첫 번째 발걸음이 가장 극적이었습니다. 아마도 첫 번째니까 그랬겠지요. 책들을 통해 박사님을 알게 되었을 즈음에 나는 한 회의에 참석하게 되었습니다. 뭐 그리 큰 열정을 가지고 기대했던 행사는 아니었어요. 공식적인 역할을 수행하기 위해서 참석해야만 했던 거지요. 그렇지만 그 여행 전에 박사님이 내게 나타나셨으므로 이제 나의 예상과 완전히 반대되는 것을 경험하게 되었다는 것이 그 즉시 분명해져서 거의 충격적이었어요. 나는 혼자서 갔습니다. 그것은 내 머리 속의 사전에 의하면 외로움과 동의어였지요. 그러나 갑자기 내가 새롭게 발견한 '나됨(me-ness)'으로 인하여 아무런 염려가 없게 되었습니다. 나는 좋은 경험을 기대했고 결과는 그렇게 되었습니다. 나는 외롭지 않았어요. 내가 그들의 동행을 갈망하는 만큼이나 나의 동행을 갈망하는 오랜 동료들이 있었을 뿐더러 흥미로운 새로운 접촉도 있었습니다. 나는 두 차례의 성공적인 워크숍을 수행했고 모든 경험에 대하여 대체로 매우 긍정적인 반응을 할 수 있었기 때문에 호텔 방에서 이런 생각을 하며 한밤중에 깨어났습니다. '얼마나 좋은가. ……얼마나 행복한가. ……얼마나 많이 평화로운가. ……얼마나 많이 사람이 되었는가.'

그것이 위대한 첫 번째 발걸음이었습니다. 정말 엄청났지요. 더 많은 발걸음들이 있었습니다. 그중에서 가장 좋았던 것 중 하나는 영원한 다람쥐 쳇바퀴 효과를 완전히 잃어버렸다는 것을 발견하고 매우 심각한 우울을 겪는 시기였던 지난주에 있던 일이었습니다. 나는 기분이 매우 가라앉았어요. 나는 그냥 그렇게 느끼도록 내버려 두었지요. 그게 전부였습니다. 이삼일 지나자 우울증이 사라졌습니다. 내가 그것이 사라지도록 하기 위해 미친 듯이 필사적으로 노력했던 것도 아니고, 그것이 다시 돌아올 것에 대한 외상(trauma)이나 두려움도 없었습니다.

나는 점점 더 나 자신과 나의 세계와 화해하고 있으며, 그것이 요행이 아니라는 것을 매일 더 확신하게 됩니다. 그것은 실제입니다. 나는 매우 역동적인 '되어감(becoming)'의 과정 중에 있습니다. 나는 아직 세상 꼭대기에 있는 것은 아니지만(조가 제시한 것처럼 과정척도상 5 정도에 있겠지요), 그곳에 이르게 될 것을 압니다. 동굴은 경험과 감정으로 채워지고 있고, 바로 거기에 내가 있습니다. 사람인 나 말입니다.

박사님께 감사드리고 싶어요. 그러나 내가 무엇 때문에 박사님께 더 감사하고 싶은지는 잘 모르겠군요. 다시 편지 드리겠습니다.

– 제니퍼 K. 드림

박사님, 제라드 멘리 홉킨스(Gerard Manley Hopkins)가 쓴 『부패한 위안(Carrion Comfort)』에 나오는 이 구절을 아시나요?

> 나는 할 수 있네;
> 무언가 할 수 있네, 소망하고,
> 하루가 오기를 바라고,
> 존재하지 않기를 선택하지 않을 수 있네.

3. 낸시의 애도

나의 느낌이 아직 생생할 때 최근에 대규모 워크숍에서 있었던 일에 대하여 쓰고 싶다. 그 워크숍은 인지적 · 경험적 배움에 초점을 둔 17일간의 워크숍으로 70명의 매우 다양한 사람들로 구성되었다. 처음 6일간은 6회기에 걸쳐 모두가 엔카운터 그룹에 참석했다. 특별 관심 주제 그룹들도 있었고, 거의 매일 70명의 사람들이 모두 함께 하는 모임도 있었다. 이들 공동체 모임은 점점 깊어졌고 점점 신뢰가 쌓여 갔다. 다음 얘기는 8일째 되던 날 아침 공동체 모임에서 있었던 일이다.

에피소드

(이 부분은 3인칭으로 쓴다. 왜냐하면 여러 사람이 함께 썼기 때문이다. 내가 초안을 준비하고 그것을 주요 참석자들에게 보여 주어 그들 각자가 자신의 느낌들과 행동을 묘사해 놓은 부분들을 자신들이 인식한 것에 맞게 고치거나 다시 쓰게 했다. 그 결과 최대한 정확한 묘사를 할 수 있었다고 믿는다. 나와 나의 딸 나탈리를 제외하고는 등장인물들의 이름을 모두 가명으로 했다.)

그룹은 어떤 사람들이 공동체 모임에 방문자들을 데리고 왔다는 문제를 놓고 모든 견해에 매우 민감하게 귀 기울이며 토론을 하고 있었다. 낸시는 그들 중 한 사람으로서 앞서 있었던 모임에 자기 남편을 데리고 왔는데 그날 아침에는 아직 참석하지 않고 있었다. 마침내 다음부터는(여기까지 아무도 비판적이지 않았다) 누구든지 방문자를 데리고 오고 싶으면 공동체에게 먼저 물어보아야만 한다는 것으로 의견이 모아졌다. 그룹은 다른 주제로 넘어갔다.

이때 낸시가 매우 늦게 나타났다. 랠프는 그녀를 도우려고 그동안 우리가 내린 결정을 재빨리 그녀에게 말해 주었다. 낸시가 하고 싶은 말이 있는 것이 분명했지만 아무도 그녀에게 반응할 기회를 주지 않았다. 그룹은 다른 주제에 관한 토론을 계속했다. 잠시 후에 낸시 가까이 앉아 있던 누군가가 그녀가 어깨를 들썩이며 울고 있다는 사실에 주의를 환기시켰고, 공동체는 즉시 그녀의 느낌에 자리를 내주었다. 처음에 그녀는 자기가 비난당한 줄로 알고 있었던 것 같았는데, 마리아가 더 자세히 설명해 주자 자신이 비판이나 비난을 받은 것이 아니라는 것을 알게 된 듯했다. 그러나 여전히 그녀는 몸을 떨고 있었고 자신이 따돌림당했다고 느끼며 매우 화가 나 있었다. 그녀는 이번이 처음이 아니며 전에도 따돌림당하는 느낌이었다고 말했다. 좀 더 말해 보라고 격려하자 그녀는 칼의 딸 나탈리에게 몸을 돌려 이렇게 말했다. "당신이 매우 차갑게 느껴졌어요. 두 번이나 나를 따돌렸지요. 왜 그랬는지 모르겠지만 내가 당신을 계속 베티(다른 참석자)라고 잘못 불렀는데, 내가 그것 때문에 얼마나 미안하게 느끼는지 이야기하려고 당신에게 다가가자 당신은 그건 내 문제라고만 얘기하고 가 버렸지요."

나탈리가 자기는 매우 다르게 인식하고 있다고 대답했다. "나는 당신이 내 이름을 틀리게 불러서 매우 당황스러워한다고 느꼈어요. 그래서 나는 당신이 그것 때문에 당황스러워하는 것 같은데, 나는 전혀 아무렇지도 않다고 말했지요. 이제 보니 내 말이 제대로 전달되지 않은 것 같네요. 당신이 나와 정말로 접촉하고 싶어 하고 있다는 생각이 들어요. 그렇지만 내가 당신을 거절했다고 느끼지는 않아요."

낸시는 점점 더 이 모든 일에 대해 완강해지는 것 같았고, 나탈리의 말을 듣지 않았거나 들었어도 받아들이지 않는 것 같았다. 그녀는 나탈리가 멕시코계 여자인 테레사와는 친하게 지내는 것을 보았다면서, 아마도 나탈리는 자기처럼 키가 크고 금발에 중산층 계급인 사람보다는 소수 민족하고만 친한 것 같다고 말했다. 테레사는 민족적 분류를 당한 것에 대하여 몹시 발끈했으며, 낸시와 테레사 사이를 조정하는 데 5분 정도가 걸렸다.

그룹은 낸시를 그녀와 나탈리와의 관계 주제로 되돌렸다. 그녀의 감정이 너무 강했으므로 그 감정이 단순히 그녀가 말한 그 사건에 의해서만 비롯될 수 없음이 분명했다. 조이스는 낸시와 나탈리가 둘 다 키가 크고 날씬하고 금발이어서 매우 비슷해 보였다고 하면서 아마도 낸시가 키가 작고 짙은 색 피부의 테레사보다는 적어도 자기 같은 사람과 교제해야만 한다고 느꼈을지도 모르겠다고 말했다. 낸시는 그것을 고려해 보며 혹시 그랬나 의아해하기도 했지만 그 아이디어가 그리 깊이 마음에 와닿지 않은 것이 분명했다.

그녀의 강한 감정에 대하여 적어도 두 가지 다른 가능한 이유들이 조심스럽게 잠정적으로 제안되었다. 첫 번째 것에 대해서 그녀는 다음과 같이 말했다. "그 모자를 써 봤는데 맞지 않는 것 같아요." 두 번째 제안에 대해서도 그 역시 잘 맞지 않는 것 같다고 말했다.

칼이 거기 앉아 있었다. "…… 완전히 미궁에 빠진 느낌이군요. 그녀가 무엇 때문에 괴로운지 알고 싶은데 실마리가 하나도 없네요. 나처럼 느끼는 사람들이 많을 거라고 생각해요. 허구일 가능성이 있는 그녀의 거절감 너머에 있는 무언가를 느끼며 여기 그녀가 눈물을 흘리고 있었는데 그것이 과연 무엇이었을까요?"

그러자 앤이 말했다. "틀릴지도 모르겠지만 어쨌든 말해 보겠어요. 낸시, 당신이 도착했을 때 나는 당신이 나탈리인 줄 알았어요. 두 사람이 너무 닮아 보였거든요. 나는 나탈리와 그녀 아버지 사이의 허물없고 아름다운 관계에 부러움을 느끼고 있어요. 나도 우리 아버지와 그런 종류의 관계를 가졌지요. 당신과 당신의 아버지 그리고 칼 사이에 어떤 연관이 있었던 것은 아닐까요?" "바로 그거예요!" 낸시는 마치 벼락이라도 맞은 듯 갑자기 흐느끼기 시작했다. 그녀는 가슴이 미어질 듯 울면서 주저앉았다. "나는 아버지가 돌아가셨을 때 정말 하나도 안 울었어요. ……사실 아버지는 죽기 훨씬 전에 내게는 이미 죽은 분이셨어요. ……내가 이제 와서 무엇을 할 수 있겠어요?" 라고 말했다. 이에 사람들은 그녀에게 아버지는 아직 그녀의 일부분이며 지금이라도 그를 위하여 애도할 수 있다고 말해 주었다. 그녀 가까이 있던 앤이 그녀를 안아 주고 위로해 주었다. 한참이 지나서야 그녀는 진정되었는데 거의 들리지 않을 정도의 작은 목소리로 칼에게 자기가 그의 손을 잡아도 되는지 물었다. 그가 손을 내밀자 그녀는 원을 가로질러 그의 품에 안겼고, 그가 그녀를 껴안자 그녀의 온몸이 흐느낌으로 떨렸다. 천천히 그녀는 기분이 나아졌다. 그녀는 칼과 나탈리 사이에 앉아서 칼에게 말했다. "박사님도 우리 아버지와 닮았어요. 그런데 그것이 내가 느끼고 있던 것이라고는 전혀 깨닫지 못했어요."

세 사람이 서로에게 팔을 두르고 거기에 앉아 있었는데, 누군가 낸시와 나탈리가 많이 닮아 보인다고 말했다. 그들을 자매라고 해도 될 것 같았다. 칼이 "우리는 여기 앉아서 가족화를 그리게 하고 있는 중입니다."라고 말했다. 낸시는 "사람들이 '그런데 가운데 앉아 있는 저 여자는 왜 저렇게 얼굴에 함박웃음을 짓고 있는 거지?' 라고 물어볼 거예요."라고 말했다. 그러자 전체 그룹이 안도와 해방으로 반짝이는 그녀의 웃음에 동참하며 마무리를 지었다.

칼 로저스의 후기

이 사건은 내가 믿기로 매우 정확하게 묘사되어 있다. 나는 이 사건에 개인적, 감정적으로 매우 많이 연루되어 있었다. 또한 그 후에도 이에 대해 많이 생각했다. 사람들은 이 사건의 원인에 대해 진단하는 것에 구미가 당기기 쉽다. 즉, 아버지를 잃은 고통을 억압하고 있었던 낸시는 사이 좋은 딸과 아버지를 보자 자신의 고통을 나탈리에게 투사한다, 처음에는 나탈리에게 화를 낼 수 있게 하기 위해 사건을 왜곡시키고 그 다음에는 자신의 고통을 왜곡시켜서 나탈리와 다른 여자의 가까운 관계에 대한 분노로 표현한다, 그리고 …… 내겐 이런 '설명들' 이 부적절한 것 같다. 그러나 이 사건을 또 다른 관점에서 보려 한다면, 인격과 행동에서 나타나는 변화의 실존적 역동의 여러 면들을 보여 주는 좋은 실례가 되겠다.

① 이것은 사람의 감정이 그의 주인에게 전혀 알려지지 않을 정도로 얼마나 깊이 묻혀 있을 수 있는지 분명하게 보여 준다. 여기서 특히 흥미로운 것은 낸시가 매우 깊은 곳에 있는 무언가를 느끼고 있었다는 것을 그녀와 모든 그룹이 분명하게 알고 있었다는 사실이다. 그러나 그녀는 이 감정을 실제로 그녀에게 의미 있는 것이 아니었던 방식으로 확실하게 규정했다. 유기체는 감정을 분명하게 인식하는 고통으로부터 자신을 닫고 있었다. 만약 인식하게 된다면 그에 따라 자기 개념을 무언가 중요한 방식으로 재조직하는 일을 하게 될 것이다.

② 이것은 경험의 흐름(flow of experiencing, 젠들린의 개념)이 어떻게 해서 느껴진 의미를 발견하기 위한 참조체계로 사용되는지를 보여 주는 훌륭한 예다. 낸시는 자신에게 주어진 다양한 해석과 묘사들을 시험해 보았지만 그것들은 맞지 않았다. 어디에 맞지 않았다는 말인가? 그녀가 대조해 보며 점검하고 있던 것은 유기체 안에서 계속 진행되고 있는 어떤

사건임이 분명하다. 그러나 앤이 자기의 느낌을 말하며 또 다른 가능성을 지적했을 때, 낸시는 즉시 완벽한 확신을 가지고 그것이 바로 그녀가 경험하고 있는 것임을 깨달았다. 그것은 그녀 안에서 진행되고 있는 것과 맞아떨어졌다. 사람이 수용적으로 이해받을 때 종종 그런 것처럼, 그녀는 흐느낌 가운데 처음으로 그 감정을 온전히 그리고 분명하게 경험할 수 있었다. 그러자 그녀는 자신의 경험을 좀 더 따라가서 부러움뿐만 아니라 큰 고통을 느꼈다는 것과 자신의 아버지는 그가 실제로 죽기 여러 해 전에 이미 그녀에게는 죽어 있었기 때문에 그를 위하여 한 번도 애도하지 못했다는 것을 깨달을 수 있었다.

③ 이것은 불가역적인 변화의 순간을 보여 주는 매우 정확한 예다. 순간이라는 단위의 변화가 다른 순간의 단위들과 합쳐져서 인격과 행동의 변화를 위한 전체적인 기초를 이루는 것이다. 이러한 변화의 순간들을 나는 다음과 같이 정의한다. 이전에는 부인되었던 감정이 표현과 인식 가운데서 충만하고 완전한 방식으로 경험되며 나쁘고 잘못된 것으로서가 아니라 수용적으로 경험될 때 근본적이고 불가역적인 변화가 일어난다. 낸시가 후에 어떤 상황에 가서 이 순간의 경험의 진실성을 부인하고 자신이 부러워하지도 슬퍼하지도 않았다고 믿게 될 수도 있다. 그러나 그녀의 모든 유기체가 그러한 감정들을 완전히 경험했으므로 기껏해야 그녀의 인식 안에서 단지 일시적으로 부인할 수 있을 따름일 것이다.

④ 여기서 우리는 낸시가 자기 자신에 대해 인식하는 방식의 변화를 보게 된다. 그녀는 자신이 보기에 자신의 아버지와 사이가 좋았던 사람이 아니었고, 그의 죽음에도 무감각하고 아무 상관도 않는 사람이었다. 또한 이러한 요소들 때문에 자신이 죄를 지었다고 믿었을 가능성도 있다. 그러나 이제 자기 개념의 상이 확연히 달라졌다. 그녀는 자기 자신을 사실은 아버지와 친밀한 관계를 매우 원하고 있으며 아버지의 죽음뿐 아

니라 그 존재의 결핍으로 인하여 슬퍼하는 사람이라고 볼 수 있게 되었다. 그녀의 이러한 자기 개념의 변화는 부분적인 행동의 변화라는 결과를 가져올 것이 거의 확실하다. 지금 시점에서는 이 변화가 어떤 것일지에 대해 추측밖에는 할 수 없지만, 아마도 나이 든 남자에 대한 그녀의 행동이 달라지거나 다른 비극에 대해서도 좀 더 슬픔을 느끼고 표현할 수 있게 될 수도 있을 것이다. 아직 확신할 수는 없겠다.

⑤ 이것은 변화가 일어날 수 있는 치료적인 분위기가 어떤 것인지 보여 주는 예다. 그룹은 사람을 배려한다. 그룹의 참석자들은 자기들이 의논하고 있던 '과제'를 중단시키는 일이었는데도 그녀의 말을 집중해서 들어줄 만큼 충분히 그녀의 가치를 존중했다. 그들은 그녀를 이해해 주기 위해 열심히 노력했다. 앤이 자기 자신의 느낌을 드러냈던 데에서 보여 주었던 진실성은 그룹 참여자들의 개방성과 '투명성'의 한 예다. 성장과 변화를 위한 모든 요소들이 거기 있었고 낸시는 그것들을 활용했다.

⑥ 이것은 성장을 촉진하는 이러한 분위기가 그렇게 큰 규모의 그룹에서도 생겨날 수 있다는 것을 보여 주는 흥미진진한 증거다. 69명의 사람이 치료자가 될 수 있다. 그룹이 신뢰할 만한 것이 되고 개인이 그 사실을 깨닫게 될 수만 있다면, 그리고 다른 사람들이 배려하고 있고 이해해 주며 진실하다는 것을 신뢰할 수 있다면, 그룹은 한 사람의 치료자보다 훨씬 더 효과적일 수 있다.

이 사건은 작은 보석이다. 나의 경험 가운데 개인적으로 의미가 깊고 또 이론적으로 함축하고 있는 것이 풍성하다.

4. 함께 하기: 9년 후 사후 보고서

1960년 말 인간연구소(Center for Studies of the Person)의 스태프는 몬테시토에 있는 이매큘레이트 하트 대학교(Immaculate Heart College)와 부속 고등학교의 자기 주도형 교육변화 프로그램에서 일해 달라는 초청을 받았다. 두세 달 동안 우리는 대학과 고등학교 두 기관 모두에서 모든 종류의 집중적인 그룹에 깊이 관여했다. 내가 인도했던 소그룹들 중 하나는 책임 있는 위치에 선발된 여고생들과 그 학교 교직원들 몇 명으로 구성되어 있었다. 나는 고교생 나이의 청소년들과 별로 일해 본 적이 없기 때문에 그 그룹을 통하여 굉장히 많은 것을 배웠다.

그 후 거의 정확히 9년 만에 그 학생들 중 하나에게서 편지를 받았다. 그 학생과 우리가 함께 했던 그때의 일은 나의 기억에 매우 생생하게 남아 있다. 그 기억이 너무 분명해서 내가 혹시 그 이야기를 글로 써 놓았을지도 모른다는 생각이 들었다. 그리고 정말 그랬다(Rogers, 1970)는 것을 발견했다. 다음은 내가 9년 전에 앤과 나 사이에 있었던 일을 써 놓은 글이다.

진정한 나는 사랑스럽지 않아

사람들을 외로움 속에 가두어 두는 한 가지 중요한 요소는 그들의 진정한 자기—내면의 자기, 다른 사람들에게 숨겨져 있는 자기—를 아무도 사랑해 주지 않을 것이라는 확신이다. 이 감정의 기원을 추적하기란 아주 쉽다. 어린아이가 자연스럽게 느끼는 감정들, 아이의 진정한 태도들이 부모와 다른 사람들에 의해서 인정받지 못하는 일이 자주 일어나면, 그 자신도 똑같은 태도를 내사하게 되어 자신의 자연스러운 반응들과 진정한 자기 자신으로 이루어진 그런 사람을 아무도 사랑할 수 없을 것이라고 느끼게 된다.

최근에 여고생들과 교직원 몇 명과 함께 했던 그룹에서 일어난 일을 통하여 외로움이 어떻게 해서 점차적으로 개인과 그룹에 의하여 빛 가운데 드러나고 발견되었는지를 설명해 줄 것이며, 겉으로는 정말 사랑스러운 사람 안의 내면에도 받아들여지지 않을 것만 같은 깊은 두려움이 있다는 것을 보여 줄 것이다. 앤은 이 그룹에서 조용한 편이었지만 진지하고 심각한 아이임이 분명해 보였다. 그녀는 좋은 학생이었고 자신이 임원으로 선출된 단체의 유능한 리더였다. 주말 엔카운터 그룹 초반부터 앤은 자신이 겪고 있는 몇 가지 힘든 일에 대하여 이야기했다. 그녀는 자신의 신앙에 대해서 의문을 품고 있었고, 자신의 몇몇 가치에 대하여 질문하고 있었다. 그리고 이러한 질문들에 대한 해답이 무엇인지 정말 알 수 없다고 느끼고 있었고, 다소 절망스러운 느낌을 경험하고 있었다. 그녀는 해답을 스스로 알아내야 한다고 믿고 있었는데, 그렇게 될 것 같지 않았고 그것이 그녀를 두렵게 했다. 그룹의 다른 참석자들이 그녀를 안심시켜 주려고 했지만 별 효과가 없었다. 또 한 번은 친구들이 얼마나 자주 자신들의 문제를 가지고 그녀를 찾아오는지에 대해 이야기했다. 그녀는 자신이 그들에게 필요하다는 것과 자신이 다른 사람에게 도움이 될 수 있을 때 만족감을 발견한다는 것을 느꼈다.

그 다음날 앤은 매우 격한 감정들을 표현했는데 그룹은 한동안 조용히 멈추어 있었다. 앤은 마침내 침묵을 깨고 매우 지적인 질문들을 했다. 그 질문들은 완전히 논리적인 것이기는 했지만 그때의 상황과는 전혀 맞지 않았다. 나는 직감적으로 앤이 정말로 하고 싶은 말을 하는 것이 아니라는 것을 느꼈는데, 진짜 전달하고 싶은 메시지가 무엇인지에 관해 그녀는 아무런 실마리도 주지 않았다. 나는 일어나 그녀의 옆자리로 가서 앉고 싶어졌다. 그러나 그녀가 도움을 요청하고 있는지 분명하지가 않았기 때문에 그것이 미친 짓 같기도 했다. 그렇지만 마음의 충동이 너무 강했기 때문에 나는 위험을 무릅쓰고 방을 가로질러 가서 거절당할 가능성이 크다고 생각하면서 내가 그녀 옆에 앉아도 되겠는지 물어보았다. 그녀는 자리를 내주었는데 내가 거기에 앉자마자 그녀는 내 품에 뛰어들어 머리를 내 어깨에 던지고 갑자기 흐느끼기 시작했다.

"얼마나 오랫동안 울었어요?" 내가 그녀에게 물었다.

"나는 울지 않았어요." 그녀가 대답했다.

"아니, 내 말은 얼마나 오랫동안 마음속으로 울었냐는 거예요."

"여덟 달이요."

흐느낌이 점차 잦아질 때까지 나는 그녀를 아기처럼 그냥 안고 있었다. 조금씩 조금씩 그녀는 무엇이 그녀를 괴롭히고 있는지 이야기할 수 있었다. 그녀는 자신은 다른 사람들에게 도움을 줄 수는 있지만 아무도 자신을 사랑할 수 없을 것이고, 그래서 아무도 자신을 도와줄 수 없을 것이라고 느꼈다. 나는 그녀에게 시선을 돌려 그룹을 둘러보면 주변 사람들의 얼굴에서 매우 많은 배려를 볼 수 있을 것이라고 말했다. 그러자 참석자들 중 한 사람인 수녀가 자신도 삶 가운데서 그와 똑같은 의심, 절망감 그리고 사랑받지 못한다는 느낌을 가졌던 시기가 있었다고 말했다. 그룹의 다른 참석자들도 그녀를 도와주었다. 그제서야 앤은 자기 부모님이 이혼했다는 것을 밝혔다. 그녀는 아버지를 매우 그리워하고 있었고 남자가 자신을 보살펴 주고 관심을 보여 주는 것이 그녀에게 매우 필요했던 것이다. 내가 직감적으로 했던 행동은 현명한 것이었음이 분명했지만, 나도 어떻게 그런 일이 일어났는지는 모른다. 여기 거의 모든 사람이 매력 있고 사랑스럽다고 여기는 소녀가 있다. 그러나 그녀 자신은 마음속으로 자신이 전혀 사랑스럽지 못하다고 보고 있었다. 나의 관심과 그룹의 다른 참석자들의 관심은 그 인식을 바꾸는 데 큰 역할을 했다(pp. 111-113).

이 주말 그룹이 끝나고 나서 나는 앤에게서 그 경험이 얼마나 자신에게 중요했는지를 설명해 주는 편지를 여러 차례 받았다. 그녀는 자신이 아직도 의심과 의문이 많기는 하지만 절망감과 혼자라는 느낌 그리고 사랑받을 수 없다는 느낌은 사라졌다고 말했다.

6개월 후 이매큘레이트 하트 대학의 주차장에 있었는데 여자 아이들 여럿이 탄 차가 멈춰 섰다. 앤이 그 차에서 뛰어나와 내게로 왔고 우리는 따뜻하게 포옹을 나누었다. 그녀가 나와의 관계에서 안전한 느낌, 배려받고 있다는 느낌을 가지고 있는 것이 분명했다.

9년 후에는 다음 편지가 왔다.

친애하는 칼 로저스 박사님,

몇 년 전 고등학교 시절에 나는 운 좋게도 몬테시토에서 박사님이 인도하시는 감수성 훈련에 참석한 적이 있어요. 바로 이번 여름에 나는 교사 자격증을 따려고 산 호세 주립대학원 과정에 참여했는데, 글쎄 사회학 시간에 박사님이 쓰신 『배움의 자유(Freedom to Learn)』를 읽게 되었지 뭐예요. 자꾸만 박사님 생각이 떠올랐어요. 그리고 몇 년 전 박사님과 함께 했던 경험이 얼마나 강력했는지 전해 드려야만 하겠다고 생각했습니다. 9년 전의 일이 내게는 마치 오늘 일어난 일처럼 생생해요. 박사님은 얼마나 정직하고 진실되고 온전하며 참되게 인간적으로 제게 다가 오셨는지요! 그러나 그 경험이 후에 어른이 되어 사회에 나왔을 때 얼마나 가치 있는 것이 될지 그때는 잘 몰랐어요. 이제 나는 내가 다른 모든 사람처럼 자유롭게 생각하고 행동하고 느끼는 것이 당연하다고 여기게 되었지요. 박사님은 수년 전에 내게 느끼고 만지고 손을 내밀고 정직하게 되는 자유를 불어넣어 주셨어요. 그 용기와 자유를 주신 박사님께 감사드립니다. 그 경험은 내가 만나는 다른 사람들 안에서도 자유가 드러날 수 있도록 이끌어 주었습니다. 매일 큰 어려움이 닥쳐와요. 사실 다시 한 번 박사님의 엔카운터 그룹에 갈 수 있기를 갈망하고 있답니다. 언제 이 지역으로 오실 일은 없으세요? 박사님께 저의 사랑을 전해 드리며…… 건강하시길 바랍니다.

–평안이 함께 하시기를, 앤

비록 짧은 시간의 만남일지라도 진실되고 배려와 이해가 있는 관계가 중요하다는 것에 대한 증거가 필요하다면 이런 종류의 경험이 그 증거를 제공해 줄 수 있을 것이다.

5. 경비원

토요일과 일요일에 우리 워크숍이 하루 종일 열리던 치과 병동의 옆 문 경비원은 친절한 사람이었고 우리를 잘 도와주었다. 그의 이름은 허먼이었다. 허먼은 잠시 친구가 교체해 줄 때를 제외하고는 항상 문 옆에서 자리를 지키는 책임을 맡고 있었다. 이름을 특별히 잘 기억하는 버니스가 접수 테이블에 앉아서 참석자들을 맞이하고 이름을 확인하고 모든 사람들(더러는 지난 여름의 워크숍에서 만나 이미 알던 사람들이고, 더러는 전화 통화를 통해서 약간 알고 있는 사람들)과 짧은 대화를 나누었는데, 허먼의 자리는 그 접수 테이블이 보이는 곳에 있었다. 그는 토요일 아침 사람들이 건물로 들어오고 식사하러 나갔다가 다시 들어오며 밤이 되어 떠나는 것을 보았다. 그리고 일요일에도 똑같은 일이 반복되는 것을 보았다. 그는 물론 엘리베이터 가까이 붙어 있는 우리 브로슈어(워크숍의 목적과 버니스의 전화번호가 적혀 있는)도 보았을 것이다. 그러나 우리의 워크숍은 2층 위에서 열렸고 그는 100명도 넘는 사람들이 방에 함께 있는 것까지는 한 번도 보지 못했다.

그래서 그 다음주 금요일 오후 6시에 버니스의 전화기가 울린 것은 꽤 놀라운 일이었다. 다음은 그 대화의 내용을 대략 적어 본 것이다.

버니스: 여보세요. (평소 같이 친근한 목소리로)

허 먼: 어, 저는 허먼인데요. 치과 병동의 경비원입니다.

버니스: 아, 허먼 씨! 전화 주셔서 반가워요.

허 먼: 저를 기억하세요? (조금 미심쩍어 하며)

버니스: 물론이지요! 지난 일요일 밤에 못 뵈어 섭섭했어요. 많이 도와주신 것에 대해 감사드리려고 했거든요. 우리가 너무 늦게 나왔더니 허먼 씨 자리에 이미 다른 분이 앉아 있더군요.

허 먼: 그런데 저, 제 아내랑 얘기해 봤는데요, 우리 둘이 함께 당신들의 워크숍에 참석하고 싶어요. 회비는 우리가 낼 수 있는 만큼만 낸다는 것이 정말 사실인가요?

버니스: 맞아요. (그는 믿기가 어려웠던지 그 점에 대해서 재차 확인했다.) …… 성함과 주소를 말씀해 주시면 우편물 발송 목록에 기록해 두었다가 다음번에 알려 드릴게요.

허 먼: 다음 모임은 언제 있는데요?

버니스: 잘 모르겠어요. 아마도 오는 가을일 거예요.

허 먼: 그 전에는 없어요? (그는 매우 실망한 것 같았다. 그러고 나서 잠시 멈

추더니) 내가 버니스라고 불러도 될까요?

버니스: 그럼요, 물론이죠.

허먼이 워크숍이나 참석자들과 직접 접촉한 적이 거의 없는데도 어떻게 해서 그렇게 많은 정보를 얻어서 집으로 갔으며, 아내에게 어떻게 설명했기에 아내가 감동을 받고 둘이 함께 참석하기로 결정하게 되었으며, 게다가 어떻게 해서 전화를 걸 용기까지 내게 되었던 것일까? 좀 이상해 보인다. 그러나 다시 생각해 보니 그는 그룹이 어떻게 진행되는지는 한 번도 보지 못했지만 매우 많은 증거를 가지고 있었던 것 같다.

- 그는 버니스의 따뜻함과 사람들에 대한 관심을 보았을 것이며 그것이 그에게 인상적이었음이 분명하다.
- 그는 사람들이 식사하러 팔짱을 끼고 나갈 때 서로 깊이 이야기 나누는 것을 보았던 것이다.
- 그는 사람들이 일요일 밤 건물을 떠나며 마지막으로 인사를 나눌 때, 서로 껴안고 전화번호를 주고받으며 서로 다시 만나기를 고대하는 것을 보았다.
- 그러나 무엇보다도 그는 사람들 안에서 변화를 보았음에 틀림이 없다. 그는 100여 명의 사람들이 토요일 아침에 약간은 긴장하고 불안해하는 모습을 하면서 경계하는 표정으로 인사를 나누며 이 무시무시한 건물로 들어가는 모습을 보았다. 그런데 동일한 사람들이 일요일 밤에 떠날 때는 매우 친밀하고 따뜻하고 사랑이 있고 대화를 나누는 친구들이 된 것이 너무도 뚜렷해 보였을 것이다. 내가 믿기에 치과 학회가 수없이 시작되고 끝나는 것을 보아 왔던 그 사람에게는 이러한 변화가 조금은 경이로웠을 것이다.

다른 워크숍에서도 주방에서 일하는 사람들이나 건물 관리자 또는 도우미들이 우리의 영향을 받는 모습들을 볼 수 있었다. 나는 워크숍이 그렇게도 생생한 감동을 주고 그렇게도 좋은 느낌을 발산했기 때문에 그룹에 직접 참석하지 않은 많은 사람들까지도 그런 점을 발견할 수 있었던 거라고 생각한다.

그러나 허먼의 이야기는 매우 특별하고 그가 우리의 영향을 받았다는 분명한 증거를 보여 주는 것 같다.

6. 어린이 워크숍

바바라 윌리엄스는 매우 조용한 여성으로서 겉모습에서는 그녀가 단호함과 결단력을 가지고 살며 논쟁을 불러일으키는 활동을 해 왔다는 흔적을 찾아보기가 어렵다. 그녀는 혼자 힘으로 그리 진보적이라고 할 수 없는 콜로라도 지역사회 안에 매우 혁신적인 학교를 세웠다. 그 학교는 현재 물질적으로나 심리적으로나 학생들, 부모들 그리고 선생님들이 '소유' 하고 있다. 그 학교는 사람 -중심 철학 위에 세워졌다.

한 사건만 보아도 전통에 사로잡히지 않은 이 모험의 특성을 알 수 있을 것이다. 학교의 설립이 진행되고 있을 때 학교명을 정하는 선택권이 학생들에게 주어졌다. 목록의 최상위에 오른 것은 기업의 창의성과 그에 대한 학생들의 애정을 표현하고 있는 '드 실리올 학교(De Silly Ol' School)' 였다. 이것은 후에 명문다운 느낌을 주는 '드 실리오 학교(De Sillio School)' 로 바뀌었고 그 이름이 지금까지 사용되고 있다!

최근에 바바라는 나에게 편지를 보내서 그녀의 새로운 아이디어와 더불어 지역사회에서 그것이 거부당한 사연을 이야기해 주었다.

친애하는 칼 로저스 박사님,

나는 박사님께서 개인의 힘(personal power)에 대하여 쓰신 책의 서문만 읽었는데, '부드럽게 걸으며 살기' 라는 말을 보는 순간 감동을 받았어요. 나는 그것이야말로 내가 해 왔던 일이고 또 지금도 하고 있는 일이라고 느낍니다. 내가 드 실리오 학교의 설립에 대하여 흥분하며 그 학교와 학생-중심이라는 아이디어를 사람들에게 말했을 때, 그들은 모두 그런 일은 이루어질 수 없으며 내가 현실적이지 못하고 지나치게 이상적이라고 했습니다. 나는 더 이상 말하지 않았어요. 그러나 7년 동안 몹시 힘들게 일한 결과, 이 학교는 아름다운 학생-중심 학교가 되었습니다. 내가 기대했던 모든 것이 실현된, 아니 그 이상의 학교가 된 것입니다. 이 학교에 대해서, 그리고 그 이론이 정말로 효과가 있었다는 점에 대해서 나는 매우 기쁘게 생각합니다.

그런데 똑같은 일이 다시 일어나고 있어 두렵군요. 나는 어린이 워크숍을 해 볼 생각을 하게 되었습니다. 나는 어린아이들이 진실됨, 무조건적인 긍정적 존중, 직접적인 의사소통 그리고 공감을 더 잘할 수 있고, 자기 성장을 위해 환상과 자발성을 더욱 잘 사용할 수 있다고 믿습니다. 그룹은 어린아이들이 이미 가지고 있는 그러한 능력을 더욱 잘 인식하게 하고, 그들이 성장하여 그러한 특성들을 말살해 버리기 쉬운 어른의 세계와 문화 속으로 들어간다 할지라도 그것들을 증진시키고 유지하기 위한 지지그룹 같은 것이 될 것입니다.

나는 이 생각으로 매우 흥분해서 어린이 워크숍을 하기로 결정하고, 정신건강 클리닉 등 내가 생각해 낼 수 있는 모든 사람들을 찾아다니며 소개하느라 많은 시간을 보냈습니다. 광고도 여기저기 많이 냈지만 어떤 연락을 받지 못했고 문의 전화도 한 통 없었습니다. 나는 내 생각이 그렇게까지 이상하다고는 결코 생각하지 않는데, 다른 사람들이 얼마나 이상하게 생각하는지를 알고 항상 놀라게 됩니다.

지난 가을에 나는 드 실리오 어린이들에게 이 워크숍을 한번 해 보기로 결정했는데, 놀랍게도 부모님들과 어린이들이 흥미진진해하며 비용도 기꺼이 지불해 주었기 때문에 워크숍을 한 차례 진행했습니다. 그 후 그들은 다시 해 달라고 이야기하고 있으며, 어린아이들은 나를 볼 때마다 또 하자고 졸라댑니다.

아이들은(10명으로 구성된 그룹) 6세에서 13세 사이의 아이들로, 자기들이 억지로 오지 않아도 되고, 하고 싶지 않은 일을 하지 않아도 되며, 언제라도 가고 싶으면 가도 된다는 것을 알고 있었습니다. 나는 아직도 그 결과와 그것이 의미하는 것에 대해 너무나 놀라고 있습니다. 한마디로 내가 그들이 진실되고 직접적으로 대화할 수 있는 능력이 있다고 믿는다는 것이 무슨 뜻인지, 그리고 그것이 우리의 문화와 어른의 세계와 얼마나 다른지, 그렇지만 나는 그들이 성장함에 따라 이러한 특성들을 증진시킬 수 있고 그것들을 더욱 인식하고 유지하는 것이 가능하다고 믿는다는 것을 아이들은 금방 이해하는 것 같았지요.

아이들 중 두 명은 과잉 행동을 보이는 아이들이었는데, 내가 그들에게 이야기했을 때 그들이 갑자기 가만히 멈춰 서더니 눈이 휘둥그레져서 고개를 끄덕이던 모습을 결코 잊지 못할 것입니다. 그들은 이 워크숍에 매우 열심히 참석하였습니다. 모든 아이들이, 심지어 다른 것은 잘하려 하지 않던 아이들이나 집에서 문제를 일으키던 아이들조차 같은 반응을 보였습니다. 나는 아직도 이것을 믿을 수가 없습니다. 집과 학교에서의 행동과 문제들이 변화했고 사람들이 그 변화에 대해 이야기했습니다. 마치 나와는 거의 상관없는 마술이 일어나는 것을 보고 있는 것 같았습니다. 아이들은 그들이 바로 보고 느낄 수 있고 그것을 사용할 수 있다는 것에 대해 무언가 매우 깊은 감동을 받는 것 같았습니다. 모든 아이들이 다 마찬가지일 거라고 생각합니다. 두말할 필요 없이 나는 매우 흥분했으며 이 모든 일로 인하여 호기심이 생겼습니다. 이 결과를 가지고 어떻게 해야 할지에 대해서는 잘 모르겠습니다.

나는 지금 다른 성장센터들과 함께 일을 할 수 있는 가능성을 타진해 보고 있습니다. 그들을 위한 그룹을 하거나 아마도 어린이들을 위한 워크숍을 여는 동시에 그들의 부모들도 참여할 수 있도록 부모들을 위한 워크숍을 열 수도 있을 것입니다. 이런 생각들은 모두 매우 새로운 것이기 때문에 그런 일이 가능할지, 또 그 여부를 알려면 어떻게 해야 할지조차 전혀 모르겠습니다.

이 편지는 진정 혁신적인 생각이 그 형태를 잡아가는 단계에서 거치는 몸부림을 잘 설명해 주고 있는 것 같다. 처음에는 그것이 터무니없고 불가능한 것처럼 보인다. 그러나 새로운 것을 받아들일 수 있도록 준비된 환경에서라면 그 생각이 절대로 터무니없지 않고 정말 가능하다는 증거가 제공되었을 때에도 여전히 지역사회는 대부분 그것을 받아들이지 않는다. 우리는 모두 어린이의 복지와 어린이의 적응력 향상에 큰 관심을 가지고 있다고 공언한다. 그러나 이 모두를 증진시키는 프로젝트는 대부분의 사람들에 의해 완전히 거부당한다. 왜냐하면 그것이 전통적인 사고방식, 전통적인 권력관계 그리고 전통적인 제도들을 위협하기 때문이다.

나의 눈에는 매우 유망한 이러한 프로젝트들 앞에 놓인 길고 험한 길이 보인다.

♣ 참고문헌

Rogers, C. R. (1970). *Carl Rogers on encounter groups*. New York: Harper & Row.

제11장 사람을 돕는 전문가들을 위한 몇 가지 새로운 도전들

이 글은 열정적인 연설문으로서 심리학자들이 그 대상이지만, 내가 믿기로는 사람들을 돕는 다른 직종에 종사하고 있는 이들과 교육자들에게도 거의 똑같이 적용될 수 있는 것이다.

나는 그동안 참고 있었던 비판을 이 글에 쏟아부었다. 지금 읽어보면 어떤 말들은 난폭하고 극단적이라는 생각이 든다. 그러나 사과는 하지 않겠다. 그 감정은 그때나 지금이나 마찬가지로 진심이다. 이것은 1972년에 쓰였지만(그해 9월 APA 대회에서 처음으로 발표되었다), 여기에서 제기된 문제들은 지금도 여전히 논쟁거리다. 그러므로 나는 전문인 세계의 수많은 '신성한 황소들'을 공격하는 감정적인 말들을 그냥 그대로 이곳에 소개하려 한다.

심리학자 여러분께 연설할 수 있도록 초청해 주셔서 감사합니다. 내가 APA 대회에 참석한 지도 꽤 오래된 것 같습니다. 나는 내가 임상심리에 몸담고 그와 관련된 일을 하며 보낸 지난 45년을 회상하고 생각하고 말하고 싶다는 유혹을 받고 있습니다. 나는 번민하고 있는 사람들을 돕고 이 분야의 연구를 수행하고 개인들과 그룹들 가운데서 개인적인 성장과 발달을 촉진하며,

교육계와 같은 기관들과 함께 일하기 위해 노력하고 몹시 병들어 있는 우리 사회와 질병으로 거의 죽어가고 있는 우리 문화에 대한 우려의 목소리를 높이는 일까지 해 왔습니다.

이렇게 회상하다 보니 임상심리라는 어린아이에게 APA 안에서 자리를 만들어 주기 위해서 전력을 다했던 기억도 납니다. 지금 생각해 보면 그 몸부림이 우스워 보입니다. 그것은 심리학자들이 실질적으로 그리고 법적으로 심리치료를 할 수 있다는 것을 증명하기 위한 것이었고, 정신과 치료와의 여러 가지 직업적인 분쟁을 수반하기도 했습니다. 또한 심리치료를 정밀하게 조사하고 실증적으로 연구하려는 시도였으며, 정신분석학 이론이라는 소멸해가는 정통적 신념으로부터 임상치료를 해방시키고 다양하고 창조적인 사고를 촉진시켜 줄 수 있는 이론체계를 확립하려는 노력이었습니다. 또한 임상심리학자들과 다른 심리학자들의 영역과 비전을 넓히기 위한 노력들이었습니다. 그리고 아마도 심리학자들이 단지 심리적인 '반창고' 나 붙여 주는 치료가 아니라 진정한 변화를 일으키는 도구가 되도록 돕기 위한 노력이었습니다. 이들 하나하나가 그 자체로도 긴 이야기가 될 수 있습니다.

그러나 나는 이 유혹에 넘어가고 싶지 않습니다. 나는 미래를 내다보며 현재 우리에게 닥친, 또는 내 판단으로는 가까운 미래에 우리에게 닥칠 몇몇 도전들을 설명하는 것이 더 좋습니다.

내가 이러한 도전들을 설명할 때 거의 또는 전혀 논리적인 순서가 없을까 봐 두렵습니다. 내 생각에는 그것이 가장 중요한 딜레마입니다. 이러한 이유로 인해 다음에 나오는 이야기가 지리멸렬해 보일 수도 있을 것입니다. 마치 내 생각에 인생이 많은 다양한 문제들을 가차없이 우리에게 가져다주는 것처럼 말입니다. 우리는 할 수만 있다면 몇몇 문제들을 카펫 밑으로 쓸어 넣어 버리려 할 것입니다. 그러나 여기에 그냥 없어지기만을 바랄 수만 없는 몇몇 문제들이 있습니다.

우리에게 인문과학을 발전시킬 용기가 있는가?

가장 먼저 언급하고 싶은 도전은 특별히 새로운 것은 아니지만 전혀 이루어지지 않은 것입니다. 그것은 다음과 같습니다. 과학으로서의 진정한 심리학을 이루려고 할 때 반드시 필요한 과학의 새로운 개념을 우리 심리학계가 발전시킬 수 있을까요? 아니면 우리가 계속해서 유사 과학으로 머무를까요? 무슨 뜻으로 이런 말을 하는지에 대해서 내게 개인적인 의미로 가득한 용어를 사용하여 설명해 보겠습니다.

수천 번의 실험, 수많은 흰 쥐, 실험실, 컴퓨터, 전자기기, 매우 복잡한 통계적 수치를 포함하는 거대한 기획에도 불구하고 내가 보기에 주요 과학으로서의 심리학은 슬며시 뒷걸음질치고 있습니다. 우리는 안타깝게도 로버트 오펜하이머(Robert Oppenheimer, 1956)가 APA 청중들에게 전했던 경고의 메시지에 귀 기울이는 데 실패했습니다. 그는 심리학이 할 수 있는 최악의 것은 '더 이상 거기에 존재하지 않는 물리학을 본뜨려고 하는 것인데, 이런 짓은 시대에 뒤떨어진 것이다.' (p. 134)고 지적했습니다. 그러나 우리는 과학에 대하여 이 오래된 뉴턴의 개념에 우리 자신을 단단히 묶어 놓았으며 이론물리학과 '소프트' 사이언스뿐 아니라 그 밖의 여러 '하드' 사이언스 안에서 일어나고 있는 과학에 대한 견해의 변화를 아마도 인식하지 못하고 있는 듯합니다. 나는 여러 사람과 더불어 이러한 변화들 중 몇 가지를 기록해 보려고 노력했으나(Koch, 1959; Rogers, 1955, 1964; Schultz, 1970), 여기에서는 그 얘기를 반복하고 싶지 않습니다. 내가 보기에는 마이클 폴라니(Michael Polanyi, 1958)가 쓴 글에 이러한 변화의 핵심이 가장 잘 요약되어 있는 것 같습니다. 이것은 복잡한 생각입니다.

> 과학에서의 객관적인 진리의 발견이 우리의 존경을 불러일으키고 명상적인 (contemplative) 감탄을 자아내는 합리성(rationality)에 대한 이해에 달려 있다

> 고 말한다면, 또 그러한 진리의 발견이 오감의 경험을 단서로 사용하는 한편 우리의 감각을 뛰어넘는 실재에 대한 환상을 받아들여 그 경험을 초월하는 것이고, 환상은 훨씬 더 깊은 실재에 대한 이해로 우리를 인도하여 스스로를 나타낼 것이라고 말한다면, 그런 식으로 과학의 절차를 설명한다면, 사람들은 대부분 시대에 뒤떨어진 플라토니즘이라며 무시하고 문명의 시대에는 아무 쓸모가 없는 신비주의나 퍼뜨리는 하찮은 생각이라고 한다. 그러나 내가 주장하고 싶은 것은 정확히 이러한 객관성의 개념이다 (p. 5).

폴라니의 인간관은 그의 주관적인 비전에 의해 실재(reality)에 대한 더욱 깊고 더욱 중요한 견해로 이끌리게 되었습니다. 그의 인간관의 아름다운 예가 그가 어떻게 해서 다름 아닌 바로 스키너(1959)에 의해서 과학자가 되었는지에 대한 설명 가운데 담겨 있습니다. 그것은 인간적이고 개인적이고 내면적인 견해입니다. 거기에는 "무언가 재미있는 것에 뛰어들 때는 다른 모든 것을 내려놓고 그것을 공부하라." (p. 363)와 같은 주관적인 단서들의 사용으로 가득합니다. 이렇게 아름다운 개인적인 설명을 스키너가 지금 그 자체로는 중요하지 않은 부수 현상으로나 본다는 것은 불행한 일입니다. 그러나 나는 캘리포니아 공대의 저명한 과학자들에게서 똑같은 종류의 이야기를 들어왔습니다. 원자핵의 구조에 대한 꿈, 환상, 육감, 그 밖의 신비로운 이야기, 그리고 오직 희미한 초월적인 꿈을 통해 얻은 정보의 인도를 받아 이룬 중요한 업적에 대한 이야기들 말입니다. 한스 라이헨바흐(Hans Reichenbach)는 알버트 아인슈타인과 나눈 대화를 다음과 같이 보고하고 있습니다(Schilpp, 1959). "내가 한 번은 아인슈타인 교수에게 어떻게 해서 상대성 이론을 발견하게 되었는지 질문하자, 그는 자신이 우주의 조화를 너무나 강력하게 믿었기 때문이라고 대답했다" (p. 292). 다른 말로 하자면, 그는 주관적으로 형성된 비전의 안내를 받았던 것입니다.

나 자신도 이러한 보다 새로운 견해를 다음과 같이 요약해 보았습니다(Coulson & Rogers, 1968).

우리(심리학자들)가 과학이라고 알고 있는 이 모든 것은 과학 중의 오직 하나의 작은 부분이 된다. 과학은 인상적인 개인의 문맥 안에 깊이 묻혀 있는 것이라고 볼 수 있는데, 그 문맥 안에서는 개인과 그룹의 그럴듯한 판단이 통계적인 중요성만큼이나 중요하다. 그렇다면 우리 대부분이 의식적으로 또는 무의식적으로 가지고 있는 정확하고 아름답게 세워지고 난공불락이라고 하는 과학의 모델은 한계가 있고 인간적인 구조물임이 분명하며 완벽한 정확성이란 불가능한 것이 된다. **경험에 열려 있다**는 것은 과학자에게 학술 연구의 디자인을 이해하는 것만큼이나 전적으로 중요한 특징이라고 볼 수 있다. 모든 과학 연구는 지식의 더욱 큰 분야의 단지 한 부분에 불과하다고 볼 수 있으며 지식의 더욱 큰 분야 안에서 진리는 동등하게 중요한 다양한 방법으로 추구되는 것이다. 과학은 그러한 여러 방법들 중 하나다 (p. 8).

이 인용문들은 심리학자들이 인문과학을 발전시키고자 한다면 어떠한 도전에 직면하게 될 것인지를 보여 줍니다(Dagenais, 1972; Schultz, 1970 참고). 그것은 우리가 피아제에게서 발견할 수 있는 것과 같이 내면의 인지적 과정에 관한 주의 깊은 관찰에 기초한 과학이 될 것입니다. 그것은 나와 동료들이 개척해 온 것과 같이 내면의 개인적인 감정화된 의미들을 탐색하는 일을 포함하게 될 것입니다. 그것은 인간의 외면적인 행동과 반응들뿐만 아니라 그 사람의 현상학적인 세계를 이해하는 데 기초하게 될 것입니다. 심리치료의 학술 연구에서도 이것이 확인되고 있는 경향이 분명해지고 있습니다. 그것은 또한 점점 증가하고 있는 여러 조사 연구자들에 의한 꿈에 관한 복잡한 작업에서도 극적으로 드러나고 있습니다. 그들은 여러 가지 전자 측정도구들을 사용하여 개인의 완전히 주관적이고 불합리한 세계와 그의 반응들을 잇고 있습니다. 여기에서 정말로 최고(最古)의 주관적 현실인 꿈이 가장 현대적인 과학기술에 연결됩니다. 좀 더 새로운 과학을 향한 이 모든 경향들 안에서 우리는 미리 어떤 사람에 대해 가설을 세워 놓고 그것을 조사하기 위해서 고안해 낸 상황으로 그 사람을 몰고 가지는 않습니다. 오히려 우리는 우리의 마음과 우리 자신 전체를 열어서 그 사람에게 배우려 하고 있습니다.

왜 이것이 중요할까요? 왜냐하면 그렇게 하지 않으면 사람이란 우리에게 대상에 불과한 것이 되기 때문입니다. 이와 관련하여 한나(Hanna, 1971)는 다음과 같이 잘 진술하였습니다.

> 사람은 그가 자신과 **다르다**고 인식하는 것을 사용한다. 그러나 그는 그가 자신과 **같다**고 인식하는 것과 일치된 이해와 일치된 **조화**를 추구한다. 전자의 인식은 조종과 진정한 기술로 인도하는 한편, 후자의 인식은 이해와 진정한 과학으로 인도한다.

우리가 이와 같이 진정한 인문과학을 발전시키기 전에는 인간의 상태에 대한 진정한 이해가 아닌 사회 계획자들과 지배자들이 사용할 수 있게 하기 위한 기술을 발전시키고 있을 뿐이라고 나는 믿습니다. 아마도 전통주의의 요새인 우리 대학원들이 이러한 변화가 일어나지 못하도록 막아 왔던 것 같습니다. 대부분의 대학에서 박사 논문은 그 진정한 목적을 희화한 작품이 되고 있습니다. 인간 본성의 어떤 국면의 신비를 탐구하고자 하는 풍부한 학식에 근거한 호기심을 따르는 것, 그리고 그 정밀하고 개인적이고 자주적인 탐구를 통해 지식에 중요한 기여를 하게 되는 것, 이것이 박사학위의 진정한 그림입니다. 그러나 이것은 오늘날 대부분의 박사 논문을 정확히 묘사하는 그림이 아닙니다. 우리는 평범이라는 것에 안주해 왔으며 창의성에 대해서는 얼굴을 찌푸려 왔습니다. 과학에 대한 우리의 개념이 변화하려면 학교가 바뀌어야만 합니다. 그러한 변화가 일어나지 않는다면 심리학은 인간의 진실을 추구하는 것과는 점점 더 맞지 않는 것이 될 것입니다.

우리에게 설계자가 될 용기가 있는가?

심리학자들에 대한 이 시대의 또 하나의 큰 도전은 옛 것을 고치는 것이 아니라 새로운 것을 건설하는 데 초점이 맞춰진 접근법을 개발하는 것입니다. 즉, 사회적인 요인들에 의해서 불구가 된 사람에게 찜질약이나 붙여 주는 것이 아니라 문제들이 덜 빈번하게 일어나는 사회를 설계하는 것입니다. 우리 그룹이 미래지향적인 예방 차원의 접근법을 개발할 수 있을지, 아니면 그것이 과거지향적인 치료적 기능과 영원히 동일시될지가 의문입니다.

예를 좀 들어 보겠습니다. 학교 심리학자가 부적절한 교과 과정을 가지고 있는 진부한 교육체계에 의하여 생긴 개인의 질병을 진단하고 치료하는 시도에나 만족해서야 되겠습니까? 아니면 학생의 호기심이 펼쳐질 수 있고 배움의 즐거움이 지금 우리가 학교라고 알고 있는 과제물의 감옥을 대신할 수 있는 배움의 기회를 설계하는 역할을 하자고 주장해서야 되겠습니까?

그런 식의 일을 하기 위해서는 심리학자가 말 그대로 혁명적이 되어야만 합니다. 그 말은 그가 자신의 안전한 작은 사무실과 일터를 떠나 종종 큰 위험에 처하리라는 것을 나도 알지만, 학교의 운영자들, 교사들 그리고 지역사회 지도자들과 함께 교육환경을 계획하고 설계하는 일을 함께 해야 하는 것을 의미합니다. 그의 과제는 더 이상 옛 체계로 인한 희생자(실패가 일상의 경험이 되어 버린)의 고통을 완화시키기 위해 노력하는 것이 아닙니다. 그 대신 그는 학생들이 중심이 되고 모든 다른 사람들은 배우는 학생을 섬기는 탄력적인 기관을 세운다는 더욱 확장된 과제에 착수하기 위하여 가능한 노력을 기울일 것입니다. 임상가들로서 우리는 우리의 과제를 너무 비하시키는 방식으로 보아 왔기 때문에, 과연 우리가 그러한 섬김의 기능을 할 수 있다는 것을 보도록 우리의 시선을 충분히 높일 수 있을지 잘 모르겠습니다.

왜 심리학자들이 도시, 학교, 가정, 문화 등 환경을 설계하는 중심부에 있으면서 비하시키기보다는 강화하고 기술의 노예가 되기보다는 기술을 사용하지 않는단 말입니까? 그들의 명예를 위해서 그런 식으로 고용된 심리학자들이 있다고 말하라 하십시오. 하지만 그들의 수는 너무 적습니다.

내가 개인적으로 조금 알고 있는 한 가지 예를 들겠습니다. 자문 심리사라는 직함을 가지고 있었던 것 같은데, 한 심리학자가 큰 회사와 함께 거대한 새 공장을 설계하는 일을 하고 있었습니다. 그는 그 공장의 만족스러운 인간관계를 위하여 계획을 짜고 있었기에 건축가들, 자동화 시스템을 설계하는 기술자들, 노조 지도자들, 생산 라인 전문가들 등의 모든 팀들을 다룹니다. 그는 단순히 그러한 공장에서 초래되는 비인간화의 영향을 수정하거나 완화시키는 일을 하는 것이 아닙니다. 그는 사업 전체의 중심부에 인간을 두는 것이 자신의 일이라고 보고 있으며, 현대적인 큰 생산업체가 인간의 마음을 고양시키고 관련된 사람들의 삶을 풍요롭게 할 수 있는 방식으로 건설되고 조직될 수 있을지 알아내기 위해 노력하고 있습니다. 나는 그가 무엇보다도 인간적인 체계를 세우기 위한 시도를 하고 있다고 믿습니다. 전체의 팀이 성공적일 수 있다면 우리는 현대 산업의 비인간화 효과나 인간의 심령에 가해지는 막대한 피해에 대해 이야기할 필요가 없을 것입니다. 그는 실패할 수도 있고 성공할 수도 있습니다. 그렇지만 그는 인간적인 기업을 건설하는 예방 차원의 일에 종사하고 있는 것입니다. 좀 더 많은 심리학자들이 이와 같은 일을 해야 하지 않겠습니까!

우리가 처음부터 전적으로 새로운 공동체를 개발해야 한다는 생각을 하게 된다면 똑같은 설명이 적용될 것입니다. 메릴랜드, 컬럼비아에 내가 조금 아는 공동체가 있습니다. 인종이나 문화 배경 또는 경제 수준에 상관없이 사람을 위한 공동체를 세우는 일은 흥미진진한 실험입니다. 그들이 이미 실수를 했으며 또 앞으로도 틀림없이 더 많은 실수를 하리라는 것을 압니다. 그러나 그것은 단순히 개발업자에게 돈을 벌게 해 주려고 하는 것이 아니라 사람을 위해 건설하고자 하는 시도입니다. 얼마나 많은 사회과학자들이 함께 일하고 있는지는 모르겠지만 아마도 충분하지 않을 것입니다. 공동체 안의 지속적인 관계를 만들어 가기 위하여 얼마나 많은 관심을 기울이고 있습니까? 너무나도 적습니다. 그러나 내 판단으로는 심리학자들을 위한 중요한 자리가 이들 영역 안에 있습니다. 그들이 실제적일 뿐만 아니라 창조적일 수만 있다면, 그들이 직업의식뿐 아니라 전통주의로부터도 자유로워질 수만 있다면, 그리고 그들이 의사들, 건축가들, 배관공들, 교육자들 등 관련된 모든 분야의 사람들과 풍부한 상상력을 가지고 함께 일할 수만 있다면, 새로운 사회의 새로운 단위를 건설할 수 있을 것입니다.

또 다른 영역을 보자면, 우리는 흑인들, 멕시코계 사람들, 인디언들, 여자들 같은 소수 그룹과 주류파 사이의 관계를 개선하는 데 중요한 도움을 줄 수 있습니다. 당면한 문제와 관련 있고 위험 부담이 있는 분야가 여기에 있으며 이 분야는 엄청난 기회를 제공합니다. 다른 종족 간의 결정적인 조정 상황에서 의사소통을 개선하는 데 큰 영향을 주어 온 흑인, 백인, 멕시코계, 여성 심리학자들을 나는 알고 있으며 여러분도 알고 있으리라 믿습니다. 어떤 이들은 게토 사람들과 경찰 사이에서, 어떤 이들은 건강을 잃어가는 빈민들과 의료기관 사이에서, 또 어떤 이들은 마약 문화와 지역사회 사이에서 일해 왔습니다. 우리는 심리학자들로서 종종 적의에 차 있는 이들 소외된 그룹들과 그들을 잘못 대우하고 있는 문화의 사이에서 의사소통과 문제해결 과정을 촉진시킬 수 있는 많은 기술을 사용할 수 있습니다. 우리는 양쪽 모두를 도와 폭력이 없이도 조용한 혁명을 만들 수 있는 해결책을 발견하도록 할 수 있습니다. 그렇게 하시겠습니까? 우리가 그런 활동에 종사할 때 우리 고향인 대학, 우리 심리학계, 그리고 대중을 돕기 위해 설립된 우리 정부기관에서 어떤 지원이라도 받게 될까요? 지금은 그것을 알기엔 너무 이르지만, 이 모험을 하기로 합의하는 것은 너무 이르지 않습니다.

우리에게 직업의식을 버릴 용기가 있는가?

내가 특히 임상심리학자와 사회심리학자들에게 주고 싶은 세 번째 도전은 과격한 것으로서 전문가가 되는 과정을 쓸어 없애 버리자는 것입니다. 이런 생각이 이단 같고 '전문가' 가 되고자 부단히 노력해 온 사람들의 마음에 충격을 주는 테러가 될 수 있다는 것을 나도 압니다. 그러나 나는 돌팔이들을 추방하기 위한 시도로서 자격증과 면허증 제도를 향한 움직임을 보아 왔으며, 여러 해 동안 지켜볼 수 있는 유리한 위치에 있었습니다. 내가 숙고해 보고 판단한 바로는 그것은 목적을 이루지 못했습니다. 1947년 내가 APA의 회장으로 있을 때, 나는 APA를 도와 ABEPP*(당시에는 이 이름으로 알려졌던)를 창설했습니다. 당시에 나는 그러한 움직임에 대하여 양면 가치를 가지고 있었습니다. 지금은 내가 그때 반대했어야 했다고 생각합니다.

나는 자격증제도와 그에 따르는 모든 것들을 목표로 일했던 사람들의 동기, 순수한 마음 그리고 노고를 비난하는 것이 결코 아닙니다. 나도 깊이 공감은 합니다. 나도 자격이 있는 사람과 없는 사람을 구분하고 기회주의자, 착취자, 돌팔이들로부터 유능한 사람을 구분하는 방법이 있기를 바랍니다. 그러나 몇 가지 사실들을 살펴보도록 하지요.

우리가 자격증의 기준—임상심리학자, NTL 그룹 지도자, 결혼상담자, 정신과의사, 정신분석가, (또는 내가 어느 날 들은 적이 있는) 심령치료사 등—을 세우기 시작하자마자 제일 처음으로 나타난 가장 큰 효과는 과거의 이미지에 그 직업을 고정시키는 것이었습니다. 그것은 불가피한 결과였습니다. 시험으로는 무엇을 사용할 수 있겠습니까? 지난 10년 또는 20년 동안 사용되어 온 질문들과 테스트들을 사용할 것이 뻔합니다. 누가 시험관이 될 만큼 현명할까요? 틀림없이 10년 또는 20년 경력이 있는 사람일 터이니 15년에서 25년 전에 수련을 시작한 사람들이 될 것입니다. 나는 그러한 그룹들이 자신들의 기준을 새롭게 갱신하려고 얼마나 열심히 노력하는지 알고 있지만 그들은 항상 여러 바퀴 뒤처져 있습니다. 그러므로 자격증제도는 항상 다소 먼 과거에 뿌리박혀 있을 것이고 그때의 용어로 그 직업을 정의 내릴 것입니다.

슬프게도 내가 언급해야 하는 두 번째 결점은 다음과 같습니다. 돌팔이와 착취자들 중에도 자격증이 없는 사람들만큼이나 자격증을 가진 사람들이 나타날 것입니다. 당신에게 심리치료의 도움이 절실하게 필요한 친한 친구가 있다고 합시다. 내가 당신에게 다른 어떤 정보도 없이 임상심리학회의 자격

* American Board of Examiners in Professional Psychology, 현재는 American Board of Professional Psychology다.

증을 가진 치료자의 이름을 가르쳐 준다면 당신은 그 친구를 그에게 보내겠습니까? 물론 그러지 않을 것입니다. 당신은 벽에 자격증을 걸어 놓은 사람들 중 많은 사람들이 치료를 하거나 그룹을 인도하거나 결혼생활을 돕는 데 적합하지 않다는 것을 알고 있으며, 그가 한 인간으로서 그리고 치료자로서 어떤 사람인지 알고자 할 것입니다. 자격증은 실력과 동의어가 아닙니다.

세 번째 결점은 전문직을 강조하게 되면 경직된 관료제도를 만들게 된다는 것입니다. 그러한 관료제도를 국가적 차원의 것으로 인식하고 있지는 않지만, 주차원에서는 그 문제가 자주 발생할 것이 분명합니다. 어떤 사람은 150시간 사례지도를 받았기 때문에 인정받지 못하고, 어떤 사람은 필수 조건인 200시간을 채웠기 때문에 자격이 주어집니다. 각 치료자의 치료 효과나 상담의 질 또는 그가 받은 사례지도의 질은 고려되지 않습니다. 또 어떤 사람은 훌륭한 상담 관련 논문을 쓰기는 했지만 그것이 대학원의 '심리학' 이라는 이름이 붙어 있지 않은 학과에서 쓰였다는 이유로 자격이 없을 수도 있습니다. 더 많은 예를 들지는 않겠습니다. 관료제도가 너무나 낯익은 방법으로 심리학계를 지배하기 시작했으며 이 전문직을 엄청나게 퇴보시키고 있습니다.

이제 동전의 양면이 존재합니다. 내가 최근에 만날 수 있는 특권을 가졌던 '긴급 전화(hot-line)' 일을 하던 사람들이 생각납니다. 그들은 전화로 마약 문제, 초기 단계의 자살 시도, 뒤얽힌 연애 사건, 가족 불화 등 모든 종류의 개인적인 문제들을 다루고 있었습니다. 대부분의 상담자들은 최소한의 집중적인 '실지' 훈련을 받은 전문대생들 또는 막 전문대를 졸업한 사람들입니다. 내가 알기로 그들은 이러한 많은 위기 상황 가운데서 전문가가 오히려 부러워할 만한 기술과 판단력을 사용합니다. 전통적인 기준을 사용하자면 그들은 전혀 '자격을 갖추지 못했습니다.' 그러나 그들은 전반적으로 헌신하는 마음과 실력을 모두 갖추고 있습니다.

또한 내가 그룹들 안에서 경험한 것이 생각납니다. 그룹 안에서 그저 평범한 참석자가 나나 다른 전문적 촉진자도 다루지 못하는 힘든 개인이나 상황을 다룰 수 있는 내적인 지혜를 가지고 있는 경우가 종종 있습니다. 이를 보고 있노라면 정신이 번쩍 듭니다. 내가 알고 있는 어떤 남자와 여자가 있는데 그들은 무슨 자격 증명서 근처도 안 가 봤지만 결혼한 부부로 이루어진 그룹들을 가장 잘 다루는 리더들입니다. 자격을 매우 잘 갖추고 있는 사람들은 자격증이라는 울타리 밖에도 존재합니다.

여러분은 "종종 돈을 엄청나게 벌면서 사람들을 심리적으로 착취하는 돌팔이들은 어떻게 제재한단 말인가?" 하고 반발할 수 있을 것입니다. 이런 질문을 존중합니다. 그러나 다른 사람들을 착취하고자 하는 목적을 가지고 있는 사람은 스스로를 심리학자라고 부르지 않더라도 얼마든지 그런 짓을 할 수 있습니다.

사이언톨로지(우리가 자격증에 신경을 덜 쓴다면 이것으로부터 무언가를 배울 수 있을 터인데)는 현재 잘 나가고 있는 종교로서 돈벌이도 잘하고 있습니다. 내가 숙고해 보고 내린 판단은 엄격한 전문적 자격 기준은 착취하는 자들과 돌팔이들을 아주 조금밖에 제재하지 못한다는 것입니다. 우리가 개인을 훌륭하게 돕는 일을 하며 그것을 발전시키는 데 집중한다면 사람들은 사기꾼에게 가는 대신에 우리에게 올 것입니다.

우리는 사람을 다루는 일에 자격증이 진정한 자격을 확인해 주지 못한다는 사실을 직면해야만 합니다. 우리가 덜 교만하다면 '자격이 없는' 사람에게서 많은 것을 배울 수 있을 것입니다. 그런 사람들은 때때로 인간관계 분야에서 매우 숙달되어 있습니다.

나는 나의 견해가 불이익과 위험을 수반하고 있다는 것을 잘 알고 있습니다. 그러나 자격증과 면허증 제도도 마찬가지입니다. 그리고 나는 천천히 다음과 같은 결론에 도달해 왔습니다. 즉, 우리가 '숙련가' '인증받은 전문가' '면허가 있는 심리학자'를 없애 버린다면 우리 심리학 관련 직업에 수년 동안 맛보지 못했던 새 바람이 불고 새로운 창조의 물결이 밀려올 것입니다.

의료, 간호, 교육, 벽돌 쌓기, 목공 등 어느 분야에서도 자격증은 그 직업을 얼어붙게 하고 축소시키는 경향이 있으며 과거에 묶어 놓고 개혁을 저지해 왔습니다. 미국의 의사들이 어떻게 해서 돈을 밝히는 보수주의자, 나라에서 가장 굳게 단결된 조합의 회원, 모든 발전과 변화, 특히 의료적 도움이 가장 필요한 곳에 도움주기를 반대하는 사람들이라는 이미지를 얻게 되었는지 질문해 본다면 미국의사협회(American Medical Association)가 점차적으로, 비록 의도적인 것은 아닐지라도 대중에게 그러한 이미지를 심어 주었다는 것에 의문의 여지가 없습니다. 그러나 AMA의 초기의 주요 목적은 자격이 있는 의사들을 인증하고 면허를 주어서 대중을 돌팔이로부터 보호하자는 것이었습니다. 심리학도 똑같은 길을 따르기 시작한 것을 보니 마음이 아픕니다.

틀림없이 큰 충격과 적개심과 맞닥뜨리게 될 것을 알면서도 내가 겸손하게 제기하고 있는 질문은 다음과 같이 단순한 것입니다. 심리학이 새롭고 더 나은 길을 찾을 수 있을까? 도움을 필요로 하는 사람들과 진정 훌륭한 조력관계를 제공할 수 있는 사람들을 연결해 줄 수 있는 더욱 창의적인 방법이 있을까?

나는 최종적인 해답을 가지고 있지는 않지만 나의 동료 리처드 파슨(Richard Farson)이 내게 제안해 준 어떤 원칙을 지적하고자 합니다. 그는 대화 중에 이렇게 말했습니다(1966). "문제를 가지고 있는 사람들은 문제를 다루기 위한 가장 좋은 자원들 또한 가지고 있다." 이 말은 여러 분야에서 사실임이 드러나고 있습니다. 약물 중독자들 또는 과거의 약물 중독자들은 약물 관련 문제를 가지고 있는 사람들을 가장 성공적으로 다룹니다. 마찬가지로 과거의 알코올 중독자들은 알코올 중독자들을, 또 전과자들은 죄수들을 잘 도울 수 있습니다. 그들 모두는 아마도 전문가들보다 훨씬 효과적으로 도울 수 있을 것입니다. 그러나 우리가 이러한 사람들에게 자격증을 주거나 어떤 방법으로든 조력자로서의 우월한 지위를 주게 된다면 그들의 유익함은 감소할 것입니다. 그렇게 되면 그들은 전문가임을 나타내는 배타성을 가지고 텃세를 부리는 '전문가' 가 될 것입니다.

그러므로 이것이 끔찍하게 들릴 것이라는 것을 알면서도 나는 우리가 인증 규칙, 자격 요건, 면허 관련 법률, 필기 또는 구술 시험에 쏟는 모든 에너지를 임상심리학자, 사회심리학자, 그룹 리더들을 지원하는 데 돌려, 그들이 인간의 복지를 위하여 정말 헌신하고 정말 효과적이 되어서 자격 인증서가 있건 없건 실제로는 자격이 없는 사람들을 제치고 선발되는 모습을 보기를 원합니다.

일반 대중을 추가적으로 안내할 수 있는 방법으로서 우리는 소비자 보호원에 해당하는 기관을 세울 수 있을 것입니다. 비효과적이거나 비윤리적인 행동에 대한 불만을 가지고 찾아오면 그의 이름이 대중에게 알려져서 '소비자에게 위험'을 알릴 수 있어야만 합니다.

한편, 대중에게 순간적인 도움을 주는 정신적 지도자들(guru)이나 새롭고 확인되지 않은 일시적인 유행을 개발하는 사람들 또는 모든 인간의 문제에 대한 유일한 해답을 가지고 있다고 주장하는 누군가에게 의지하기를 갈망하고 있는 것이 뻔히 보이는 대중을 뜯어먹고 사는 착취자들보다, 우리가 대중을 더 잘 도울 수 있도록 우리 심리학의 교육과정의 새로운 방법을 개발해야 합니다. 우리가 모든 사람들의 문제를 계속해서 잘 도울 수 있다는 것이 확실해진다면 자격증이나 면허를 주기 위한 복잡한 일련의 절차는 필요하지 않을 것입니다.

우리가 우리 자신에게 온전한 사람이 되게 허락해 줄 수 있는가?

아마도 관련이 없지는 않겠지만 매우 다른 도전으로 넘어가 보려 합니다. 우리 대부분은 지능을 최고로 여기는 교육기관에서 20년 이상을 보내게 됩니다. 그곳에서는 목 윗부분에서 일어나는 것 외에는 다른 아무것도 중요하지 않습니다. 머리로 흡수하고 외우고 또 생각하고 표현하지요. 그러나 삶, 심리치료, 결혼, 부모-자녀 관계 및 다른 친밀한 관계들, 엔카운터 그룹들, 대학 교직원 회의 등에서 우리는 감정이 삶에서 똑같이 중요하다는 것을 배워야만 하게 됩니다. 그러나 주로 우리의 교육 때문에 우리는 여전히 이 두 가지를 이분화하는 경향이 있습니다. 나는 그룹 안에서 이러한 모습이 매우 강하게 나타나는 것을 보아 왔습니다. 지적인 과제를 위하여 모인 그룹에서는 종종 매우 고통스럽게 드러나는데도 감정이 부인됩니다. 개인적인 참만남(encounter)을 위하여 모인 그룹에서는 마치 그런 그룹에서는 생각을 위한 자리는 없는 듯 생각이 강하게 거부당합니다. 마치 우리는 이것 아니면 저것이라는 이분법을 기초로 하여 살고 있는 것 같습니다. 우리는 생각하고 있는 것을 인식하고 표현하든가, 아니면 우리의 감정적인 반응들을 인식하고 표현합니다. 우리 삶의 이 두 가지 면이 합쳐지는 일은 거의 없습니다.

임상심리학의 상태는 흥미롭게도 이러한 분열의 깊이를 보여 줍니다. 훈련은 보통 매우 지적인 노력을 필요로 하는 과정, 그리고 다른 사람들의 감정과 때때로 자기 자신의 감정을 다루는 실습 과정으로 나뉘어 있습니다. 다음과 같은 가설적인 예를 들어 보면 그 괴리가 가장 분명하게 보일 것입니다. 한 학생이 자신의 논문을 위해 사전에 모든 복잡한 준비를 해 놓고 A그룹과 B그룹 사이의 차이점을 측정하겠다고 이야기한다고 합시다. 그는 이것이 지적으로 유망하고 가치 있는 것이 되리라고 믿습니다. 또 한 학생은 자신의 논문을 위해서 대학원에서 보낸 모든 기간 중에 배운 가장 중요한 것을 깊이 생각해 보고 적절한 형식으로 제시하기를 원하는데, 가장 힘들었던 내담자와 자신의 관계에서 스스로 깊은 통찰력을 얻었다고 합니다. 그는 그 내담자를 통해 서로가 성장하게 되었으며 그로 인해 자기 자신과 내담자의 행동에 지속적인 변화가 일어났다고 합니다. 우리 모두 첫 번째 계획은 아무 문제 없이 통과되리라는 것을 압니다. 두 번째 것은 아마도 야단을 맞고 즉석에서 거부될 것입니다. 자신과 내담자의 창자 수준의 반응에 대한 자신의 이해들과 이에 대한 자신의 생각들을 자신의 감정들과 연결시켜 보려고 시도하는 그 학생은 자기가 뭐라도 되는 줄 아는가 보지요? 이러한 것은 논문의 주제로는 우스꽝스럽다고 여겨질 것입니다.

비록 나이 든 세대에게는 이것이 정상적인 교육과정으로 여겨질지라도 젊은 세대는 점점 더 많이 이에 동의하기를 거부하고 있습니다. 나는 분쟁으로 찢겨진 한 대학에서 교수진과 학생들 사이에 있었던 주말 엔카운터 그룹이 생각납니다. 그것은 결말 없이 끝났습니다. 한 학생이 마침내 교수진에게 다음과 같이 말했는데, 나는 그것이 그 딜레마를 정확하게 요약해 주고 있다고 생각합니다. "우리의 두 세계가 과연 만날 수 있을지 모르겠어요. 왜냐하면 우리 편의 세계는 감정을 지니고 있으니까요." 내가 보기에 이 말은 정곡을 찌르고 있습니다.

왜 그렇게도 많은 좋은 학생들이 대학을 떠나고 있습니까? 왜냐하면 통합된 사람을 위한 장소를 어디에서도 찾을 수 없기 때문이지요. 왜 그렇게 많은 젊은이들이 인생이 무의미하고 혼란스럽다고 느끼고 있는 걸까요? 부분적인 이유는 그들이 생각과 열정이 통합되고 감정이 지능과 호기심으로 채워진 사람으로 사는 것이 가능하다는 것을 모르고 있다는 것입니다. 토마스 한나(Thomas Hanna)의 훌륭한 저서 『신체의 반란(Bodies in Revolt)』(1970)에서는 맥박치고 있는 인간 유기체의 아름다운 조화가 모든 부분에 나타나고 있는 소마(soma)를 위해 강력하게 호소하고 있습니다. 우리의 '부조리한' 세계에 대한 수많은 젊은이들의 감정에 대하여 그는 다음과 같이 말했습니다. "'무의미함'의 경험은 우리 신체의 한 면, 즉 의식적 주의력과 이성적인 노력이 과잉 발달했다는 것을 강하게 고발해 주는 것이다"(p. 227). 나는 전적으로 그의 말에 동의합니다. 우리에게 조화되고 전체적인 인간으로 살지 못하게 하는 것은 의식과 이성을 지나치게 강조하는 한편 전체적으로 반응하는 우리 유기체의 지혜를 과소평가하는 일입니다.

그러나 나는 수십 년 동안 이분화된 삶을 살아온 사람들에게 이러한 조화를 이루는 것이 쉽지 않다는 것을 나의 개인적인 경험을 통해 증언할 수 있습니다. 나는 다음과 같은 수업을 지도한 적이 있습니다. 즉, 나 자신을 포함해서 모든 사람들이 그 수업을 진행할 때 우리의 감정을 우리의 생각만큼 중요하게 여기기로 동의했습니다. 그러나 어떤 사람은 매우 감정적인 경험을 탐구하기 시작하면서 이해를 얻기 시작하는가 하면, 어떤 사람들은 감정반응 외에는 아무것도 꺼내지 않으려합니다. 그리고 어떤 사람이 그가 이제 막 개발하기 시작한 새로운 이론에 관련된 생각들을 제시하며 수업을 시작하게 되면 그 수업은 지적인 것에 초점이 맞춰지는 경향이 있습니다. 그룹이 함께 전체적인 사람이 되는 경험을 하는 일은 어쩌다 한 번 일어납니다. 그러나 그것이 성취되면 잊을 수 없는 결과가 나타납니다. 어떤 사람들은 매우 독창적이면서 학구적인 보고서를 제출하기도 했고, 어떤 사람들은 심오한 지식을 시 또는 창의적인 글로 표현하기도 했습니다. 또 어떤 사람은 마지막 시간에 그 수업에서 배운 것을 예술적으로 표현한 목공예 '작품'을 가져오기도 했으며, 어떤 사람은 그 수업에 매우 적절한 냉소적이고 극적인 희곡을 쓰기도 했습니다. 가르치는 사람이 전통적인 점수 중심인 경우에는 매우 혼란스럽겠지만, 전체적이고 조화로운 인간으로서 그 배운 것을 표현하는 것에 관심을 가지고 있는 사람이라면 그로 인해 마음이 따뜻해졌을 것입니다.

그러나 그러한 혁신적인 노력들에도 불구하고, 그리고 그러한 노력들이 점점 증가하고 있음에도 불구하고 이분법적인 사람들이 여전히 압도적인 대다수를 차지합니다. 우리는 여전히 대학에는 사상을 공부하러 가고, 엔카운터 그룹이나 심리치료에는 억눌렸던 감정을 분출하는 '최초의 비명'을 지르기 위해서 갑니다.

그러나 우리가 진정으로 인식하고 있다면 우리는 모든 교실 벽과 대학의 복도에서 울리는 부인된 감정들의 고요한 외침을 들을 수 있습니다. 그리고 우리가 충분히 민감하다면 우리의 감정을 열어 표현하는 동안에 그 표현에서 나오는 창조적인 생각과 아이디어를 들을 수 있습니다. 우리들 대부분은 두 가지 부분으로 나뉘어 있고 자기 자신을 통합해서 몸과 마음, 감정과 지능의 구분이 없어지는 상태인 소마를 이루기 위해 필사적으로 노력합니다.

누가 이러한 전체적인 사람이 되도록 도울 수 있습니까? 나의 경험을 통해 말씀 드리자면 대학 교수진은 절대로 아닙니다. 그들의 전통주의와 독선은 믿을 수 없을 정도입니다. 학생들이 다른 방법으로는 목소리를 낼 수가 없어서 건물을 포위하고 캠퍼스에서 소요가 발생했을 때, 컬럼비아 대학의 한 교수가 했던 말을 생각하면 소름이 끼칩니다. 그는 내게 이렇게 말했습니다. "컬럼비아 대학은 의사소통에 아무런 문제가 없어요. 왜냐하면 내가 거의 매일 학생들에게 이야기하니까요." 그는 1850년대의 남부 노예주인같이 말했습니다.

아닙니다. 만약 우리 자신과 다른 사람들을 생각과 감정이 서로 얽혀 있는 완전한 소마로 다루는 데 변화가 일어난다면 그것을 성취할 사람들은 젊은 세대일 것이라고 나는 생각합니다. 그들은 전통이라는 족쇄를 벗어던지고 있습니다. 그들은 육체는 악하고 마음과 영혼은 선할 수 있다고 주장했던 종교적 독단을 많이 내버렸습니다. 베트남 민간인에게 폭탄을 투하하고 이 문제를 지적인 수준에서 매우 편안하게 다룰 수 있었던(그의 생각에는 자신이 사람들을 죽이거나 살을 찢어 뼈가 드러나게 했다고 생각하는 것이 아니라 자기 방어를 위한 반응적 공격을 했을 뿐입니다) 이분법적이고 비인간적인 존재에 대항할 수 있는 강력한 희망은 젊은이들입니다. 내가 믿기에 생각은 인정하되 감정은 아무래도 동물적이라고 하며 생각을 감정으로부터 분리시키는 교육 시스템을 통해 우리가 가르쳐 온 끔찍한 비인간화를 젊은 세대만이 우리를 도와 볼 수 있게 해 줄 것입니다. 아마도 젊은이들은 우리를 다시 전체적으로 만들어 줄 수 있을 것입니다. 하나님은 우리가 다시 한 번 우리 자신의 모든 것과 우리의 모든 환경에 반응할 수 있는 조화로운 유기체가 될 필요가 있다는 것을 아십니다.

이것이 유일한 현실인가?

끝으로 내가 믿기에 심리학자들에게 가장 두렵고 위협적인 도전에 대해 언급해야만 하겠습니다. 그것은 하나 이상의 '현실'이 존재할 가능성, 사실상 수많은 현실들이 존재할 가능성이 매우 높다는 것입니다. 이것은 결코 새로운 생각이 아닙니다. 윌리엄 제임스(William James, 1928)는 "우리가 평소 깨어 있을 때의 의식상태는 의식의 하나의 특별한 형태일 뿐이다. ……그것으로부터 매우 얇은 막들에 의해 의식의 전혀 다른 잠재적 형태들이 나뉘어 있다." 고 밝혔습니다. 더불어 그는 자신이 알고 있는 사실로 미루어, "현실을 두고 너무 일찍 결론을 내리면 안 된다." 는 결론을 내렸습니다.

지금은 약물에 의해 유도되는 확장된 의식상태와 변화된 현실의 수많은 형태에 대한 지식, 여러 해에 걸친 ESP에 대한 주의 깊은 연구, 심령 현상에 관한 국제적인 연구들, 그런 현상에 대한 르샨(LeShan, 1969)과 같은 진지한 이론가들의 자세한 설명 등에 힘입어, 우리에게 잘 알려진 상식적인 경험적 현실(대부분의 심리학자들에게 알려져 있는 유일한 의식)과는 전혀 다른 법칙에 의해서 작동하고 있는 또 다른 현실이 존재할 가능성에 대해 눈 감아 버리기가 점점 더 어려워지고 있습니다.

이와 관련하여 약간 개인적인 이야기를 하겠습니다. 나는 신비한 체험을 한 번도 한 적이 없습니다. 과학적으로 설명할 수 없는 어떤 형태의 경험도 한 적이 없으며 약물에 취해 우리의 안전한 '진짜' 세상과 다른 세상을 엿본 경험도 없습니다. 그러나 증거가 점점 더 분명해지고 있습니다. 『철의 장막 뒤의 심령 발견(Psychic Discoveries Behind the Iron Curtain)』(Ostrander & Schroeder, 1971)과 같은 책들을 부적절한 보고서라고 치부할 수도 있겠으나 거기에는 무시하기 어려운 면들이 있습니다. 제임스의 생각을 그 생각만 아니라면 위대한 심리학자라고 할 수 있는 한 사람의 탈선으로 간주할 수도 있습니다. 그들이 취하고 있는 종교적 견해가 몹시 다른데도 그들의 설명에 놀라운 유사점이 있다는 사실만 아니라면 여러 시대와 많은 나라에서 볼 수 있는 신비주의자들을 깨끗이 잊어버리려 할 수도 있습니다. 다른 현실들의 신화를 무너뜨리려고 시작했지만 그 반대 방향을 가리키는 이론을 점점 세워갔던 로렌스 르샨(Lawrence LeShan, 1969)의 철저히 논리적인 주장을 보게 된다면 또 다른 현실의 존재를 부인하기가 더욱 힘들어질 것입니다. 그는 과학적으로 증명할 수 없는 현상에 민감한 사람들, 즉 모든 시대의 신비주의자들과 현대 이론물리학자가 놀랍게도 매우 가깝다는 것을 보여 줍니다. 그 현실의 시간과 공간이 사라져 가도, 그 세상 안에서 우리가 살 수 없어도, 그것의 법칙은 우리가 배우고 지각할 수 있으며 우리의 오감에 근거한 것이 아닌 우리의 내적인 지각에 근거한 현실은 이 모든 것들과 일치합니다. 그가 자신의 이론을 테스트하기 위한 독창적인 방법들을 끊임없이 개발하고 있다는 사실은 그에 대한 신뢰를 더하여 줍니다.

내가 읽은 것들 중 가장 생생하고 확신을 주었던 기록은 카를로스 카스타네다(Carlos Castaneda)가 쓴 것입니다(1968, 1971). 대학에서 공부한 인류학자답게 철저한 회의론자로 시작한 그는 현명한 늙은 양키 인디언에 의해 훈련을 받아 새로운 방식의 앎을 위해 유람을 떠납니다. 그 유람은 진실로 흥미진진하고 머리털이 곤두서는 모험이 되었습니다. 그러고 나서 그는 그 모든 것들을 (아마도 박사학위를 얻기 위해서) 용인될 수 있는 논리적 사고의 형태로 바꾸어 보려는 정말 우스꽝스러운 시도를 했습니다(1968). 그도 '다른 현실'이 존재한다는 것을 인정하기가 두려웠던 것이 분명했지만, 그의 두 번째 저서에서야 그것을 인정하게 됩니다(1971).

또 다른 현실이라는 생각이 심리학자들에게 왜 그렇게 위협적일까요? 내 생각에 그것은 심리학이 가장 불안정한 과학 중의 하나이기 때문입니다. 우리는 신비함을 탐구할 만한 용기가 없습니다. 그러나 매우 저명한 물리학자가 생각나는데, 그의 책은 심리학계에서 많이 읽혀지고 있습니다. 그는 자신이 너무 늙어서 이론물리학에는 더 이상 기여할 수 없게 되었다고 느끼게 되었기 때문에(그는 32세였습니다!) 관심사를 바꾸고 직업을 바꾸려는 생각을 했습니다. 나와 상의하고 싶어 했던 주요 질문은 심리학 안의 '거대한 신비'의 영역에 관한 것으로 그는 그 영역에 헌신하고 싶어 했습니다. 나는 그를 도울 수 없었지만, '거대한 신비'의 영역을 추구하는 심리학자에 대해서는 한 번도 들어본 적이 없다는 생각을 했습니다. 안정감이 있는 과학자만이 그런 일을 할 수 있습니다.

우리가 다른 현실이 존재한다는 것을 안다고 말하는 것이 아닙니다. 만약 우리가 러시아인들과 영국인들처럼 그러한 가능성에 대해 마음을 열고 그것을 탐구하기 시작한다 해도 우리의 품격이 떨어지지는 않을 것이라고 말하고 있는 것입니다.

물론 훨씬 더 많은 연구가 필요합니다. 나는 어미 토끼와 그 새끼들에 관한 실험이 되풀이되는 것을 보고 싶습니다. 어미 토끼는 전극에 그 머리가 연결된 채 해변에 있었답니다. 그 새끼들은 멀리 떨어진 바다 속 잠수함에 있었는데, 실험하는 사람들에 의해서 일정치 않은 시간 간격을 두고 한 번에 한 마리씩 죽임을 당했습니다. 어미 토끼는 자기 새끼들이 한 마리씩 죽임을 당하는 순간, 확실한 전자반응을 보였다는 보고가 있었습니다(Ostrander & Schroeder, 1971: 33-34). 이에 대해 어떻게 생각하십니까?

투시력을 가진 한 여인이 전에 한 번도 본 적이 없는 봉투(고대 쐐기문자 서판 조각이 들어 있는)를 집어들고 그것과 관련된 여자에 대해 묘사하기 시작했는데, 그 물건을 포장하는 일을 도왔던 비서의 모습과 내력을 완벽하게 이야기했습니다. 그녀의 보고는 너무도 상세한 것이었기 때문에 천 명 중 한 명도 그와 같을 수는 없었습니다. 그러나 그녀는 쐐기 문자에 관련되어 있는 것으로 해석될 만한 말은 한마디도 하지 않았습니다. 여기에 르샨(1969: 53-54)이 자신이 이해하기 시작했다고 생각한 이중 신비가 있습니다. 그러나 이와 유사한 연구를 하고 그의 이론을 테스트해 보는 일은 확실히 필요합니다.

그리고 멀리 떨어져 있는 사랑하는 사람의 고통이나 죽음에 대해 사전에 또는 동시에 인지하게 되는 여러 예들은 어찌 된 것입니까? 혹은 최면술사가 전달하고 싶은 메시지에 단지 집중하여 보이지 않고 먼 거리에 있는 대상을 잠들게 할 수 있는 텔레파시에 의한 의사소통은 어떻습니까?(Ostrander & Schroeder, 1971: 104) 그리고 카를로스 카스타네다의 이상하고 초자연적인 경험에 대해서는 어떻게 생각하십니까?

앞으로 젊은 심리학자들의 세대에는 대학의 규제와 반발에 의해 방해받지 않고 우리 오감으로는 알 수 없는 타당한 현실, 현재와 과거 및 미래가 섞여 있고 공간의 벽이 없으며 시간이 사라져 버린 현실 그리고 우리가 무엇을 알기 위해 적극적으로 헌신을 다하는 것이 아니라 수동적으로 받아들일 때만 깨달아지고 알아질 수 있는 현실이 있을 수 있다는 가능성을 연구할 용기를 가진 사람이 두세 명이라도 나타나기를 바랍니다. 이것이 심리학에 던져진 가장 흥미진진한 도전들 중의 하나입니다.

결론

내가 이 이야기를 시작했을 때 논리적인 연결이 거의 안 되는 여러 가지 주제들을 제기하겠다고 말했습니다. 막상 그 주제를 이야기하다 보니 물론 나 자신만의 편견일 수도 있겠지만 내가 제기한 질문들 가운데 어떤 조화가 있는 것을 보게 됩니다. 내가 가장 중요한 문제들을 제기했다고는 전혀 생각지 않습니다. 내가 이런 도전들을 지각하는 방법에서 크게 잘못 보고 있을 수도 있습니다. 그러나 새로운 방식으로 다시 이야기해 보고 내게는 그것들을 묶어 주고 있다고 보이는 끈을 지적하고자 합니다.

나는 다음과 같은 질문을 제기했습니다. 심리학이 시대에 뒤진 철학적 개념에 묶이고 오직 관찰 가능한 행동이라는 안전한 담요에 매달린 채 편협한 과학기술의 파편으로 남을 것인가, 아니면 주관적인 비전에 뿌리를 박고 인간 상태의 모든 면에 열려 있으며 성숙한 과학이라고 할 수 있을 만큼 진정으로 폭넓고 창의적인 과학이 될 수 있을 것인가?

나는 우리가 과거지향적인 치료기술이 아닌 미래지향적인 계획에 초점을 맞추어서 혼돈의 세상에서 인간이 배우기를 선택할 수 있고, 소수가 당국과 관계를 맺으면서 그것을 새롭게 만들기로 선택할 수 있으며, 사람들이 서로 협력해서 사는 법을 배울 수 있도록 우리의 역할을 할 수 있는 용기를 낼 수 있을지에 관한 질문을 제기했습니다. 심리학자들이 계속해서 우리 사회의 주변에 머물러 있을 것인가, 아니면 사회의 중요한 요소가 되는 위험을 무릅쓸 것인가?

나는 또한 자격증과 면허증을 통해 얻어질 수 있는 전통주의의 안전, 위신, 명성이 아마도 그럴 만한 가치가 없을 것이라고 지적하였습니다. 우리가 만일 액자에 끼워 벽에 걸어 놓는 자격증보다는 사람으로서 우리가 가지고 있는 자질과 능력에 우리의 자신감을 둘 수 있는 용기가 있으면 어떨까 하고 목소리를 높였습니다.

나는 조금은 절망적으로 교수진, 학생들 그리고 일반 심리학자들이 죽마를 타고 이리저리 걸어다니는 생각만이 아니라, 또 생각 없이 서로 거칠게 외치며 으르렁거리는 감정만이 아니라 전체적인 사람으로서 기능하는 날을 우리가 볼 수 있을지 질문했습니다. 우리가 모든 작은 구멍마다 지혜를 가진 전체적인 유기체로서 우리를 받아들일 수 있을까? 우리가 그 지혜를 듣고 알아차릴 수 있을까?

나는 머뭇거리며 우리가 확신하고 있는 현실, 우리에게 오감을 통해 너무도 명백하게 보이는 현실이 인간에게 열린 단 하나의 현실이 아닐 수도 있다는 것을 지적했습니다. 나는 우리가 조급하게 미리 판단하지 않고 그럴 가능성에 대해 탐구해 보는 두려운 위험을 기꺼이 무릅쓰게 될지에 대해 질문을 제기했습니다.

이러한 주제들을 곰곰이 생각해 보며 나는 과학으로서의 그리고 직업으로서의 심리학이 이들 각각의 질문들에 대하여 분명하게 '예.' 라고 대답할 수 있다면, 그리고 각 도전들에 대하여 긍정적인 반응을 할 수 있다면 앞으로 나아갈 것이라고 믿습니다.

내가 제기한 주제들 안에서 내가 보게 된 끈이란 각각의 주제가 우리의 직업을 발전시키고 깊어지게 하고 풍요롭게 하는 방향으로 갈 수 있는 움직임을 대표한다는 것입니다. 각각의 주제는 한마디로 자기실현을 향한 심리학의 한 발자국을 나타냅니다. 나의 생각이 조금이라도 옳다면 여러분께 드리는 마지막 질문은 이것입니다. 우리에게 그렇게 할 용기가 있습니까?

♣ 참고문헌

Castaneda, C. (1968). *The teachings of Don Juan: A Yaqui way of knowing.* New York: Ballantine Books.

Castaneda, C. (1971). *A separate reality: Further conversations with Don Juan.* New York: Simon & Schuster (A Touchstone Book).

Coulson, W. R., & Rogers, C. R. (Eds.) (1968). *Man and the science of man.* Columbus, Ohio: Charles E. Merrill.

Dagenais, J. J. (1972). *Models of man.* The Hague, Netherlands: Martinus Nimhoff.

Hanna, T. (1970). *Bodies in revolt: A primer in somatic thinking.* New York: Holt, Rinehart, & Winston.

Hanna, T. (September, 1971). The project of somatology. Paper presented at the annual meeting of the Association for Humanistic Psychology, Washington, D. C.

James, W. (1928). *The varieties of religious experience.* London: Lingmans, Green.

Koch, S. (1959). Epilogue. In S. Koch (Ed.), *Psychology: A study of a science* (Vol. 3). New York: McGraw-Hill.

Leshan, L. (1969). *Toward a general theory of the paranormal.* New York: Parapsychology Foundation, 29 W. 57th Street, New York.

Oppenheimer, R. (1956). Analogy in science. *American Psychologist, 11,* 127-135.

Ostrander, S., & Schroeder, L. (1971). *Psychic discoveries behind the Iron Curtain.* New York: Bantam Books.

Polanyi, M. (1958). *Personal knowledge.* Chicago: University of Chicago Press.

Rogers, C. R. (1955). Persons or science? A philosophical question. *American Psychologist, 10,* 267-278.

Rogers, C. R. (1964). Toward a science of the person. In T. W. Wann (Ed.), *Behaviorism and phenomenology: Contrasting bases for modern psychology.* Chicago: University of Chicago Press.

Schilpp, P. A. (Ed.) (1959). *Albert Einstein: Philosopher-scientist.* New

York: Harper Torchbooks.

Schultz, D. P. (Ed.) (1970). *The science of psychology: Critical reflections.* New York: Appleton-Century-Crofts.

Skinner, B. F. (1959). A case history in scientific method. In S. Koch (Ed.), *Psychology: A study of a science* (Vol. 2). New York: McGraw-Hill.

3
교육의 과정과 그 미래

제12장 생각과 감정을 모두 포함하는 학습이 가능한가?

이 장은 전인적 학습의 정의부터 시작해서 교사교육의 획기적인 변화를 위한 계획 그리고 교육 태도가 학생의 학습에 미치는 영향에 관한 연구에 이르기까지 교육 분야 전반에 걸쳐 쓰였다. 그러나 다양한 주제들을 하나로 묶는 주제가 있다고 생각한다. 그것은 경험적 학습과 인지적 학습을 통합하는 일의 중요성이다. 나는 이 주제에 대해서 오랫동안 강한 관심을 가져왔다. 아이들을 어렸을 때부터 사분오열시키는 교육방식을 나는 개탄한다. 머리는 학교에 갈 수 있고 머리에 붙어서 따라가도 되지만, 감정과 정서는 오직 학교 담장 밖에서만 자유롭게 살 수 있고 표현될 수 있을 뿐이다.

내가 이 글을 쓴 이유는 아이가 지능과 더불어 감정을 가진 한 전체적인 인간으로서 학교에 가는 것이 가능할 뿐 아니라 그렇게 해서 학습이 강화될 수 있다는 것을 보여 주기 위함이다.

이 장에서 나는 로스앤젤레스에 있는 이매큘레이트 하트 고등학교와 대학교 그리고 켄터키 주 루이빌의 대도시의 학교에서 있었던 경험을 이야기했다. 끝 부분에는 이들에 대한 최근의 소식을 실었다.

나는 교실이나 세미나에서는 사람들에게 아이디어와 지적인 개념에 대한 이야기를 하려고 한다. 그리고 심리치료나 엔카운터 그룹에서는 감정의 영역 —경험(종종 말로는 잘 표현되지 않는 창자 차원의 경험), 즉 유기체 안에서 진행되고 있는 중요한 정서적 사건들 —을 통해 개인적인 학습을 촉진시키는 일을 해 왔다. 그러나 나는 이 두 학습이 따로 분리되어 있는 것이 불만스러웠다. 감정과 생각이 합쳐져서 전인으로 학습할 수 있는 곳이 있어야만 할 것이다. 항상 필요한 것으로 여겨졌던 인지적 학습과 오늘날의 교육에서 너무나 소홀히 여겨지고 있는 정서적-경험적 학습을 통합시키는 문제에 대하여 나는 많은 생각을 해 왔다. 통합된 학습이 어떤 것인지 추상적인 용어보다는 개인적인 예를 통해 설명해 보겠다.

나는 4년 동안 우리 집 진입로 양편에 황금빛 잎을 가진 아름다운 관목을 두 그루 길러 왔다. 최근에 와서야 마침내 그 나무들은 아주 무성해졌다. 어느 날 나는 급히 서둘러야 할 일이 있어서 진입로를 따라 빠르게 후진하다가 핸들을 틀었는데 차가 어딘가에 부딪히는 바람에 멈춰 섰다. 맙소사, 차의 뒷바퀴가 두 개의 관목 중 하나의 정가운데 놓여 있는 것이 아닌가! 내가 저지른 일에 대한 나의 신체적 반응은 굉장했다. 마치 온몸이 굳어지고 오그라드는 것 같았다. 나 자신에게 입에 담지 못할(틀림없이 자기 개념에 상처를 주는) 욕을 하면서 정원사만이 느낄 수 있는 애석함을 가지고 뭉개져 버린 관목을 살펴보는 동안, 나는 내가 다음과 같은 문장을 반복해서 말하고 있는 것을 발견했다. "도로로 나가기 전까지는 핸들을 틀면 안 돼! 도로로 나가기 전까지는 핸들을 틀면 안 돼!" 바로 이것이 학습이었다. 여기에는 다섯 살만 되어도 이해할 수 있는 인지적인 요소가 들어 있었으며 감정적인 구성 요소도 여러 개 들어 있었다. 또한 질적으로 창자 차원이라고 할 만한 경험적 학습도 포함하고 있었다. 전인으로서의 나는 쉽게 잊을 수 없는 교훈을 배웠다. 내가 이야기하고 싶은 것은 바로 이런 것이다.

물론 경험적 학습이 반드시 부정적일 필요는 없다. 방금 만난 누군가가 정말 마음이 맞는다는 것을 발견하고, 지적으로나 감정적으로 '난 이제 새 친구를 사귀고 있는 중이야!' 라고 깨닫게 되면서 몸이 달아올라 따뜻해지는 경험도 될 수 있다.

이러한 종류의 학습에 대해 덧붙이고 싶은 몇몇 이야기들이 있다. 내가 대학 교수의 강의시간처럼 모든 감정적, 경험적 의미들이 표면적으로 진행되고 있는 것의 외부에 존재하는 상황에 대해 이야기하려는 것은 분명 아니다. 교수는 어떤 지식에 대해 자세히 설명하고 있는 것과 더불어, '내가 50분 동안 이 설명을 계속할 수 있을까?' 하고 걱정스러한다. 그리고 학생들은 교수가 가르치는 것을 이해하려는 한편, '이런 잡동사니가 기말고사에 출제될까?' 하며 마찬가지로 걱정을 경험한다. 그러나 정서적-경험적 측면들은 모두 강의 자체와는 완전히 분리되어 있다.

또한 두 교수들 사이의 열띤 지적 논쟁에 대한 이야기를 하려는 것도 아니다. 여기에도 정서적인 것과 지적인 것이 같은 경험 안에 공존하지만 그것들은 전혀 다른 방향을 향해 달리고 있다. 교수들의 지성은 각기 침착하게 "나의 개념들이 당신의 것보다 더 합리적이고 논리적입니다."라고 말하고 있지만, 그들의 감정은 "꼭 그래야만 한다면 나는 너를 때려눕히고 말겠어."라고 말하고 있다. 그러나 불행하게도 그들은 자신들의 인지적인 과정만 인식하고 있을 뿐이다.

이제 내가 말하고자 하는 것에 가까워지고 있다. 인간관계 그룹에 관한 이야기를 해 보자. 한 사람이 다른 사람과 연결되는 깊은 감동적 경험을 하고 나서 엔카운터 그룹의 과정을 토의하는 일반 회기에 참석한다. 그 사람은 '오, 그것이 바로 내가 방금 경험한 것이로군.' 하고 생각한다. 정서적-경험적이라고 하는 것과 인지적이라고 하는 것이 때가 이르러 합쳐지고 서로에게 잘 연결된다. 내 책을 읽은 사람들이 자주 내게 편지를 써서 "심리치료(또는 그룹)에서 내가 어떤 일을 겪었는지 이제 이해하게 되었어요."라는 말을 전해준다. 인지적인 것과 정서적-경험적인 것이 인식 안에서 하나가 된 것이다.

그러므로 전인으로서 학습을 한다는 것이 무엇을 의미하는지 대강 정의하자면 다음과 같이 말할 수 있겠다. 즉, 전인적 학습이란 인지적 차원, 감정적 차원 그리고 창자 차원에서 통합적으로 배우는 것이며, 이 통합된 학습의 여러 다른 면들을 분명하게 인식하는 것이다. 이런 순수한 형태의 전인적 학습은 거의 일어나지 않겠지만, 이 정의에서 얼마나 가까운지 또는 동떨어져 있는지에 의해 학습의 경험들을 판단할 수는 있을 것 같다.

실제 학교 상황에 좀 더 가까운 예를 들어 보겠다. 콜로라도 중학교 교사인 로저 후디버그(Roger Hudiburg, 연도 미상)는 그가 시도했던 열린 수업의 많은 결과들을 설명하고 있다. 그는 "열린 수업은 정말 나를 두렵게 했어요. 그러나 또한 즐거움을 가져다주기도 했습니다."라고 말한다. 그는 열린 수업이 학습에 미치는 영향에 관해 이야기하며, 탐구와 발견을 통해 함께 참여하는 학습을 다음과 같이 설명한다.

> 현미경을 통해 눈의 결정을 들여다보던 여자 아이가 흥분해서 외친다. "와! 선생님, 이것 좀 보세요!" 전자기 실험을 하던 남자 아이가 우연히 구리 탄산염을 만들어 낸다. "이 이상한 파란색 물질은 뭘까? 어떻게 해서 이런 게 생겨났지?" 그는 흥분하고 행복해하며 여러 주에 걸쳐 이 현상을 연구한다. 또 다른 아이들은 눈에 알코올과 소금을 뿌렸을 때 용기 바깥에 서리가 생기는 것을 보고 놀란다. 누군가가 "아이스크림이다!" 하고 말한다. 그들은 이보다 훨씬 더 많은 것들을 배우고 있다. 왜냐하면 그들은 며칠 동안이나 자유롭게 빈둥대고 있기 때문이다. 사실상 그들은 반 전체를 자기들의 '냉동고'로 바꾸어 버린다.
>
> 학생들은 열린 환경에서 정말 배운다. 그들은 발견의 흥미진진함과 중요성에 대하여, 자기들의 능력에 대하여, 자기들의 한계와 자기 훈련 그리고 책임감에 대하여 배운다. 그들은 또한 사실들도 배운다. 얼마나 많이 배울 것인가? 그건 잘 모르겠다. 다만 그들이 몇몇 사실들을 배운다는 것을 알고 있을 뿐이다. 그들도 그것을 안다. 나는 전에는 그것을 **정말로** 알지는 못했던 것 같다. 아이들도 마찬가지였을 거라고 생각한다. 무언가를 **정말로** 안다는 것, 그리고 우리가 배우는 것을 아주 깊이 안다는 것은 나를 즐겁게 해 준다. 열려 있다는 것. ……당신도 그것을 경험하고 살아보고 해 보아야만 한다!

나는 전인으로서 배운다는 것이 바로 이런 것이라고 본다. 여기에는 인지적인 요소들이 많이 있다. 사고력이 최고 속도로 작동하고 있다. 여기에는 호기심, 흥분감, 열정 등 감정적인 요소들도 있다. 또한 조심, 자기 훈련, 자신감, 발견의 감격 등 경험적인 요소들도 있다. 그러므로 이것은 내가 애써 설명하고자 하는 것의 또 다른 좋은 예가 되겠다.

현재의 상황

나는 미국의 교육기관에서 하고 있는 일에 대해서 깊이 우려하고 있다. 그들은 오로지 사고에만 집중해 왔으며 지나치게 두뇌교육에만 전적으로 매달려 왔다. 그로 인하여 초래된 편협함은 심각한 사회적인 결과를 가져왔다. 컬럼비아 대학에서 의사소통의 간격을 좁히기 위하여 이사들, 행정 직원들, 학생들 그리고 교수들의 주말 모임을 시도하였던 것이 생각난다. 그 만남에서는 약간의 진전이 있었을 뿐 그리 많은 진전을 보지는 못했다. 교수진은 오직 지적인 논리로만 대화할 수 있었던 반면, 학생들은 그들의 교육과 대학기관에 대한 깊은 감정을 표현하고 있었다.

그 주말이 지난 후에 모임에 참여했던 그렉 녹스(Greg Knox)라는 학생이 편지를 보냈다(Lyon, 1971). 그는 컬럼비아 대학 학생의 목표가 '전인'이 되는 것이라고 했던 말을 신입생으로서 어떻게 알아들었으며 그 생각이 얼마나 자신을 놀라게 했는지에 대해 이야기한다. 그리고 계속해서 다음과 같이 말한다.

> 나는 내가 **전인**이 되어 가는 데뿐만 아니라 그보다 더 중요한 전인이 무엇인지 **이해**하는 데 성공했다고 생각합니다. 전인이란 생각, 감정, 영혼, 근육, 불알로 구성되어 있다는 것을 나는 발견했습니다. 교수진에 대하여 대체로 내가 발견한 것은 그들이 **생각**으로만 구성되어 있다는 것이었지요. 그리고 그것은 많은 이해와

힘과 행동이 필수적인 우리 나이에는 견디기 힘든 불행한 발견이었습니다(p. 26).

몇 년 전에 아치볼드 맥리시(Archibald MacLeish)가 이 문제에 대하여 다음과 같이 매우 잘 설명했다. "우리는 우리의 지식을 느끼지 않는다. 그 어느 것도 우리 문화의 심장부에 있는 결함을 이보다 더 잘 보여 줄 수는 없다. ……감정 없는 지식은 지식이 아니며 대중을 무책임과 무관심으로 이끌 것이고, 상상하건대 결국은 파멸로 인도할 것이다."(Reston, 1970 재인용). 이 '감정 없는 지식'은 군대 그리고 우리들이 한 나라의 국민으로서 아무 죄책감 없이 믿을 수 없을 정도로 잔혹한 일을 저지르게 만든다. 우리는 동북아 전쟁 중에 있었던 몇몇 사건들을 잊어서는 안 된다. 북베트남과 남베트남 그리고 캄보디아에서 우리는 자주 폭탄을 투하하여 무고한 사람들을 학살하는 일을 자행했다. 그러나 우리의 인지교육이 우리를 분열시키는 데 성공한 덕택에 우리는 지적인 사실들을 알고 있을 뿐 지식을 느끼지는 않는다. 그러나 우리의 아들들에 의해서 총이 겨누어진 남자들과 여자들의 몸을 어쩔 수 없이 보아야만 하게 되었을 때, 그제서야 창자 차원의 반응이 뚫고 나오게 되고 우리가 저지른 일에 대해서 두려워 떨게 된다. 폭탄 공습 후에 우리가 직접 끔찍한 모습의 사람들 사이로 걷게 될 때, 그제야 공포의 경험이 지적인 수준에 합쳐져서 우리가 믿을 수 없는 일을 저질렀다는 것을 전체적으로 배우게 될 것이다.

그러나 우리는 오랫동안 학교에 다니면서 인지를 강조하도록, 그리고 학습에 관련된 그 어떤 감정도 피하도록 배워 왔다. 우리는 우리 자신의 가장 중요한 부분을 부인해 왔으며, 그 결과 중 하나가 지금껏 내가 이야기했던 끔찍한 분열이다. 또 다른 결과는 사실상 어느 누구도 진정한 학습으로부터 흥미와 흥분을 빼앗아 갈 수 없는데도 교육으로부터 흥미와 흥분이 너무 많이 빠져나갔다는 것이다.

나는 모든 단계의 교육기관들이 다 망해서 우리가 그것들, 즉 주정부가 요구하는 교과 과정, 강제 출석, 종신제 교수들, 강의시간, 점수, 학위 등의 모든 것들에게 작별을 고하고, 숨 막히는 담 밖에서 진정한 학습이 꽃을 피우게 하라는 훌륭한 제안을 받게 되는 모습을 생각해 보았던 적이 있다. 유치원에서 최고 명문대의 박사과정에 이르기까지 모든 교육기관이 내일 당장 사라지는 모습을 생각해 보라. 그 얼마나 즐거운 상황이 될 것인가! 부모들, 어린아이들, 청소년들, 청년들은 (아마도 심지어 약간의 교수진까지도) 자기들이 배울 수 있는 상황을 고안해 내기 시작할 것이다. 우리 모든 사람들의 마음을 이보다 더 고양시키는 일을 상상할 수 있겠는가? 그것은 슬픈 일이겠지만 동시에 너무나 놀라운 일이기도 할 것이다. 수백만의 사람들이 똑같은 질문을 할 것이다. "내가 배우고 싶은 것이 뭘까?" 그들은 그것을 발견할 것이고 그것을 배울 수 있는 방법을 고안해 낼 것이다.

일리노이 대학교에서 로버트 맨지스(Robert Menges)의 지도로 자기 주도 학습을 하던 한 학생이 종래의 교육에 대해 다음과 같이 아주 잘 표현했다(출판되지 않은 글). 모든 학교를 폐쇄함으로써 이러한 식의 교육을 영원히 없애버릴 수 있을 것이다.

> 나는 그동안 교육이란 내가 마침내 혼자 남겨져서 스스로 원하는 것을 할 수 있게 되기 전까지 해야만 하는 그 무엇이라고 생각했다. …… 내가 초등학교 1학년 시절, 학교에서 집에 돌아왔을 때 어머니는 "학교가 어땠니?" 하고 물으셨다. 어머니 말씀으로는 내가 "학교에 얼마나 오랫동안 가야 해요?"라는 질문으로 대답했다고 한다. 나는 자기 주도 학습을 하기 전까지는 어떻게 배워야 하며 왜 배워야 하는지 한 번도 생각해 본 적이 없다.

지적, 감정적, 경험적 학습을 위한 조건들

내가 전문직업인으로서 살아오면서 생생하게 기억하고 있는 두세 가지 경험들이 있다. 그중 하나는 1956년 미시간 대학의 아름답고 냉방이 잘되어 있고 호화로운 좌석이 배치되어 있던 강당에서의 경험이다. 그런 요소들이 나를 놀라게 하기는 했지만, 그것 때문에 내가 그 사건을 기억하는 것은 아니다. 나는 매우 지적인 전문인들로 구성된 청중을 상대로 일대일 심리치료에서 개인 안에 변화를 만들어 내기 위한 필요하고도 충분한 조건들이 어떤 것인지에 대해 몹시 새롭고 매우 잠정적인 이론적 관점을 제시하고 있었다. 나는 희미하게—다행스럽게도 오직 희미하게—내가 심리치료계의 거의 모든 '신성한 황소들' 에게 도전하고 있다는 것을 알고 있었다. 아주 직접적으로 말한 것은 아니었지만, 나는 결과적으로 치료자가 정신분석을 받았는지, 성격이론에 대한 지식이 있는지, 진단을 위한 전문 지식을 가졌는지, 치료적 기술을 철저하게 익혔는지의 여부가 중요한 것이 아니며 치료자의 효율성은 치료자의 태도에 달려 있다고 말한 셈이 되었다. 나는 또한 대담하게도 내가 생각하는 그러한 태도들이 어떤 것들인지 정의를 내리기까지 했다(Rogers, 1957).

그것은 그리 인기 있는 강연은 아니었다. 아마도 나는 어떤 반응이 나타날지 두려웠기 때문에 다른 어느 때보다도 가장 면밀하게 논리를 전개하였고 주의 깊게 설명했던 것 같다. 나는 아직도 그 강연을 자랑스럽게 생각한다. 비록 인기는 별로 없었지만, 그 강연은 내가 했던 다른 어떤 강연보다 더 많은 학술 연구에 불을 지폈다. 우선 수많은 연구에 의해 이러한 조건들이 상담치료 안에 존재할 때 자기 학습이 일어나서 변화를 촉진한다는 것이 밝혀졌다.

그러자 나는 더 대담해져서 똑같은 태도적 조건들이 전인적 학습을 촉진시킬 것이며, 상담실뿐만 아니라 교실에서도 적용할 수 있다고 주장했다. 이 가설 또한 학술 연구에 불을 붙였다. 내가 그중 몇몇 연구 결과를 소개하기에 앞서 태도적 조건들을 교육과 관련하여, 그리고 내가 수년간 지켜본 것에 따라 설명하려고 한다. 내 판단에는 학습 촉진자들의 특성이 바로 그런 것들이다. 앞서 언급한 적이 있기는 하지만(제6장 참고), 학습과 관련하여 여기에서 다시 한 번 설명하고 싶다.

학습 촉진자의 진실성*

중요한 태도들 중에 가장 기본이 되는 것은 아마도 진실성(realness) 또는 진정성(genuineness)일 것이다. 촉진자가 진실한 사람일 때, 그 자신으로 존재할 때, 가식 없이 학습자들과 관계할 때 촉진자는 훨씬 더 효율적이 될 수 있다. 그것은 촉진자가 자신이 경험하는 감정들을 인식할 수 있고 그대로 느끼며 적절하다면 나눌 수도 있다는 뜻이다. 그것은 촉진자가 직접적이고, 배우는 자들을 개인적으로 대면하며, 각각을 인간 대 인간으로 만난다는 뜻이다. 또한 촉진자가 자기 자신을 부인하지 않으면서 존재한다는 뜻이다. 촉진자는 학생들과 함께 있다.

존중, 수용 및 신뢰

성공적으로 학습을 촉진시키는 사람들 안에서 볼 수 있는 또 다른 태도가 있다. 나는 그 태도를 지켜보아 왔고 또 경험해 왔다. 그러나 어떤 용어를 사용해야 할지 잘 모르겠기에 여러 가지 말을 사용하려고 한다. 나는 그것이 학습자 각자를 존중해 주는 것, 즉 그 사람의 감정, 의견, 인격을 존중해 주는 태도라고 생각한다. 그것은 학습자를 배려하되 소유하지 않는 방식으로 배려하는 것이다. 또한 다른 개인을 독립된 사람으로서 수용하며 그 사람을 자신의 권리를 가지고 있는 가치 있는 사람으로 존중해 주는 것이다. 그것은 기본적인 신뢰며, 어쨌든 그 사람이 기본적으로 신뢰할 만하다는 믿음이다. '존중' '수용' '신뢰' 라고 부르든, 다른 용어를 사용하든 간에 그것은 다양한 모습으로 드러난다. 이러한 태도를 많이 가지고 있는 촉진자는 학생의 높은 성취에 대한 만족감을 수용해 줄 뿐만 아니라 학생들이 새로운 문제에 다가가며 느끼는 두려움과 망설임도 완전히 수용해 줄 수 있다. 그러한 교사는 중요한 과제를 달성하고자 하는 학생들의 자기 훈련과 노력은 물론 그들이 가끔 보이는 무감각함이나 색다른 방법으로 지식을 추구하고자 하는 엉뚱한

* 다음에 나오는 세 가지 글들(학습 촉진자의 진실성, 존중, 수용 및 신뢰, 공감적 이해)은 로저스의 『학습의 자유』(1969: 107, 109, 111-112)를 각색한 것이다.

욕구도 수용할 수 있다. 또한 형제자매 간의 경쟁심, 권위를 향한 증오심, 개인적인 적절성에 대한 염려 등 개인의 학습을 방해하거나 촉진하는 감정도 모두 수용할 수 있다. 나는 학습자를 많은 감정과 많은 가능성을 가지고 있는 불완전한 인간으로서 존중하는 태도에 대해 설명하고 있다. 여기에서 나는 촉진자가 학습자를 존중하고 수용한다는 말을 촉진자가 자신의 본질에 관해 확신하고 인간 유기체의 능력에 대해 신뢰한다는 뜻을 가지고 있는 용어(조작적 표현)로 사용하고 있다.

공감적 이해

자기 주도적이고 경험적인 학습 분위기를 형성하는 또 다른 요소는 공감적 이해다. 교사가 각 학생의 내면에서 나오는 반응을 이해하는 능력이 있고 교육과 학습이 그 학생에게서 어떻게 진행되고 있는지 볼 수 있는 민감함이 있다면 그때 역시 성공적으로 학습할 수 있는 가능성이 커진다.

이러한 종류의 이해는 "나는 네가 무엇이 잘못되었는지 이해하고 있다"는 식의 일반적인 평가적 이해와는 매우 다르다. 민감하게 공감해 줄 때 학습자는 다음과 같은 유형의 반응을 보이게 된다. 마침내 누군가가 나를 분석하거나 판단하려 하지 않고 내가 나 자신으로 있는 느낌이 어떤 것인지 이해하고 있다. 이제 나는 꽃을 피울 수 있고 자랄 수 있고 배울 수 있다."

학생들의 신발을 신고 그들의 눈을 통해 세상을 바라보는 태도는 교실에서는 거의 찾아볼 수 없다. 그러나 교사가 학생들로 하여금 판단받거나 평가받는 것이 아니라 이해받고 있다고 느껴질 수 있게끔 반응해 준다면 엄청난 영향을 미칠 것이다.

학생들의 인식

전인적 학습을 위한 조건(특히, 교육에서 중요한)이 또 하나 있다. 학생들은 교사들의 이러한 태도를 어느 정도 인식해야만 한다. 학생들은 너무 오랫동안 속아 왔기 때문에 그들에게 진심으로 대하는 교사에 대해 보통은 한동안 무슨 새로운 종류의 가짜 행동을 하고 있는 것이라고 생각한다. 교사가 학생들을 판단하지 않고 존중해 주는 것은 도리어 가장 깊은 불신을 불러일으킨다. 교사가 각 학생의 내밀한 세계를 진심으로 따뜻하게 이해해 준다는 것은 너무도 믿기 어려운 일이기 때문에 학생들은 자기들이 잘못 들은 것이라고 확신한다. 그렇지만 이러한 공감적인 반응은 아마도 학생들을 이해시킬 수 있는 첫 번째 요소일 것이고, 학생들에게 그들이 새로운 경험을 하고 있는 것이라고 깨닫게 하는 첫 번째 반응일 것이다.

개인적인 결과들

그 결과로는 어떤 것들이 있을까? 먼저 이러한 태도들이 존재할 때 어떤 일이 일어나는지에 대한 실제 이야기들을 몇 가지 소개한 후에 학술 연구 결과를 살펴보고자 한다.

앤더슨(Anderson) 박사는 내가 잘 알게 된 고등학교 교사다. 그녀는 도시 지역사회의 한 단면을 보여 주는 학교에서 가르친다. 그녀는 가식이나 가면이 없고 방어적이지 않다. 그녀와 5분만 이야기를 나눠도 그녀가 고등학교 학생들을 '최고' 라고 생각한다는 것을 눈치 챌 수 있다. 나는 그녀가 혹시 문제아를 가장 좋아하는 것이 아닌가 하는 의심이 든다. 그녀가 민감하고 공감적으로(비록 어투는 무뚝뚝하고 직접적이기는 하지만) 학생들의 감정과 반응에 다가가는 방식은 초자연적이라고 말할 수 있다.

그녀는 심리학, 인간관계 그리고 그와 비슷한 제목의 과목들을 가르치지만, 그 과목들은 사실상 학습 경험이라고 부르는 것이 더 나을 것 같다. 학생들은 마약, 가족 문제, 성, 피임법, 임신, 낙태, 중퇴, 취업, 성적평가 체계 등 문자 그대로 어떤 주제든 그들이 관심을 가지고 있는 것에 대해 토의할 수 있다. 그들은 그녀를 그리고 서로서로를 신뢰하는 법을 배워 왔다. 그들의 솔직함과 자기 개방 수준은 놀라울 정도다.

이쯤 되면 몇몇 사람들은 '좋아, 좋아. 그들이 아마 개인적으로 적응하는데 도움을 받기는 하겠지. 그렇지만 그들이 과연 실제로 무언가를 배울 수 있을까?' 하고 생각할 것이다. 그러나 그들은 정말 배운다. 앤더슨 박사는 책을 굉장히 많이 읽는 사람이고 책에 대한 그녀의 열정은 전염성이 있다. 그녀가 가르치는 학생들은 자신에게 흥미 있는 주제와 관련된 책들을 읽을 수 있는 기회가 허락되기 때문에 문자 그대로 '불이 켜진다.' 그들이 어떤 책들을 선택할 것 같은가? 그들 중 몇몇 학생들은 학습 속도가 느린 학습자로 분류되어 있지만, 그들은 마르틴 부버, 소렌 키에르케고르, 에리히 프롬, 내가 쓴 책들, 필립 슬레이터, 빌헬름 라이히, 존 홀트, A. S. 닐(『썸머힐 학교(Summerhill)』)을 읽고 있다. 뭐든 책 이름을 대보라. 아마도 그들은 이미 읽었을 것이다. 사람들은 그녀에게 그 책들이 고등학생들이 읽기에는 너무 수준이 높다고 말한다. 그러면 그녀는 그냥 웃으면서 아이들이 어려운 것에 도전해 보기를 좋아한다고 대답한다. 그들은 또한 자기들이 원하는 영화를 선택할 수도 있고, 지역사회 여행을 계획할 수도 있다. 그들은 흥미진진하게 자발적으로 학습에 참여하고 있는 학습자다.

앤더슨 박사는 교사가 받을 수 있는 가장 신기하고 가장 기분 좋은 찬사를 받아왔다. 그녀의 학교에서는 학생이 마약에 연루되어 있다는 것이 밝혀지면 정학을 당하게 되고 학교에 나오지 못하게 되어 있다. 그런 아이들이 아주 많다. 그러나 그들은 주차장 가장자리를 지나 뒷문으로 들어가서 우회하는 길을 따라가면 발각되지 않고 앤더슨 선생님 방으로 갈 수 있다는 것을 발견했다. 그들은 앤더슨 선생님이 자기들을 쫓아내지 않을 것이라는 것을 알고 있기 때문에 그녀의 수업에 계속 참석하기 위해 몰래 학교에 들어온다. 그들은 배우기 위해 불법을 저지른다! 그런데도 사람들은 고등학교 학생들은 '동기부여가 되지 않는다.' 고 말하고 있다.

예를 하나 더 들어 보겠다. 대학에서 가르치는 교수 한 분이 학생들의 능력, 즉 학생들 자신 또한 곧 가르치는 위치에 서게 될 때를 준비하기 위하여 책임감을 가지고 행동할 수 있는 능력이 있다는 것을 믿고 다음과 같은 시도를 했다. 그는 시험을 모두 없앴다. 대신 그는 학생들에게 자기 나름대로 서평을 쓰게 하고 개인적인 성장일지를 만들도록 했다. 그는 할 수 있는 한 스스로 본을 보였는데, 이것이 바로 내가 설명하고 있는 종류의 태도였다.

결과가 어땠을까? 학생들은 6주의 교과 과정 중 각자 평균 거의 7권의 책을 읽고 평론을 했다. 그들은 개인적인 성장일지도 썼으며 미니 학교도 시도했다. 그들은 여러 가지 혁신적인 일들을 했다. 학생들이 배운 것에 대하여 세 가지 간략한 예*를 들어 보겠다. 첫 번째 것은 개인적인 성장일지다.

> 그 심리학 과목에서 도대체 무엇을 배웠느냐고 묻는다면 나는 **사랑**이라고 대답하겠다. 사랑, 사람, 공부? 나는 모든 것이 조화된 모습을 살짝 엿볼 수 있었다. 진리의 순간. 그것이 성적표에는 어떻게 나타날까? 멋진 걸. 그것은 텅 비어 있다. 나는 내가 늘 깨닫고자 노력했던 것을 깨달았다. 나는 동기 부여가 되었으며 **진리가 나에게서 영원히 용솟음칠 수 있도록** 허용해 줄 것이다.

조금 덜 감정적인 예를 보고 싶다면 그 과목의 전 과정에 대한 한 학생의 다음과 같은 반응을 보기 바란다.

> 나는 영광스럽게도 나의 교육을, 그리고 좀 더 일반적인 의미로는 나 자신의 인생을 나 스스로 **책임**지는 기회를 얻었다.

또 다른 학생은 2주간의 여름 미니 학교를 진행하면서 무엇을 배웠는지 (자신의 학생의 도움으로) 이야기한다.

> 그들은 나에게 무언가를 가르쳐 주었다. 아이들은 **사람**들을 사랑하고자 하는 욕구를 가지고 있으며 선뜻 사랑을 나눠 준다. 그들에게 가장 필요한 것은 이러한

* 존 메리맨(John E. Merryman) 교수의 자신의 수업에 대한 개인적인 설명.

> 사랑을 받아 줄 **사람**이다. 그러므로 이것이 교사의 역할 중 하나가 되어야 한다. 즉, 교사는 **사랑**을 받을 수 있어야만 하고, 그 **사랑**을 되돌려줄 수 있어야만 한다. 아이들은 교사가 자기 학생들에게서 동떨어져 있는 것이 아니라 그들과 함께 참여하고 나누어야 한다는 것을 내게 보여 주었다.
>
> 이 수업만큼 나를 도와준 수업은 결코 없었다. 나는 정말로 내가 **성장**하고 있다는 느낌이 든다.

이 예들을 통해 두 명의 교육자가 학생들이 전인으로서 배울 수 있도록 인지적 학습과 정서적-경험적 학습을 통합해 보았던 방식을 보았으리라 믿는다. 시를 가르치는 교사(Moon, 1966), 불어교사(Swenson, 1974), 고등수학을 가르치는 교수(White, 1974), 심각한 독서장애아들을 가르치고 있는 5학년 교사, 영어강사(Carr, 1964) 등 소개하고 싶은 예가 더 많지만, 지면관계상 대신 그동안 수행된 실증 연구로 눈을 돌려 그것들이 우리에게 무엇을 보여 주는지 살펴보도록 하겠다.

학술 연구의 결과

해가 감에 따라 수년 전 매우 잠정적으로 제시했던 가설들의 타당성을 어느 정도 인정해 주는 연구 결과들이 쌓여 갔다. 그것을 바라보는 것은 정말 황홀했다. 교육의 현장에서 나온 증거에 머무르고 싶지만, 그 전에 먼저 심리치료의 분야에서 발견된 작은 결과 하나를 살펴보자.

치료자-내담자 관계에 대한 연구에서 바렛-레나드(Barrett-Lennard)(1962)가 발견한 것을 보자면, 결과적으로 더욱 많은 치료적 변화를 보여 주었던 내담자들은 변화가 적었던 내담자들에 비해서 5회기 정도 되었을 때 치료자에게서 그러한 자질들을 더 많이 자각했다. 이 결과는 라인하르트 타우쉬(Reinhard Tausch, 1978)(두 번째 회기 이후에야 예측이 가능하다는 것을 발견함)

에 의해 좀 더 많은 사례들을 통해서 확증되었다. 나는 이 같은 결과가 학교 교실에서도 적용될 수 있을 것이라고 확신한다. 처음 5일간의 교사의 태도를 측정해 본다면(교사들에게 이러한 태도들이 있는지, 학생들은 교사의 태도를 어떻게 자각하고 있는지), 우리는 어떤 교실에 학습자들이 있게 되고 어떤 교실에 죄수들이 있게 될지 예견해 볼 수 있을 것이다. 이러한 태도들을 어느 정도로 가지고 있고 또 어느 정도로 지각하고 있는지에 따라서, 어떤 교실에서 흥미진진함으로 함께 참여하는 전인적 학습이 일어날지, 또 어떤 교실에서 무턱대고 외우는 식의 학습이 진행되어 학생들이 수동적이 되거나 불안해하거나 반항적이 될지 예측할 수 있을 것이다.

이러한 태도적 조건들과 학습 과정의 다양한 각 요소들 사이의 특정한 관계를 발견하려고 노력을 기울인 학술 연구가 나왔다. 이 연구는 다른 사람들의 기여도 있었지만, 데이빗 애스피(David Aspy) 박사와 그의 동료들의 노고에 힘입은 바가 크다. 지면관계상 모두 상세히 설명할 수는 없지만 그 결과들 중 몇 가지를 간단히 소개하겠다.

이러한 대인관계 조건들의 정도는 합리적인 객관성을 가지고 측정될 수 있다는 것을 먼저 일러둔다. 촉진적인 태도적 조건들은 초등학교 3학년 학생들의 읽기 실력 획득과 유의미한 긍정적 상관관계가 있다는 것이 밝혀졌다(Aspy, 1965). 그것들은 또한 학년 평균점수와도 긍정적 상관관계가 있었다(Pierce, 1966). 그리고 인지의 발달(Aspy, 1967; Aspy, 1969; Aspy & Hadlock, 1967), 창의적인 흥미와 생산성의 증가(Moon, 1966), 인지적인 사고의 수준과 학생이 주도한 대화의 양(Aspy & Roebuck, 1970) 간의 관계에서도 모두 비슷한 결과가 나왔다. 그리고 교실 안의 인기와 신뢰의 분산과도 관계가 있으며, 교실 안의 이러한 분포는 나아가 학생들의 보다 나은 능력 활용과 더욱 큰 자신감과 관계가 있다는 것이 밝혀졌다(Schmuck, 1966).

애스피에 의해서 이 연구의 흥미로운 한 면이 드러났다(1971). 그는 전인으로서 배우는 일을 특별히 촉진시키는 것으로 알려진 대인관계의 특징들을 지니고 있는 교사를 매우 정확하게 선별하는 것이 가능하다는 것을 보여 주었다. 이 점은 많은 것을 시사해 준다.

애스피(1972)는 그의 초기 연구에 더하여 이 연구들과 또 다른 연구들을 신빙성 있는 형태로 제시하였을 뿐만 아니라 교사 자신이나 다른 사람들도 우리가 설명해 온 태도와 특징들을 측정할 수 있다는 것을 보여 주었다. 그는 또한 교실에서 학습 분위기의 효과를 높이기 위해 그러한 측정도구들을 사용할 수 있다는 것을 증명했다.

이들 많은 연구들에서 이끌어 낼 수 있는 결론은 교사가 교실 안에서 개인적이고 인간다울 때 그 보답이 있게 마련이라는 것이다. 인간적인 분위기는 관련된 모든 사람들에게 더 많은 즐거움을 줄 뿐더러 더 많은 학습, 더 중요한 학습을 촉진시킨다. 진실된 태도, 개인에 대한 존중, 학생의 은밀한 세계에 대한 이해가 있는 경우에는 흥미진진한 일이 일어난다. 보답은 점수나 읽기 능력 같은 것뿐만 아니라 자신감의 확장, 창의성의 증가, 다른 사람들을 더 좋아하게 되는 것 등 측정하기 어려운 특징들 안에 더 많이 있다. 요약하자면, 그런 교실은 전인으로서 적극적이고 조화롭게 배울 수 있도록 인도한다.

교사훈련을 위한 대책

이제 우리가 인지적인 것과 정서적-경험적인 것, 즉 지적인 것과 창자 차원을 통합하는 학습을 하기로 선택할 수 있다면, 그리고 우리가 그러한 학습을 가능케 하는 인간관계의 조건들을 어느 정도 정확하게 알고 있다면 그 다음에는 무엇을 해야 할 것인가? 내 생각에는 교사들을 훈련하는 일에 거의 혁명적인 변화가 필요하다는 것이 확실한 듯하다. 불행하게도 대부분의 교사훈련 기관들은 몹시 전통적이며 인지적인 학습과 그것을 달성할 수 있는 방법들만 강조한다. 그들은 "내가 하는 대로 하지 말라. 내가 말하는 대로 하라."라고 말하는 분위기를 만드는 데 대가다. 그러한 기관들 안에서 변화를 초래하는 일이 과연 가능할 것인가?

먼저 우리는 이러한 질문을 해야만 한다. 교사가 될 학생들이나 가르치는 분야에서 일할 준비를 하고 있는 그 밖의 사람들이 이러한 인간관계 자질을 발달시키도록 돕는 일이 가능할 것인가? 내가 믿기에 그 대답은 두 가지 점에서 확실히 '예' 다. 첫째, 앞서 언급했던 것과 같이 관계에서 진실성, 존중, 공감적 이해의 높은 가능성을 보여 주는 후보자를 고르는 일이 이제는 전적으로 가능하다. 그러므로 우리는 현재 사용되고 있는 것과는 다른 기준을 가지고 교사를 뽑을 수 있을 것이다. 둘째, 그러한 태도들이 개발될 수 있다는 것에 대한 증거들이 점점 더 늘고 있다. 나는 수련 중인 상담자들에게서 그 같은 일이 일어나는 것을 보아 왔다. 애스피(1972)는 교사들이 현직 연수훈련을 통해서 향상될 수 있다는 것을 보여 주었다. 사용 가능한 방법들을 우리가 아직 모두 알고 있지는 못하다는 것이 분명하다. 그러나 교사 직무에 관련된 추수 회기나 엔카운터 그룹을 조건으로 하여 약간 변형된 집중적 그룹 경험을 실시한다면 크게 도움이 될 것 같다. 또 다른 방법은 교사가 될 학생들에게 독자적인 학습을 할 기회를 충분히 주는 것이 될 것이다. 그렇게 한다면 장차 그들이 교사가 될 때 자신의 학생들에게 수동적이 되는 것이 아니라 스스로 선택하도록 장려해 줄 수 있을 것이다.

어떻게 해서 그런 변화가 일어나는지 보여 주는 한 예를 들어 보겠다. 30대의 한 교장 선생님이 세미나 기간 동안에 많은 독자학습을 하게 되었고 두 번에 걸친 주말 엔카운터 그룹에 참석하게 되었다. 그의 마지막 보고서는 다음과 같이 시작된다.

이 글을 쓰기 위해 책상 앞에 앉아 있자니 마음속에서 진정한 흥분을 느낀다. 이러한 경험은 한 번도 해 본 적이 없다. 글을 쓸 때 특별히 따라야 할 형식이 있는 것이 아니기 때문에 **그저 떠오르는 대로 내 생각을 써내려 가면 된다.** 나는 거의 둥둥 떠 있는 느낌이다. 여러분이나 어느 누가 나의 생각에 대하여 어떤 반응을 보이든 내게는 그리 문제가 되지 않는 것 같다. 그럼에도 불구하고 한편으로는 스타일, 형식, 학문적 표현이 결여되어 있다 할지라도, 여러분은 그 글을 나의 것으로 받

> 아들여 줄 것이라고 느낀다. …… 나의 진정한 관심은 내가 나 자신을 좀 더 잘 이해할 수 있도록 나 자신과 의사소통하기 위해 노력하는 것이다.
>
> 내가 정말로 이야기하고 싶은 것은 내가 이 글을 쓰는 것이 여러분을 위해서도 아니고 점수나 수업을 위해서도 아니며 바로 나 자신을 위해서라는 것이다. 이 점이 특히 좋게 느껴진다. 왜냐하면 과거에는 그렇게 할 용기도 없었고 그렇게 해 볼 생각조차 못해 봤기 때문이다(Rogers, 1969: 84).

그는 20년이나 교육을 받았지만 이제서야 처음으로 정서적, 경험적 차원에서 많은 것들을 배웠다는 것이 분명해 보인다. 그는 사람으로서 성장을 이루었다. 그러나 이런 변화가 그로 하여금 학교 운영이나 가르치는 일에서 정말 달라지게 만들었을지 의문이 들 것이다. 그의 보고서에는 다음과 같은 이야기도 있다.

> 화요일에 있었던 교직원 회의는 정말 뜻 깊었다. 내가 진실로 어떻게 느끼는지 교직원들에게 이야기할 수 있었기 때문이다. 후에 많은 사람들이 내게 와서 그들이 정말 놀라고 감격했으며 박수를 치고 싶었다고 얘기해 주었다. 그리고 그것은 내가 무슨 특별한 내용을 얘기해서가 아니라 내가 얘기한 방식 때문이었다고 했다. 매일 많은 선생님들이 나와 얘기하고 싶어서 내 방으로 온다. 그들은 내가 이전에 비해 더 수용적이 된 것 같다고 말해 준다. …… 나는 인생이 훨씬 더 의미 있다(p. 89).

나도 이런 경험을 했다. 태도와 자기 개념에서 내면적 변화가 일어나면 그 사람의 대인관계 행동 가운데 변화의 모습이 드러나기 시작한다.

교사훈련의 변화를 위한 프로그램

이제는 교사훈련 기관을 변화시키는 것이 가능할 것인가 하는 좀 더 어려운 질문을 해 보고자 한다. 나는 용감하고 뻔뻔스럽게 내게 자유 재량권이 주어진다면, 그리고 에너지와 충분한 재정(말하자면 B-52 폭탄 여섯 개 값에 해당하는)이 있다면, 1년 안에 사범학교 개혁을 시작할 수 있는 불을 붙일 수 있을 것이라고 생각한다. 이 말이 건방진 소리로 들릴 것이 분명하기 때문에 내가 과연 어떻게 하려고 하는지 가능한 정확하게 이야기하려 한다. 물론 그 계획들이 장애물을 만난다든지, 참여자들이 다소 다른 방향으로 나가기를 원할 때는 수정될 수도 있겠다.

첫째, 나는 소그룹을 인도할 때 능숙하고 노련한 촉진자들의 협력을 얻을 것이다. 이것은 충분히 가능하다. 그러고 나서 어디에선가 시작해야 할 필요가 있기 때문에 각 기관에 '어떻게 하면 우리 학교가 전인으로서 학습하도록 도울 수 있을 것인가?' 라는 주제로 과업 지향적 그룹을 구성하도록 지시할 것이다. 학생들과 교직원들은 자발적으로 모이도록 초청받게 될 것이다.

나는 전체가 모인 일반 회기에서 이 그룹들의 목적이 그 주제에 관하여 배우려고 하는 것뿐만 아니라 참여자들 자신이 전인으로서 배우는 것이라고 설명할 것이다. 순전히 인지적인 경험만 하게 되지는 않을 것이다. 그렇게 말하면 돌아서서 가 버릴 사람이 많을 것이다. 사람들은 개인적, 경험적 학습에 관여하게 되는 것을 두려워한다. 단지 적은 수의 사람만 자원한다고 치자. 그렇다 해도 내게는 아무 문제가 되지 않는다.

나는 여름 동안에 3주에 걸쳐 인지적이고 경험적인 요소를 갖춘 집중적 그룹을 열고자 한다. 그리고 매주 각 소그룹으로 하여금 추수 모임을 갖게 할 것이다. 그러고 나서 아마도 3달 후 주말에 같은 그룹이 모여 그들이 당면한 문제들을 토의하고, 그들이 이룬 변화를 평가하며, 그들이 원하는 방향으로의 변화를 위해서 그 다음 단계를 계획하게 할 것이다.

여기서 그룹 촉진자들의 선정이 매우 중요하리라 생각한다. 그러나 그동안 설명한 특징들에서 높은 등급의 촉진자들을 선정하기 위한 객관적인 도구와 주관적인 지침이 모두 있다. 애스피(1972)는 이렇게 할 수 있는 방법을 보여 주었고, 내 생각에 그가 의도했던 것은 아니었을지라도 그 선정이 얼마나 중요한지도 보여 주었다. 그는 이러한 특징들에서 촉진자가 등급이 높은 경우, 교사들과 감독자들이 '인간관계 능력, 자기 개념, 자기 반에서 학생들이 주도적으로 행동하게 만드는 능력' 에서 긍정적인 변화를 보인다는 것을 발견했다. 그러나 촉진자가 낮은 등급인 경우에는 그룹의 참여자들에게도 별다른 변화가 없었다. 다시 말해서, 교사들이 전인적 학습을 위한 태도들을 제공하도록 훈련시키기 위해서는 촉진자들 자신이 그러한 태도들을 소유하고 있어야만 한다는 것이다. 그렇게 되면 내가 『학습의 자유』(1969)에서 설명한 개인적인 행동의 변화가 일어나게 된다.

많은 교육자들은 집중적 그룹의 경험이 개인적인 손상을 가져오게 될까 봐 두려워할 수도 있겠다. 그러나 리버만, 얄롬 및 마일스(Lieberman, Yalom & Miles, 1973)는 인도자가 주로 직면시키거나 도전하거나 공격하거나 지나치게 끼어들 때 손상을 입게 된다고 지적했다. 촉진자가 내가 설명한 태도를 가지고 있을 때는 심리적인 손상을 입을 가능성이 최소화되며 긍정적인 변화가 일어날 가능성이 그보다 훨씬 더 많아진다. 나는 『칼 로저스의 엔카운터 그룹(Carl Rogers on Encounter Groups)』(1970)에서 이 문제와 더불어 리더십과 집중적 그룹의 과정에 관련된 여러 가지 다른 문제들을 논했다.

교사훈련 기관에서 이 모든 프로그램이 시작되려면 반드시 필요한 전제 조건이 있다. 그것은 학과장, 더 바람직하게는 재정관리 기관에서 정해 줄 수 있을 것이다. 그 조건이란 그 기관에서 그동안 해 오던 방식과 다르다는 이유로, 또는 교실에 혁신적인 아이디어를 들여오고 실시한다는 이유로 아무도 해고해서는 안 된다는 것이다. 최근에 교사와 교사 수련생이 말을 듣지 않았다는 이유로 기관으로부터 해고를 당한 실례가 기록된 문서들이 너무나 많다. 교과 과정에 대해서 학생들도 의견을 내야만 한다고 믿었던 교생, 그리고 초등학교, 고등학교, 대학에서 좀 더 자유로운 교실 분위기를 조성하려 하거나 독립적인 사고를 장려하려 하거나 새로운 접근법에 의한 성적평가를 실험해 보려고 하던 강사들은 해고되었다. (한 가지 사례로 Brownfield, 1973을 참고하라) 운영자들은 배를 흔들어 대는 사람들을 좋아하지 않는다. 그러므로 교사훈련의 실험을 하자면 임의로 해고하는 일을 방지하는 조치가 반드시 강구되어야 한다.

변화와 소요

나는 기관에서 초래될 한 가지 결과를 강조하고 싶다. 나의 경험에 근거하여 확신할 수 있는 것은 내가 제안한 대로 진행하게 되면 교수진과 학생들 사이에 양극화가 일어나서 기관 안에 소요가 발생할 우려가 있다는 것이다. 나는 그러한 소요가 건설적인 것이 될 것이라고 믿게 되었다. 전통주의자들은 새로운 개혁가들에게 화가 날 것이고, 개혁가들은 전통주의자들에게 화가 날 것이다. 신성한 황소들에게 이의가 제기될 것이다. 교생도 그들의 교수진도 생각하고 배우고 성장해 갈 것이다.

이러한 소요의 결과로 교사훈련 기관이 '자유대학' 의 형태를 띠게 되어, 학생들이 자기 자신의 교과 과정을 짜고 학습을 촉진하는 일에 참여하고, 점수와는 다른 평가방법을 찾게 될 가능성이 많다. 그러한 훈련 프로그램을 가지고 공부를 마친 사람들은 그들을 환영하는 소수의 학교로 보내질 수 있을 것이다. 그러나 이들 학교에서도 역시 양극화가 발생하기 쉬울 것이다.

이러한 새로운 교사들은 교실 안에서 무슨 일을 할 것인가? 가장 중요한 것은 그들이 그저 내가 이제껏 설명한 그런 태도로 존재하는 것이다. 그렇게 되면 새로운 참여방법이 나타날 것이다. 만일 다소 당황스럽게 느끼게 된다면 이러한 태도들을 보완해 주는 실제적인 방법으로 가득한 해롤드 라이언(Harold Lyon)의 책 『느끼기 위해 배우기—배우기 위해 느끼기(Learning to Feel—Feeling to Learn)』(1971)를 참고하기 바란다. 교사들은 너무나 새로운 접근법으로 교실을 발전시키게 될 것이므로 교실은 옛 모습과는 거의 또는 전혀 비슷하지 않을 것이다.

지속적인 변화를 일으키는 누룩

이러한 것들이 교사훈련에서 변화를 시작하는 데 필요한 몇몇 단계들이 될 것이다. 종합해 보건대, 그것들이 의미하는 것의 핵심은 무엇일까? 1년 정도 될 즈음에는, 교사훈련 기관에서 스스로 전체적인 방식으로 배우면서 자기 학생들도 그런 식으로 배우게 하고 싶다는 열정을 가진 사람들이 많이 나타날 것이다. 이는 마치 밀가루 반죽에 누룩을 넣는 것과 같다. 참여하는 사람의 수가 처음에는 적겠지만 그것이 퍼지는 효과는 굉장할 것이다. "어떻게 그렇게 확신할 수가 있나요?"라고 묻겠지만 나는 그런 일이 일어나는 것을 두 번이나 내 눈으로 직접 보았기 때문에 확신할 수가 있다. 첫 번째 사례는 로스앤젤레스에 있는 이매큘레이트 하트 학교 시스템에서 일어났다. 그 학교에서는 우리가 잠시 도왔을 뿐인데도 그 후 자발적인 변화가 수년 동안 신속하게 진행되고 있다. 두 번째 사례는 보다 나은 재정과 보다 나은 계획을 가지고 진행된 프로그램에 관련된 것이다. 그 프로그램은 켄터키 주 루이빌의 도심부 학교 시스템 안에 믿을 수 없을 정도의 변화를 가져왔다(Dickenson et al., 1970; Department of Research and Evaluation, 1973). 6개월 만에 1,600명의 학교 인사들을 위한 집중적인 의사소통 워크숍과 인간관계 실습이 열렸다는 것을 상상할 수 있겠는가? 이들 프로그램에 참석한 사람들은 교육위원회 위원들, 학교 사무국 직원들, 교장들 그리고 교사들이었다. 이 두 학교에서 모두 한동안은 양극화 문제가 심각했지만 그것으로부터 새롭고 분명한 방향 감각이 자라났고, 더욱 활기찬 새로운 사람들이 책임을 맡아 그 새로운 방향을 추구하게 되었다. 이매큘레이트 학교의 교사교육의 변화는 믿을 수 없을 정도다. 그 학교의 교육학 교수는 다음과 같은 글을 썼다.

> 우리는 자기 주도적이고 자발적인 교사교육 프로그램을 계속 진행하고 있다. 최근에 여기서 학생들, 교수진 그리고 운영진이 함께 환상적이고 흥미진진한 주말 워크숍을 가졌는데 모두 75명이 참석했다. 우리는 가장 창조적이고 생산적인 방법으로 자유롭게 토론했다. 그 결과 학생들이 온 도시의 학교들을 돌며 수업과 교수 회의를 참관하고 교사들, 학생들, 운영자들과 인터뷰를 하기로 했다. 그리고 우리 학생들은 그들이 가르치기 위해서는 무엇을 알아야 하고, 무엇을 경험해야 하고, 무엇을 해야 할 필요가 있는지 기록해 놓을 것이다. 그런 다음에는 교수진과 다른 학생들을 소집해서 자기들이 세운 목표를 달성할 수 있도록 그들에게 도

움을 요청할 것이다(개인적인 편지, 1969).

이 경험의 교훈은 여러 가지다. 그 교수는 엔카운터 그룹 경험을 통해서 매우 깊은 영향을 받았다. 그녀는 그룹 경험 후에 그룹 리더십과 그룹 역동을 좀 더 훈련받은 다음에 직접 자신의 그룹을 촉진할 수 있게 되었다. 그녀는 자신의 학생들에게 훨씬 더 개방적으로 되었을 뿐 아니라 그녀 자신도 훨씬 더 자신감 있는 사람이 되었으며 새로운 아이디어를 시작하고 실행할 수 있게 되었다. 그녀는 전인으로서 배웠던 것이다. 결국 그녀는 대학 안에서 훨씬 더 영향력을 미치게 되어서 교사훈련 프로그램을 책임지는 자리를 맡았다. 그녀의 편지는 그녀가 이들 젊은 미래의 교사들로 하여금 가르치는 법을 배우되, 인지적인 것과 정서적-경험적인 것을 모두 합하여 배우도록 하기 위하여 어떤 방식으로 그들을 격려했는지 보여 준다. 늘 그렇듯이 자발적이 될 수 있는 기회를 주고 무언가 배울 것이라고 신뢰해 주면, 학생들은 그들에게 힘을 행사하며 요구하는 사람이 있을 때보다 더 열심히 공부한다. 그들은 또 그들의 학생들에게 유사한 기회를 제공할 것이고, 그 학생들 역시 생각할 뿐 아니라 느끼기를 배울 수 있도록 도울 것이 분명하다. 이것이 바로 한 사람이 전인으로서 배우는 기회를 갖게 될 때 나타나는 흥미진진한 누룩 현상이다.

결론

나는 다음과 같은 말로 결론지을 수밖에 없다. 즉, 우리는 전 교육 시스템을 급진적으로 변화시킬 수 있는 이론적인 지식, 실제적인 방법 그리고 기술을 보유하고 있다는 것이다. 지적인 학습, 여러 가지 개인적 감정들 그리고 기본적인 신체반응은 전인에 의한 중요한 학습의 구성 요소다. 우리는 어떻게 하면 이것들을 하나의 경험으로 통합시킬 수 있는지 알고 있다. 우리는 어떻게 하면 미래의 교사들을 양육하여 이러한 유의 변화를 일으키는 대리인들이 되도록 할 수 있는지 알고 있다. 그런데 과연 우리에게 이러한 노하우를 활용하여 교육기관들을 인간화할 수 있는 의지와 결단이 있는가? 그것이 바로 우리 모두가 대답해야만 하는 질문이다.

후 기

로스앤젤레스에 있는 이매큘레이트 하트 학교 시스템에서 우리가 경험한 것을 이미 예로 들어 설명했으므로 그곳에서 실시하였던 프로젝트를 매우 간략하게 제시할 것이며, 그로부터 3년 후의 결과 보고와 7년 후의 또 다른 개인적인 결과 보고서에서 발췌한 내용들을 몇 가지 제시하고자 한다.

1967년에 나는 '교육 시스템의 자발적인 변화를 위한 계획(A Plan for Self-Directed Change in an Educational System)' 이라는 글을 썼다(Rogers, 1969: 303-323.). 이매큘레이트 하트의 몇몇 운영자들과 교수들은 그들의 학교에서 실험을 해보기를 원했으므로 인간연구센터(Center for Studies of the Person)와 합작으로 그 프로젝트가 시작되었다.

프로그램의 핵심은 교수진과 운영진 그리고 나중에는 교수진을 포함하는 많은 학생들 그룹에게 제공된 일련의 엔카운터 그룹으로 구성되어 있었다. 이것은 자발적으로 참여하게 되어 있었으며 오고 싶어 하지 않는 사람들도 많았다.

프로젝트를 계획하고 실행하는 동안에 실수도 많았지만 참석자들의 반응은 가히 열광적인 것이라 할 만했다. 교수진은 가르치는 방법을 바꾸기 시작했으며 몇몇 중요한 운영정책에도 변화가 생겼다. 참석하지 않았던 사람들은 종종 변화에 수반되는 큰 혼란으로 인하여 충격을 받았고, 어떤 때는 격렬하게 비판을 하기도 했다. 그러나 몇 가지 중대한 변화가 널리 퍼져 가고 있는 것에는 의심의 여지가 없었다. 교육학 교수가 완전히 혁신적인 교사교육 프로그램에 대하여 한 말은 이러한 변화들을 증명해 준다.

3년 후 처음부터 이 프로그램을 지켜보고 있었던 두 명의 외부 연구자들이 최종적으로 연구조사를 했다. 요약하자면, 그들이 발견한 것은 예견되었던 많은 긍정적인 변화들과 예견치 못했던 몇몇 변화들 그리고 예상보다 훨씬 더 많은 소요와 양극화된 태도들이었다. 긍정적인 변화는 학생들과 젊은 교수진에게서 가장 많이 나타났다. 운영진과 운영 구조, 교수진과 운영진 중 나이가 많은 사람들에게는 변화가 가장 적었다.

18개월의 실험이 끝난 지 7년 후, 그 실험의 결과로 시작된 교사훈련 프로그램을 지휘했던 한 교수가 개인적으로 느낀 점을 쓴 긴 편지를 내게 보냈다. 그 가운데 세 문장만 여기 인용하겠다.

> 만일 내가 몸이 굳어질 정도로 너무도 어색했던 엔카운터 그룹에 참여할 기회를 갖지 못했더라면 교수 세미나(새로운 교사 교육 프로그램으로 이끌었던)에 지원하지 않았을 것이라는 것을 추호도 의심하지 않습니다. ……
>
> 새로운 자기 주도적, 자발적 교사교육 프로그램은 이제 4년째 성공적으로 진행되고 있습니다. ……
>
> 내 생각에 그 프로젝트가 아니었다면 우리 캠퍼스에서 그 어떤 시스템의 변화도 일어나지 못했을 것 같습니다.

루이빌 프로그램은 뉴먼 워커(Newman Walker) 박사에 의해서 시작되었다. 교육위원회는 급격히 악화되고 있는 도심부 학교 시스템을 혁신하기 위해서 생각다 못해 그를 교육감으로 선출한 것이다.

워커는 교육위원회 사람들, 교사들, 운영진들을 대상으로 인간관계 훈련을 실시했을 뿐 아니라 열린 수업, 학부모와 교사로 구성된 지역 교육위원회, 그 밖의 새로운 아이디어 등 온갖 개혁적인 것들을 도입했다. 그는 학생들, 교사들, 부모들, 교육위원회 사람들, 심지어는 존 버치 협회(John Birch Society: 미국의 반공 극우단체-역자 주)의 과격한 비난까지도 신뢰했다. 이매큘레이트 하트 프로젝트 때도 그랬듯이 심각한 소요와 혼란의 시기가 있었다. 그러나 이는 점차 줄어들었고, 3년이 지나갈 무렵에는 상당히 혁신적인 학교 시스템이 큰 조직치고는 매우 부드럽게 운영되었다. 이에 그들은 사기(士氣)가 높았다 (더 자세한 설명은 Foster & Back, 1974 참고).

그러자 시스템 안의 혁신적인 정책과는 아무 상관없이 비극적인 외부 환경 탓에 모든 실험은 수포로 돌아갔다. 워커는 교사진과 운영진 안에 쿼터로 흑인을 데려다 놓았지만 학생들은 흑인이 지배적이었다. 그래서 법원의 명령으로 도심부 시스템이 교외의 백인들로 구성되어 있는 매우 보수적인 주 시스템과 병합되었다. 두 부류의 교육에 대한 철학은 정반대였고 워커는 압력을 받아 사임하게 되었다. 강제 통학(백인과 흑인의 균형을 맞추기 위해 아동을 거주지역 밖의 학교로 보냄 –역자 주)을 반대하는 과격한 폭동이 일어났는데, 그것은 반목으로 인한 '엄청난 난장판' 사건이었다. 그리고 그것은 성공적이었던 사업을 매장시키기에 충분했다. 많은 혁신적인 교사들이 떠나 버렸다. 단지 지역교육위원회 하나가 겨우 살아남았는데 그것마저도 힘이 매우 약화되었다. 큰 규모의 교육 시스템 안에서 일어난 가장 유망했던 모험이 이렇게 끝이 났다.

♣ 참고문헌

Aspy, D. N. (1965). A study of three facilitative conditions and their relationship to the achievement of third grade students. Unpublished doctoral dissertation, University of Kentucky.

Aspy, D. N. (1967). Counseling and education. In R. R. Carkhuff (Ed.), *The counselor's contribution to facilitative processes*. Urbana, Illinois: Parkinson.

Aspy, D. N. (1969). The effect of teacher-offered conditions of empathy, positive regard, and congruence upon student achievement. *Florida*

Journal of Educational Research, 11(1), 39-48.

Aspy, D. N. Supervisors, your levels of humanness may make a difference. Unpublished.

Aspy, D. N. (1972). *Toward a technology of humanizing education.* Champaign, Illinois: Research Press.

Aspy, D. N., & Hadlock, W. (1967). The effect of empathy, warmth, and genuineness on elementary students' reading achievement. Reviewed in Truax, C. B., and Carkhuff, R. R. *Toward effective counseling and psychotherapy.* Chicago: Aldine.

Aspy, D. N., & Roebuck, F. N. (1970). An investigation of the relationship between student levels of cognitive functioning and the teacher's classroom behavior. Unpublished manuscript, University of Florida, Gainesville.

Aspy, D. N., & Roebuck, F. N. The necessity for facilitative interpersonal conditions in teaching. Unpublished manuscript, University of Florida, Gainsville.

Barrett-Lennard, G. T. (1962). Dimensions of therapist response as causal factors in therapeutic change. *Psychological Monographs, 76*(Whole No. 562).

Brownfield, C. A. (1973). *Humanizing college learning: A taste of hemlock.* New York: Exposition Press.

Carr, J. B. (1964). Project freedom. *The English Journal,* March, 202-204.

Department of Research and Evaluation (1973). Louisville Independent School District, 1972-1973 Final Evaluation Report, Louisville, Kentucky(mimeographed).

Dickenson, W. A., et al. (1970). A humanistic program for change in a large inner-city school system. *Journal of Humanistic Psychology,* Autumn. *10*(2), 111-120.

Foster, C., & Back, J. (1974). A neighborhood school board: Its infancy, its crises, its growth. *Education,* Winter, *95*(2), 145-162.

Hudiburg, R. Some frank comments on openness. *ES/ESTPP Newsletter,* No. 3. Burbank Junior High School, Boulder, Colorado.

Lieberman, M., Yalom, I., & Miles, M. (1973). *Encounter groups: First facts.*

New York: Basic Books.

Lyon, H. C., Jr. (1971). *Learning to feel–feeling to learn.* Columbus, Ohio: Charles E. Merrill.

Moon, S. F. (1966). Teaching the self. *Improving College and University Teaching,* Autumn, *14,* 213–229.

Pierce, R. (1966). An investigation of grade-point average and therapeutic process variables. Unpublished dissertation, University of Massachusetts, Amherst. Reviewed in Carkhuff, R. R., & Berenson, B. G. (1967). *Beyond counseling and therapy.* New York: Holt, Rinehart & Winston.

Reston, J. (1970). *The New York Times,* November 29.

Rogers, C. R. (1957). The necessary and sufficient conditions of therapeutic personality change. *Journal of Consulting Psychology, 21,* 95–103.

Rogers, C. R. (1969). *Freedom to learn.* Columbus, Ohio: Charles E. Merrill.

Rogers, C. R. (1970). *Carl Rogers on encounter groups.* New York: Harper & Row.

Schmuck, R. (1966). Some aspects of classroom social climate. *Psychology in the Schools, 3,* 59–65.

Swenson, G. (1974). Grammar and growth: A "French connection." *Education,* Winter, *95* (2), 115–127.

Tausch, R. (1978). Facilitative dimensions in interpersonal relations: Verifying the theoretical assumptions of Carl Rogers in school, family education, client-centered therapy, and encounter groups. *College Student Journal,* Spring, *12*(1), 2–11.

White, A. M. (1974). Humanistic mathematics. *Education,* Winter, *95*(2), 128–133.

제13장 분수령을 넘어서: 지금 우리는 어디에 있는가?

이 장에서 나는 인본주의적 교육에 관련된 여러 주제에 초점을 맞추었다. 이 글의 자료는 내가 1972년과 1979년 사이에 있었던 교육 그룹에서 발표했던 내용에서 가져온 것이다. 나는 개혁이 진행되고 있는 것을 강조하는 한편, 보수와 전통을 향한 현대의 풍조를 결코 간과하지 않았다.

내가 제기한 것들 중 하나는 교육계에서의 힘이라는 주제다. 나는 나의 글과 나의 상담방식과 교육방식이 왜 그렇게 논란거리가 되었는지 수년이 지난 후에야 깨달았다. 최근에 이르러서야 나의 견해가 얼마나 위협적이었는지를 알게 된 것이다. 만약 나의 견해가 수용되었다면 그것이 치료자들과 교사들의 정치적인 힘을 사실상 약화시켰을 것이다. 그들은 더 이상 다른 사람에게 힘을 행사할 수 없었을 것이다. 이 장에서 나는 **사람-중심 접근법**이 교육계에—운영자, 교사, 심지어 학생에게—어떤 위협을 주는지를 좀 더 분명히 하기 위해 노력했다.

나는 또한 인본주의적 방식이 교육에 효과적이라는 것을 입증해 주는 흥미진진한 새로운 연구 결과를 제시했다. 데이빗 애스피(David Aspy), 플로라 로벅(Flora Roebuck) 그리고 그들의 동료들이 대규모의 학술 연구에 기울인 노력들이 교육계에서 비교적 알려지지 않았다는 사실은 내겐 의아스러운 일이다. 그들이 새로운 유형의 연구를 하고 있기 때문에 그런 건지, 아니면 그들의 연구 결과도 역시 위협적이어서 그런 건지 잘 모르겠다.

이번 장의 마지막 부분에서는 나의 상상력을 펼쳐서 가능한 미래의 학습 개척자

들, 특히 조사 연구의 개척자들을 꿈꿔 보았다. 어쩌면 내 생각이 다소 극단적이어서 몇몇 독자들을 놀라게 할 수도 있을 것이다. 그러나 더 이상은 이야기하지 않겠으니 직접 읽어보기 바란다.

분수령을 넘다

나는 혁신적이고 인간적이며 경험적인 학습이 현재 교실 안팎에서 일어나고 있으며 미래가 있다고 믿는다. 그러므로 나는 교육계의 현실에 대하여 불평만 하는 것이 아니라 미래도 내다보려 한다. 우리는 분수령 너머에 있다. 이 말이 무슨 뜻인지 설명하겠다.

초기 탐험가들과 개척자들이 서부를 향하여 힘차게 나아갈 때 그들은 강과 물줄기를 따라갔다. 그들은 오랫동안 상류를 향하여 여행하며 항상 물줄기를 거슬러 올라갔는데, 산기슭의 구릉지를 지나 산속으로 올라갈수록 물줄기는 점점 더 빨라졌다. 그러다가 물이 나뉘는 분수령을 지나야 할 때가 왔다. 길은 여전히 매우 험하고 시냇물은 졸졸 흐르는 정도밖에 안 되었다. 그러나 이제 그들은 더욱 세차고 더 큰 강물로 흐르고 있는 물줄기와 함께 움직이게 되었다. 물줄기의 강한 힘은 그들에게 항상 대항하기만 하는 것이 아니었고, 이제 그들을 위하여 돕는 힘이 되었다.

나는 교육에서 오늘날 우리가 그 지점에 와 있다고 믿는다. 우리는 분수령을 넘어섰다. 우리는 지금 소수의 외로운 개척자가 아니며, 사람에게 좀 더 잘 맞는 교육을 향한 운동의 흐름이 점점 커져가는 것을 바라보고 있다. 모든 도시에 대안학교, 자유학교 그리고 열린 교실이 있다. 대학에서 천문학, 수학, 기계공학, 화학, 생물학, 심리학, 영어를 가르치는 선생님들이 내게 보낸 편지에는, 그들이 모두 자기 학생들에게 학습의 자유를 제공하는 방향을 향하여 조심스럽게 발걸음을 내딛고 있으며 그에 대해 멋진 보답을 받고 있다고 쓰여 있다. 학교 밖에서 이루어진 학습에 대해서 학점이 인정되기까지 한다. 다른 징조들도 있다. 900명의 의학교육자들이 의학교육의 인간화를 위한 워크숍에 참석해 왔는데, 나는 그 프로그램의 일부를 맡고 있다. 그들은 이 목적을 달성하는 데 필요한 도움을 얻기 위해 자신들의 의과대학에서 별도로 컨설턴트를 부르고 있다. 담이 없는 대학, 독자학습, 학생들에게 더욱 자율성을 허락해 주는 대학원, 이 모든 것들이 급증하고 있다. 우리는 미국의 교육계에서 고려해야 할 중요한 흐름이 되었다.

힘의 정치학

그러나 비록 인간형 교육이 계속 진행된다 하더라도 그것이 유력한 형태의 교육이 되지는 못할 것이 매우 확실하다. 그러므로 나는 양 극단에 있는 우리의 두 가지 교육방식과 그 두 접근법에 내재되어 있는 정치학을 소개하려 한다.

이야기를 더 진행하기 전에 '정치학' 이라는 단어를 내가 어떤 뜻으로 사용하는지 언급해야겠다. 이 단어를 두고 정당이나 정부기관 같은 것을 생각하고 있는 것은 결코 아니다. 나는 이 단어를 현대적인 의미로 사용하고 있다. 우리는 '가족의 정치학' '심리치료의 정치학' 또는 '성의 정치학' 이라는 말을 듣고 있다. '정치학' 이라는 단어가 오늘날의 의미로는 대인관계에서의 힘 또는 통제력, 그리고 그러한 힘을 어느 정도로 얻고자 애를 쓰는가 혹은 포기하고자 하는가와 관계가 있는 것 같다. 그것은 결정을 내리는 방법과 관계가 있다. 누가 결정을 내리는가? 결정을 내리는 힘의 소재 또는 중심은 어디인가? '정치학' 은 그러한 힘의 논리에 의한 행동이 개인이나 시스템에 미치는 영향력과 관계가 있다. 그러므로 내가 '정치학' 이라는 말을 사용할 때는 그러한 의미를 마음에 두고 사용하는 것이다.

전통적 방식

교육의 정치적 특징을 생각해 본다면 전통적인 방식이 한쪽 끝에, 사람-중심 접근법이 반대쪽 끝에 있는 연속선으로 보면 된다. 나는 모든 교육적인 노력과 모든 교육자들은 이 연속선상 어딘가에 위치하고 있다고 생각한다. 당신은 아마 당신이나 당신의 학과 또는 기관이 이 연속선상에서 어디쯤에 있는지 알고 싶을 것이다.

먼저 미국 내에서 우리가 오랫동안 알아 왔던 전통적인 교육을 살펴보자. 내가 믿기에 학생들과 교수진에 의해서 경험되었던 것의 주요 특징들을 설명하겠다.

① 교사는 지식의 소유자고, 학생은 당연히 수령자다. 교사는 전문가로서 자기 분야를 알고 있다. 학생은 지혜의 말씀을 기다리며, 연필과 공책을 준비하고 앉아 있다. 가르치는 자와 학생 사이에는 신분의 차이가 매우 크다.

② 강의 또는 말로 가르치는 몇몇 방법들이 수령자 안에 지식을 넣어 주는 주된 방법이다. 시험은 학생들이 지식을 얼마나 받아들였는지를 평가한다. 이런 것들이 전통적 교육의 주요 요소들이다. 왜 강의가 가르치기 위한 주요 방법으로 간주되는지 내게는 수수께끼다. 책이 출판되기 전에는 강의하는 것이 이치에 맞는 일이었지만, 현재는 어떤 원리를 가지고 그렇게 하고 있는 건지 설명이 되지 않는다. 시험을 점점 더 강조하는 것도 수수께끼다. 미국에서는 지난 20년간 시험의 중요성이 엄청나게 증가된 것이 확실하다.

③ 교사는 힘의 소유자이고, 학생은 순종하는 자다. (운영자도 힘의 소유자이고, 교사와 학생은 모두 순종하는 자다.) 통제력은 항상 아랫사람에게 행사된다.

④ 권위에 의한 지배는 교실 안에서 수용되는 정책이다. 새로 교사가 된 사람은 '첫날부터 학생들을 꽉 잡아야 한다.' 는 충고를 듣는다. 권위의 인물,

즉 가르치는 사람은 교육에서 가장 중심이 되는 인물이다. 그 또는 그녀는 지식의 샘으로서 매우 존경받을 수도 있고 경멸받을 수도 있겠다. 어쨌든 교사는 항상 중심에 있다.

⑤ 신뢰는 최소한도로 해야 한다. 가장 눈에 띄는 것은 학생들에 대한 교사의 불신이다. 학생들은 교사가 끊임없이 감독하고 점검하지 않으면 공부를 제대로 하지 못할 것이라고 생각한다. 교사에 대한 학생들의 불신은 더 크다. 학생들은 교사의 동기, 정직성, 공정성, 실력에 대해 신뢰가 결여되어 있다. 재미있게 가르치는 교사와 그것을 즐기는 학생들 사이에 진정한 라포가 있을 수 있고 교사에 대한 존경도 있을 수 있겠지만 상호 간의 신뢰는 찾아보기 어려운 요소다.

⑥ 피지배자(학생)는 간헐적으로 또는 지속적으로 공포심을 주어야 가장 잘 통치할 수 있다. 오늘날 신체적 체벌이 그리 많지는 않지만 공개적으로 비난하거나 조롱하는 것과 학생들이 실패에 대해 지속적인 두려움을 갖게 하는 것은 훨씬 더 큰 힘이 있다. 나의 경험에 의하면 이러한 두려움의 상태는 교육의 사다리를 올라갈수록 점점 더 증가하는 것 같다. 왜냐하면 잃을 것이 더 많아지기 때문이다. 초등학교에서는 조롱의 대상이 되거나 멍청이로 여겨질 뿐이지만, 고등학교에서는 거기에 더하여 졸업을 못하게 될 수도 있고 그에 따라 직업적, 경제적, 학업적 불이익을 받을 수 있다는 두려움을 갖게 된다. 대학에 가면 이 모든 결과들이 확대되고 강화된다. 대학원에서는 한 사람의 지도교수 밑에 있게 되기 때문에 교수가 자기 마음대로 횡포를 부리면서 극단적인 벌을 줄 위험성이 더 많아진다. 대학원생들 중에는 지도교수의 모든 요구에 순종하거나 순응하기를 거부했다는 이유로 학위 취득에 실패하는 경우가 많다. 학생의 위치는 죽일 수도 살릴 수도 있는 주인님의 노예와 같다.

⑦ 민주주의와 그의 가치가 실제로는 무시되고 멸시당한다. 학생들은 자신의 개인적인 목표, 교과 과정 또는 공부하는 방식을 스스로 선택하지 않는다. 다른 사람이 대신 선택해 주는 것이다. 학생들은 가르치는 사람을

선정하는 일에 관여하지 않으며 교육정책에 대해서 아무 의견도 낼 수 없다. 이와 같이 교사들도 종종 사무직원을 뽑는 일에 관여하지 않는다. 또 교사들 역시 종종 교육정책을 형성하는 일에 참여하지 않는다. 이 모든 것은 민주주의의 미덕, '자유세계' 의 중요성 그리고 그와 같은 것들에 관한 모든 가르침과 극적인 대조를 이룬다. 학교에서 실제로 행해지는 정치적인 모습은 학생들이 가르침을 받는 것과 가장 극적인 대조를 이룬다. 자유와 책임감을 배우는 것이 '우리의 민주주의' 의 영예로운 특징인 반면에, 학생들은 자신들이 힘이 없고 자유가 거의 없으며 선택권을 행사하거나 책임을 질 수 있는 기회가 거의 없다는 것을 경험한다.

⑧ 교육 시스템에는 오직 지능을 위한 것만 있을 뿐 전인을 위한 것은 없다. 초등학교에서는 정상적인 어린아이의 특징인 폭발적인 호기심과 넘쳐나는 신체적 에너지에 재갈을 물리고 가능하다면 질식시킨다. 중 · 고등학교에서는 가장 중요한 관심사인 성과 그에 수반된 정서적, 신체적 관계는 거의 완전히 무시되며 배워야 할 주요 분야로 간주되지 않는 것이 확실하다. 중 · 고등학교에서는 감정은 아주 조금밖에 다루지 않는다. 대학에 가면 상황이 이보다 더 나쁘다. 그곳에서 환영받는 것은 지성뿐이다.

만일 이러한 전통적 견해가 이미 사라졌다거나 내가 과장하고 있다고 생각한다면, 1974년 12월 13일자 로스앤젤레스 타임지를 한 번 보자. 거기서 우리는 버클리, UCLA, 그 밖의 모든 주립대를 포함하는 캘리포니아 대학이 주의회 의원인 존 바스콘첼로스(John Vasconcellos)가 대학정책에 관련된 그 어떤 위원회에도 참석하지 못하도록 로비를 하고 있다는 기사를 발견할 수 있다. 바스콘첼로스는 지난 3년간 고등교육의 입법 연구에 앞장서서 훌륭하게 일해 왔다. 그런데 그 대학에서 왜 그를 대학정책에 관여하지 못하도록 하려는 것일까? 왜냐하면 그가 두 가지 개혁을 주장하고 있기 때문이다. 첫째, 그는 혁신적인 교육 프로그램을 위한 일정 비율의 예산을 따로 책정해야 한다고 주장한다. 대학의 임원들은 이에 강경하게 반대한다. 반대하는 가장 중요한 이유는 그 대학의 부총장인 제이 마이클(Jay Michael) 박사의 말에서 볼 수 있다. "우리는 …… 지식이 사람의 감정과 따로 분리되어 있으며 …… 인류가 축적해 온 지식은 인지적인 것이라고 믿습니다. 지식은 전수될 수 있습니다. 지식은 가르치고 배울 수 있습니다. 그러한 지식을 추구하는 것이 학문적인 연구입니다." 그는 계속해서 말한다. "우리가 보기에 그(바스콘첼로스)는 인지적인 학습을 폐기하려고 하는 것처럼 보입니다. 적어도 그것의 중요성을 학자로서 받아들일 수 없을 정도로 축소시키려 하는 것처럼 보입니다."

이에 대한 답변으로 바스콘첼로스는 자신도 인지적인 기술을 소중하게 여긴다면서, "그렇지만 나는 정서적, 감정적 요소도 굉장히 중요하다고 믿습니다."라고 말했다. 그는 인지적인 기술은 자기 자신에 대한, 그리고 대인 행동에 대한 보다 나은 지식과 결합되어야만 한다고 믿었다.

이러한 차이점을 보이는 정치학 얘기는 아주 재미있다. 부총장 마이클 박사는 교수진이 순수한 지적, 사실적 지식을 소유하고 있어서 그것을 피동적인 수령자에게 전달해 준다는 교육의 '주전자와 머그잔' 이론을 확실히 고수하고 있다. 마이클 박사는 그 어떤 변화의 가능성에도 너무 위협을 느끼기 때문에 교육과정의 개혁을 조금도 용납하지 못하는 것이다. 그러나 그에게 가장 위협적인 것은 교수진과 학생들이 모든 지식의 구성 요소인 감정을 경험하는 데 똑같은 사람이라는 생각이다. 그 생각이 부분적이나마 받아들여진다면 학생과 교수진이 좀 더 동등한 위치에 있게 되는 것이며 지배의 정치학은 그 힘이 약해질 것이다. 이것이 1975년에 볼 수 있는 가장 '위대한' 대학 시스템 중의 하나인 대학 지도자의 입장이다! 그는 개혁을 반대한다. 그는 전인으로서 배우는 것을 반대한다.

교육에 대한 전통적인 그림은 매우 일반화되어 있다. 우리 모두가 그 그림을 보고 경험해 왔으리라고 나는 확신한다. 그러나 그것이 교육이 진행되는 유일한 방법이라고 보아서는 안 된다. 인본주의적, 사람-중심적, 과정지향적 학습방법은 많은 발전을 이루었다. 그래서 실행이 되고 있는 이런 종류의 학습 특징들을 설명해 볼 만하게 되었다. 이 또한 정치학을 염두에 두고 설명해 본다.

사람-중심 학습센터의 기본 원리

첫 번째 원리는 본질적인 전제 조건이다. 나머지 것들은 인본주의적 교육이 뿌리를 내린 초·중·고교, 대학 또는 대학원에서 경험하거나 관찰할 수 있는 특징들을 모아 놓은 것이다.

① 전제 조건. 리더들이나 권위의 인물로 여겨지는 사람들은 자기 자신 안에서, 그리고 다른 사람들과의 관계 가운데서 충분히 안정되어 있다. 그래서 그들은 다른 사람도 스스로 생각하고 스스로 배울 수 있는 능력이 있다는 것을 본질적으로 믿는다. 이러한 전제 조건이 존재한다면 다음과 같은 양상들이 가능해지고 실행되는 경향이 있다.

② 촉진적인 사람들은 다른 사람들, 즉 학생들, 가능하면 부모나 지역사회 구성원들과도 학습 과정의 책임을 함께 나눈다. 교과 과정 짜기, 운영과 진행의 방식, 기금 마련, 정책 마련, 이 모든 것들은 관련된 특정 그룹이 감당해야 하는 책임이다. 그러므로 아마도 한 반은 자기 반의 교과 과정을 짜는 일에 책임을 지겠지만, 전반적인 정책은 전체 그룹이 책임을 질 것이다. 어떤 경우에 책임은 서로 나눈다.

③ 촉진자는 자기 자신과 자신의 경험, 책이나 다른 자료들, 또는 지역사회 경험에서 나온 학습자료를 제공한다. 학습자는 그들이 지식을 가지고 있거나 경험한 자료들을 첨가하도록 격려받는다. 촉진자는 그룹의 경험 외부에 있는 자료에 문을 열어 준다.

④ 학생들은 개인적으로 혹은 다른 학생들과 협력하여 자기 자신의 학습 프로그램을 개발한다. 자기 자신의 관심사를 탐구하고 풍성한 자료들을 접하면

서, 학생들은 각각 자신의 학습 방향을 선택하며 자신의 선택에 대한 결과에 책임을 진다.

⑤ 촉진적인 학습 분위기가 제공된다. 반 모임이나 학교 모임에서는 전반적으로 진실됨, 배려, 이해심 있는 경청의 분위기가 뚜렷하다. 이러한 분위기는 처음에는 리더로 여겨지는 사람에게서 생겨날 수 있다. 그러나 학습 과정이 계속됨에 따라 점점 더 자주 학습자들끼리 서로 제공해 준다. 서로를 통하여 배우는 것이 책이나 영상물 또는 지역사회 경험으로부터 배우는 것만큼이나 중요해진다.

⑥ 학습센터의 주안점은 먼저 학습이 지속적으로 진행되도록 육성하는 것에 둔다. 학습의 내용이 중요하기는 하지만 그것은 두 번째로 중요한 것일 뿐이다. 그러므로 한 과정이 성공적으로 끝나는 때는 학생들이 '알아야 할 필요가 있는 모든 것을 배웠을' 때가 아니라 그들이 알기 원하는 것을 배우는 방법을 학습하는 데 상당한 발전을 이루었을 때다.

⑦ 학생의 목표에 도달하기 위하여 필요한 훈련은 자기 훈련이며, 학습자에 의해서 자신의 개인적인 책임으로 인식되고 받아들여진다. 자기 훈련이 외부에서 주어지는 훈련을 대신한다.

⑧ 학생 각자의 학습 정도와 중요성의 평가는 우선적으로 학습자 자신이 한다. 학습자 자신의 평가는 그룹의 다른 구성원들이나 촉진자가 주는 보살핌 어린 피드백에 의해서 영향을 받고 풍성해질 수 있다.

⑨ 전통적인 교실에서 습득되는 학습보다는 이렇게 성장을 촉진하는 분위기 가운데서 학습이 더 깊이 일어나고 더 빠른 속도로 진행되며 학생의 삶과 행동 가운데 더욱 잘 스며드는 경향이 있다. 그렇게 되는 이유는 스스로 방향을 선택하고 자발적으로 배우며, 지능뿐만 아니라 감정과 열정을 함께 가진 전인이 학습의 과정에 투입되기 때문이다. (이 말을 지지해 주는 연구 결과를 이 장의 뒷부분에서 소개할 것이다.)

사람-중심 교육의 정치학

우리가 이 장의 앞 부분에 나왔던 정의를 다시 생각해 보고 그것을 여기에 적용해 봄으로써 사람-중심 접근법의 정치적 의미를 고찰하는 것이 가장 좋을 것 같다.

누가 본질적인 힘과 통제권을 가지고 있는가? 답은 학습자, 또는 촉진자-학습자를 포함하는 그룹으로서의 학습자인 것이 분명하다.

누가 누구를 통제하려 하는가? 학생들은 자기 자신의 학습 과정과 자기 자신의 삶의 과정을 통제하는 힘을 획득하는 과정 중에 있다. 촉진자는 다른 사람들을 통제하는 힘을 양도하고 자기 자신을 통제하는 힘만 보유하고 있다.

힘과 관련하여 사용되고 있는 전략은 무엇인가? 나는 두 가지로 본다. 촉진자는 학습자가 책임을 지고 통제할 수 있는 심리적인 분위기를 제공한다. 또한 촉진자는 내용 중심의 고정된 목표를 덜 강조하여 과정, 즉 학습이 일어나는 방법을 경험하는 것에 초점을 맞추도록 격려한다.

결정을 하는 힘은 어디에 있는가? 그러한 힘은 그 결정의 영향을 받을 개인이나 개인들의 손에 있다. 무엇을 결정하는가에 따라서 선택권은 학생 개인에게 달려 있거나 학생들과 촉진자들로 이루어진 그룹에 달려 있기도 하고, 운영자들, 부모들, 또는 지방 정부나 지역사회 구성원들을 포함한 사람들에게 달려 있을 수도 있다. 특정 학과목에서 무엇을 배울지를 결정하는 것은 전적으로 각 학생과 촉진자에게 달려 있다. 새로운 건물을 지을 것인가 말 것인가는 훨씬 더 큰 그룹에게 영향을 미치는 것이므로 다룰 때도 그렇게 한다.

누가 감정, 생각, 행동, 가치관의 형태를 규제하는가? 분명 각 사람이 한다.

이러한 방식의 교육에서는 성장하며 배우는 사람이 정치적으로 힘을 가진 세력임이 분명하다. 학습자가 중심이다. 이러한 학습 과정은 전통적 교육의 정치학과 180도 다른 혁명적인 모습을 보이고 있다.

왜 교육자들이 정치관을 바꾸는가

교육자들이 촉진자가 되는 방향으로 움직이며 전통적인 교육에서 벗어나 사람-중심형의 학습으로 옮겨가게 하는 것은 무엇인가? 먼저 나 자신의 경험을 인용하고 싶다.

나는 개인상담과 심리치료를 하는 중에 자기 이해를 향하여 나아가며 자신의 문제를 해결하기 위한 건설적인 발걸음을 내디딜 수 있는 내담자의 능력을 신뢰해 주는 것이 점점 더 만족스러운 결과를 가져오는 것을 발견했다. 이러한 일은 내가 공감적이고 진실되고 배려해 줌으로써 촉진적인 분위기를 조성할 수 있을 때 일어났다.

내담자들을 신뢰할 수 있다면 학생들에게도 똑같은 종류의 분위기를 조성함으로써 자발적인 배움의 과정을 촉진하지 못할 이유가 있겠는가? 이 질문이 나를 점점 더 끈질기게 괴롭혔다. 그래서 시카고 대학에 있을 때 한 번 시도해 보기로 결정했던 것이다. 나는 내담자보다 훨씬 더 많은 학생들의 저항과 적대감에 부딪히게 되었다. 전형적인 반응은 "나는 이 과목을 듣기 위해 많은 돈을 지불했으니 교수님이 내게 가르쳐 주기를 바랍니다." 또는 "나는 무엇을 배울지 모릅니다. 교수님이 전문가 아니십니까?" 였다. 이러한 저항이 일어났던 것은 부분적으로는 이들 학생들이 오랫동안 의존적이었다는 사실 때문이다. 그리고 내 생각에 부분적으로는 아마도 내가 모든 책임을 우리 모두가 함께 지는 대신에 학급에게만 떠넘겼기 때문인 듯하다. 나는 정말 많은 실수를 했다. 때때로 내가 과연 그 일을 지혜롭게 시도했는지 의심이 들지만, 나의 미련함에도 불구하고 그 결과는 놀라웠다. 학생들은 이전의 어떤 수업보다 더 열심히 공부했고, 더 깊이 책을 읽었으며, 더 책임감을 가지고 자신을 표현하였고, 더 많이 배웠고, 더 창의적인 생각을 했다. 그래서 나는 계속해서 노력했고 학습 촉진자로서 점차적으로 발전했다. 그때로 다시 되돌아갈 수는 없을 것 같다.

이 새로운 접근법에서 나는 다른 사람들의 경험에 의해 많은 격려를 받았다. 내게 편지를 보내서 자기들이 접근법을 바꾸고 연속선상에서 사람-중심의 방향으로 옮겨가는 일에 뛰어들었다고 말해 주는 교사들이 점점 더 많아졌다. 이 경험은 전통적인 방법으로 가르치고 있었던 교사들이나 규제가 많은 학교행정 아래 일하던 교사들에게 몹시 위협적이었다. 그러나 그들이 학생들을 신뢰해 주었을 때 너무나 보람 있는 결과를 보았기 때문에, 그 만족감은 지위와 통제권이 주는 두려운 위협보다 더 컸다.

나 자신을 비롯하여 점점 더 많은 수의 사람들이 사람-중심 교육에서 오는 만족감을 경험하게 되었으며, 선구적인 교육자들로 이루어진 작은 시냇물은 오늘날의 학교사업에서 매우 중요한 흐름으로 발전해 왔다. 이러한 종류의 발전에 대하여 개인적으로 배운 것을 몇 가지 이야기하고 싶다.

위 협

나는 사람-중심 접근법이 정치적으로 몹시 위협적이라는 것을 점차 인식하게 되었다. 교사는 힘과 통제권이 교사에서 학습자로 옮겨가는 두려운 양상을 정면으로 맞이해야 한다. 여기서 학습자라 함은 이전에는 교사였지만 현재는 학습자-촉진자인 사람까지 포함하는 학습자 전체 그룹을 말한다. 힘을 양도하는 것은 어떤 사람에게는 겁나는 일이다. 사람-중심 교사 한 사람이 학교의 모든 다른 교사들에게 위협을 주기도 한다.

나는 한 교사를 아는데, 그녀는 훌륭한 학습 촉진자로서 대학에서 학생들에 의해 뽑힌 2~3인의 가장 훌륭한 교사들 중 하나였다. 그녀는 상대평가에 동의하기를 반복해서 단호하게 거부했다는 이유로 마침내 교직원 임용에서 탈락했다. 구체적으로 말하자면, 그녀는 자기가 가르치는 학생들 중에서 몇 퍼센트는 그들의 학업의 질에 상관없이 낙제시키기로 사전에 미리 약속하기를 거부했던 것이다. 이는 그녀가 기준을 좋게 생각하지 않았다는 것을 보여 준다. 왜냐하면 전통적인 학교의 간접적인 논리로 볼 때 '기준'은 실제로는 학생들을 낙제시키는 것을 의미하기 때문이다. 그녀는 사실상 "나는 점수를 벌주는 도구로 사용하지 않겠다."라고 말하고 있었던 셈이다. 그러므로 그녀는 '기준'을 훼손시켰을 뿐만 아니라 벌줄 수 있는 교사의 힘 또한 훼손시켰던 것이다. 그것은 너무도 큰 불안을 야기하는 위협이었기 때문에 그들은 그렇게 하기가 당황스럽기는 해도 그녀를 쫓아내야만 했다. 이는 어쩌다 일어난 신기한 사건이 결코 아니다. 이는 어떻게 해서 심지어 한 사람이 전체 교사들에게 위협을 줄 수 있는지 보여 준다.

내가 나 자신과 다른 사람들의 경험을 통해서 배운 것이 하나 있는데, 그것은 통제권을 내려놓는 일을 시작하기 전에 위험을 무릅쓰려는 전적으로 자발적인 마음을 갖는 것이 좋다는 것이다. 편안한 정도로만 아주 조금씩 움직이는 것이 힘을 내려놓고 난 후 두려워져서 다시 힘을 거머쥐려는 것보다 낫다. 그렇게 되면 최악의 상황이 벌어진다.

두 번째로 인식하게 된 것은 학생들에게 그러한 기회를 주는 교사의 경우와 마찬가지로, 책임을 지고 자신을 통제한다는 것은 많은 학생들에게도 두려운 일이라는 점이다. 많은 학생들이 더 많은 자유를 달라고 큰 소리로 요구하지만, 막상 책임을 수반한 자유가 주어지면 그들은 혼란으로 완전히 멈춰 서게 된다. 그들의 성장 배경 가운데는 그들이 선택하고, 실수하면서 그 결과를 맞이하며 살고, 자신들이 나아가기 원하는 방향을 선택하려 할 때 불확실함의 혼돈을 견딜 수 있도록 준비시켜 준 것이 사실상 아무것도 없다. 그들 모두가 새로운 길들을 찾으려 할 때는 이해해 주며 동행해 주는 촉진자가 필요하다. 그들이 실패할 수 있고, 그래도 여전히 자신을 수용할 수 있으며, 경쟁심 없이도 성공할 수 있도록 하기 위해서는 지지해 주는 분위기가 필요하다.

운영하는 사람들 역시 우리의 이해가 필요하다. 상하 구조의 통제 외에는 아무것도 이해해 주지 않는 문화 가운데 교사들, 학생들 그리고 학부모들에게 신뢰와 선택권을 넘겨 주게 되면 자기들이 약하게 보이지 않을까 두려워하게 된다. 그러나 몇몇 학교와 학교 시스템의 경험에서 볼 수 있는 것처럼 이 일은 흥미진진하고 만족스럽게 진행될 수 있다.

요약해 보자면, 진정으로 인본주의적이고 사람-중심적인 교육으로 변화하기 위해서는 전면적인 개혁이 필요하다는 것을 알아야만 한다. 전통적인 교육을 어설프게 만지작거리는 식으로는 안 된다. 교육의 정치학을 완전히 뒤집어엎는 것이 필요하다. 우리는 그 사실을 인식해야만 한다. 나는 나 자신을 조용한 혁명가로 생각하기를 좋아한다. 많은 다른 교사들도 나와 같은 범주에 속한다. 우리는 우리의 혁명적인 비전의 성취를 향하여 용기와 열심을 가지고 나아가는 한편, 이 새로운 정치학을 위한 진지한 책임을 감당하는 것이 필요하다. 우리는 일반 대중에게 분명해지고 있는 교육 민주주의를 목표로 일하고 있다. 우리는 이 일을 위해 최고의 노력을 기울일 가치가 있다.

개인적인 문제들

우리가 분수령을 넘어왔다는 사실, 다시 말해 단순히 거슬러 올라가는 것으로는 더 이상 충분하지 않다는 사실은 교육자들에게 개인적인 새로운 어려움을 가져다준다. 그 사실은 교육에서의 대인관계 정치학의 새로운 문제를 제기한다. 혁신적인 인본주의 교육의 방향으로 움직이고 있는 교사들이나 운영자들은 수많은 어려운 질문들을 스스로에게 던지고 있다.

학생들이 자기 지도적(self-directing)이 되도록 하기 위해서는 촉진적인 분위기 가운데 어느 정도까지 마음 깊이 학생들을 신뢰해야 하는가? 이 점에서 종종 느끼게 되는 나의 양가감정은 어떻게 다루어야 하는가?

나의 노력에 대한 보상은 어디에서 찾아야 하는가? 나의 굶주린 자아를 위해서 많은 양의 직접적인 만족이 필요한가? 또는 다른 사람들의 발전을 촉진하는 것에서 그만큼 많은 양의 자아의 보상을 발견할 수 있을 것인가?

나 자신이 경직되고 독단적인 인본주의적 교육의 '진정한 신봉자'가 되지 않기 위해서는 어떻게 해야 하는가? 편협한 '진정한 신봉자'는 어떤 분야에서도 위험하다. 그러나 우리는 누구라도 그런 사람이 될 수 있는 가능성이 있다는 것을 알고 있다. 내가 교육에서 최종적인 가장 좋은 방법을 가지고 있다고 믿는가? 그렇다면 어떻게 하면 그것을 뛰어넘을 수 있는가?

어떻게 하면 내가 나의 온전함을 유지하면서도 내가 하고 있는 일에 반대되는 철학을 가진 시스템 가운데 자리를 지킬 수 있는가? 이것은 내가 생각하기에 우리 중 많은 사람들이 직면하게 되는 굉장히 어려운 문제다.

나는 이러한 질문들에 대해 대답할 수가 없다. 각 교육자가 각자 나름의 방법으로 그 대답을 찾아야만 할 것이다.

증거가 있는가

나는 교육에서 사람-중심 접근법의 우월성에 대하여 이야기했다. 독자들에게는 이것이 나의 편견임이 분명해 보일 것이다. 이러한 주장과 이러한 태도를 증명해 줄 무슨 증거라도 있단 말인가? 대답은 '그렇다'다. 정말로 확실한 증거가 있다.

데이빗 애스피와 그의 동료들의 인간화 교육을 위한 국립협회(National Consortium for Humanizing Education)에서의 학술 연구들이 이제 겨우 알려지기 시작했지만 나는 그것들이 매우 중요하다고 본다. 애스피는 수년 동안 교실에서 인간적인, 사람-중심 특성들이 측정될 만한 결과를 보였는지, 그렇다면 그 결과들은 어떤 것들인지 알아내기 위하여 일련의 학술 연구들을 앞장서서 이끌었다. 그와 그의 동료 중 플로라 로벅(Flora Roebuck)은 그들이 발견한 것에 대한 개괄적인 보고서를 썼다(1974a). 또한 다른 동료들과 함께 그들은 그들이 연구한 것에 대한 전문적인 보고서를 시리즈로 썼다(1974b).

애스피는 먼저 우리가 내담자-중심 치료에서 체계화해 놓은 기본 가설을 취하여 학교 상황에 좀 더 적절하도록 용어들을 약간 새롭게 재정의했다. 공감(E)은 각 학생의 학교 경험에 대한 개인적인 의미를 이해하고자 하는 교사의 시도로 재정의되었다. 긍정적 존중(PR)은 학생들을 사람으로서 존중하는 모습을 보여 주는 교사의 다양한 방법으로 정의되었다. 일치성(C)은 재정의할 필요가 없었다. 그것은 교사가 학생들과의 관계에서 얼마나 진실한가 하는 것이었다.

연구방법은 우선 교실에서의 수업을 녹음한 테이프를 확보하는 것이었다. 평가를 위한 척도들(등급은 낮음에서 높음까지)은 교사의 행동에서 보이는 대로 이 세 가지 중요한 태도의 다양한 정도를 측정할 수 있도록 개발되었다. 공정한 평가자들이 이 세 척도의 측정방법에 따라 각 교사들이 보여 주는 '촉진적인 조건' 들을 평가했다. 여기에서 얻은 점수들을 가지고 학생들의 성취도 검사 점수, 문제해결 능력, 수업에 결석한 횟수, 그 밖의 여러 가지 많은 변인들과의 상관관계를 보았다.

연구자들은 방법론을 결정하고 난 후에 이전에 들어본 적이 없는 방대한 규모로 연구를 실시했다. 그들의 최종 보고에 의하면 그들은 550개의 초·중·고교로부터 거의 3,700시간의 수업을 녹음하여 사용했다! 이 연구는 미국의 여러 지역과 여러 다른 나라에서 실시되었다. 그들은 흑인, 백인, 멕시코계 미국인 교사들과 학생들을 포함시켰다. 이에 비견할 만한 방대한 규모의 연구를 어디서도 찾아볼 수 없다.

다음은 애스피와 그의 동료들의 연구 결과를 내가 요약해 놓은 것이다.

① 교사에 의하여 제공된 촉진적인 조건들과 학생들의 학업 성취는 분명한 상관관계가 있었다. 이 결과는 반복적으로 확인되었다. '높은 등급' 의 교사들(촉진적인 조건에서 높게 나타난 교사들)의 학생들은 학습에서 가장 많이 배운 것으로 나타나는 경향이 있었다. '낮은 등급' 의 교사들의 학생들은 교사들의 결함으로 인하여 학습이 사실상 부진할 수 있다는 것이 발견되었다. 이 발견은 정신이 번쩍나게 하는 것이었다.

② 학습에서 가장 전도성(傳導性)이 있는 상황은 높은 정도의 촉진적인 태도를 보여 주는 교사들이 비슷하게 높은 등급의 교장들에 의해 지지받고 지도받을 때였다. 이러한 조건에서는 학생들이 학교 과목들뿐 아니라 다른 중요한 분야에서도 더 많은 습득을 한 것으로 나타났다.

- 그들은 문제해결 등 더욱 높은 인지 조작을 사용하는 것에 더욱 숙달되었다. (교사가 높은 등급의 긍정적 존중과 배려를 보일 때 이런 결과가 특히 두드러졌다.)
- 그들은 다른 그룹의 학생들보다 더욱 긍정적인 자기 개념을 가지고 있었다.
- 그들은 교실에서 더 많이 주도적으로 행동했다.
- 그들은 더 적은 훈육 문제를 보였다.
- 그들은 더 낮은 결석 비율을 보였다.

한 흥미진진한 연구에서 그들은 심지어 IQ의 향상을 보이기까지 했다. 이 연구에서는 높은 등급의 교사와 함께 한 25명의 1학년 흑인 학생들과 낮은 등급의 교사와 함께 한 25명의 학생들에게 9개월의 간격을 두고 IQ 검사를 실시했다. 첫 번째 그룹의 평균 IQ는 85에서 94로 향상되었다. 두 번째 그룹에서는 84와 84로 전혀 변화가 없었다.

③ 교사들이 인지적 · 경험적 학습 모두를 포함하는 주의 깊게 계획된 집중적인 훈련을 15시간이라도 받는다면 촉진적 조건의 등급에서 향상을 보일 수 있다. 이러한 태도적 조건들의 영향력이 입증된 것을 고려해 볼 때, 이 조건들이 향상될 수 있다는 것을 아는 것은 매우 중요하다.

④ 모든 분야의 교육을 위해 중요한 발견은 교사들이 그들의 훈련자가 높은 등급의 촉진적인 조건들을 보일 때에만 자기들의 태도에서 변화를 보인다는 것이다. 다시 말해, 그러한 태도들은 다른 사람에게서, 경험에 의해서 배우게 된다는 말이다. 그것은 단순히 지적인 학습으로 되는 것이 아니다.

⑤ 높은 등급의 촉진적 조건들을 보이는 교사들은 다음과 같은 다른 특징들도 가지고 있는 경향이 있다.

- 그들은 낮은 등급의 교사들보다 더욱 긍정적인 자기 개념을 가지고 있다.
- 그들은 학생들에게 더 많은 자기 개방을 한다.
- 그들은 학생들의 감정에 더 많이 반응한다.
- 그들은 더 많이 칭찬한다.
- 그들은 학생들의 아이디어에 더 많이 반응한다.
- 그들은 덜 자주 훈계한다.

⑥ 학급이 위치한 지역이나 교사의 인종이나 학생들의 인종적 비율은 이러한 결과에 영향을 미치지 않았다. 흑인, 백인, 멕시코계 교사들; 흑인, 백인, 멕시코계 학생들; 또는 북부, 남부, 버진 아일랜드, 영국, 캐나다, 이스라엘에서의 학습들 모두 결과가 본질적으로 똑같았다.

애스피와 로벅(1974a)은 산더미 같은 자료들을 분석한 후에 다음과 같은 결론을 내렸다.

결과들은 대체로 우리가 애초에 발견한 결과들을 지지해 준다. 다만 우리는 그것들을 매우 확실하게 증명할 수 있었다. 즉, 조건들(반영, 긍정적 존중, 일치성)은 학생들의 긍정적 성장과 유의미한 긍정적 상관관계가 있었다. 게다가 그 조건들은 규율 문제와 학교에 대한 부정적 태도 등의 학생 문제와 유의미한 부정적 상관관계가 있었다.

내가 보기에 이 연구들은 교실 안에서의 심리적인 분위기가 더 많이 사람-중심일수록 더 많은 생생하고 창의적인 학습이 촉진된다는 증거를 제공해 준다. 이 진술은 초등학교와 중 · 고등학교 모두에 적용된다. 대학은 어떤지 조사해 보아야 하겠지만, 결과가 매우 다를 것이라고 추정할 만한 이유는 없다.

그러므로 이상의 내용으로 보아 내가 믿었던 대로 사람-중심 교육은 정의를 내릴 수 있으며 효과적이라는 것이 명백해졌다고 믿는다.

학술 연구에서 강조해야 할 것

나는 이 새로운 형태의 촉진적 학습의 미래를 예견할 수 있을 정도로 대담하지는 않다. 다만 그 미래는 그것이 암시하고 있는 것으로 보아 다면적이고 흥미진진하며 논란이 많고 혁명적이 될 것이라고 말할 수 있을 뿐이다. 그러나 나는 그 미래와 관련하여 두 가지 소망을 표현하고 싶다.

첫째는 이 변화된 학습방법의 의미에 대하여 더 많이 배우기 위해 필요한 학술 연구와 관련된 것이다. 내가 자발적인 경험적 학습의 결과에 대한 평가를 우선적으로 강조한다면 커다란 실수가 될 것이라고 믿는다. 그래서 나는 심리치료에 관한 연구에서 내가 직접 경험한 것을 이야기하도록 하겠다.

사람-중심 치료자는 오늘날의 혁신적인 교육자들처럼 심리치료에 대한 우리의 접근법이 효과가 있다는 것을 증명하라는 압력을 받고 있었다. 우리는 결과를 평가하기 위하여 점차 더 많은 복잡한 연구를 수행했다. 그러나 결과의 평가가 학술 연구의 유일한 목적이 되자, 그 효과의 증거가 긍정적이었어도 결과들은 늘 실망스러웠다. 예측할 수 있었던 대로 어떤 내담자들은 다른 내담자들보다 더 성공적이었고, 어떤 치료자들은 다른 치료자들보다 더 유능했다는 것을 발견했다. 그러나 평가 연구는 '발견적' 이지 않았고 우리를 좀 더 앞으로 이끌어 주지 않았다. 그것들은 치료를 발전시키거나 그 과정을 이해하기 위해 우리가 알아야 할 필요가 있는 요소들에 대한 단서를 거의 제공하지 않았다. 우리가 'if-then' 의 가설을 다양하게 세웠을 경우에만, 만일(if) 관계 가운데 어떤 요소들이 있다면 그럴 때(then) 어떤 건설적인 변화가 일어난다는 것을 우리는 분별하기 시작한다. 만일 다른 요소들이 있다면 행동의 악화 또는 분열로 인도하는 변화가 일어날 수 있다.

이런 이유 때문에 내가 애스피의 연구를 길게 설명했던 것이다. 나는 개인적으로 학술 연구가 이러한 일반적인 방향으로 나가기를 바란다. 잘 만들어진 'if-then' 이론으로 시작해서 애스피는 선행 조건인 태도적 요소들과 매우 다양한 결과적 변인들 사이의 관계를 탐구했다. 그리하여 그 결과를 통해서 그는 학습에 긍정적인 영향을 미치는 요소들과 부정적인 영향을 미치는 요소들을 지적할 수 있었다. 결국 최종 결과는 학습의 평가뿐 아니라 교사들을 훈련시킬 때 강조되어야 할 세부적인 것들을 정확하게 지적하는 것이 되었다.

그러므로 나는 혁신적인 교육에 관한 연구를 할 때 평가 연구는 두 번째로 미루고, 그러한 교육에서 선행 조건과 효율성 또는 비효율성 간의 관계를 더 깊이 이해할 수 있게 해 주는, 이론에 근거한 가설을 우선적으로 강조할 수 있기를 바란다.

내면 공간의 탐구

지금까지는 내가 맞든 틀리든 내가 하는 이야기에 대해서 매우 안정감을 느끼고 있었다. 그러나 이제 두 번째 소망을 이야기하려고 하니 조금은 떨린다. 그 소망은 내 마음속에 그리 분명하게 정리되지 않았고 그 윤곽이 그리 뚜렷하지 않다.

내가 믿기로 학습에서 차후의 위대한 새 분야, 즉 앞으로 우리가 흥미진진한 새로운 가능성을 탐구할 영역은 그동안 완고한 연구자들이 거의 언급한 적이 없는 영역이다. 그것은 직관, 심령 등 우리 앞에 어렴풋이 나타난 광대한 내면의 공간이다. 나는 혁신적인 교육이 이러한 주로 비인지적인 영역, 즉 현재는 비논리적이고 비이성적인 것처럼 보이는 영역 안에서의 학습으로 진행될 수 있기를 바란다.

거의 한계가 없어 보이고 그동안 우리가 알기에 거의 완전히 과학 분야 밖에 있는 것으로 분류되는 심령 안에 능력과 가능성이 있다는 것을 보여 주는 증거들이 점점 더 늘어나고 있다. 우리가 이 사실을 부인하기란 어렵다. 예를 들어, 따뜻한 물탱크 안에서 시각, 청각, 촉각, 미각, 후각에 거의 아무런 자극이 없이 무중력 상태로 떠 있는 사람은 아무런 경험도 하지 않을 것이라고 생각한다. 그러나 사실은 어떨까? 그런 사람에게는 알 수 없는 원천인 내면의 자극에서 비롯된 많은 심상, 환각, 환청, 온갖 종류의 괴이하고 때로는 두려운 경험이 쏟아진다. 이것은 무엇을 의미하는가? 우리의 내면세계는 외부의 자극을 닫아 버리지 않는 한 알 수 없는 무슨 일을 계속해서 꾸미고 있는 것처럼 보인다.

혹은 또 다른 질문, 탐구해 볼 만한 또 다른 양상이 있다. 몸 전체, 즉 유기체 전체가 마음이 알지 못하는 무엇인가를 배우는 것이 가능한가, 아니면 차후에 가서야 배우는가? 아프리카의 마사이족이나 그 밖의 원시 부족 사람들 사이에서 텔레파시로 의사소통을 했다는 것을 증명하는 보고서에 대해서는 어떻게 생각하는가? 우리 서구 문화가 그들이 알고 있는 무언가를 잊어버려 온 것은 아닐까? 우리가 세계의 맥박에 조율되면 그들이 알고 있는 것처럼 보여지는 것들을 우리도 알 수 있을까? 워터(Water, 1942)의 고전적인 소설, 『사슴을 죽인 남자(The Man Who Killed the Deer)』는 주목하지 않을 수 없는 허구로서 그러한 능력에 대한 사실에 가까운 묘사가 들어 있다. 내 생각에 우리는 우리의 직관력, 우리의 전 유기체로 감지하는 우리의 역량에 대해서 좀 더 배울 필요가 있다.

나의 한 친구는 심령적 꿈에 관한 책을 쓰고 있다. 그는 그러한 꿈을 많이 수집하여 연구해 왔다. '심령적 꿈' 은 미리 알고 있지 못한 상태에서 멀리 떨어진 곳에서 실제로 일어난 사건에 관해 꾼 꿈, 또는 예지적인 꿈으로서 실제 일어날 일을 예언해 주는 꿈이라고 정의된다. 예를 들어, 내가 아는 한 여인은 자신의 친척이 외국의 병상에서 거의 죽어가는 꿈 또는 환상을 보았다. 전화 한 통이 그것이 맞았다는 것을 확인해 주었다. 꿈은 사실과 일치했다. 내가 아는 또 다른 사람은 위자 보드(점이나 심령 체험에 사용되는 판-역자 주)를 통해서 '곧 죽을 것' 이라는 메시지를 받았다. 누가 죽을지는 분명하지 않았지만 죽음이 예상되는 날짜는 주어졌다. 그 날짜에서 이틀 이내에 그녀의 오빠가 자동차 사고로 죽었다.

나는 많은 사람들이 그런 꿈이나 예지를 경험하면서도 매우 자동적으로 일반 의식 밖으로 밀어내 버리고 있다고 믿는다. 그러나 우리가, 또는 우리 중 몇 사람이라도 거의 인정받지 못하고 있는 능력이나 역량을 가지고 있다면 그 분야는 중요한 학습 분야가 되어야만 한다.

이러한 얘기를 더 이상 진행하지는 않겠다. 이 모든 직관적이고 심령적인 세계가 사려 깊고 진지한 연구자들에 의해 열리고 있는 중이다. 그러한 두 개의 예는 프랜시스 클라크(Fransis Clark, 1973)의 직관에 대한 학구적인 고찰과 그로프(Grof, 1975) 박사의 LSD에 의한 기이하고 자극적인 내면의 경험에 대한 주의 깊은 연구다. 개인의 내적 경험들은 우주 공간의 굉장한 은하수와 '블랙홀' 처럼 광활하고 신비한 탐구 영역이다. 나는 다만 개혁적인 교육자들과 학습자들이 용기, 창의성 및 기술을 가지고 내면 공간의 세계에 들어가서 배우기를 바라는 나의 소망을 이야기하고 있을 뿐이다.

결론

나는 우리가 대면하고 있고 또 대면하게 될 새로운 주제, 즉 혁신적인 교육에 대해 간단히 살펴보려고 노력했다. 왜냐하면 그것이 점차 그 역량을 발휘하게 되면서 주요한 사회 동향이 되고 있기 때문이다. 나는 이 새로운 사람-중심 학습 접근법을 내가 이해한 대로 정의하였고 전통적인 접근법과 대조했다. 혁신적인 교육이 성장해 감에 따라 혁신적인 교육자가 주의를 기울이고 있고 또 앞으로 주의를 기울여야 할 몇몇 교육방법들을 간략히 설명하였다.

이들 새로운 개혁에 의해 기존의 기관들이 만나게 될 정치적 위협에 대해서는 그리 자주 논의되지 않고 있다. 여기서 나는 혁신적인 교육자들이 기존의 세력에게 미치게 될 크나큰 위협을 강조하였다.

나는 너무도 적게 알려진 몇 가지 학술 연구의 결과들을 제시하였으며, 계속되는 연구에서는 평가 연구에 국한시키지 말고 'if-then' 성격의 관계 연구를 부지런히 할 수 있기를 바란다는 나의 소망을 표현하였다.

마지막으로 나는 차후의 위대한 학습 개척지는 서구 문화에서는 거의 인정받지 못하고 있는 몇몇 잠재력들, 즉 우리의 직관과 심령의 능력에 관계된 분야일 수 있으리라는 추측을 해 보았다.

♣ 참고문헌

Aspy, D. N., & Roebuck, F. N. (1974a). From humane ideas to humane technology and back again many times. *Education,* Winter, *95*(2), 163-171.

Aspy, D. N., Roebuck, F. N., et al. (1974b). *Interim reports 1, 2, 3, 4.* Monroe, Louisiana: National Consortium for Humanizing Education.

Clark, F. V. (1973). Exploring intuition: Prospects and possibilities. *Journal of Transpersonal Psychology, 5*(2), 156-170.

Grof, S. (1975). *Realms of the human unconscious: Observations from LSD research.* New York: Viking Press.

Waters, F. (1942). *The man who killed the deer.* Chicago: Sage Books, The Swallow Press.

제14장 대그룹 안에서의 학습: 미래를 위한 대책*

이 장에서 설명한 경험들은 내가 결코 잊을 수 없는 것들이다. 인간연구센터의 다섯 멤버들로 구성된 우리 팀은 1977년 1월, 대그룹 워크숍 시리즈를 개최하기 위해 브라질에 갔다. 우리는 다 함께 서로에게 지지그룹이 되어 800명이나 되는 청중들과 함께 하는 무모한 짓처럼 보이는 일을 했다.

그 일이 있은 직후 우리 중 네 사람이 흥미진진했던 우리의 모험에 대한 이야기를 썼다. 이 장의 끝 부분 '미래의 교육을 위한 대책'은 내가 1977년 8월 서구 문화가 채택한 일반적인 교육 방향에 대한 최근의 몇 가지 우려되는 글을 읽으며 혼자만의 시간을 보낸 후에 쓴 것이다.

나는 이 장이 우리가 매우 큰 규모의 그룹과 그룹 자체의 지혜를 신뢰함으로써 전문가로서의 명성에 금이 갈 위험을 무릅쓰기까지 하며 경험했던 일종의 줄타기와 같은 흥미진진함을 독자들에게 전달할 수 있기만을 바란다.

---

* 마리아 보웬(Maria Bowen, Ph.D.), 모린 밀러(Maureen Miller, Ph.D.), 칼 로저스(Carl R. Rogers Ph.D.) 및 존 우드(John K. Wood, Ph.D.)에 의해 쓰였다.

시클로스에 대하여

우리 팀은 시클로스(CICLOS)라는 세 번의 대규모 그룹 워크숍을 헤시피, 상파울루 그리고 리우데자네이루에서 인도했다. 이들 매우 큰 그룹의 영향은 매우 깊었다. 우리는 그것들이 단기적인 영향력뿐 아니라 장기적인 가능성에서도 매우 중요하다고 느꼈다. 이들 그룹에서 배운 것들은 미래를 위해서 상당한 중요성을 가질 수 있는 것들이며, 교육이 어떻게 되어야 하는지에 대해서 우리가 장기적인 목표를 세우도록 도와줄 수 있는 것들이다.

이 이틀에 걸친 시클로스 또는 집회는 우리가 브라질에 갔던 주요 목적은 아니었지만 우리에게 가장 흥미진진한 새로운 배움을 제공해 주었다. 두 차례 모두 대부분 전문가들이고 서로 다른 기관들 또는 이익단체들을 대표하는 헌신된 사람들로 구성된 지방위원회에 의해서 편성되었다. 이틀간에 걸친 12시간의 시클로스(두 번의 오후 모임과 두 번의 저녁 모임)에 참가비를 내고 (종종 면제됨) 등록할 사람들을 많이 모집하는 것을 목표로 했는데, 반응이 매우 좋아서 청중들의 수는 각 도시에서 거의 같았다. 한 번의 오후 모임에서는 사람들이 500명밖에 없었는데, 저녁 모임에는 600～800명까지 참석하기도 했다. 만나는 장소는 소그룹 모임을 할 수 있는 방의 수에 따라, 강의실 자체가 공식적인지 비공식적인지에 따라 달라졌다.

청중들은 매우 다양했다. 초등학교 교사들에서 대학 교수에 이르기까지 교육자들이 많았고, 상담가들, 심리학자들, 정신과의사들, 학생들, 주부들, 그리고 다른 직업을 가진 사람들도 있었다. 연령은 25～70세에 걸쳐 있었다. 그러나 겉으로 보아 참석자들은 대체로 중산층 같았다. 사분의 삼 정도는 여자였다. 브라질에서는 여전히 사회과학과 인간 문제가 대체로 여자들의 관심사로 여겨지는 듯했다.

시클로스의 내용

우리는 우리 마음대로 사용할 수 있는 다양한 자료들을 가지고 있었다. 가장 영향력이 있었던 것은 기록영화 〈오 젠떼(Ô Gente)〉로, 동북부 브라질의 매우 가난한 농부들의 이야기였다. 가뭄으로 인한 대혼란에 대처하기 위하여 그들은 사람-중심 공동체라고 불릴 만한 공동체를 만들기 시작했다. 그들은 자발적인 그룹이었으며 모든 사람이 힘을 나누어 가졌다. "우리는 아무도 명령하지 않으며 아무도 다스리지 않습니다. 우리가 모두 명령하며 우리가 모두 다스립니다." 그들은 '항상 토론을 하는데 합의에 이를 때까지 토론' 하여 의사결정을 한다. 문제가 있는 사람을 위해서 그들은 듣는 기술을 발전시켰다. 그들은 지지그룹의 가치를 알고 있었다. "동료가 있으면 더욱 용기가 생기지 않습니까? …… 우리는 더 이상 혼자가 아니고 …… 많은 사람이 함께 있다는 것을 압니다." 이것이 우리의 생각과 너무 비슷해서 놀랐다. 브라질 안에서 자라난 사람-중심 공동체의 예가 있다는 것은 매우 소중했다. 그것은 우리가 하고 있던 일의 '외국' 냄새를 없애 버렸다.

청중들 중 많은 사람들이 '단지 칼 로저스의 말을 들으러' 왔지만, 매우 성공적이었던 그의 강연은 이 영화에 대한 것으로서 이 영화가 얼마나 많은 사람-중심적인 원리들을 조명하고 예시하였는지를 보여 주는 짧고 다소 시적인 것이었다. 존도 영화에 대해서 명상적인 설명을 했다. 그 외에 칼은 헤시피에서 두 번, 그리고 리오에서 한 번 짧은 강연을 했다. 비록 강연 후의 질문들은 활기차고 세련되기는 했지만 칼의 강연은 청중들에게는 대체로 실망스러운 것이었는데, 그들이 자발적으로 주고받은 대화의 생생함과 칼의 강의가 너무 대조적이었기 때문이다.

마리아(포르투갈어를 할 줄 아는)는 두 번 '무대 위' 에서 엔카운터 그룹의 시범 그룹을 인도하였는데, 이 그룹들은 매우 가치 있고 흥미로운 것이었으며, 자기표현과 공감적 경청 그리고 결국 대그룹의 한 부분이 된 촉진의 본을 보여 주었던 것에 의심의 여지가 없다.

스태프는 그룹에게 여러 번 특별한 주제를 제공했다. 그들이 탐구하였던 주제들은 여성 그룹, 남성 그룹, 교육에 관한 그룹, 심리치료, 공동체의 발달, 동성애, 성치료, 그룹 과정, 의식의 진화 등이었다.

우리는 모든 청중들이 함께 모여 큰 원을 만들고 아무 의제도 없이 그저 우리 모두가 공동으로 다루고 싶은 얘기들을 하면서 가장 많은 시간을 보냈다. 우리가 가장 많이 배운 곳은 바로 이곳이었다.

대그룹 과정

혼란스러운 시작

모든 사람에게 가장 힘든 시간은 더듬거리며 혼란스러워 하며 매우 감정적이 되는 첫 시간, 즉 처음 대그룹 회기를 갖는 때다. 800명의 사람들이 10열 또는 15열을 만들어서 거대한 원을 이루고, 의자나 마룻바닥에 앉아 있는 모습을 상상해 볼 수 있겠는가? 미국에서 온 우리 다섯 명이 그랬던 것처럼 당신이 그 군중 사이 아무데나 있다고 생각해 보라. 우리 중 세 명은 마구 쏟아내는 포르투갈 말을 알아들을 수 있도록 도와주는 통역을 옆에 데리고 있었다. 네 사람은 긴 줄이 달린 마이크를 가지고 트인 장소에 서서 이야기하고 싶어 하는 각 사람에게 마이크를 건네 주었다. 이러한 회기들 중 하나를 거의 녹취록처럼 만들어서 출판한 사람이 있는데, 그의 말을 인용해 보면 아마도 이 첫 모임에서의 혼란과 서로가 전혀 연결되지 않는 모습을 볼 수 있을 것이다. 다음은 그가 설명한 것의 일부분이다.

> 긴장이 고조되기 시작했다. 분위기가 달아올랐다. 로저스는 아무 말 없이 마음을 가다듬고 있었다. 많은 사람들이 마이크를 잡고 그에게 강의해 줄 것을 요청했다. 그는 반응이 없었다.

한 여성이 말했다. "나는 로저스의 말을 들으려고 왔지 답변이 없는 질문을 들으려고 온 것이 아니에요. 우리 모두 그냥 가 버립시다."

또 다른 여성: "내 말 좀 들어보세요. 나는 받으려고만 온 것이 아니라 주기 위해서 여기 왔어요. 나는 여기서 무언가를 주고 싶어요."

젊은 남성: "여러분, 이것은 강의가 아니에요. 이것은 경험을 하는 거예요. 나는 우리가 함께 무언가를 해야 한다고 생각해요."

청중들 뒤에 멀리 있는 남성: "늘 이런 식이라니까요. 모든 사람이 누군가 와서 무엇을 할 지 이야기해 주기를 기대하지요. 우리는 항상 이미 만들어져 포장된 지식을 얻기를 갈망합니다. 나는 우리가 자신으로 되돌아가서 자신을 들여다보고 무엇을 하기를 원하는지에 대해 답을 찾아야 한다고 생각합니다."

여성: "우리는 무언가를 해야만 합니다. 우리가 솔선해서 해야 해요. 불안이 우리를 덮치고 우리를 이끌게 하는 대신에 불안감을 극복해야 됩니다. 해답이 필요한 것이 아니라 무언가를 해야 할 필요가 있어요.

청중은 안절부절못했고 흥분하고 긴장되어 있었으며 말없이 무언가 기대하고 있었다.

여성: "알았어요! 우리 모두가 아는 노래를 부릅시다." 웃음과 반발.

다른 사람들이 "우리는 돈을 지불했다."라며 다시 한 번 로저스에게 강의해 주기를 큰 소리로 요청했다.

한 남성이 작업 그룹을 조직할 것을 제안했다. 다른 사람들은 스케줄을 짜자고 했다.

그러자 한 여성이 그 도시에서 다른 여성들과 그룹을 만들어 함께 나누고 있는 공동체 경험에 대해 이야기했다. 그 그룹은 한 주에 한 번씩 만나고 있었다. "우리는 인생과 우리의 불안을 얘기해요. 가정부와 아이들에 대한 잡담이나 나누는 것이 아니랍니다." 이해한다는 듯한 웃음소리.

로저스가 말했다. "무슨 일이 일어나고 있는지 나는 확신이 없습니다. 그렇지만 내가 확실히 아는 것은 그룹은 그들이 자유롭고 자율적이라는 것을 깨닫게 될 때에 엄청난 힘과 능력을 갖게 된다는 것입니다. 누군가 혼란이라는 말씀을 하셨는데 나는 이런 종류의 혼란에 익숙합니다. 그렇지만 나는 **그룹이 자율적이 되면** 그런 힘이 이곳에 있는 우리 모두에게서 나와 드러나게 될 것이라고 믿습니다.

방 안에 완전한 침묵이 흘렀다. 더욱 많은 기대감.

몇몇 사람이 소그룹을 제안했다. 어떤 사람들은 분명한 구조를 원했다. 또 어떤 사람들은 그룹을 조직하고 각 그룹에 스태프 한 명씩 두자고 주장했다. 청중은 둘로 갈라져서 일부는 로저스에게 소리를 지르고, 다른 사람들은 좀 더 구조를 만들자고 외쳤다.

그때 침착한 한 젊은 여자가 일어나서 모든 사람에게 말했다. "나는 지금 현재 여기서 일어나는 일을 통해 **배우는** 것이 가능하다고 믿습니다. 우리는 여기서 무슨 일이 일어나고 있는지 깨닫지 못하고 있는 것 같아요. 어떤 분들은 지도자나 지휘자를 원한다고 하시는군요. 나는 그런 분들이 로저스가 촉진자라고 부르는 사람들과 함께 할 때 제 기능을 더욱 잘하게 될 거라고 생각합니다. 그러나 우리는 지금 현재 일어나고 있는 일을 통해서 많은 것을 배울 수 있어요. 여러분 중에 자신이 로저리안이라고 하는 사람들도 있을 텐데 **경험을 통해 배우는 것**에 대해 화가 난 것 같군요."

모임이 끝나 갈 무렵, 로저스는 일어나서 말했다. "이 회기의 결과가 어떻게 될지 나는 모릅니다. 그러나 무슨 일이 일어날지라도 나는 그 결과에 대해 **열려 있다**는 것을 여러분들이 알기를 바랍니다. 나는 우리가 지금 여기서 일어나고 있는 일로부터 많은 것을 배울 수 있다고 말씀하신 여성 분이 매우 가깝게 느껴집니다."

그룹 발달의 패턴

우리에게나 다른 사람들에게나 이렇게 혼란스러운 시작은 가장 이해하기 어렵고 견디기 어려운 일이기 때문에, 아마도 시클로스의 초기 대그룹 모임들 가운데서 보았던 몇 가지 공통적인 요소들을 지적해 보는 것이 좋을 것 같다. 이런 현상은 그룹이 자기 자신의 힘을 어떻게 사용해야 하는지 배우기 시작할 때 일어나는 것 같다.

- 리더십에 대한 요구가 있다. 즉, 누군가 지도해 주기를 요구한다.
- 이미 만들어져서 '포장된 지식', 도움, 충고, 해답 등 무언가를 가지고 돌아가기를 바란다.

- 구조, 스케줄, 강제적인 지시를 요구한다.
- 기대가 채워지지 않은 데 대한 좌절감, 분노, 실망을 경험하는 것과 더불어 자유로운 분위기 가운데 그것들이 표현된다. 지도자들은 해답을 주지 않는다!
- 말들이 전혀 연결성이 없다. 다른 사람의 말에 주의를 기울이거나 듣지 않고 각각 따로 논다.
- 알지 못하는 상태와 그것으로 인한 불안에 머무르려 하기보다는 무엇이라도 하려고 한다.
- 모든 일을 처리할 수 있는 빠른 해결책을 바란다.
- 대그룹을 소그룹으로 나누는 등 특정한 일을 선택하려고 의식적으로 노력할 때 오히려 기능이 마비된다. 그룹은 나중에 가서야 분명하고 의식적인 선택을 거의 하지 못한 채, 유기적으로 맥 빠지고 있다는 것을 깨닫는다.
- 결과를 알 수 없는 유동적인 과정의 일부분이 된 것에 대한 흥분이 있다. (바로 이런 이유 때문에 최고의 강연이라도 이에 비교해 보면 그 빛이 바래 보이는 것이다.)
- 참여하고자 하고 주고자 하고 스스로 주도하기를 원하게 된다.
- 중요한 경험을 나누기 시작하게 된다.
- 상황의 해결은 그룹의 힘에 달려 있다는 것을 인식하게 되며, 각 사람이 자발적으로 기능하는 것을 통하여 이를 증명한다.

과정의 중간 부분은 작업 단계라고 부를 수 있다. 물론 명확히 구분할 수는 없지만 이 단계에서는 사람들이 그룹 회기에서 자기 자신과 그룹에 대한 감정, 즉 자신의 개인적인 문제와 관심사들을 좀 더 많이 표현하기 시작한다. 그룹 편에서도 기꺼이 듣고 경청하기 시작한다. 말하는 사람은 매우 개인적인 것을 이야기하는데도 자신도 모르게 듣고 있는 많은 사람들을 대신하여 이야기하게 된다. 그리하여 말하는 기회를 가질 수 있는 사람은 소수이지만 많은 사람들이 다른 사람이 말한 것을 통해 자기 자신의 문제를 발견하고 위로와 도움을 얻게 된다. 너무도 많은 감정과 경험을 공유하고 있다는 인식이 형성되어 가고 있는 공동체적 느낌의 기초가 된다.

과정의 마지막 단계에서는 필요하다면 전체 그룹이 한 사람에게 집중할 수 있게 된다. '우리는 함께 있다.' 는 느낌이 생긴다. 개개인들은 다시 결혼생활, 일자리, 동료들, 학생들에게 돌아가게 될 때 그들이 새롭게 배운 것을 어떻게 다룰지 이야기하기 시작한다. 800명의 군중들 중 몇몇은 회의적이고 몇몇은 진행되고 있는 것에 공개적으로 반대하였지만, 대부분은 협조적인 공동체로 끈끈한 결속을 이루게 되었다. 그러나 개인들은 자기 자신의 힘을 경험했다. 그들은 의사결정의 성공적인 과정을 향하여 힘써 나아갔다. 그들은 함께 있다고 느낀다.

대그룹에서의 스태프의 기능과 역동

참여자로서의 스태프

처음 시작할 때는 청중의 기대와 그들이 실제로 경험하고 있는 것 사이에 엄청난 불일치가 있었다. 그들은 미국에서 온 이 '저명한 심리학자' 와 그의 '스태프' 가 그들에게 권위 있는 새로운 지식, 새로운 이론을 제시하고 그들의 딜레마에 대한 해답을 줄 것이라는 기대를 하고 있었다. 그러나 실제로 매우 인간다운 다섯 명의 사람들은 해답을 주기는커녕 단지 짧은 강연을 했을 뿐이고, 열정적인 것과는 거리가 먼 상황을 만들었으며, 그들의 전문적인 지식이라는 것은 이상하고 형태가 없어 보이는 과정을 촉진하는 형태로 제공되는 등 더 많은 의문을 만들어 내었다. 기대감의 양탄자는 참석자의 발 밑에서 빠져나갔으며 우리는 복잡한 과정 안에 함께 있었다. 한 신문의 헤드라인은 이런 상황을 다음과 같이 요약했다. '심리학자들, 소동을 일으키다—그들은 말이 별로 없었다.'

그러나 감정들을 터트리는 가운데 일종의 '농축된 에너지'가 생겨나고, 전체 그룹은 지도자의 한마디에 매달리는 수동적인 태도에서 그들 자신의 창조적인 에너지와 그들 자신의 힘을 경험하는 모습으로 움직였다. 혼란스러운 시작으로부터 질서가 발달했다. 감정의 표현과 수용의 에너지는 제 길을 찾아가고 있었다.

스태프는 비록 그룹의 진행에 권위적인 힘을 행사하지는 않았지만, 그럼에도 불구하고 일관성 있고 명확한 태도로 그룹에 기여했다. 미심쩍어하고 적대적이며 심지어 혼란스러웠던 기간 동안, 스태프 구성원들은 주의 깊게 경청하고 누군가 이야기할 때 그 사람에게 집중하며 아무도 그에게 반응해 주지 않으면 반드시 반응을 보여 주었던 것이 분명했다.

예를 들어, 처음 시작한 회기에서 한 여자가 스태프에게 매우 격렬한 비난을 퍼부었다. 그러자 다른 사람들이 그녀를 비난했다. 그 순간 존이 마이크를 잡더니 이렇게 말했다. "소냐, 나는 변명을 하거나 대답할 말이 없어요. 그렇지만 당신을 무시하는 것은 아닙니다. 나는 당신이 실망했다는 말을 잘 들었고 그것은 내게 중요해요. 그리고 당신이 화가 났다는 말도 들었고 잘 이해했습니다." 소냐의 호전적인 태도가 눈에 띄게 부드러워졌다. 그녀는 자신의 말이 들려졌다고 느꼈고, 자신이 사람으로서 존중받았다고 느꼈다.

그러한 태도를 보임으로써 스태프가 하려고 했던 일은 그런 일이 일어날 때 실제로 일어나고 있는 일에 전체 공동체의 주의를 집중시키도록 돕는 것이었다. 단순한 관찰이 그룹을 체계화하는 데 강력한 영향을 미친다. 혼란의 한가운데서, "몇 분 동안 여러 사람들이 말하는 것을 봤는데 아무도 반응해 주지 않는군요." 또는 "지금 나는 짜증이 나고 다른 사람들도 그런 것 같다고 느껴지는데 이 일을 어떻게 해야 할지 모르겠어요."와 같은 말은 모두 현재에 주의를 기울이도록 도와준다. 우리는 세부적인 것과 분명하게 보이는 것에 주목한다. 우리는 마치 그룹에게 다면 거울을 비춰 주며, "자, 보세요. 우리가 지금 이런 모습입니다."라고 말해 주는 것과 같다. 해결책을 주는 것은 필요하지 않다. 그룹의 지혜가 다루어 나갈 것이다.

우리는 또한 작은 목소리들, 다른 의견들, 머뭇거리고 있는 감정들도 듣는다. 그렇게 해서 800명의 사람들에게 그들 각자가 개개인의 말이 들려질 만한 가치가 있는 사람이라는 것을 전해 준다. 각 사람은 자기 자신의 가치를 확인받는다. 이는 많은 사람들을 흥분하게 하는 새로운 깨달음이다. 전체 공동체가 개인과 그룹 모두의 현재 상황의 전체성에 주의를 집중시킬 때, 그룹이 아무리 체계가 잡히지 않은 것처럼 보일지라도 이제 인식하게 된 정보를 기초로 하여 어떻게든 다음 단계를 만들어 낸다.

우리가 하는 일에 영향을 주어 왔던 우리가 지닌 또 하나의 태도가 있는데, 그것은 우리가 개인이나 그룹의 결과에 우선순위를 두지 않는다는 것이다. 우리는 근본적으로 전혀 통제력을 행사하지 않으면서 어떤 과정을 촉진하는 데 초점을 두었다. ('창조적으로 투자했다' 고 하는 것이 더 나은 표현이리라.) 우리는 경험을 통해서 이 과정 안에서 대체로 어떤 종류의 결과를 기대할 수 있는지 알지만, 동시에 우리가 결코 예측할 수 없는 결과가 나오리라는 것도 알고 있다. 이런 결과들은 참석자 개인의 변화, 전체 그룹의 변화 그리고 우리 자신들의 변화에 기인할 수 있다. 이 모든 것을 다른 식으로 말해 보자면, 스태프들에게는 생명을 입증해 주는 과정의 결과다라고 하겠다.

우리가 한 모든 일 가운데 우리의 철학이 들어 있었다. 촉진적인 분위기 안에서 사람들은 신뢰를 받을 수 있다. 사람들이 있는 모습 그대로를 신뢰받는 그룹의 과정을 시작한다면 가치 있는 결과들이 나타날 것이다. 이 철학은 신뢰하는 태도로 표현되었다. 스태프 멤버들은 자기 자신에게 그리고 서로에게 신뢰의 태도를 가지고 있었다. 이러한 태도는 청중들과의 관계에서도 분명하게 나타났다. 신뢰의 태도는 설교된 것이 아니라 깊은 수준으로 경험되었다. 우리는 그룹이 스스로 생명력을 가지고 과정을 이끌어 가리라고 믿었지만, 그렇다고 진행 과정 중에 우리가 수동적인 태도를 취한 것은 아니었다. 개인 그리고 팀으로서 우리는 우리 자신의 힘을 인식하며 각자 자신의 방법으로 과정에 개입함으로써 힘을 사용하기를 선택한다. 우리는 결과를 통제하려고 시도하면서 참여하는 것이 아니라 생각들, 감정들, 예감들, 가치들을 가진 전인으로서 순간마다 적극적으로 반응하면서 참여한다. 우리는 사람으로서 아주 많이 그들과 함께 존재한다.

회기가 시작될 때 우리에게 매우 난처한 순간들이 가끔 있었다. 우리는 때로 우리가 혼란스럽고 실망하고 화가 난 약 800명이나 되는 그룹의 표적이 되어 있다는 것을 발견하곤 했다. 한 스태프가 시클로스와 함께 10시간 이상을 보낸 후에 다음과 같은 저널을 썼는데, 여기에 우리의 어려움과 그룹 과정을 촉진했던 것에 대한 보답이 생생하게 그려져 있다.

지금 이 마지막 회기에서도 나의 감정은 늘 그렇듯 오르락내리락 하는 롤러코스터를 탄다. 내 마음은 공동체 모임에서 우리가 보냈던 시간 그리고 그 밀물과 썰물로 되돌아간다. 혼란, 유머, 지적인 토론, 설교, 감정의 폭발, 조심스럽게 다가감, 눈물, 지루함, 두려움, 인간의 경험이 부글부글 끓는 가마솥 등등.

그러나 지금은 고요한 연결의 느낌과 확신의 느낌이 깊은 내면에 있다. 우리는 함께 숨쉬고 있으며 이곳에는 질서가 있다. 그것은 규칙과 경직된 질서가 아니라 살아 있는 체계의 역동적인 조직에 좀 더 가까운 질서다. 공동체는 그 자신의 조직뿐 아니라 그 자신의 힘과 부드러움을 발견해 왔다. 나는 더 이상 두려워하지 않는다. 사람들은 서로 경청해 주고 반응해 주고 함께 침묵하는 시간을 갖는다.

되돌아보건대, 내가 초기의 두려움으로 비롯된 충동, 즉 **과정을 통제하려는 충동**대로 행동하지 않은 것이 얼마나 다행인지 깨닫는다. 한때는 너무 불안해서 모든 것을 중단하고 나 자신의 **어떤 구조를 따르라**고 말하고 싶은 마음이 간절했다. 나는 모든 것을 바꾸어 약간의 잘 조직된 대화를 하고 싶었다! 군중에게서 스태프가 무책임하다는 비난이 빗발칠 때 나는 죄책감을 느꼈다. 그렇지만 내가 막 포기하려고 할 때마다 항상 누군가 어떤 말을 해서 나로 하여금 그룹의 지혜와 그 자체의 과정과 접촉하도록 되돌려 놓곤 했다.

이제는 헤어져야 할 시간이다. 이자벨은 이렇게 말한다. "나는 이제까지는 아무 말도 하지 않았지만 나의 기쁨을 표현해야만 하겠어요. 당신들이 여는 좀 더 긴 워크숍에 갈 수는 없지만 난 괜찮아요. 보다시피 나는 이미 내가 꿈꾸었던 것보다 더 많이 갖게 되었어요. 내가 여기 왔을 때는 고통과 몸부림 가운데 혼자 남은 것 같았고 어쩔 줄을 몰랐지요. 우리나라의 빈곤, 세상의 정치적인 현실, 나의 결혼생활, 나의 가족, 나의 직업으로 인한 어려움 등 모든 것이 내게는 너무 버거웠어요. 나 혼자서는 할 수 없었고 …… 지금도 혼자 힘으로는 감당할 수 없다는 것을 알아요. 저서를 통해 자신을 표현한 칼 로저스를 비롯해서 내가 하는 말에 그다지 동의하지는 않지만 그래도 같은 문제로 몸부림치고 있는 몇몇 분들에 이르기까지 모든 분들이 이런저런 형태로 나를 지지해 주었어요. 나는 강해지고 풍성해진 느낌이고, 이제는 앞으로 나아갈 수 있어요. 어쩌면 이 마음이 계속되지 않을 수도 있겠지만 그건 별로 중요하지 않아요. 정말 내게 중요한 것은 내가 오늘 그렇게 느끼고 있다는 거지요." 그녀는 계속 말을 하고 있지만, 나는 지금 내가 눈물을 흘리고 있다는 것을 알아차린다. 나는 깊은 숨을 쉬며 나의 친구들을 둘러본다. 어쨌든 800명이나 되는 그룹이 그 자체의 건설적인 과정을 주도해 갈 수 있으리라고 믿었던 우리들이 미쳤던 것은 아니었나 보다. 나는 우리가 함께 했던 12시간 동안의 믿지 못할 흐름을 생각하며 미소 짓는다. 그것은 **확증의 경험**이었다.

시클로스의 단기 효과

세 번의 시클로스에서 희망적인 결과들이 많이 나왔다.

존은 리오에서 서로 개인적인 경험을 계속해서 나누기를 원하는 사람들을 위하여 흥미로운 그룹을 인도했다. 다섯 달 후에도 그룹은 계속해서 만나고 있었다. 그들은 매주 일요일마다 하루 종일 함께 보낸다. 구성원들은 변하지만 12~15명의 핵심 멤버들은 그 그룹이 자신들에게 점점 더 도움이 된다고 말한다.

리오에서 모린이 인도했던 여성 그룹은 대부분의 여성들에게 그런 종류로는 최초의 그룹이었다. 모린은 12명 정도의 여성들이 지금도 의식 증진 그룹으로 정기적으로 만나고 있다는 얘기를 들었다.

브라질 사람들로 조직된 헤시피의 그룹은 우리 스태프가 어느 정도 촉진해 주자 서로를 향한 좋지 않은 감정들을 털어놓을 수 있었다. 그들은 서로간에 또는 전문가 동료들 사이에서 생전 처음 숨기지 않고 솔직하게 문제를 다루었다. 이 그룹은 다양한 지방 조직을 대표하는데, 그 구성원들을 위한 지지그룹으로 계속 이어지고 있다. 그들은 시클로스에서의 경험이 변화의 시작이었다고 하면서 자신들의 직업인으로서의 삶과 개인으로서의 삶을 새로운 방식으로 만들어 가고 있다.

부유한 한 전문직업인의 아내가 있었는데, 그녀는 의무를 다하는 (그리고 무기력한) 브라질 여인으로서의 힘겨운 삶을 살아오고 있었다. 마침내 그녀는 용기를 내어 자신에게 맡겨진 역할이라는 단단한 속박에서 벗어나 자신의 개성을 따르기로 했다. 그 후 그녀는 미국에서 열리는 여러 개의 워크숍을 신청했는데, '당신의 일과 우리의 결혼, 둘 중 하나' 라는 남편의 최후통첩에도 불구하고 자신의 독립적인 자아를 발견하고자 하는 강렬한 욕구를 따르기로 결정했다. 그러자 결혼생활에도 변화가 나타났다.

한 성공적인 정신분석가가 인본주의 심리학자 훈련을 받기로 결정했다. 그는 사람으로서의 그 자신의 힘이 그의 직업적인 방침 못지않게 중요하다고 느꼈고, 시클로스 후에 자기 자신을 신뢰하게 되었다고 느꼈기 때문이었다.

그야말로 수십 명의 사람들이 모임을 떠난 바로 그날 밤, 자신들이 사랑하는 사람들과 새롭고 더욱 솔직한 방식으로 관계하게 된 것을 발견했다고 보고했다.

브라질의 한 심리학자는 시클로스를 마친 지 4개월 후에 칼에게 다음과 같이 보고했다.

> 리오의 한 여성 치료사는 첫째 날은 우스꽝스럽다고 생각했지만, 둘째 날에는 무언가 매우 중요한 일이 일어나고 있는 것을 발견했습니다. 지금 그녀는 일하는 방식을 바꾸고 있습니다.
>
> 나의 내담자들 중 한 사람은 교육에 관한 당신의 생각을 받아들일 수 없어서 공개석상에서 당신에게 그 말을 했습니다. 이것이 그녀에게는 굉장한 경험이었는데, 그녀는 항상 소그룹에게조차 말하기를 두려워했기 때문이었습니다. 시클로스는 그녀에게 당신(또는 다른 어떤 '권위의 인물')이 무섭지 않다는 것을 보여 주었

고, 이것이 그녀로 하여금 전혀 새로운 방식으로 존재하도록 해 주고 있습니다.

한 정신과의사는 리오에서 있었던 시클로스가 많은 사람들에게 직업적 또는 개인적으로 방향을 바꾸게 하고, 다른 사람들에게 좀 더 담대하게 앞으로 나아가게 하고 좀 더 큰 위험을 무릅쓰게 하는 데 결정적인 역할을 했다고 보고합니다.

반면, 많은 사람들이 모임의 혼란과 비생산성으로 인해 너무 실망하고 화가 나서 그 모임을 무정부상태라고 불렀습니다. 그들은 거의 또는 전혀 아무것도 얻지 못했다고 생각합니다.

아무런 감동도 받지 못하고 적대적이었던 사람들도 많았지만, 이러한 그룹 경험의 효과는 엄청난 사람의 수와 짧은 시간을 고려할 때 대체적으로 놀랄 만한 것이었던 것 같다. 대그룹 작업은 확실히 강력한 접근 방식이다.

미래의 교육을 위한 대책

우리의 경험이 먼 미래의 교육을 위해 어떤 의미를 가지고 있는지 살펴보기 위해 나는 한 발짝 뒤로 물러서서 서구 문화 안의 중요한 사회 풍조에 대한 시각을 찾고 싶다.

우리 시대의 가장 똑똑한 사상가들 중 많은 사람들이 우리가 역사의 종말에 다가가고 있다는 말에 나는 동의한다. 윌리엄 톰슨(William Thompson, 1977)은 탈공업화 시대가 그 한계에 도달했다고 말한다. 레프튼 스타브리아노스(Leften Stavrianos, 1976)는 우리가 새로운, 그러나 (그렇게 될 가능성이 많은) 암흑의 시대(Dark Age)에 가까이 다가가고 있다고 말한다. 스탠퍼드 연구소(Stanford Research Institute)에 의한 심층적인 연구 분석에서 윌리스 하먼(Willis Harman, 1977)은 우리 문화의 해결할 수 없는 문제를 지적하고, 우리가 살아남기 위해서는 인간 존재들, 그들의 동기 및 가치관의 수정이 필요하다는 것을 지적했다. 우리의 가장 심각한 문제는 우리 사회의 실패 때문이 아닌 성공 때문이라는 증거가 매우 설득력이 있다. 그러므로 우리의 과거와 현재의 패러다임을 가지고 옛 원리들을 확장시키는 것으로는 우리의 당면한 문제들을 도저히 다룰 수가 없다. 우리는 생산의 효율성을 증진시키거나, 산업의 기계화를 촉진하거나, 과학기술을 가속화하거나, 다국적 기업의 이윤 추구에 더욱 의존하는 것(이것들이 바로 현재 상황에 이르게 된 주요 운영 원칙들 중 몇 가지다)으로는 점점 증가하고 있는 부의 편재(偏在), 그 수가 점점 더 늘고 있는 수백만의 소외 문제를 다룰 수 없다. 과학과 합리성에 의한 조작은 이러한 문제들을 다루기에 불충분하다.

우리의 문화는 상당하고 현재 수단으로는 해결할 수 없는 불협화음을 가지고 있다. 다음은 너무나 많은 불협화음들 중에서 극소수만 추려낸 것이다.

① 미국의 생활 수준으로 산다면 지구는 현재 5억의 사람들을 먹여 살릴 수 있다고 보고된다. 그러나 현재 지구상에는 35억의 인구가 살고 있다[*](Stavrianos, 1976: 138). 생활 수준이 높아질수록 우리의 엄청난 탐욕과 낭비 풍조는 뚜렷해진다.

② 1800년에는 선진국의 일인당 국민소득이 후진국의 일인당 국민소득의 3배였다고 추정된다. 1914년에는 7배로 늘어났다. 현재는 선진국에 사는 사람은 후진국에 사는 사람에 비해 12배의 소득을 올리고 있다(Stavrianos, 1976: 169). 특히 보급되지 않는 곳이 없는 대중매체에 의해서 가난한 다수들에게 소수의 부가 선명하게 보이고 있으므로, 이 같은 불균형에 대한 분노가 점점 자라고 있는 것에 대해서는 강조할 필요가 없겠다.

③ 미국에는 실질적인 실업인구(청년들처럼 직장을 원하고 있는 실업자들과 나이가 많아 직장 얻기를 단념한 실업자들을 포함한)가 작업 인력의 25~35%라고 한다. 이 숫자는 과학기술이 발달함에 따라 점차 감소하는 것

* 1980년도 세계 연감은 세계 인구가 43억이라고 추산했다.

이 아니라 증가하기 쉽다. 이것은 잠재적 작업 인력의 아마도 1/3 정도가 생산적으로 이용되지 못하고 있다는 뜻이다. 우리는 이것이 초래하게 되는 소외에 대해 놀라지도 않는다.

지진으로 인해 생긴 단층과 같이 우리의 문명 가운데 이렇게 더욱 커지고 있는 격차는 어떤 결과를 가져올 것인가? 한 가지 가능성은 핵에 의해 지구상의 대부분의 생명체가 멸망하는 것이다. 이 경우에 대해서는 더 이상 할 말이 없다.

그러나 핵이나 생태학적인 대변동을 제외하고 가장 있음직한 것은 톰슨(Thompson, 1977)이 말한 '문명의 구조 파괴' (p. 55)다. 문명사회에서 우리의 제도들이 그 자체의 무게와 복잡함으로 인해 점차 무너져 내리게 될 것이다. 불가능하다고 보는가? 바로 로마인들이 그렇게 생각했다. 그러나 그들의 대제국의 구조는 부분적으로는 야만족의 침략으로, 더욱 크게는 제국 자체의 결점과 관료정치의 과도한 복잡성으로 인해 산산조각이 났다. 이와 비슷한 일이 우리에게도 일어날 수 있다. 대도시 중심부 기능의 정지, 최대 도시의 파산, 유류 봉쇄 시의 끔찍한 공포, 무엇보다도 온갖 힘을 동원해도 우리의 문화를 작은 나라인 베트남에 심을 수 없다는 우리의 무능 등은 미래의 그와 같은 멸망에 대해 가장 작은 소리로 속삭여 주는 것들에 불과하다.

소란스러운, 어둠과 홍미진진한 가능성이 혼합되어 있는 이 새로운 암흑의 시대에 대처하도록 도움을 얻기 위해 필요한 것은 무엇인가? 하먼(Harman, 1977)이 말한 것과 같이 다가오는 변화로 이끌 수 있도록 도와줄 수 있는 것은 무엇일까? 어떤 특징들이 우리를 살아남을 수 있게 할 것인가? 이 주제에 대해서 깊이 생각하고 있는 사람들 중에 상당한 합의가 이루어졌다. 적어도 세 가지 점이 강조되어야 할 것이다.

첫 번째로 가치들의 기반이 외부의 물질 세상에서가 아니라 내면에서 발견될 수 있다는 인식이다. 요컨대, 내면의 삶, 더 높은 인식, 좋은 삶을 창조할 수 있는 거대한 자원들이 사람의 내면에 있다는 인식이 앞으로 다가오는 시대에 필요한 특징들 중 하나다.

두 번째로 살아남기 위한 또 하나의 열쇠가 '참여 충동' 이라는 점에 합의가 이루어졌다. 이 추세는 이미 관찰되고 있다.* 사람들은 점점 더 정책의 결정, 정부와 산업체의 운영 등 자신들의 삶에 영향을 주는 선택에 참여할 수 있기를 요구할 것이다. 거대한 관료정치 체제가 무너져 내림에 따라 기관들은 작아지기 쉬우며, 그렇게 해서 점점 더 선택에 참여할 수 있는 기회가 많아지게 될 것이다. 기관은 그들의 기관이기보다는 '우리의 기관' 이 되어 '우리' 가 결정을 내리는 경향이 생길 것이다.

마지막으로 살아남기 위해 가장 중요한 요소들 중 하나는 단순한 부나 지위의 강화보다는 협력, 공동체, 공동의 선을 위하여 함께 일하는 능력이라는 점에 합의했다. 중화민국은 '자신과 싸워라—인민을 섬겨라.' 와 같은 슬로건을 강조하며 평생교육을 널리 펼쳐 그 방향의 기적을 이루었다. 아마도 우리 서구 문화권에서도 그 슬로건을 '당신 자신이 되어라—공동체를 세워라.' 로 바꿈으로써 몇몇 똑같은 목적들을 달성할 수 있을 것이다.

다가오는 혼란의 시기를 건설적인 방법으로 살아가고자 한다면 현 상황에서 우리 삶의 목적들, 가치들, 행동, 길잡이 원리들에서 과감한 변화가 요구된다는 것이 분명한 듯하다.

이러한 분석과 예측에서 빠져 있는 것은 이들 과감한 인간의 변화가 어떤 과정에 의해서 초래될 수 있는가 하는 것이다. 우리가 살아남기 위해서는 물론 그것들이 필요하기는 한데, 과연 어떤 과정에 의해서 그런 일들이 일어날 것인가? 전문가들은 사회적 압력이 그러한 근본적인 인간의 변화가 반드시 필요하도록 만들었다는 사실만 강조할 뿐 그에 대한 해답은 갖고 있지 않다. 브라질에서 우리가 대그룹과 함께 했던 경험을 희망적인 작은 모델, 즉 이러한 미래를 위한 교육의 실험적인 프로젝트로 바라보아야 할 때가 바로 이때다.

우리는 이 경험을 통해서 선택을 하고 방향을 결정하는 데 더욱 많은 참여

* 또한 지도자에게 해답을 구하고 누군가가 자신의 삶을 통제해 주기를 원하는 등 의존적인 성향이 증가하고 있다. 그러나 둘 중 참여에 대한 갈망이 더 큰 것 같다.

를 촉진할 수 있는 방법을 알게 되었다. 이 경험은 주요 인물들이나 소수의 사람만 만족시키는 것이 아니라 모든 사람들을 만족시킨다는 목적을 가지고 행동방법들을 선택하는 일에 800명의 사람들이 함께 참여할 수 있다는 것을 증명했다. 올바른 조건이 주어진다면 군중은 조화로운 방법으로 참여자가 될 수 있다.

이들 시클로스에서는 12시간이라는 짧은 시간 안에 협력적인 공동체의 기초가 놓여졌다. 사람들은 공동의 선을 향해서 작업하기 시작하고 있었다. 경쟁적인 지위 추구와 자기 추구가 어느덧 사라지는 모습이 현저했다. 모든 사람이 모두를 위해서 편안하게 노력할 수 있는 기초가 놓여졌다. 각 사람은 최대한 온전한 자기 자신이 되도록 힘이 부여되었다.

아마도 가장 중요한 것은 자기 자신 밖에서 해답과 가치 및 기준을 구하는 태도가 놀랍게 변했다는 사실이다. 누군가가 가치 있다고 말해 준 것을 구하는 대신에, 자신들이 가치 있는 것으로 경험하고 있는 것을 내부에서 찾기 시작하는 모습이 완연했다. 의문의 여지없이 그들은 새로운 시대의 첫째 조건에 맞기 시작한 것이다. 그들은 좋은 삶의 자원을 외부의 정설이나 전문가의 의견 또는 어떤 물질적인 형태에서가 아니라 자기 자신 안에서 발견하고 있었다.

또 하나 중요한 점은 그들이 미래의 삶을 위해 스스로 준비하고 있었다는 사실이다. 그들은 '그룹의 지혜', 즉 행동의 자기 수정 과정을 발전시키고 있었다. 그룹이 카리스마적인 지도자, 이론적 · 신학적 정설, 또는 인간이 만든 어떤 공식을 따를 때는 장기적으로 볼 때 잘못 인도되기 쉽다. 특정한 사람이나 특정한 공식에 의해서 지시된 방향은 항상 오류를 포함하고 있다. 시간이 감에 따라 방향은 점점 더 길을 벗어나게 되고, 마침내 그 자체의 목적을 파괴하게 된다. 그러나 그룹이 이런 요구와 저런 요청, 이런 제안과 그에 반대되는 또 다른 제안을 들어주면서 선택을 위해 고심을 하게 되면, 점차 모든 자료들이 다루어지게 되고 최종적인 결정은 개인과 모든 사람의 생각들, 필요들, 요구들을 다 망라하여 힘들게 얻어진 조화로운 것이 될 것이다. 게

다가 그들이 스스로 결정한 것이기 때문에 계속해서 피드백에 열려 있게 되고 새로운 자료가 나타나는 대로 방향을 수정할 수도 있다. 이것이 아마도 우리가 아는 한 오류를 방지할 수 있는 가장 좋은 형식의 의사결정을 보여 준다고 하겠다.

결 론

대규모 시클로스와 함께 했던 우리의 경험은 미래의 교육이 어떻게 되어야 할 것인지에 대한 중요한 교훈을 담고 있다.

- 우리는 대그룹의 사람들이 불확실한 우리의 미래에 더욱 적절한 방식으로 살아가는 것을 짧은 시간 내에 시작할 수 있다는 것을 배웠다.
- 그들은 거의 모든 상황에 적용될 수 있고, 이미 알려진 그 어떤 의사결정 과정 못지않게 오류가 없으며, 그 자체의 자기 수정 회전장치를 포함하고 있는 참여적 의사결정 방식을 발전시킬 수 있었다.
- 그들은 다른 사람들에 대한 존중, 경쟁이 아닌 협력을 기본 방침으로 하는 공동체 의식을 발전시킬 수 있었다.
- 그들은 자기 자신에 대한 새로운 신뢰를 발전시킬 수 있었으며, 가치들의 근원을 자기 자신 안에서 발견했고, 좋은 삶이 외부의 자원에 달려 있는 것이 아니라 내부에 있다는 인식에 도달했다.
- 우리는 우리들 자신이 이 변화하는 세상에 알맞은 방식으로 존재할 수 있을 때, 매우 큰 그룹의 사람들 안에서 붕괴되고 있는 문화 가운데 살기에 너무도 적절한 이러한 변화들이 짧은 시간 내에 시작될 수 있다는 것을 배웠다.

우리가 배운 것들 중에 완전히 새로운 것은 하나도 없다. 그러나 그것들은 우리가 인간의 이러한 변화를 가능케 하기 위한 교육 전략을 가지고 있다는 것과 이 접근법이 지금 여기에서 실행될 수 있다는 것을 보여 준다. 종합해 보건대, 우리의 경험은 다음 세기를 위한 교육이 어떻게 되어야 할지에 대해 도전적인 암시를 제공해 준다.

♣ 참고문헌

Harman, W. W. (1977). The coming transfiguration. *The Futurist,* February *11*(1), 4-12; and April, *11*(2), 106.

Stavrianos, L. S. (1976). *The promise of the coming Dark Age.* San Francisco: W. H. Freeman.

Thompson, W. I. (1977). Auguries of planetization. *Quest,* July/August, *1*(3), 55-60, 94-95.

4

앞을 바라보며: 사람-중심 시나리오

제15장 내일의 세계, 내일의 사람

제15장 내일의 세계, 내일의 사람

나는 오랫동안 미래에 대하여 예리한 관심을 가져왔다. 우리는 변화하는 세상 가운데 살고 있다. 나는 우리가 움직이고 있는, 혹은 앞으로 움직이게 될 방향을 분석해 보는 일에 즐거움을 느낀다. 내가 믿기에 우리는 지금 변화의 위기를 겪고 있으며, 우리와 우리의 세계는 변화하지 않고는 여기서 빠져나갈 수 없다. 그러나 나는 한자어에서 비롯된 비유, 즉 같은 글자가 두 가지 뜻을 가지고 있는 '위기는 기회'라는 말을 좋아한다. 나도 같은 견해를 가지고 있으며 내일의 매우 어려운 위기 상황은 그 만큼 커다란 기회를 나타낸다고 믿는다. 나는 이번 장에서 이에 대해 깊이 생각해 보겠다.

나는 이 글이 정말로 부족한 글이라고 생각한다. 과정 중에 있는 생각을 현재 상태 그대로 내어 놓는다. 이 글은 미처 정리되지 않은 생각들을 포함하고 있는데, 유아상태의 생각은 언제나 위태롭게 느껴진다. 작년 한 해 동안, 책을 읽던 중에 전기 불꽃이 튀듯 마음속에서 갑자기 떠오른 많은 모호한 생각들을 여기 묶어 보려 했다. 특히, 이 장의 첫 부분이 그렇다.

그 다음에 나는 과거와 현재의 경험 모두에 의지하여 이 변화된 세상에서 살아갈 수 있는 사람의 모습을 그려 보았다.

나는 이 장에 대해 불안한 느낌이 든다. 이런 느낌은 전에도 경험한 적이 있다. 내가 여기서 말한 것이 언젠가는 나 자신이나 다른 사람에 의해 좀 더 충분히 살이 붙여질 것이라고 막연하게나마 믿는다. 이것은 시작이자 개요며 제안이다. 그러므

로 초보 단계의 모든 어색함과 불완전함 가운데 있는 이 글을 독자에게 바친다. 이것은 미래와 관련하여 내가 현재 어디에 머물고 있는지를 묘사해 주고 있다.

미래에는 어떤 일이 일어날까? 요즈음에는 우리의 미래를 예측하는 일을 전문적으로 하는 사람들이 많지만, 그런 일은 기껏해야 모두 정보에 근거한 추측에 불과하다. 과학자들은 1985년 핼리혜성이 나타날 날짜와 시간을 거의 완벽한 정확성을 가지고 예측할 수 있지만, 그날에 인간이 사는 세상이 어떻게 될지는 아무도 모른다. 그 이유는 선택이 존재한다는 말에서 찾을 수 있겠다. 세계미래협회 회장 에드워드 코니시(Edward Cornish, 1980)는 다음과 같이 잘 표현했다.

> 1980년대는 이전의 어느 때보다 인간의 선택이 더욱 결정적인 역할을 하는 시대가 될 것이다. 과학기술의 빠른 발달은 인간을 환경적, 생물학적 상황에 종속되어 있던 것에서 풀어 주었다. 인간은 더 이상 특정한 지리학적 장소에 갇혀 있지 않다. 왜냐하면 지구의 반대편으로도 쉽게 여행할 수 있기 때문이다. 인간은 새로운 전자기기를 통해 온 세계 사람들과 이야기를 나눌 수 있게 되었다. 새로운 생의학(bio-medical)의 발달로 인간이 더 오래, 더 건강하게 사는 것이 가능해졌다. 한때는 항상 존재했던 기아의 위험이 경제체계의 발전으로 인해 (적어도 여러 나라에서는) 제거되었다. …… 우리는 이제 미래를 우리에게 강요된 세계로 보는 것이 아니라 우리가 스스로 창조하는 세계로 보고 있다(p. 7).

내일의 세계

세 개의 시나리오

이러한 용어들로 생각해 보면 우리는 미래에 대한 다양한 시나리오를 마음속에 그려 볼 수 있다. 한쪽 극단은 핵전쟁의 가능성이다. 그 끔찍한 공포가 내게 더욱 강력하게 다가온 것은 조지 부시의 사실에 입각한 차분한 말을 듣고 나서였다. 그는 정부 고위관리였으며 내가 이 글을 쓰고 있는 지금 공화당의 대통령 후보다. 다음은 조지 부시와 로스앤젤레스 타임지의 로버트 쉬어(Robert Scheer) 사이에 있었던 인터뷰다(Scheer, 1980).

쉬어: 이 전략적 무기로 너무도 여러 번 서로를 쓸어 버릴 수 있고 아무도 그것을 사용하고 싶어 하거나 기꺼이 사용하려 들지 않기 때문에, 10% 또는 2% 높거나 낮은 것이 별로 문제가 되지 않는 시점에 우리가 도달한 것 아닙니까?

부시: 그렇지 않습니다, 핵전쟁에서 승리라는 것이 없다고 믿는다면 이런 논쟁은 별로 의미가 없습니다. 나는 그렇게 믿지 않습니다.

쉬어: 핵을 주고받는 전쟁에서 어떻게 이길 생각이십니까?

부시: 통제할 수 있는 지휘권의 생존 가능성이 있고, 산업 잠재력의 생존 가능성이 있고, 시민들의 몇 퍼센트라도 보호할 수 있고, 우리가 피해를 입는 것보다 상대방에게 더 많은 피해를 입힐 수 있는 능력이 있으면 됩니다. 그것이 승자가 될 수 있는 방법입니다. 그리고 러시아의 계획은 핵을 주고받는 전쟁의 추악한 승자 개념에 근거하고 있습니다.

쉬어: 그렇다면 5% 정도 살아남을 수 있다는 뜻입니까? 아니면 2% 정도?

부시: 그보다는 많습니다. 모두가 자기가 가지고 있는 모든 것을 발사한다 해도 그보다는 생존자가 많을 것입니다.

이런 말이 정확히 무엇을 의미하는지 잠시 생각해 보자. 부시의 말은 핵전쟁이 일어날 경우 군사 지도자와 정부 관리들이 살아남을 것이고(틀림없이 어떤 산 속 깊은 곳에서), 산업계 지도자들과 제조공장들이 살아남을 거라는 말이다. 그렇다면 그 나머지 사람들은 어떻게 되는가? 2~15% 정도가 살아남는다고 치자. 그 말은 당신과 나 그리고 2억의 다른 미국인들이 죽게 된다는 의미임이 거의 확실하다! 부시는 그것을 승리라고 불렀다! 게다가 그는 더 많은 비율의 러시아인들을 파괴하고자 하는 계획으로 만족스러워한다.

게다가 두 나라에서 살아남은 거의 모든 생명체에게 치명적일 방사능과 지구를 둘러쌀 방사성 낙진을 생각하면 더욱더 끔찍한 그림이 된다. 이런 시나리오는 헛소리하는 정신이상자나 마음속에 품음직하다. 그러나 미국과 러시아의 정부와 군에 있는 사려 깊은 사람들이 이런 생각을 하고 있다는 것을 우리는 잘 알고 있다. 그리고 내가 지금 이 글을 쓰는 중에도 중동에서 우리의 석유 이권을 보호하기 위하여 필요하다면 군사력을 사용하겠다고 위협하고 있는 상황이니 그 가능성은 무서울 정도로 커 보인다. 그러므로 너무 무서워서 생각하고 싶지도 않지만, 이것은 우리가 간과할 수 없는 거의 자멸적인 하나의 시나리오다.

만약 세계의 지도자들이 지구의 자멸을 초래하는 일을 그만둘 것이라고 가정한다면 다른 시나리오가 가능해진다. 즉, 이제껏 있어 왔던 일들이 1980년대에도 매우 많이 진행되리라는 것이다. 테러리즘과 범죄가 계속될 것이지만 과학과 기술의 약진도 계속될 것이다. 세계 문제들의 몇몇 양상들은 점점 나빠질 것이지만, 어떤 것들은 발전할 것이고 우리의 삶은 그다지 변하지 않을 것이다.

또 다른 시나리오는 과학기술의 새로운 발달에 의해 넋이 빠지게 되리라는 것이다. 컴퓨터 지능과 의사결정에서의 놀라운 진보, 여자의 자궁에 이식되거나 완전히 인체 밖에서 자라게 되는 시험관 아기, 유전자 간의 재조합으로 창조되는 초소형의 또는 육안으로 볼 수 있는 새로운 종의 생명체, 모든 환경이 사람에 의해서 통제되는 돔형의 도시, 사람이 우주 공간에서 살 수 있도록 해 주는 완전히 인공적인 환경, 이런 것들이 우리의 삶에 영향을 미치게 될 새로운 기술들이다. 그 공통점은 그것들이 각기 자연, 흙, 날씨, 태양, 바람 그리고 모든 자연적 과정으로부터 인류를 점점 더 멀리 옮겨 놓으리라는 사실이다. 우리가 인공적인 환경과 삶과 결정들을 완전히 조작하려고 노력함에 따라, 과학기술의 발달은 우리가 알 수 없는 매우 큰 변화를 가져오게 될 것이다. 좋은 영향을 받을지 나쁜 영향을 받을지는 말할 수 없다. 다만 우리가 오늘날보다 훨씬 더 자연세계로부터 분리되리라는 것만은 확실하다.

다른 시나리오의 근거

사람에 관련된 변화에 근거하는 또 다른 시나리오가 있다. 나는 이 그림을 가지고 살고 싶다. 오늘날에는 개인의 가능성에 대한 모든 개념을 바꾸어 주는 많은 새로운 흐름들이 진행되고 있다. 그것들은 '현실' 에 대한 우리의 인식, 존재하고 행동하는 우리의 방식 그리고 우리의 신념체계를 변화시켜 준다. 나는 다른 설명 없이 여러 가지 이러한 새로운 흐름들을 나열해 보고 싶다. 독자에게 익숙한 것들도 많겠지만, 어떤 것들은 이상해 보일 수도 있겠다. 내가 이야기하고자 하는 것과 그 밖의 다른 동향들에 대해서 생생하고 훨씬 더 완전한 설명을 보고 싶다면 마릴린 퍼거슨(Marilyn Ferguson)의 흥미를 불러일으키는 책 『물병자리의 음모(Aquarian Conspiracy)』(1980)를 보기 바란다. 책의 부제 '1980년대의 개인적, 사회적 변화' 는 그 책의 내용을 좀 더 잘 설명해 준다.

우선 어떤 흐름들은 인간의 가능성에 대한 우리의 견해를 확장시켜 준다. (내가 사용한 분류 항목들이 많이 겹치지만 생각하기 편하게 하기 위해 이렇게 분류했다.)

- 모든 형태의 묵상—내면의 에너지 자원에 대한 인식과 활용—에 대한 관심이 많고 그 관심은 점점 더 커지고 있다. 직감을 강력한 도구로서 중요하게 여기고 사용하려는 경향이 증가하고 있다.
- 많은 사람들이 변화된 의식상태를 경험하고 있다. 약물을 사용하는 사람도 많지만 심리적인 훈련을 사용하는 사람들이 증가하고 있다. 우리의 이런 쪽의 능력은 새로운 세상을 열어 준다.
- 바이오피드백 연구는 우리의 무의식적 마음이 누가 가르쳐 주지 않아도 잠깐 동안 세포 한 개의 움직임을 통제하는 법을 배울 수 있다는 것을 보여 주었다. 자신의 근육군들 중 일부의 움직임을 영상을 통해 볼 수 있게

해 주면, 보통 사람도 척수 안에 있는 한 개의 세포를 가지고 근육군의 움직임을 바꿀 수 있다(Brown, 1980). 이러한 잠재력이 암시하는 것은 상상을 초월한다.

- 텔레파시, 예지, 투시 등과 같이 과학적으로 설명할 수 없는 현상은 충분히 시험을 거쳤고 과학적으로 수용되어 왔다. 게다가 대부분의 사람들이 그런 능력들을 자기 자신 안에서 발견하거나 개발할 수 있다는 증거가 있다.
- 우리는 종종 우리의 의식적, 무의식적 마음을 의도적으로 사용하여 많은 질병들을 치료하거나 증세를 경감시킬 수 있다는 것을 배우고 있다. 전체론적 건강은 사람의 내면의 역량에 대한 이해를 넓히고 있다.
- 영적이고 초월적인 개인의 힘에 대한 관심이 빠르게 성장하고 있다.
- 뇌를 연구하는 뛰어난 과학도들은 뇌 구조와 별도로 현명하게 행동하게 하는 큰 능력을 가진 중요한 정신이 존재한다는 의견에 동의한다(Brown, 1980).
- 우리는 정신과 의식이 현재 소유하고 있는 것보다 훨씬 더 많은 능력을 가지고 있는 초의식(supraconsciousness)과 초정신(supermind)으로 인도될 수 있을 것이다(Brown, 1980).

이제 우리가 현실을 지각하는 것에 변화를 가져올 다른 흐름들을 살펴보겠다. 그중 몇몇은 과학과 관련이 있다.

- 이론물리학과 신비주의, 특히 동양 신비주의는 우리 자신을 포함하는 우주 전체가 '우주의 춤(cosmic dance)' 이라는 인식에서 함께 만난다. 이 견해에 의하면 중요한 개념들로서의 물질, 시공간은 사라지고 다만 진동으로 존재할 뿐이다. 우리의 세계관 개념에서의 이러한 변화는 혁명적인 것이다.
- 뇌의 기능에 관한 홀로그램 이론(Ferguson, 1980: 177-187에 간략하게 설

명되어 있다)은 스탠퍼드 대학의 신경과학자 칼 프리브램(Karl Pribram)에 의해서 발전된 것으로 뇌의 작용에 대한 우리의 개념에서 급격한 변화를 가져왔을 뿐 아니라 뇌가 우리의 '현실'을 창조하는 것일 수 있다는 견해를 제시했다.

- 새로운 인식론과 과학철학은 우리가 현재 가지고 있는 일직선상의 원인-결과적 과학의 개념을 지식을 얻는 다양한 방법들 중 하나의 작은 예에 불과하다고 본다. 특히, 생물학에서는 상호 간의 원인-결과 관계가 합리적 과학의 기초에 불과하다고 보인다. 이러한 새로운 방식의 과학은 세상, 특히 생태계와 인간 세상을 연구하고 지각하는 우리의 방법에 대변혁을 일으킬 것이다(Ferguson, 1980: 163-169에서 이들 새로운 접근법에 대하여 간략하지만 생생하게 묘사해 주고 있다).

과학계 외부에서도 우리는 현실을 새로운 방식으로 지각하고 있다. 특히, 죽음과 죽어감에 대해 그러하다. 우리는 죽음을 훨씬 더 잘 받아들이고 있으며, 삶의 절정으로서의 죽어가는 과정에 대해 많은 것을 배우고 있다.

또 다른 흐름들은 개인 안에서 변화가 일어나는 방식에 관한 것이다. 이 책에 그러한 변화를 소재로 하여 다룬 것이 많지만, 여기에 그것들을 열거해 보도록 하겠다.

- 여성운동은 의식을 고양시키는 다양한 종류의 활동들 중 하나의 예에 불과하다. 동성애자의 권리와 흑인 지위 향상운동도 그러한 활동에 속한다. 그 활동들은 우리를 형성해 왔던 편견, 억측, 고정관념에 대해 날카로운 관심을 불러일으킴으로써 사람들의 행동을 변화시키고 있다.
- 어떤 순간에 이전에 부인되었던 경험에 '초점을 맞추거나' 충분히 인식하게 되는 것은 심리치료에서 심리적, 신체적 변화를 초래하고 결국 변화된 행동을 가져온다.

- 사람은 고정된 일련의 습관이 아닌 과정이라는 새로운 인식이 생겼다. 이것은 변화된 방식으로 행동하도록 일깨우며 선택의 폭을 넓혀 준다.
- 개인 심리치료를 더 많이 활용하는 추세가 뚜렷하며, 치료의 경험이 자기 자신과 행동에 변화를 초래한다는 증거가 늘고 있다.
- 많은 사람들이 모든 종류의 집중적인 그룹 경험을 통해서 개인적, 집단적 변화가 지속되는 경험을 하고 있다. 앞 장들에서 이러한 흐름의 발달에 대해서 논의했다.
- 더욱 인간적인 태도로 교육을 하는 방향으로 가게 된다면 학습과 다른 행동들에서 심오한 효과를 만들어 낸다. 이 역시 증거자료가 있다.

마지막으로 소개할 현대의 동향은 우리의 신념 체계의 변화와 관계가 있는 것들이다. 그중 몇 가지를 열거하겠다.

- 개인의 선택의 자유에 대한 주장이 증가하고 있으며, 그에 따라 권위에 대한 순응과 수용에 대한 저항이 일고 있다.
- 대규모의 기관들, 회사들, 관료정치를 싫어하고 반대하는 경향이 강해지고 있으며, 소규모의 협력적인 그룹으로 일하는 데 대한 관심과 노력이 많다.
- 환원주의적 과학을 점점 더 불신하고 있으며 고대 문화의 옛 지혜, 동시에 고대 과학에 대한 관심이 점점 더 커지고 있다.

이러한 동향의 중요성

현대인의 삶에서 이러한 현재의 동향들의 의미와 중요성은 무엇인가?

종합해 보건대, 이런 동향들은 사람과 세상에 대해서 인식하는 우리의 개념을 깊이 변화시킨다. 그 사람은 이제껏 꿈도 꾸지 못했던 잠재력을 가지고 있다. 그 사람의 무의식적 지능은 굉장한 능력을 가지고 있다. 많은 신체적 기능들을 제어할 수 있으며, 질병을 치료할 수 있고, 새로운 현실들을 창조할 수 있다. 또 미래를 꿰뚫어 볼 수 있고, 멀리 있는 사물을 볼 수 있고, 생각들을 직접 전달할 수 있다. 그 사람은 자신의 체력, 능력, 힘을 새롭게 인식하며, 자신을 변화의 과정으로서 새롭게 인식한다. 그 사람은 새로운 우주에서 산다. 그곳에는 시간, 공간, 대상, 물질, 원인, 결과 등 모든 익숙했던 개념들이 사라지고 진동하는 에너지 외에는 아무것도 남지 않는다.

내 판단에 이러한 흐름들의 발달은 급격한 사회 변화를 만들어 내는 '임계량(臨界量, 핵분열 물질이 연쇄반응을 할 수 있는 최소의 질량 –역자 주)' 을 구성하게 될 것이다. 원자폭탄을 만들 때는 마침내 어떤 질량의 물질을 얻게 될 때까지 온도와 다른 조건들이 점차 올라간다. 이러한 물질(임계량)을 얻게 되면 폭발적으로 확장되는 현상이 일어난다. 이들 흐름의 발달은 그 과정이 사람들과 사회체계 안에서 일어난다는 것이 다를 뿐 바로 이런 유의 것이다.

또 다른 과학적 유추에 대한 설명으로는 '패러다임의 전환' 을 들 수 있다. 세상에 대한 우리의 과학적 견해는 언제나 일반적인 패턴에 들어맞는다. 거기에 들어맞지 않는 사건이나 현상이 있는 것이 확실해도, 그것들이 쌓이기 시작하고 더 이상 무시할 수 없게 되기까지는 간과된다. 그러다가 코페르니쿠스나 아인슈타인이 전혀 새로운 패턴, 새로운 세계관을 제공한다. 그것은 옛 것을 흡수하기는 하지만, 옛 패러다임에 끼워 맞출 수 있는 것은 아니다. 그것은 전적으로 새로운 개념화다. 옛 것에서 새 것으로 점차적으로 옮겨갈 수는 없다. 이것 아니면 저것을 채택해야만 한다. 이것이 패러다임의 전환이다. 그동안 과학계에서는 대부분의 나이 든 과학자들은 이전의 패러다임을 믿으며 무덤으로 가지만, 새로운 세대는 새로운 패러다임과 함께 자라고 그것에 익숙해지며 산다는 것이 지적되어 왔다.

내가 이야기하고자 하는 것은 이제껏 내가 열거하였던 수렴적인 많은 동향들이 패러다임의 전환을 만들어 내고 있다는 것이다. 물론 우리는 지구가 둥글다는 것을 알게 된 지 오래되도록 평평한 세상에서 살았던 것과 똑같이 우리에게 익숙한 세상에서 살려고 할 것이다. 그러나 사람과 세상을 개념화하는 이러한 새로운 방식들이 서서히 이해되고 그것들이 점점 더 우리의 사고와 삶의 기초가 됨에 따라 변화는 불가피해질 것이다. 1977년 노벨상을 수상하고 과학의 새로운 개념에 많은 기여를 했던 벨기에 화학자 일리아 프리고진(Ilya Prigogine, 1980)은 과학자들에게 다음과 같이 말했다. "우리는 우리 주위에서 새로운 세상을 봅니다. 우리는 흥분과 희망으로, 그리고 새로운 시작을 할 때는 으레 그렇듯, 위험을 각오하며 새로운 시대의 새벽을 맞고 있다는 느낌이 듭니다."

내일의 사람

누가 이런 매우 낯선 세상에서 살 수 있을 것인가? 나는 마음과 영혼이 젊은 사람(종종 신체가 젊은 사람을 의미하기도 하는)이 그럴 수 있으리라고 믿는다. 내가 지금까지 설명한 동향과 견해가 있는 세상에서 우리의 젊은이들이 자란다면, 많은 이들이 내일의 세상에 잘 맞는 새로운 사람이 될 것이고 변화의 개념들을 받아들인 어른들과 합류하게 될 것이다.

물론 젊은이들이 모두 그렇게 되지는 않을 것이다. 오늘날의 젊은이들이 직장이나 안정에만 관심이 있을 뿐 위험을 무릅쓰거나 개혁하려고 하지 않으며 '최고' 만을 추구하는 보수주의자들이라는 얘기를 듣고 있다. 그럴 수도 있겠지만, 내가 접촉하고 있는 젊은이들은 결코 그렇지 않다. 그러나 어떤 이들은 계속해서 우리의 현재 세상에서 살 것이라는 것을 나는 잘 안다. 그럼에도 불구하고 많은 이들이 내일의 새로운 세상에서 살 것이다.

그들은 어디에서 올 것인가? 내가 지켜본 바에 의하면 그들은 이미 여기에 있다. 내가 어디에서 그들을 발견했을까? 나는 그들을 좀 더 단순하고 새로운 삶을 살기 위해서 회색 양복을 입은 쥐들의 경주와 고액의 월급, 주식 매입 선택권의 유혹을 포기한 회사의 간부들에게서 발견한다. 나는 그들을 새로운 방식으로 살기 위해서 오늘날 문화의 대부분의 가치들에 도전하고 있는 청바지 차림의 젊은 남녀들에게서 발견한다. 나는 그들을 좀 더 의미 있는 방식으로 살기 위해서 자신이 속한 기관의 교리를 버리고 떠난 신부, 수녀, 목사들에게서 발견한다. 나는 그들을 사회가 부여한 한계를 뛰어넘어 힘 있게 도약하고 있는 여성들에게서 발견한다. 나는 그들을 수동적이었던 이전 세대에서 뛰쳐나와 자기주장적이고 적극적인 삶을 향하고 있는 흑인들, 남미인들, 그 밖의 소수 민족 사람들에게서 발견한다. 나는 그들을 엔카운터 그룹을 경험하고 그들의 삶에서 사고뿐만 아니라 감정을 위한 자리를 찾아가고 있는 사람들 가운데서 발견한다. 나는 그들을 헛된 입학 허가서보다는 더 높은 곳에 도달하기 위해 헤치고 나가는 창의적인 학교 중퇴자들 가운데서 발견한다. 나는 또한 심리치료사로 일하면서 내담자들이 자기 자신을 위해서 좀 더 자유롭고 풍성하고 자발적인 삶을 선택할 때 그들의 모습을 본다. 이상은 내가 변화된 세상에서 살 수 있는 사람들을 발견할 수 있었던 경우들 중 몇 가지를 소개한 것이다.

내일의 사람의 특징

나는 이런 사람들을 경험해 오면서 그들이 공통적으로 가지고 있는 어떤 특징들을 발견했다. 그 특징들을 한꺼번에 다 가지고 있는 사람은 아마 한 사람도 없을 것이다. 그렇지만 전혀 새로운 혁신적인 내일의 세상에서 사는 능력을 보여 주는 어떤 특징들이 있다고 생각한다. 내가 보고 경험한 대로 간략하게 몇 가지 설명하겠다.

① 개방성. 이러한 사람들은 세상(내면과 외부 모두)에 대해 열려 있다. 그들은 경험, 새로운 방식으로 보는 것, 새로운 방식으로 존재하는 것, 새로운 아이디어와 개념들에 열려 있다.

② 진실성을 향한 열망. 나는 이러한 사람들이 진실되게 말하기 위한 도구로서 대화를 가치 있게 여긴다는 것을 발견했다. 그들은 우리 시대의 위선, 기만, 이중적인 말을 거부한다. 예를 들어, 그들은 비밀스러운 이중생활을 이끌어 가기보다는 성관계에 대해서 솔직하게 이야기한다.

③ 과학과 기술에 대한 회의. 이런 사람들은 자연세계를 정복하고 세상의 사람들을 통제하기 위해서 사용되는 현대의 과학과 기술을 깊이 불신한다. 반면, 바이오피드백과 같이 과학이 자기 인식과 자신에 의한 자신의 통제를 고양시키는 데 사용될 때는 적극적으로 지지한다.

④ 전체가 되고자 하는 갈망. 이런 사람들은 몸과 마음, 건강과 질병, 지성과 감정, 과학과 일반 상식, 개인과 그룹, 온전함과 정신이상, 일과 놀이가 분리된 세상에서 사는 것을 좋아하지 않는다. 그들은 삶의 전체성, 즉 생각, 느낌, 신체 에너지, 심령 에너지, 치유 에너지 등의 모든 것이 경험 안에서 통합되는 삶을 위하여 노력한다.

⑤ 친밀감에 대한 소망. 이런 사람들은 가까움, 친밀감, 함께 목적 나누기를 새로운 형태로 추구한다. 그들은 그러한 공동체 안에서 비언어적일 뿐 아니라 언어적으로, 지적일 뿐 아니라 감정적으로 의사소통할 수 있는 새로운 형태를 추구한다.

⑥ 과정의 사람들. 이러한 사람들은 삶에서 확실한 것은 변하며, 그들이 항상 과정 가운데 있다는 것과 항상 변한다는 것을 날카롭게 인식한다. 그들은 이러한 위험을 무릅쓰는 존재방식을 환영하며, 변화를 맞이하는 방식에서 활기차게 살아 있다.

⑦ 배려. 이런 사람들은 다른 사람의 필요가 있을 때 배려해 주며 열심히 도와준다. 그것은 부드럽고 눈에 띄지 않으며 도덕적 잣대가 없고 판단적이지 않은 배려다. 그들은 전문적인 '조력자' 들을 의심한다.

⑧ 자연에 대한 태도. 이런 사람들은 자연을 가깝게 느끼며 돌보고 싶어 한다. 그들은 생태학적인 태도를 가지고 있으며 자연을 정복하려 하기보다는 자연의 힘과 동맹을 맺는 데에서 기쁨을 얻는다.

⑨ 반제도적. 이런 사람들은 매우 조직적이고 융통성이 없고 관료주의적인 제도에 대한 반감을 가지고 있다. 그들은 제도들이 사람을 위해서만 존재해야 하며 그 반대가 되어서는 안 된다고 믿는다.

⑩ 내면의 권위. 이런 사람들은 자기 자신의 경험을 신뢰하며 외부의 권위

에 대해서는 깊이 불신한다. 그들은 스스로 도덕적 판단을 내리며 자신이 옳지 않다고 생각하는 법에 공공연하게 불순종하기까지 한다.

⑪ 물질적인 것에 큰 비중을 두지 않음. 이런 사람들은 근본적으로 물질적인 위안이나 보상에 무관심하다. 돈과 물질적 지위를 보여 주는 상징들은 그들의 목표가 아니다. 그들은 풍족하게 살 수도 있지만 그것이 그들에게 꼭 필요한 것은 아니다.

⑫ 영적인 것에 대한 갈망. 이러한 내일의 사람들은 구도자들이다. 그들은 개인보다 더 큰 삶의 의미와 목적을 찾기를 원한다. 이단에 빠지는 사람들도 있지만, 인간이 개인을 초월하는 가치와 힘을 발견해 왔던 모든 길들을 점검해 보는 사람들이 더 많다. 그들은 내면의 평화가 있는 삶을 살기를 원한다. 그들의 영웅들은 마하트마 간디, 마틴 루터 킹, 테야르 드 샤르댕 등 영적인 사람들이다. 때로 변화된 의식상태에서 그들은 우주의 일치와 조화를 경험한다.

이상은 내가 내일의 사람들 안에서 본 몇몇 특징들이다. 그러나 나는 이러한 특징들을 모두 가지고 있는 사람은 거의 없다는 것 또한 잘 알고 있으며, 내가 전반적으로 극소수의 사람들만 가지고 있는 특징을 설명했다는 것을 알고 있다.

놀라운 것은 이러한 특징들을 가지고 있는 사람들은 진동하는 에너지로만 구성된 세상, 단단한 기초가 없는 세상, 과정과 변화의 세상, 마음(더 포괄적인 의미의 마음)이 새로운 현실을 인식하기도 하고 창조하기도 하는 세상에서 편안하게 느낄 것이라는 사실이다. 그들은 패러다임의 전환을 만들어 낼 수 있을 것이다.

내일의 사람은 살아남을 수 있을 것인가?

나는 전통적인 세상과 날카롭게 대비되는 사람들을 묘사했다. 과연 그들은 살아남을 수 있을 것인가, 살아남도록 허락될 것인가? 그들은 어떤 저항을 맞게 될 것인가? 그들이 우리의 미래에 어떤 영향을 줄 것인가?

저항

이러한 새로운 사람의 출현은 저항에 부딪힐 것이다. 그런 저항들을 일련의 슬로건과 같은 어구들을 사용하여 제시하고자 한다. 이를 통해서 적대감의 근원을 어느 정도 알 수 있을 것이다.

① 무엇보다 중요한 것은 국가다. 대다수의 다른 나라들과 마찬가지로 미국에서는 지배층인 엘리트들과 그들을 에워싸고 있는 거대한 관료제도가 반대자들과 다른 가치관이나 목적을 가지고 있는 사람들을 전혀 허용해 주지 않는다는 증거가 지난 수십 년간 많이 있었다. 새로운 사람들은 그동안에도 그랬거니와 앞으로도 괴롭힘을 당하고, 표현의 자유가 거부되고, 음모를 꾸민 죄로 고발되고, 동조하지 않는다고 투옥될 것이다. 현재의 풍조를 바꾸기 위해서는 대대적으로 미국의 대중을 일깨우는 일을 벌여야 할 것이지만 그렇게 될 것 같지는 않다. 가치와 생활방식 그리고 의견의 다양성을 수용하는 것이 민주주의 과정의 핵심이지만, 미국에서는 그런 것들이 더 이상 잘 꽃 피우고 있지 않다. 그러므로 정부는 새롭게 출현하는 이런 사람들을 최대한 억압하려 들 것이 분명하다.

② 무엇보다 중요한 것은 전통이다. 교육, 회사, 종교, 가족 등 우리 사회의 제도들은 전통에 맞서는 사람들에 정면으로 반대할 것이다. 대학들과

지역 공립학교들이 이들 내일의 사람들에게 가장 적대적일 가능성이 크다. 그들은 전통과 맞지 않을 것이고 걸핏하면 배척당하고 추방당할 것이다. 회사들은 보수적인 이미지에도 불구하고 사회적인 추세에 좀 더 반응을 보일 것이다. 그렇다 할지라도 그들은 성취보다는 자기 성찰을, 월급이나 이윤보다는 개인적인 성장을, 자연의 정복보다는 자연과의 화합을 우선시하는 사람에게 적대적이 될 것이다. 교회는 덜 두려운 적수다. 그리고 가족과 결혼 전통은 이미 매우 혼란상태라서 적대감이 있기는 해도 전통이 그리 효과적으로 실행될 수 있을 것 같지는 않다.

③ 무엇보다 중요한 것은 지능이다. 이들 새롭게 출현하는 사람들이 몸, 정신, 감정, 영혼, 심령의 힘이 통합된 전인이 되고자 시도한다는 사실은 가장 주제넘은 위법 행위들 중 하나로 보일 것이다. 과학과 학계뿐 아니라 정부도 마찬가지로 인류에게 유일하게 중요한 기능은 인지적 추론이라는 가정 위에 세워졌다. 지능과 합리성이 무엇이든 해결할 수 있다는 신념이 존재한다. 우리를 베트남의 곤경으로 몰고 간 것이 바로 이 믿음이다. 이 똑같은 신념을 과학자들, 교수진들 그리고 모든 단계의 정책 수립자들이 가지고 있다. 그들은 말이나 행동으로 그 신념에 도전하는 누구에게든 경멸과 조롱을 퍼부을 것이다.

④ 인간 존재는 만들어져야만 한다. 인류의 미래상은 현재의 기술 문화에 의지하여 추정할 수 있다. 미래에는 통제된 탈산업사회를 만들기 위해서 비협조적 행동을 통제하는 데 사회적 · 심리적 기술을 적용하는 일을 하게 될 것이다. 그러한 통제력은 어떤 하나의 권력기관이 아니라 누군가 명명한 '전쟁–복지–산업–경찰 관료제' 에 의하여 행사될 것이다. 이런 순응의 이미지가 보편화될 경우, 내가 설명했던 내일의 사람을 통제하거나 제거하는 일이 이 복잡한 조직망의 첫 번째 목적 중 하나가 될 것이 분명하다.

⑤ 현상 유지는 영원해야 한다. 변화는 위협적이며 변화의 가능성은 사람들을 놀라게 하고 분노하게 한다. 그런 사람들은 정치적 극우파의 가장 순수한 핵심부에서 발견되지만, 우리 모두 안에서도 변화와 그 과정에 대한 어떤 두려움이 있다. 그러므로 이들 새로운 사람들에게 언어 공격을 퍼부을 사람들은 자신들의 안전한 세상이 와해되는 것을 바라보면서 당연히 두려움을 갖게 될 극도의 보수파들에서 나올 것이다. 그러나 이들 보수파들의 목소리는 모든 사람들에게 조용한 지지를 받을 것이다. 변화는 고통스럽고 불확실하다. 누가 변화를 원하겠는가? 그 대답은 '거의 없다' 이다.

⑥ 우리의 진리는 유일한 진리다. 진정한 신봉자들 역시 변화의 적이며 그들은 좌파, 우파, 중도파에서 발견될 수 있다. 그들은 탐색 중이고 확신이 없고 온건한 사람들을 용납할 수가 없을 것이다. 젊었든 늙었든, 광신적인 좌파든 경직된 우파든, 그들은 진리를 탐구하는 과정 중인 사람들을 반대해야만 한다. 진정한 신봉자들은 진리를 소유하고 있으며 다른 사람들도 그에 동의해야만 한다.

그러므로 내일의 사람들이 계속해서 빛 가운데 출현함에 따라 이러한 여섯 가지 중요한 근원으로부터 저항과 적대감을 발견하게 될 것이다. 그들은 그 힘들에 의해서 압도당할 가능성이 매우 크다.

좀 더 낙관적인 견해

비록 저항에 부딪히게 될지라도 내일의 사람들은 살아남을 수 있을 뿐더러 우리 문화 안에서 매우 중요한 누룩이 될 것이라고 나는 점점 더 확신하고 있다.

나의 낙관론의 근거는 과학적, 사회적, 개인적 관점에서의 꾸준한 발전과 꽃 피우고 있는 모든 변화들 안에 있다. 이론물리학이 과거의 상자 속으로 되돌려지는 일은 없을 것이다. 바이오피드백은 퇴보하는 것이 아니라 앞으로 전진할 것이고, 이전에는 꿈도 못 꾸었던 우리 내면의 무의식적인 지능의 힘들을 계속해서 펼쳐 보일 것이다. 변화된 의식상태를 경험하는 사람들의 수가 점점 늘어날 것이다. 그 밖의 모든 항목(내일의 사람들의 특징들)에서 같은 일이 일어날 것이다. 다시 말해서, 힘이 점점 커져서 마침내 패러다임의 전환을 이루게 될 것이다.

내일의 사람은 그 패러다임의 전환을 이해하고 흡수할 수 있는 바로 그런 사람들이다. 그들은 새로운 세계(그 윤곽이 아직도 희미하게 보일 뿐이지만)에서 살 수 있는 사람들일 것이다. 그러나 우리가 스스로 망쳐 버리지 않는 한, 그 새로운 세계는 우리의 문화를 변화시키면서 필연적으로 도래할 것이다.

새로운 세상은 더욱 인간적이고 자비로운 세상이 될 것이다. 그것은 인간의 마음과 영혼의 풍성함과 역량들을 탐색하고 발달시킬 것이다. 그것은 더욱 통합되고 전체적인 사람들을 만들어 낼 것이다. 그것은 개인(우리의 자원들 중 가장 위대한)을 소중히 여기는 세상이 될 것이다. 그것은 자연을 향한 사랑과 존중을 회복한 좀 더 자연스러운 세상이 될 것이다. 그것은 새롭고 덜 경직된 개념에 근거한 인문과학을 더 많이 발달시킬 것이다. 그곳에서는 기술이 사람과 자연을 착취하는 것이 아니라 고양시키는 목적으로 사용될 것이다. 새로운 세상은 개인들이 자신의 힘, 역량, 자유를 지각함에 따라 그들의 창의성을 풀어놓아 줄 것이다.

과학적, 사회적, 문화적 변화의 바람이 강하게 불고 있다. 그 바람이 새로운 세상, 즉 내가 이제껏 설명하려 노력했던 내일의 세상에서 우리를 둘러싸게 될 것이다. 새로운 세상의 중심은 사람들, 즉 내가 설명했던 그러한 내일의 사람들이 될 것이다.

이것이 미래의 사람-중심 세상의 시나리오다. 우리는 그 시나리오를 선택할 수 있다. 그러나 우리가 선택하건 하지 않건 간에 그것이 어느 정도는 우리 문화를 변화의 방향으로 몰아가는 것을 아무도 거스를 수 없을 것이다. 그리고 그 변화들은 좀 더 인간적인 방향으로 향할 것이다.

♣ 참고문헌

Brown, B. (1980). *Supermind: The ultimate energy*. New York: Harper & Row.

Cornish, E. (1980). An agenda for the 1980s. *The Futurist*, February, *14,* 5-13.

Ferguson, M. (1980). *The Aquarian conspiracy: Person and social transformation in the 1980s*. Los Angeles: J. P. Tarcher.

Prigogine, I. (1980). Einstein: Triumphs and conflicts. *Newsletter*, February, 5.

Scheer, R. (1980). *Los Angels Times*, January 24.

칼 로저스의 연대별 출판 목록

The following list includes the publications of Carl R. Rogers from 1930 to 1980.

1930

With C. W. Carson, Intelligence as a factor in camping activities. *Camping Magazine*, 1930, *3*(3), 8–11.

1931

Measuring personality adjustment in children nine to thirteen. New York: Teachers College, Columbia University, Bureau of Publications, 1931, 107 pp.

A test of personality adjustment. New York: Association Press, 1931.

With M. E. Rappaport. We pay for the Smiths. *Survey Graphic*, 1931, *19*, 508 ff.

1933

A good foster home: Its achievements and limitations. *Mental Hygiene*, 1933, *17*, 21–40. Also published in F. Lowry (Ed.), *Readings in social case work.* Columbia University Press, 1939, pp. 417–436.

1936

Social workers and legislation. *Quarterly Bulletin New York State Conference on Social Work*, 1936, *7*(3), 3–9.

1937

The clinical psychologist's approach to personality problems. *The Family*, 1937, *18*, 233–243.

Three surveys of treatment measures used with children. *Amer. J. Orthopsychiat.*, 1937, *7*, 48–57.

1938

A diagnostic study of Rochester youth. *N. Y. State Conference on Social Work.* Syracuse: 1938, pp. 48–54.

1939

Authority and case work –Are they compatible? *Quarterly Bulletin, N. Y. State Conference on Social Work.* Albany: 1930, pp. 16–24.

The clinical treatment of the problem child. Boston: Houghton Mifflin, 1939, 393 pp.

Needed emphases in the training of clinical psychologists. *J. Consult. Psychol.*, 1939, *3*, 141–143.

1940

The processes of therapy. *J. Consult. Psychol.*, 1940, *4*, 161–164.

1941

Psychology in clinical practice. In J. S. Gray (Ed.), *Psychology in use.* New York: American Book Company, 1941, pp. 114–167.

With C. C. Bennett. The clinical significance of problem syndromes. *Amer. J. Orthopsychiat.*, 1941, *11*, 222–229.

With C. C. Bennett. Predicting the outcomes of treatment. *Amer. J. Orthopsychiat.*, 1941, *11*, 210–221.

1942

Counseling and psychotherapy. Boston: Houghton Mifflin, 1942, 450 pp. Translated into Japanese and published by Sogensha Press, Tokyo, 1951.

Mental health problems in three elementary schools. *Educ. Research Bulletin*, 1942, *21*, 69-79.

The psychologist's contributions to parent, child, and community problems. *J. Consult. Psychol.*, 1942, *6*, 8-18.

A study of the mental health problems in three representative elementary schools. In T. C. Holy et al., *A study of health and physical education in Columbus Public Schools.* Ohio State Univer., Bur. of Educ. Res. Monogr., No. 25, 1942, pp. 130-161.

The use of electrically recorded interviews in improving psychotherapeutic techniques. *Amer. J. Orthopsychiat.*, 1942, *12*, 429-434.

1943

Therapy in guidance clinics. *J. Abnorm. Soc. Psychol.,* 1943, *38,* 284-289. Also published in R. Watson (Ed.), *Readings in clinical psychology.* New York: Harper and Bros., 1949, pp. 519-527.

1944

Adjustment after combat. Army Air Forces Flexible Gunnery School, Fort Myers, Florida. Restricted Publication, 1944, 90 pp.

The development of insight in a counseling relationship. *J. Consult. Psychol.,* 1944, *8*, 331-341. Also published in A. H. Brayfield (Ed.), *Readings on modern methods of counseling.* New York: Appleton Century-Crofts, 1950, pp. 119-132.

The psychological adjustments of discharged service personnel. *Psych. Bulletin*, 1944, *41*, 689-696.

1945

Counselling. *Review of Educ. Research*, 1945, *15*, 155-163.

A counseling viewpoint for the USO worker. *USO Program Services Bulletin*, 1945.

Dealing with individuals in USO. *USO Program Services Bulletin*, 1945.

The nondirective method as a technique for social research. *Amer. J. Sociology*, 1945, *50*, 279-283.

With V. M. Axline. A teacher-therapist deals with a handicapped child. *J. Abnorm. Soc. Psychol.*, 1945, *40*, 119-142.

With R. Dicks & S. B. Wortis. Current trends in counseling, a symposium. *Marriage and Family Living*, 1945, *7*(4).

1946

Psychometric tests and client-centered counseling. *Educ. Psychol. Measmt.*, 1946, *6*, 139-144.

Recent research in nondirective therapy and implications. *Amer. J. Orthopsychiat.*, 1946, *16*, 581-588.

Significant aspects of client-centered therapy. *Amer. Psychologist,* 1946, *1*, 415-422. Translated into Spanish and published in Rev. *Psicol. Gen. Apl.*, Madrid, 1949, *4*, 215-237.

With G. A. Muench. Counseling of emotional blocking in an aviator. *J. Abnorm. Soc. Psychol.*, 1946, *41*, 207-216.

With J. L. Wallen. *Counseling with returned servicemen.* New York: McGraw-Hill, 1946, 159 pp.

1947

The case of Mary Jane Tilden. In W. U. Snyder (Ed.), *Casebook of nondirective counseling.* Boston: Houghton Mifflin, 1947, pp. 129-203.

Current trends in psychotherapy. In W. Dennis (Ed.), *Current trends in psychology,* University of Pittsburgh Press, 1947, pp. 109-137.

Some observations on the organization of personality. *Amer. Psychologist,* 1947, *2*, 358-368. Also published in A. Kuenzli (Ed.), *The phenomenological problem.* New York: Harper and Bros., 1959, pp. 49-75.

1948

Dealing with social tensions: A presentation of client-centered counseling as a means of handling interpersonal conflict. New York: Hinds, Hayden and Eldredge, Inc., 1948, 30 pp. Also published in *Pastoral*

Psychology, 1952, *3*(28), 14-20; *3*(29), 37-44.

Divergent trends in methods of improving adjustment. *Harvard Educational Review*, 1948, *18*, 209-219. Also in *Pastoral Psychology*, 1950, *1*(8), 11-18.

Research in psychotherapy: Round Table, 1947. *Amer. J. Orthopsychiat.*, 1948, *18*, 96-100.

Some implications of client-centered counseling for college personnel work. *Educ. Psychol. Measmt.*, 1948, *8*, 540-549. Also published in *College and University*, 1948, and in *Registrar's Journal*, 1948.

With B. L. Kell & H. McNeil. The role of self-understanding in the prediction of behavior. *J. Consult. Psychol.*, 1948, *12*, 174-186.

1949

The attitude and orientation of the counselor in client-centered therapy. *J. Consult. Psychol.*, 1949, *13*, 82-94.

A coordinated research in psychotherapy: A non-objective introduction. *J. Consult. Psychol.*, 1949, *13*, 149-153.

1950

A current formulation of client-centered therapy. *Social Service Review*, 1950, *24*, 442-450.

Significance of the self-regarding attitudes and perceptions. In M. L. Reymert (Ed.), *Feelings and emotions.* New York: McGraw-Hill, 1950, pp. 374-382. Also published in L. Gorlow & Katkovsky (Eds.), *Reading in the psychology of adjustment.* New York: McGraw-Hill, 1959.

What is to be our basic professional relationship? *Annals of Allergy*, 1950, *8*, 234-239. Also published in M. H. Krout (Ed.), *Psychology, psychiatry, and the public interest.* University of Minnesota Press. 1956, pp. 135-145.

With R. Becker. A basic orientation for counseling. *Pastoral Psychology*, 1950, *1*(1), 26-34.

With D. G. Marquis & E. R. Hilgard. ABEPP policies and procedures. *Amer.*

Psychologist, 1950, *5*, 407–408.

1951

Client–centered therapy: A helping process. *The University of Chicago Round Table*, 1951, *698*, 12–21.

Client–centered therapy: Its current practice, implications, and theory. Boston: Houghton Mifflin, 1951, 560 pp. Also translated into Japanese and published by Iwasaki Shoten Press, 1955.

Perceptual reorganization in client–centered therapy. In R. R. Blake & G. V. Ramsey (Eds.), *Perception: An approach to personality.* New York: Ronald Press, 1951, pp. 307–327.

Studies in client–centered psychotherapy III: The case of Mrs. Oak –A research analysis. *Psychol. Serv. Center J.*, 1951, *3*, 47–165. Also published in C. R. Rogers & R. F. Dymond (Eds.), *Psychotherapy and personality change.* University of Chicago Press, 1954, pp. 259–348.

Though the eyes of a client. *Pastoral Psychology*, 1951, *2*(16), 32–40; (17) 45–50; (18) 26–32.

Where are we going in clinical psychology? *J. Consult. Psychol.*, 1951, *15*, 171–177.

With T. Gordon, D. L. Grummon, & J. Seeman. Studies in client–centered psychotherapy I: Developing a program of research in psychotherapy. *Psychol. Serv. Center J.*, 1951, *3*, 3–28. Also published in C. R. Rogers & R. F. Dymond (Eds.), *Psychotherapy and personality change.* University of Chicago Press, 1954, pp. 12–34.

1952

Client–centered psychotherapy. *Scientific American*, 1952, *187*, 66–74.

Communication: Its blocking and facilitation. *Northwestern University Information*, 1952, *20*, 9–15. Reprinted in ETC, 1952, *9*, 83–88; in *Harvard Bus. Rev.*, 1952, *20*, 46–50; in *Human Relations for Management*, E. C. Bursk (Ed.). New York: Harper and Bros., 1956, pp. 150–158. French translation in *Hommes et Techniques*, 1959.

A personal formulation of client–centered therapy. *Marriage and Family*

Living, 1952, *14*, 341-361. Also published in C. E. Vincent (Ed.), *Reading in marriage counseling*. New York: T. Y. Crowell Co., 1957, pp. 392-423.

With R. H. Segel. *Client-centered therapy: Parts I and II*. 16mm. motion picture with sound. State College, Pa.: Psychological Cinema Register, 1952.

1953

The interest in the practice of psychotherapy. *Amer. Psychologist*, 1953, *8*, 48-50.

A research program in client-centered therapy. *Res. Publ. Ass. Nerv. Ment. Dis.*, 1953, *31*, 106-113.

Some directions and end points in therapy. In O. H. Mowrer (Ed.), *Psychotherapy: Theory and research*. New York: Ronald Press, 1953, pp. 44-68.

With G. W. Brooks, R. S. Driver, W. V. Merrihue, P. Pigors, & A. J. Rinella. Removing the obstacles to good employee communications. *Management Record*, 1953, *15*(1), 9-11, 32-40.

1954

Becoming a person. Oberlin College Nellie Heldt Lecture Series. Oberlin: Oberlin Printing Co., 1954, 46 pp. Reprinted by the Hogg Foundation for Mental Hygiene, University of Texas, 1966; also in *Pastoral Psychology*, 1956, *7*(61), 9-13, and 1956, *7*(63), 16-26. Also published in S. Doniger (Ed.), *Healing, human and divine*. New York: Association Press, 1957, pp. 57-67.

The case of Mr. Bebb: The analysis of a failure case. In C. R. Rogers & R. F. Dymond (Eds.), *Psychotherapy and personality change*. University of Chicago Press, 1954, pp. 349-409.

Changes in the maturity of behavior as related to therapy. In C. R. Rogers & R. F. Dymond (Eds.), *Psychotherapy and personality change*. University of Chicago Press, 1954, pp. 215-237.

An overview of the research and some questions for the future. In C. R.

Rogers & R. F. Dymond (Eds.), *Psychotherapy and personality change*. University of Chicago Press, 1954, pp. 413–434.

Toward a theory of creativity. *ETC: A Review of General Semantics*, 1954, *11*, 249–260. Also published in H. Anderson (Ed.), *Creativity and its cultivation*. New York: Harper and Bros., pp. 69–82.

With R. F. Dymond (Eds.). *Psychotherapy and personality change*. University of Chicago Press, 1954, 447 pp.

1955

A personal view of some issues facing psychologists. *Amer. Psychologist*, 1955, *10*, 247–249.

Personality change in psychotherapy. *The International Journal of Social Psychiatry*, 1955, *1*, 31–41.

Persons or science? A philosophical question. *Amer. Psychologist*, 1955, *10*, 267–278. Also published in *Pastoral Psychology*, 1959, *10*, (Nos. 92, 93).

With R. H. Segel. *Psychotherapy begins: The case of Mr. Lin.* 16mm. motion picture with sound. State College, Pa.: Psychological Cinema Register, 1955.

With R. H. Segel. *Psychotherapy* in process: *The case of Miss Mun.* 16mm. motion picture with sound. State College, Pa.: Psychological Cinema Register, 1955.

1956

Client-centered therapy: A current view. In F. Fromm-Reichmann & J. L. Moreno (Eds.), *Progress in psychotherapy*. New York: Grune & Stratton, 1956, pp. 199–209.

A counseling approach to human problems. *Amer. J. of Nursing*, 1956, *56*, 994–997.

Implications of recent advances in the prediction and control of behavior. *Teachers College Record*, 1956, *57*, 316–322. Also published in E. L. Hartley & R. E. Hartley (Eds.), *Outside readings in psychology*. New York: T. Y. Crowell Co., 1957, pp. 3–10. Also published in R. S.

Daniel (Ed.), *Contemporary readings in general psychology*. Boston: Houghton Mifflin, 1960.

Intellectualized psychotherapy. Review of George Kelly's *The Psychology of personal constructs, Contemporary Psychology*, 1956, *1*, 357-358.

Review of Reinhold Niebuhr's *The self and the dramas of history. Chicago Theological Seminary Register*, 1956, *46*, 13-14. Also published in Pastoral Psychology, 1958, *9*, No. 85, 15-17.

Some issues concerning the control of human behavior. (Symposium with B. F. Skinner) *Science*, November 1956, *124*, No. 3231, 1057-1066. Also published in L. Gorlow & Katkovsky (Eds.), *Readings in the psychology of adjustment*. New York: McGraw-Hill, 1959, pp. 500-522.

What it means to become a person. In C. E. Moustakas (Ed.), *The self*. New York: Harper and Bros., 1956, pp. 195-211.

With E. J. Shoeben, O. H. Mowrer, G. A. Kimble, & J. G. Miller Behavior theories and a counseling case. *J. Counseling Psychol.*, 1956, *3*, 107-124.

1957

The necessary and sufficient conditions of therapeutic personality change. *J. Consult. Psychol.*, 1957, *21*, 95-103. French translation in *Hommes et Techniques*, 1959.

A note on the nature of man. *J. Counseling Psychol.*, 1957, *4*, 199-203. Also published in *Pastoral Psychology*, 1960, *11*, No. 104, 23-26.

Personal thoughts on teaching and learning. *Merrill-Palmer Quarterly*, Summer, 1957, *3*, 241-243. Also published in *Improving College and University Teaching*, 1958, *6*, 4-5.

A therapist's view of the good life. *The Humanist*, 1957, *17*, 291-300.

Training individuals to engage in the therapeutic process. In C. R. Strother (Ed.), *Psychology and mental health*. Washington, D. C.: Amer. Psychological Assn., 1957, pp. 76-92.

With R. E. Farson. *Active listening*. University of Chicago, Industrial Relations Center, 1957, 25 pp.

1958

The characteristics of a helping relationship. *Personal and Guidance Journal*, 1958, *37*, 6-16.

A process conception of psychotherapy. *American Psychologist*, 1958, *13*, 142-149.

1959

Client-centered therapy. In S. Arieti (Ed.), *American Handbook of Psychiatry*, Vol. 3. New York: Basic Books, Inc., 1959, pp. 183-200.

Comments on cases in S. Standal & R. Corsini (Eds.), *Critical incidents in psychotherapy*. New York: Prentice-Hall, 1959.

Thee essence of psychotherapy: A client-centered view. *Annals of Psychotherapy*, 1959, *1*, 51-57.

Lessons I have learned in counseling with individuals. In W. E. Dugan (Ed.), *Modern school practices, Series 3, Counseling points of view*. University of Minnesota Press, 1959, pp. 14-26.

Significant learning: In therapy and in education. *Educational Leadership*, 1959, *16*, 232-242.

A tentative scale for the measurement of process in psychotherapy. In E. A. Rubinstein & M. B. Parloff (Eds.), *Research in psychotherapy*. Washington D. C.: Amer. Psychological Assn., 1959, pp. 96-107.

A theory of therapy, personality, and interpersonal relationships, as developed in the client-centered framework. In S. Koch (Ed.), *Psychology: A study of a science*, Vol. III. *Formulations of the person and the social context*. New York: McGraw-Hill, 1959, pp. 184-256.

The way to do is to be. Behavior of Rollo May, et al., *Existence: A new dimension in psychiatry and psychology, in Contemporary Psychology*, 1959, *4*, 196-198.

With G. Marian Kinget. *Psychotherapie en Menselyke Verhoundingen*. Utrecht: Uitgeverij Het Spectrum, 1959, 302 pp.

With M. Lewis & J. Shlien. Time-limited, client-centered psychotherapy: two cases. In A. Burton (Ed.), *Case studies of counseling and psychotherapy*. Prentice-Hall, 1959, pp. 309-352.

1960

Dialogue between Martin Buber and Carl Rogers. *Psychologia*, December 1960, *3*(4), 208-221.

Psychotherapy: The counselor, and Psychotherapy: The client. 16mm. motion pictures with sound. Distributed by Bureau of Audio Visual Aids, University of Wisconsin, 1960.

Significant trends in the client-centered orientation. In D. Brower & L. E. Abt (Eds.), *Progress in clinical psychology*, Vol. IV. New York: Grune & Stratton, 1960, pp. 85-99.

A therapist's view of personal goals. *Pendle Hill Pamphlet, No. 108.* Wallingford, Pennsylvania, 1960, 30 pp.

With A. Walker & R. Rablen. Development of a scale to measure process changes in psychotherapy. *J. Clinical Psychol.*, 1960, *16*(1), 79-85.

1961

The loneliness of contemporary man, as seen in "The Case of Ellen West," *Review of Existential Psychology & Psychiatry*, May 1961, *1*(2), 94-101. Also published in expanded form, in C. R. Rogers & R. L. Rosenberg, *A Pessoa Como Centro*, Sã Paulo, Brazil: Editoria Pedagóica e Universitáia Ltda., 1977.

On becoming a person. Boston: Houghton Mifflin, 1961, 420 pp. (Also in Sentry Edition, softcover.)

Panel presentation: The client-centered approach to certain questions regarding psychotherapy. *Annals of Psychotherapy*, 1961, *2*, 51-53.

The place of the person in the new world of the behavioral changes. *Personal and Guidance Journal*, February 1961, *39*(6), 442-451.

The process equation of psychotherapy. *American Journal of Psychotherapy*, January 1961, *15*(1), 27-45.

A theory of psychotherapy with schizophrenics and a proposal for its empirical investigation. In J. G. Dawson, H. K. Stone, & N. P. Dellis (Eds.), P*sychotherapy with schizophrenics.* Baton Rouge: Louisiana State University Press, 1961, pp. 3-19.

Two divergent trends. In R. May (Ed.), *Existential psychology.* New York:

Random House, 1961, pp. 85-93.

What we know about psychotherapy. *Pastoral Psychology*, 1961, *12*, 31-38.

1962

Comment (on article by F. L. Vance). *J. Counsel. Psychol.*, 1962, *9*, 16-17.

The interpersonal relationship: The core of guidance. *Harvard Educ. Rev.*, Fall 1962, *32*(4), 416-429.

Niebuhr on the nature of man. In S. Doniger (Ed.), *The nature of man.* New York: Harper and Brothers, 1962, pp. 55-71 (with discussion by B. M. Loomer, W. M. Horton, & H. Hofmann).

Some learnings from a study of psychotherapy with schizophrenics. *Pennsylvania Psychiatric Quarterly*, Summer 1962, pp. 3-15.

A study of psychotherapeutic change in schizophrenics and normals: Design and instrumentation. *Psychiatric Research Reports*, American Psychiatric Association, April 1962, *15*, 51-60.

The therapeutic relationship: Recent theory and research. Lecture given under sponsorship of the Los Angels Society of Clinical Psychologists in Beverly Hills, California, January 19, 1962. Privately printed.

Toward becoming a fully functioning person. In A. W. Combs (Ed.), *Perceiving, behaving, becoming, 1962 Yearbook.* Association for Supervision and Curriculum Development. Washington D. C. 1962, pp. 21-33.

With G. M. Kinget. Psychotherapie et relations humaines: Theorie et pratique de la therapie non-directive. Louvain, Belgium: Publications Universitaires, 1962, 319 pp.

1963

The actualizing tendency in relation to "motives" and to consciousness. In M. Jones (Ed.), *Nebraska Symposium on Motivation, 1963*, University of Nebraska Press, 1963, pp. 1-24.

The concept of the fully functioning person. *Psychotherapy: Theory, Research, and Practice,* 1963, *1*(1), 17-26.

Learning to be free. In S. M. Farber 7 R. H. Wilson (Eds.), *Conflict and creativity: Control of the mind, Part 2.* New York: McGraw-Hill, 1963, pp. 268-288.

Learning to be free. (Condensation of above.) *Nat. Educ. Ass. J.*, March 1963.

Psychotherapy today: Or, where do we go from here? *American Journal of Psychotherapy*, 1963, *17*(1), 5-16.

1964

Freedom and commitment. *The Humanist*, 1964, *24*(2), 37-40.

Some elements of effective interpersonal communication. Lecture at California Institute of Technology, November 1964. Unpublished. Toward a modern approach to values: The valuing process in the mature person. *J. Abnorm. Soc. Psychol.*, 1964, *68*(2), 160-167.

Toward a science of the person. In T. W. Wann (Ed.), *Behaviorism and phenomenology: Contrasting bases for modern psychology.* University of Chicago Press, 1964, pp. 109-140.

1965

An afternoon with Carl Rogers. *Explorations*, 1965, *3*, 104.

Can we meet the need for counseling? A suggested plan. *Marriage and Family*, September 1965, *2*(5), 4-6. Queensland, Australia: National Marriage Guidance Council of Australia.

Dealing with psychological tensions. *J. Appl. Behav. Sci.* 1965, *1*, 6-24.

Foreword. In H. Anderson, *Creativity in childhood and adolescence.* Palo Alto: Science and Behavior Books, 1965, pp. v -vii.

A humanistic conception of man. In R. E. Farson (Ed.), *Science and human affairs.* Palo Alto, California: Science and Behavior Books, 1965, pp. 18-31.

Psychology and teacher training. In D. B. Gowan & C. Richardson (Eds.), *Five fields and teacher education.* Ithaca, New York: Project One Publications, Cornell University, 1965, pp. 56-91.

Some questions and challenges facing a humanistic psychology. *J. Hum. Psychol.*, 1965, *5*, 105.

The therapeutic relationships: Recent theory and research. *Australian Journal of Psychology*, 1965, *17*, 95-108.

(A wife's-eye view of Carl Rogers. *Voices*, 1965, *1*(1), 93-98.) By Helen E. Rogers.

1966

Client-centered therapy. In S. Arieti (Ed.), *Supplement to American handbook of psychiatry*, Vol. 3. New York: Basic Books, Inc., 1966, pp. 183-200. (See also 1959.)

Dialogue between Michael Polanyi and Carl Rogers. San Diego: San Diego State College and Western Behavioral Sciences Institute, July 1966, 8-page pamphlet.

Dialogue between Paul Tillich and Carl Rogers, Parts I AND II. San Diego: San Diego State College, 1966, 23-page pamphlet.

To facilitate learning. In M. Provus (Ed.), *Innovations for time to teach*. Washington, D. C.: National Education Association, 1966, pp. 4-19.

1967

Autobiography. In E. W. Boring & G. Lindzey, *A history of psychology in autobiography*, Vol. V. New York: Appleton-Century-Crofts, 1967.

Carl Rogers speaks out on groups and the lack of a human science. An interview. *Psychology Today*, December 1967, *1*, 19-21, 62-66.

Client-centered therapy. In A. M. Freedman & H. I. Kaplan (Eds.), *Comprehensive textbook of psychiatry*. Baltimore: Williams & Wilkins, 1967, pp. 1225-1228.

The facilitation of significant learning. In L. Siegel (Ed.), *Contemporary theories of instruction*. San Francisco: Chandler Publishing Co., 1967, pp. 37-54.

The interpersonal relationship in the facilitation of learning. In R. Leeper (Ed.), *Humanizing education*. National Education Association. Association for Supervision and Curriculum Development, 1967.

A plan for self-directed change in an educational system. *Educ. Leadership*, May 1967, *24*, 717-731.

The process of the basic encounter group. In J. F. T. Brugental (Ed.), *The challenges of humanistic psychology.* New York: McGraw-Hill, 1967, pp. 261-278.

With E. T. Gendlin, D. J. Kiesler, & C. Truax. *The therapeutic relationship and its impact: A study of psychotherapy with schizophrenics.* University of Wisconsin Press, 1967, 625 pp.

With B. Stevens et al. *Person to person.* Moab, Utah: Real People Press, 1967.

1968

The interpersonal relationship in the facilitation of learning. *The Virgil E. Herrick Memorial Lecture Series.* Columbus, Ohio: Charles E. Merrill Publishing Co., 1968.

Interpersonal relationships: USA 2000. *J. Appl. Sci.*, 1968, *4*(3), 265-280.

A practical plan for educational revolution. In R. R. Goulet (Ed.), *Educational change: The reality and the promise.* (A report on the National Seminars on Innovation, Honolulu, July 1967.) New York: Citation Press, 1968, pp. 120-135.

Review of J. Kavanaugh's book, *A modern priest looks at his outdated church. Psychology Today,* 1968, p. 13.

To the Japanese reader. Introduction to a series of 18 volumes of Rogers' work translated into Japanese. Tokyo: Iwasaki Shoten Press, 1968.

With W. R. Coulson (Eds.), *Man and the science of man.* Columbus, Ohio: Charles E. Merrill Publishing Co., 1968, 207 pp.

1969

Being in relationship. In *Freedom to learn: A view of what education might become.* Columbus, Ohio: Charles E. Merrill Publishing Co., 1969.

Community: The group. *Psychology Today,* Del Mar, California: CRM Books, Inc., December 1969, *3*.

Freedom to learn: A view of what education might become. Columbus, Ohio: Charles E. Merrill Publishing Co., 1969, 358 pp. Available in hardcover or softcover.

Graduate education in psychology: A passionate statement. In *Freedom to learn: A view of what education might become.*

The increasing involvement of the psychologist in social problems: Some comments, positive and negative. *J. Appl, Behav. Sci.*, 1969, *5*, 3-7.

The intensive group experience. In *Psychology today: An introduction.* Del Mar, California: CRM Books, Inc., 1969, pp. 539-555.

The person of tomorrow. Sonoma State College Pamphlet, 1969, (Commencement address, June 1969.)

Self-directed change for educators: Experiments and implications. In E. Morphet & D. L. Jesser (Eds.), *Preparing educators to meet emerging needs.* (Papers prepared for the Governors' Conference on Education for the Future, an eight-state project.) New York: Citation Press, Scholastic Magazine, Inc., 50 West 44th Street, 1969.

1970

Carl Rogers on encounter groups. New York: Harper & Row, 1970, 168 pp. Available in hardcover or softcover.

Foreword and Chapters 9, 16, 22, 25, 26, 27. In J. T. Hart & T. M. Tomlinson (Eds.), *New directions in client-centered therapy.* Boston: Houghton Mifflin, 1970. (All have published elsewhere, except the Foreword and Chapter 27, "Looking back ahead: A conversation with Carl Rogers," conducted by J. T. Hart.)

1971

Can schools grow person? Editorial. *Educational Leadership*, December 1971.

Forget you are a teacher. Carl Rogers tells why. *Instructor* (Dansville, New York), August/September 1971, pp. 65-66.

Interview with Dr. Carl Rogers. In W. B. Frick (Ed.), *Humanistic psychology: Interview with Maslow, Murphy & Rogers.* Columbus, Ohio: Charles E. Merrill Publishing Co., 1971.

Psychological maladjustment vs. continuing growth. In *Developmental Psychology.* Del Mar, California: CRM Books, Inc., 1971.

Some elements of effective interpersonal communication. *Washington State Journal of Nursing*, May/June 1971, pp. 3-11.

1972

Becoming partners: Marriage and alternatives. New York: Delacorte, 1972, 243 pp.

Bringing together ideas and feelings in learning. *Learning Today*, Spring 1972, *5*, 32-43.

Comment on Brown and Tedeschi article. *J. Hum. Psychol.*, Spring 1972, *12*(1), 16-21.

Introduction to *My experience in encounter group*, by H. Tsuge, Dean of Women at Japan Women's University, Tokyo, Japan. *Voices*, Summer 1972, *8*(2), Issue 28.

The person of tomorrow. *Colorado Journal of Educational Research*, Fall 1972, *12*(1). Greeley, Colorado: University of Northern Colorado. (Commencement address, Sonoma State College, June 1969.)

A research program in client-centered therapy.* In S. R. Brown & D. J. Brenner (Eds.), *Science, psychology, and communication: Essays honoring Williams Stephenson.* New York: Teachers College Press, Teachers College, Columbia University, 1972, pp. 312-324.

*This paper-exclusive of the new Introduction (1971)-was originally published in *Psychiatric treatment, Vol, 31, Proceedings of the Association for Research in Nervous and Mental Disease.* Baltimore: Williams & Wilkins, 1953, pp. 106-113.

Some social issues which concern me. *J. Hum. Psychol.* Fall 1972, *12*(2), 45-60.

(Wood, J. T. Carl Rogers, gardner. *Human Behavior*, November/December 1972, *1*, 16 ff.)

1973

Comment on Pitts article. *J. Hum. Psychol.* Winter 1973, *13*, 83-84.

An encounter with Carl Rogers. In C. W. Kemper (Ed.), *Res Publica*, Claremont Men's College, Spring 1973, *1*(1), 41-51.

The good life as an ever-changing process. Ninth of newspaper series, *America and the Future of Man*, published by the Regents of the University of California, and distributed by Copley News Service.

The interpersonal relationship that helps schizophrenics. Contribution to panel discussion, "Psychotherapy is Effective with schizophrenics." APA Convention, Montreal, August 28, 1973.

My philosophy of interpersonal relationships and how it grew. *J. Hum. Psychol.* Spring 1973, *13*(2), 3-15.

Some new challenges. *American Psychologist*, May 1973, *28*(5), 379-387.

To be fully alive. *Penney's Forum*, Spring/Summer 1973, p. 3.

With B. Meador. Client-centered therapy. In R. Corsini (Ed.), *Current psychotherapies*. Itasca, Illinois: F. E. Peacock, 1973, pp. 119-166.

(Mousseau, J. Entretien avec Carl Rogers. *Psychologie,* January 1973, *6*, 57-65.)

1974

Can learning encompass both ideas and fellings? *Education*, Winter 1974, *95*(2), 103-114.

The cavern. (unpublished)

Foreword. In H. Lyon, *It's me and I'm here.* New York: Delacorte Press, 1974, pp. xi-xiii.

Foreword. In A. dePeretti, *Pensee et Verite de Carl Rogers.* Toulouse: Privat, 1974, pp. 20-27.

Foreword. In Japanese translation of *Person to Person.* Tokyo, 1974.

In retrospect: Forty-six years. *American Psychologist*, February 1974, *29*(2), 115-123.

Interview on "growth." In W. Oltmans (Ed.), *On growth: The crisis of exploring population and resource depletion.* New York: G. P. Putnam's Sons, 1974, pp. 197-205.

The project at Immaculate Heart: An experiment in self-directed change. *Education*, Winter 1974, *95*(2), 172-196.

Questions I would ask myself if I were a teacher. *Education*, Winter 1974, *95*(2), 134-139.

Remarks on the future of client-centered therapy. In D. A. Wexler & L. N. Rice (Eds.), *Innovations in client-centered therapy.* New York: John Willey & Sons, 1974, pp. 7-13.

With J. K. Wood. The changing theory of client-centered therapy. In A Burton (Ed.), *Operational theories of personality.* New York: Brunner/Mazel, Inc., 1974, pp. 211-258.

1975

Client-centered psychotherapy. In A. M. Freedman, H. I. Kaplan, & B. J. Sadock (Eds.), *Comprehensive textbook of psychiatry*, Vol. II. Baltimore: Williams & Wilkins, 1975, pp. 1831-1843.

The emerging person: A New revolution. In R. I. Evans (Ed.), *Carl Rogers: The man and his ideas.* New York: E. P. Dutton, 1975, pp. 147-176.

Empathic: An unappreciated way of being. *The Counseling Psychologist,* 1975, *5*(2), 2-10.

Foreword. In To Thi Anh, *Eastern and western cultural values.* Manila, The Philippines: East Asian Pastoral Institute, 1975.

Interview. In R. I. Evans (Ed.), *Carl Rogers: The man and his ideas.* New York: E. P. Dutton, 1975.

An interview with Dr. Carl R. Rogers. *Practical Psychology for Physicians,* August 1975, *2*(8), 16-24.

A person-centered approach to intergroup tensions. Paper at Association of Humanistic Psychology Conference, Cuernavaca, Mexico, December 19, 1975 (unpublished)

With J. K. Wood, A. Nelson, N. R. Fuchs, & B. Meador. An experiment in self-determined fees. (unpublished)

1976

Beyond the watershed in education. *Teaching-Learning Journal,* Winter /Spring 1976, pp. 43-49.

1977

Beyond the watershed: And where now? *Educational Leadership,* May

1977, *34*(8), 623-631.

Carl Rogers on personal power. New York: Delacorte Press, 1977, 299 pp.

Ellen West-And loneliness. In C. R. Rogers and R. L. Rosenberg, *A Pessoa Como Centro*, Sã Paulo, Brazil: Editoria Pedagóica e Universitáia Ltda., 1977. (Written in 1974)

Freedom to be: A person-centered approach. *Studies of the Person* (Japanese), 1977, *3*, 5-18. Japan Women's University, Department of Education, Tokyo.

Growing old-Or older and growing (unpublished)

Nancy mourns. In D. Nevill (Ed.), *Humanistic psychology: New frontiers.* New York: Gardner Press, 1977, pp. 111-116.

Personal power at work. *Psychology Today*, April 1977, *10*(11), 60 ff. (Condensation of Chapter 8 of *Carl Rogers on personal Power.*)

The politics of education. *J. Hum. Educ.* January/February 1977, *1*(1), 6-22.

Therapeut and Klient. Munich, West Germany: Kindler-Müchen, 1977. (Various papers translated from the English.)

Tribute to Professor Haruko Tsuge. *Studies of the Person* (Japanese), 1977, *3*, 35-38. Japan Women's University, Department of Education, Tokyo.

With T. L. Holdstock. Person-centered personality theory. In R. Corsini (Ed.), *Current personality theories.* Itasca, Illinois: F. R. Peacock, 1977, pp. 125-151.

With R. L. Rosenberg. *A Pessoa Como Centro.* Sã Paulo, Brazil: Editoria Pedagóica e Universitáia Ltda., 1977, 228 pp. (Introduction and Chapters 2 and 5 by Rosenberg. Other page are translation of papers by Rogers.)

(Holden, C. Carl Rogers: Giving people permission to be themselves. *Science*, October 1977, *198*(4312), 32-33.)

1978

Carl R. Rogers' papers. In *The Quarterly Journal of the Library of Congress*, October 1978, *35*, 258-259. (This describes the collection of personal papers, tapes, films, etc., which, upon invitation, Rogers donated to the Library of Congress.)

Do we need "a" reality? *Downpoint*, Winter 1978, *1*(2), 6-9. (Written in 1974.)

Education-A personal activity. (unpublished)

The formative tendency. *J. Hum. Psychol.*, Winter 1978, *18*, 23-6.

From heart to heart: Some elements of effective interpersonal communication. *Marriage Encounter*, February 1978, *7*(2), 8-15. (Talk given to California Institute of Technology, November 9, 1964. Revised version is Chapter 11 in *Freedom to Learn.*)

Meeting my needs as a facilitator. (unpublished)

My political stance. (unpublished)

The necessary and sufficient conditions of therapeutic personality change (1957). Abstract and commentary. *Current Contents*, 1978, *18*(27), 14. (No. 27 of "Citation Classics.")

Some directions in AHP. (unpublished)

Some new directions: A personal view. (unpublished)

With M. V. Bowen, J. Justyn, J. Kass, M. Miller, N. Rogers, & J. K. Wood. Evolving aspects of the person-centered workshop. *Self and Society* (England), February 1978, *6*(2), 43-49.

1979

Foundations of the person-centered approach. *Education,* Winter 1979, *100*(2), 98-107.

Groups in tow cultures. *Personnel & Guidance Journal,* September 1979, *38*(1), 11-15.

The security guard: A vignette. (unpublished)

Some new directions: A personal view. In T. Hanna (Ed.), *Explorers of humankind.* San Francisco: Harper & Row, 1979.

With M. V. Bowen, J. Justyn, J. Kass, M. Miller, N. Rogers, & J. K. Wood. Evolving aspects of person-centered workshops. *AHP Newsletter,* January 1979, 11-14.

With M. V. Bowen, M. Miller, & J. K. Wood. Learnings in large groups: The implications for the future. *Education,* Winter 1979, *100*(2), 108-116.

(Written in 1977)

(H. Kirschenbaum. *On becoming Carl Rogers*. New York: Delacorte Press, 1979, 444 pp. This biography includes many excerpts from Rogers' writings, from his adolescent days to age 76.)

1980

Building person-centered communities: The implications for the future. In A. Villoldo & K. Dychtwald (Eds.), *Revisioning human potential: Glimpses into the 21st century*. (In Press.)

| 칼 로저스 인생의 주요 사건 연대기 |

• 형성기 •

1902년 1월 8일: 일리노이 오크 파크에서 칼 로저스 출생
1919년 위스콘신(메디슨) 대학교 농학부 입학
1922년 일본, 한국, 중국 등 극동아시아 여행
1922년 10월 22일: 헬렌 엘리엇과 약혼
1924년 6월 23일: 위스콘신 대학교에서 역사학으로 학사학위(BA) 받음
1924년 8월 28일: 헬렌 엘리엇과 결혼
1924년 뉴욕 유니온 신학교에 등록
1926년 유니온 신학교를 떠나 컬럼비아 사범대학으로 전학
1926년 3월 17일: 아들 데이비드 엘리엇 로저스 출생
1927년 6월 1일: 컬럼비아 사범대학에서 석사학위(MA) 받음

• 이론의 출현 •

1928년 로체스터 아동학대예방협회(RSPCC)에서 아동심리학자로 일함
1928년 10월 9일: 딸 나탈리 로저스 출생
1929년 RSPCC의 아동학 분과의 책임자로 임명됨
1931년 5월 20일: 컬럼비아 사범대학에서 박사학위 받음
1939년 The Clinical Treatment of the Problem Child 출판
1940년 오하이오 주립 대학교로부터 임상심리학자/전임교수직 수락
1940년 12월 11일: 미네소타 대학교 Psychological Honors Society에서 연설함으로써 내담자-중심 치료 '탄생'
1942년 Counseling and Psychotherapy 출판

• 이론의 실제 적용 •

1945년 상담센터에서 일하려고 시카고 대학교로 옮김
1946~1947년 미국심리학회(APA) 회장 역임
1951년 Client-Centered Therapy 출판
1954년 Psychotherapy and Personality Change 로잘린 다이아몬드 등과 공저로 출판
1957년 위스콘신(메디슨) 대학교 정신과와 심리학과 임명 수락
1961년 On Becoming a Person 출판

• 세계적 영향 •

1964년	서부행동과학연구소(WBSI) 스태프로 참여하고자 캘리포니아 라 호야로 옮김
1967년	The Therapeutic Relationship and its Impact: a Study of Psychotherapy with Schizophrenics 출판
1968년	인간연구센터(CSP) 설립을 위해 WBSI의 일부 동료들과 함께 떠남
1968~1977년	'참 만남 집단' 과 대규모 조직을 대상으로 상담활동
1969년	Freedom to Learn: a View of What Education Might Become 출판
1970년	Carl Rogers on Encounter Groups 출판
1972년	Becoming Partners: Marriage and its Alternatives 출판
1977년	Carl Rogers on Personal Power: Inner Strength and its Revolutionary Impact 출판
1979년	3월 29일: 헬렌 로저스 사망
1980년	A way of Being 출판
1983년	Freedom to Learn for the '80s 출판
1975~1985년	인간-중심 접근 워크숍 촉진을 위해 미국, 유럽, 라틴 아메리카, 러시아, 일본, 남아메리카 등 여행
1985년	오스트리아에서 무위(無爲) 평화 워크숍
1987년	1월 28일: 짐 베츠 의원에 의해 노벨 평화상 후보로 지명됨
1987년	2월 4일: 캘리포니아 라 호야에서 칼 로저스 사망

참고인용 및 발췌

Chapter 1, "Experiences in Communication," copyright 1969 by Charles E. Merrill Publishing Co. Published in Carl Rogers, *Freedom to Learn: A View of What Education Might Become,* Columbus, Ohio: Charles E. Merrill Publishing Co., 1969; and in *Marriage Encounter,* February 1978, Vol. 7, No. 2, pp. 8-15, under the title "From Heart to Heart: Some Elements of Effective Communication."

Chapter 2, "My Philosophy of Interpersonal Relationships and How It Grew," copyright 1973 by Association for Humanistic Psychology. Published in *Journal of Humanistic Psychology,* Spring 1973, Vol. 28, No. 5, pp. 3-15.

Chapter 3, "In Retrospect: Forty-Six Years," copyright 1974 by the American Psychological Association. Reprinted by permission. Published in *American Psychologist,* February 1974, Vol. 29, No. 2, pp. 115-123.

Chapter 5, "Do We Need 'A' Reality?" copyright 1978 by Association for Humanistic Psychology. Published in *Dawnpoint,* Winter 1978, Vol. 1, No. 2, pp. 6-9.

Chapter 6, "The Foundation of a Person-Centered Approach," copyright 1979 by Project Innovation. Published in *Education,* Winter 1979, Vol. 100, No. 2, pp. 98-107. Pages 124-126, under the heading "A Broader View: The Formative Tendency," copyright 1978 by Association for Humanistic Psychology; from Carl Rogers, "The Formative Tendency," *Journal of Humanistic Psychology,* Winter 1978, Vol. 18, pp. 23-26.

Chapter 7, "Empathic: An Unappreciated Way of Being," copyright 1975 by

The Counseling Psychologist. Published in *The Counseling Psychologist,* 1975, Vol. 5, No. 2, pp. 2–10.

Chapter 8, "Ellen West–And Loneliness," copyright 1961 by Association of Existential Psychology and Psychiatry. Published under the title "The Loneliness of Contemporary Man as Seen in the Case of Ellen West," in *Review of Existential Psychology & Psychiatry,* May 1961, Vol. 1, No. 2, pp. 94–101. In its present expanded form, it has been published in C. R. Rogers and R. L. Rosenberg, *A Pessoa Como Centro,* Sã Paulo, Brazil: Editoria Pedagóica e Universitáia Ltda., 1977.

Chapter 9, "Building Person–Centered Communities: The Implications for the Future," will also be published in A. Villoldo & K. Dychtwald (Eds.), *Millenium: Glimpses into the 21st Century,* March 1981, J. P. Tarcher, Los Angeles.

Chapter 10, "Six Vignettes": 'I Began to Lose Me,' copyright 1975 by Williams and Wilkins; published as part of a chapter entitled "Client–Centered Psychotherapy," in A. M. Freedman, H. I. Kaplan, & B. J. Sadock (Eds.), *Comprehensive Textbook of Psychiatry,* Second Ed., pp. 1839–1843. reproduced by permission; further reproduction prohibited. 'Nancy Mourns,' copyright 1977 by Gardner Press, New York; published in D. Nevill (Ed.), *Humanistic Psychology: New Frontiers,* pp. 111–116, pp. 226–228, "What I Really Am Is Unlovable," from *Carl Rogers on Encounter Groups* (pp. 111–113), by Carl R. Rogers, Ph. D., copyright 1970 by Carl R. Rogers. Reprinted by permission of Harper & Row Publishers, Inc. Barbara Williams, the author of the letter describing 'A Kids' Workshop,' is currently a therapist at the Centennial Center for Psychological Services, 1501 Lemay #3, Ft. Collins, Colorado, 80512.

Chapter 11, "Some New Challenges to the Helping Professions," copyright 1973 by the American Psychological Association. Reprinted by permission. Published under the title "Some New Challenges," in *American Psychologist,* May 1973, Vol. 28, No. 5, pp. 379–387.

Chapter 12, "Can Learning Encompass both Ideas and Feelings?" copyright 1974 by Project Innovation. Published, in slightly different form, in *Education,* Winter 1974, Vol. 95, No. 2, pp. 103–114.

Chapter 13, "Beyond the Watershed: And Where Now?" copyright © 1977 by the Association for Supervision and Curriculum Development. Reprinted with permission of the Association for Supervision and Curriculum Development and Carl R. Rogers. All rights reserved. Published, in abbreviated form, in *Educational Leadership,* May 1977, Vol. 34, No. 8, pp. 623–631.

Chapter 14, "Learnings in Large Groups: Their Implications for the Future," copyright 1979 by Project Innovation. Published in *Education,* Winter 1979, Vol. 100, No. 2, pp. 108–116.

Chapter 15, "The World of Tomorrow, and the Person of Tomorrow": Quotation by Edward Cornish from "An Agenda for the 1980s," *The Futurist,* February 1980, Vol. 14, p. 7. *The Futurist* is published by the World Future Society, 4916 St. Elmo Avenue, Washington, D. C. 20014.

이영희, 박외숙, 고향자 공역(2007). 칼 로저스. pp. 277–279. 서울: 학지사.

찾아보기

〈인 명〉

〈내 용〉

▨ 저자 소개

칼 로저스(Carl R. Rogers, 1902～1987)

칼 로저스는 '사람-중심' 접근법(Person-Centered Approach)의 창시자이며, 전 세계적으로 가장 널리 영향력을 끼친 상담사다. 그는 원래 목사가 되기 위해 뉴욕(New York)의 유니온 신학교(Union Theological Seminary)에서 신학공부를 한 적이 있었으며, 나중에 심리학으로 전공을 바꿔 컬럼비아 대학교(Columbia University)로 전학하여 석 · 박사 학위를 받았다. 그 후에 오하이오 주립대학교(Ohio State Univ.), 시카고 대학교(University of Chicago), 위스콘신 대학교(University of Wisconsin at Madison)에서 가르치면서 연구활동을 했으며, 말년에는 샌디에이고(San Diego)의 라 호야(La Jolla)에서 인간연구센터(CSP: Center for Studies of the Person)를 통해서 주로 참만남집단(Encounter Group) 활동을 적극적으로 했다. 로저스의 상담기법은 '비지시적', 혹은 '내담자-중심', '학습자-중심', '그룹-중심' 등의 여러 가지 이름으로 알려졌는데, 그의 방법은 한동안 강도 높은 반대와 오해의 대상이 되었었지만 오늘날에는 수십 년간에 걸친 연구의 결과에 의해서 너무나 강력한 지지를 받고 있다.이 책에서 로저스는 '사람-중심' 접근법이라는 용어가 가장 적합하다고 자신의 생각을 밝히고 있다. 이 책은 로저스 말년(만 78세)의 저서로서 우리 삶의 존재방식과 상담과 치유의 핵심이 곧 사람을 지향하는 '사람-중심'에 있다는 것을 일깨워 주는, 상담과 심리치료 공부에 있어서 그리고 '사람' 을 진정으로 이해하고 사랑함에 있어서 가장 중요한 텍스트라 할 만하다.

▨ 역자 소개

오제은(Jay Oh, Ph.D.)

현재 미국 서던캘리포니아 데이브레이크대학교의 총장으로 재직하면서, 동시에 '결혼과 가족치료(Marriage and Family Therapy: MFT)'와 '이마고부부치료(Imago Relationship Therapy: IRT)' 교수로서 직접 가르치고 있다. 아시아인 최초로, 국제 이마고부부치료전문가 수련연구소(IITI)로부터 국제공인 '이마고부부 치료 임상지도교수(Imago Faculty and Clinical Instructor)' 자격을 취득하였으며, '국제공인 이마고부부치료전문가 자격취득과정 (ICT)'을 지도하고 있다. 캐나다 퀸즈대학교를 졸업하였고, 하버드대학교에서 석사학위를 취득하였으며, 토론토대학교와 뉴잉글랜드대학교에서 각각 박사학위를 취득하였다(상담학박사). 숭실대학교와 백석대학교에서 상담학교수로서 재직하였고, 오레곤대학교와 뉴저지주립 케인대학교의 객원교수로서 '결혼과 가족치료' 전공 대학원생들을 가르쳤다.

임상 경력으로는 보스턴 로저스 메모리얼병원(Rogers Memorial Hospital)에서 PTSD 인턴십과 케임브리지 가족치료연구소에서 가족체계치료전문가 과정을, 필라델피아 Council for Relationships에서 COAMFTE/AAMFT(미국 결혼과 가족치료협회) 승인 Post-Graduate MFT '결혼과 가족치료' 전문가 과정과 AAMFT 공인 수퍼바이저 자격취득 과정을 마쳤으며, IITI(국제이마고부부치료수련연구소)에서 이마고부부치료 임상지도교수 수퍼바이저 과정을 마쳤다.

방송 경력으로는 KBS 1TV의 〈아침마당〉〈여성공감〉〈오제은박사의 목요클리닉〉 MBC TV의 〈MBC 스페셜: 부부솔루션 이마고〉〈생방송 오늘아침〉 EBS TV의 〈성공시대〉〈당신이 화내는 진짜 이유 2부〉 CTS TV의 〈내가 웃어야 세상도 웃는다〉 CBS 라디오의 〈새롭게 하소서〉 등에 출연하였다. 주요 저서와 역서로는 『오제은 교수의 자기사랑노트』『상처받은 내면아이 치유』『가족: 진정한 나를 찾아 떠나는 심리여행』『칼 로저스의 사람-중심 상담』『가족치유: 미누친의 구조적 가족치료』『이마고 부부관계치료: 이론과 실제』『부부관계 패러다임: 이마고 부부관계치료 임상사례 연구집』『재혼가정의 적극적인 부모역할』 등이 있으며, 대한민국 학술원 우수학술도서, 문화체육관광부 우수 교양도서, 교보문고 베스트셀러와 스테디셀러로 선정된 바 있다.

숭실대학교 교수로 재직하던 중에, 강의우수 교수상과 Best Teacher상을 3년 연속 수상하였으며, 최우수논문상과 최우수논문 지도교수상을 받았다. 또한 AAMFT 공식 학술지인『결혼과 가족치료 저널(Journal of Marital and Family Therapy: JMFT)』 편집위원회로부터 최우수논문으로 노미네이트되었다.

칼 로저스의
사람-중심 상담
A Way of Being

2007년 9월 14일 1판 1쇄 발행
2025년 6월 25일 1판 15쇄 발행

지은이 • Carl R. Rogers
옮긴이 • 오제은
펴낸이 • 김진환
펴낸곳 • (주) 학지사
121-837 서울특별시 마포구 서교동 352-29 마인드월드빌딩 5층
대표전화 • 02)330-5114 팩스 • 02)324-2345
등록번호 • 제313-2006-000265호

홈페이지 • http://www.hakjisa.co.kr
커뮤니티 • http://cafe.naver.com/hakjisa

ISBN 978-89-5891-534-8 93180

정가 17,000원